M. Braun · G. Krause · K. Müller

NEOMONETARISMUS

Manfred Braun ·
Günter Krause ·
Klaus Müller

Neomonetarismus

Kritische Untersuchungen
einer konservativen
staatsmonopolistischen
Wirtschaftslehre

Akademie-Verlag Berlin 1989

ISBN 3-05-000281-6

Erschienen im Akademie-Verlag Berlin,
Leipziger Str. 3–4, DDR - 1086 Berlin

Lizenznummer: 202 · 100/30/89
Printed in the German Democratic Republic
Gesamtherstellung: VEB Druckerei „Gottfried Wilhelm Leibniz"
Gräfenhainichen · 7084
Einbandgestaltung: Gabriele Bleifuß
LSV 0305
Bestellnummer: 7547038 (6985)

02800

Inhaltsverzeichnis

Vorwort

Unser Buch handelt vom Geld im gegenwärtigen Kapitalismus und dem Neomonetarismus als einer mit ihm verbundenen zentralen Strömung gegenwärtiger bürgerlicher Ideologie und Politik.

Der Neomonetarismus erfuhr als sozialreaktionäre Strömung ökonomischen Denkens auf dem Hintergrund zunehmend konservativen Denkens in der bürgerlichen Gesellschaft in den 70er Jahren eine starke Belebung. Unter konservativem Denken[1] verstand man die erhöhte Aktivität konservativer Ideologen, aber auch die Tendenz bei den rechten bürgerlichen Parteien, sich traditioneller oder modifizierter Argumente des Konservatismus zu bedienen. Man nahm an, daß es sich hierbei um eine kurzzeitige Erscheinung handelt, die sich wie eine Welle über die in der bürgerlichen Gesellschaft verbreitete Ideologie ergießt, die aber auch bald wieder zurückflutet, ohne die bisherige Situation grundlegend verändert zu haben.

Inzwischen hat sich jedoch herausgestellt, daß wir es mit einem dauerhaften und tiefergehenden Prozeß zu tun haben, als zunächst angenommen wurde. Es kam zu wesentlichen Veränderungen des ideologischen Modells, das in den hochentwickelten kapitalistischen Ländern spätestens seit Mitte der 50er Jahre vorgeherrscht hatte. Insbesondere vollzog die herrschende Klasse einen Wandel in den Präferenzen, von denen sie sich in ihrem Verhältnis zu den verschiedenen ideologischen Strömungen leiten läßt. Während in den vergangenen Jahren, die in den kapitalistischen Industriestaaten durch eine aufsteigende wirtschaftliche Entwicklung gekennzeichnet waren, der bürgerliche Liberalismus und der ihm nahestehende Sozialreformismus und in der bürgerlichen politischen Ökonomie der Neokeynesianismus die erste Stelle eingenommen hatten, trat

[1] Vgl. A. A. Galkin, Die konservative Theorie und Praxis der „sozialen Revanche“ in: Sowjetwissenschaft, Gesellschaftswissenschaftliche Beiträge, 6/1985, S. 6/7.

mit der rapiden Zuspitzung der ökonomischen und folglich auch der sozialen und politischen Probleme des heutigen Kapitalismus der Konservatismus, und zwar in traditioneller wie in modifizierter (neokonservativer) Gestalt, an die Spitze, und offenbar wird er diese Position sobald nicht wieder aufgeben.

Die politökonomische Grundlage der meisten Ratschläge, die von den Neokonservativen erteilt werden, bildet der von uns in den Mittelpunkt dieses Buches gestellte, in sich sehr heterogene Neomonetarismus. Zunächst wurde der Neomonetarismus unter dem Begriff der sogenannten „Chicagoer Schule" bekannt. Zu ihr zählen vor allem Milton Friedman, Anna Schwartz und Henry Simons. Zur österreichischen Schule werden Ludwig von Mises und Friedrich Hayek gerechnet. Die fiskalische Schule hat mit Karl Brunner und Allan Meltzer ihre Hauptvertreter. In jüngster Zeit ist eine weitere Variante neomonetaristischen Denkens aus der Chicagoer Schule hervorgegangen, die in der Literatur als Theorie der rationalen Erwartungen bezeichnet wird. Zu ihr sind vor allem Robert Lucas, Thomas Sargent, Edmund Phelps und John Muth zu zählen.

Gemeinsames Hauptmerkmal all dieser dem Neomonetarismus zuzurechnenden Schulen ist die von allen vertretene These von der inneren Stabilität des kapitalistischen Systems bei vollständiger Konkurrenz. Dementsprechend wurde die krisenhafte Entwicklung der kapitalistischen Wirtschaft damit erklärt, daß die staatlichen Eingriffe in die Wirtschaft, speziell die übermäßigen Steuern, das Investitions- und Arbeitsinteresse „abgetötet" hätten und daß sich die Herabsetzung der „natürlichen" Arbeitslosenrate negativ auf die Arbeitsmoral ausgewirkt habe. Und schließlich habe man sich auch infolge der fehlenden Kontrolle über die im Umlauf befindliche Geldmenge von der vollständigen Konkurrenz entfernt.

Die Neomonetaristen orientieren auf maximale Verwertung des Geldkapitals und eine Umorientierung in der Geldpolitik des Staates zur Umverteilung des Nettoprodukts im nationalen und internationalen Maßstab zugunsten des Finanzkapitals.

Die Anerkennung als führende Richtung bürgerlichen ökonomischen Denkens in den 80er Jahren in den USA und den anderen imperialistischen Hauptländern verdankt der Neomonetarismus vor allem seinem Beitrag zur ideologischen und politischen Absicherung der finanzkapitalistischen Mobilmachung des Imperialismus als ökonomische Voraussetzung einer Politik der sozialen Revanche im globalen Maßstab.

Schon hier wird deutlich: Neomonetarismus wurde wesentlich als Krisenideologie aktiviert. Zugleich ist er Erscheinungsform eines sich seit Beginn der 70er Jahre vollziehenden, vielseitigen Anpassungs- und Differenzierungsprozesses, der ein typisches Merkmal der Krise der bürgerlichen Ökonomie unter den Bedingungen der neuesten Entwicklung der allgemeinen Krise des Kapitalismus ist. Ihm kommt die Funktion zu, einen möglichst wirkungsvollen ideologischen und wirtschaftspolitischen Beitrag zur Stabilisierung und Sanierung der Verwertungsbedingungen des Kapitals in der Gegenwart zu leisten. Diese Aufgabe versucht der Neomonetarismus unter Ausnutzung oder Reanimation von bereits früher entwickelten Doktrinen und Theorien zu erfüllen, weshalb zu einer entsprechenden Abgrenzung auch der Terminus ‚Neomonetarismus' angebracht und notwendig ist. Insofern ist der Neomonetarismus keineswegs ein völlig neues Phänomen in der bürgerlichen politischen Ökonomie. Ursprünglich als Monetarismus entstand er in der langen und widerspruchsvollen Übergangsperiode vom Feudalismus zum Kapitalismus, also unter gänzlich anderen gesellschaftlichen und historischen Bedingungen und in anderen Klassenkonstellationen. Diesen Umstand trachtet der Neomonetarismus insofern zu nutzen, als er eine ununterbrochene Traditionslinie dieser Art bürgerlichen politökonomischen Denkens für sich beansprucht und sich somit den Schein historischer Kontinuität und Größe zu geben sucht. Zu diesem Vorgehen gehört auch, daß ein theoretischer Brückenschlag zur klassischen bürgerlichen politischen Ökonomie von Adam Smith und David Ricardo versucht und nach Gemeinsamkeiten gesucht wird.

Diese Reklamation der einen historisch noch progressiven Kapitalismus repräsentierenden klassischen bürgerlichen politischen Ökonomie durch die gegenwärtigen Theoretiker eines zum Untergang verurteilten kapitalistischen Wirtschafts- und Gesellschaftssystems soll im Grunde der wissenschaftlichen Legitimation dienen. Das „Gemeinsame" beider Konzepte besteht darin, „daß jeweils von einer, über flexible Preise sich optimal selbststeuernden Funktionsfähigkeit der Marktwirtschaft ausgegangen wird ... Dieser Vorgang der Weitergabe der Stafette der ‚alten' an die ‚neue' Theorie basiert auf der kontraempirischen Vorstellung überhistorisch wirkender, krisenfreier Selbstoptimierung marktwirtschaftlicher Systeme"[2] und

[2] R. Hickel, Die Lehre vom Geld — neu betrachtet, in: K. Diehl/P. Mombert (Hrsg.), Vom Gelde. Ausgewählte Lesestücke zum Studium der praktischen Ökonomie, Frankfurt a. M. — Berlin (West) — Wien 1979, S. X/XI.

paßt damit in das strategische Konzept imperialistischer Ideologen, den heutigen, durch unterschiedlichste Krisenprozesse arg diskreditierten Kapitalismus als gesundungsfähig und zukunftsoffen darzustellen.

Dieses zu hinterfragen ist ein Anliegen unserer Schrift. Damit gedenken wir zugleich der auf dem XI. Parteitag der SED an die Gesellschaftswissenschaftler der DDR gestellten Aufgabe zu entsprechen, einen wirkungsvollen Beitrag zur theoretischen Arbeit und zur praktischen Politik der Partei der Arbeiterklasse zu leisten.[3] Die konstruktive, überzeugende Auseinandersetzung mit der gegenwärtigen politökonomischen Ideologie des Imperialismus ermöglicht es, einer gewichtigen Anforderung unserer Imperialismusforschung gerecht zu werden. „Es war in den letzten Jahren ein durchgängiges Anliegen der marxistisch-leninistischen Imperialismusforschung, in Verbindung mit den realen Krisenprozessen in der Ökonomie auch die Krise der bürgerlichen ökonomischen Theorie zu untersuchen. Doch sollte gerade bei der Analyse der staatsmonopolistischen Anpassungsprozesse die der bürgerlichen Wirtschaftstheorien stärker mit einbezogen werden."[4]

Wie wollen wir nun unser Anliegen in der vorliegenden Arbeit realisieren? Welche Struktur hat unser Buch? Wir beginnen in den ersten beiden Kapiteln mit der Darstellung theoretischer Grundprobleme des Geldes. Wir haben uns zu diesem Einstieg entschlossen, weil wir der Meinung sind, daß es unzureichend ist, nur die Unzulänglichkeiten und die historischen Quellen einer Theorie zu zeigen, wenn nicht gleichermaßen versucht wird, positive Lösungen der durch die bürgerliche politische Ökonomie zwar verzerrt reflektierten, aber doch real existenten theoretischen und wirtschaftspolitischen Probleme anzubieten. Das muß am Anfang geschehen. In den sich anschließenden Kapiteln drei bis fünf werden insbesondere jene ideengeschichtlichen Aspekte aus der historischen Entwicklung der Geldtheorie der bürgerlichen politischen Ökonomie aufgezeigt, die unseres Erachtens von Bedeutung für die theoretische Profilierung des Neomonetarismus waren oder sind. In den Kapiteln sechs bis

[3] Vgl. XI. Parteitag der SED. Bericht des Zentralkomitees der Sozialistischen Einheitspartei Deutschlands an den XI. Parteitag der SED, Berichterstatter: Genosse Erich Honecker, Berlin 1986, S. 58.

[4] M. Schmidt, Vom X. zum XI. Parteitag der SED. Ergebnisse und Aufgaben marxistisch-leninistischer Imperialismusforschung der DDR, in: IPW-Berichte, 4/1986, S. 9.

zehn geht es uns um die Behandlung von theoretischen und wirtschaftspolitischen Grundlagen des Geldes und der Währungen, wie sie heute durch den Neomonetarismus vertreten werden. Die marxistisch-leninistische Kritik der neomonetaristischen Geldmengentheorie und der währungskurspolitischen Auffassungen dieser bürgerlichen Lehre werden in diesen Kapiteln mit der Analyse der empirischen Entwicklung verbunden. Unser Ziel ist es, Aussage und wirtschaftsgestalterischen Anspruch neomonetaristischen geld- und währungstheoretischen Denkens mit der objektiven Realität zu konfrontieren.

Die Autoren danken allen Kollegen, die bei der Fertigstellung des Manuskripts Unterstützung gewährt haben, vor allem den Gutachtern Prof. Dr. habil. Klaus Kolloch, Humboldt-Universität, Berlin und Prof. Dr. habil. Klaus O. W. Müller, Karl-Marx-Universität, Leipzig. Dank gilt auch den Mitarbeitern des Akademie-Verlages, insbesondere der Lektorin, Frau Stappenbeck.

Die Verfasser
Berlin, März 1987

Kapitel 1

Theoretische Grundprobleme des Geldes

1.1. Wesen, Formen und Funktionen des Geldes

1.1.1. Geldware, Geldzeichen, Geldmengen

Von einer die Geldmengenregulierung so vordergründig propagierenden theoretischen Richtung wie dem Neomonetarismus müßte erwartet werden, zu eindeutigen Antworten darüber fähig zu sein, was Geld ist, wie es sich zusammensetzt und wie seine Menge bestimmt und abgegrenzt werden kann. Doch die Bekenntnisse der neomonetaristischen Schule zu diesen Grundfragen des Geldes unterscheiden sich nicht von denen der übrigen bürgerlichen politischen Ökonomie. Sie sind oberflächlich, mehrdeutig, umstritten, konfus. Aus marxistischer Sicht soll zunächst diesen elementaren Gesichtspunkten der Geldtheorie Aufmerksamkeit geschenkt werden. Das Verständnis dafür ist notwendig, um die Frage zu beantworten, ob es überhaupt eine Geldmengensteuerung im neomonetaristischen und eine Zinssteuerung im neokeynesianischen Sinne geben kann und wie derartige Versuche tatsächlich zu bewerten sind.

Eine nahezu verwirrende Vielfalt von Erscheinungsformen des Geldes, die sich im Zuge der wirtschaftlichen Entwicklung nach und nach ausprägten, wobei sowohl ihre Beziehungen untereinander als auch ihre Stellung im Reproduktionsprozeß gleichfalls einem unaufhörlichen Wandel unterlagen, stellt eine theoretische Ökonomie, die auf die Anwendung des dialektisch-materialistischen Analyseinstrumentariums und der historisch-logischen Methode keinen Wert legt, vor unlösbare Probleme. Wie respektvoll der Student den Umfang geldtheoretischer Arbeiten der bürgerlichen politischen Ökonomie daher auch bestaunen mag, er wird sehr schnell merken, daß hierbei über einen Gegenstand meditiert wird, dessen Eingrenzung und Bestimmung längst als unmöglich aufgegeben worden ist. Diese theoretische Kapitulation nimmt vor allem aus geldpolitischer Sicht groteske Züge an.

Zwar ist man, wie in den folgenden Kapiteln am Beispiel des Neomonetarismus ausführlich dargestellt wird, bestrebt, mit Hilfe monetärer Größen das wirtschaftliche Geschehen zu beeinflussen. Doch zugleich muß eingestanden werden, daß eine Einigung darüber, was Geld überhaupt ist und aus welchen Bestandteilen es sich bildet, Illusion bleiben wird. „Ein hervorragender Geldtheoretiker" – so beschreibt James Tobin diesen Zustand – „aufrichtiger als viele seiner Kollegen" (gemeint ist sein Landsmann E. S. Shaw) „gibt zu, daß wir nicht wirklich wissen, was Geld ist, aber fährt fort zu argumentieren, daß, was immer es sei, sein Angebot regelmäßig mit einer Rate in der Größenordnung von 3 bis 4 % pro Jahr wachsen solle."[1] Es sei unmöglich, „eine unzweideutige Definition der Geldmenge zu geben", heißt es an anderer Stelle, und eine klare Trennungslinie zwischen Geld und Nichtgeld ließe sich nicht ziehen. Es gebe „kein klares Prinzip, das uns führen könnte, um die ideale Definition des Geldes zu finden".[2] Ein allgemeiner Begriff des Geldes, der für alle Zeiten gültig wäre, ließe sich nicht bilden, Merkmale, die das Wesen des Geldes ausmachten, nicht finden.[3] So überrascht es weder, daß in der bürgerlichen ökonomischen Literatur prinzipienlos zusammengestückelte, oft verworrene und mehrdeutige Geldbegriffe nebeneinander stehen, noch daß die bürgerliche politische Ökonomie auch bei der inhaltlichen Bestimmung dessen, was nicht zu Unrecht hin und wieder als „Blut der Wirtschaft" bezeichnet wird, arg zerstritten ist. Ahistorisch und einseitig, wenn auch rationale Aspekte des historischen Prozesses erfassend, ist beispielsweise das Geldverständnis Paul A. Samuelsons, dessen „Volkswirtschaftslehre" als eine brillante Einführung in die ungelösten Probleme einer „modernen Wirtschaft" bezeichnet wird. Allein zum „Warengeld" zählt er Gegenstände wie „Vieh, Tabak, Leder, Felle, Pelze, Olivenöl, Bier oder Schnaps, Sklaven, Frauen, Kupfer, Eisen, Gold, Silber, Ringe,

[1] J. Tobin, Geschäftbanken als Geld-Schöpfer, in Volks- und Betriebswirtschaft (Köln), 12/1981, S. 16.

[2] N. Kaldor/J. Trevithick, Geldtheorie und Geldpolitik. Aus keynesianischer Sicht, in: Handwörterbuch der Wirtschaftswissenschaften, Stuttgart – New York – Tübingen – Göttingen – Zürich 1981, S. 418.

[3] Vgl. W. Ehrlicher, Geldtheorie, in: Handwörterbuch der Wirtschaftswissenschaften, a. a. O., S. 375.

Diamanten, Muscheln, Perlenschnüre, Muschelschalen, große Felsen, Grenzsteine und Zigarettenstummel".[4]

In der aktuellen geldtheoretischen Kontroverse zwischen der neomonetaristischen und neokeynesianischen Schule geht es dabei um die Frage, ob dem Zentralbankgeld, das sich in den Kassen des Publikums und als Reserve bei den Banken befindet (Münzen, Zentralbanknoten, Sichtguthaben bei der Zentralbank) sowie den Sichteinlagen des Publikums bei den Banken, über die der Kontoinhaber jederzeit durch Scheck oder Überweisung verfügen kann, eine Reihe finanzieller Aktiva hinzuzufügen wäre. Das betrifft sowohl Aktiva von Finanzinstitutionen wie Wechsel, Obligationen, Hypotheken, die zugleich Verpflichtungen der Kreditnehmer sind, als auch Verbindlichkeiten der Finanzinstitute, die Aktiva der Kreditgeber darstellen (Termineinlagen bei Banken, Versicherungspolicen, Pensionsrechte). Die Neomonetaristen, untereinander in der Geldmengenabgrenzung keineswegs einig, bevorzugen, nicht zuletzt aus Gründen der Steuer- und Kontrollierbarkeit, eine relativ enge Geldmengenabgrenzung. Karl Brunner und Allan Meltzer plädieren für die Geldmenge M_1 (im Umlauf befindliches Bargeld und Sichteinlagen bei den Banken), Milton Friedmann, Anna Schwartz und David Laidler dagegen für die Geldmenge M_2 (M_1 plus Termineinlagen bei den Geschäftsbanken).[5] Dem liegt die Annahme zugrunde, Geld sei das Vermögensobjekt, das zu jeder Zeit die Tauschfähigkeit sichere und damit von allen „Gütern" und Forderungsrechten unterschieden werden könne. Wechsel, Schuldverschreibungen anderer Art und alle nur mit einem gewissen Risiko monetisierbaren Aktiva dagegen, selbst wenn sie von noch so kurzfristiger Art seien, könnten diese Aufgabe nicht erfüllen. Keynesianische Gegner der neomonetaristischen Position erweitern den Geldbegriff zu einem Liquiditätsbegriff, bzw. den der Geldmenge zur „Liquiditätsmenge". Sie meinen, daß nicht nur die in der Geldmenge M_3 (M_2 plus Spareinlagen) erfaßten Geldtitel, sondern auch „geldnahe" Titel („near monies") Liquidität bildeten, auf die es den Geldnachfragern letztlich doch ankomme. Die Begründung für diese Erweiterung besteht darin, daß „geldnahe" Titel mittelbar für Zahlungszwecke verwendet werden könnten. Dazu ist es aber notwendig, sie erst in „Zahlungsmittel" umzu-

4 P. A. Samuelson, Volkswirtschaftslehre, Bd. 1, Köln 1980, S. 356.

5 Vgl. A. Woll, Geldnachfrage, in: Handwörterbuch der Wirtschaftswissenschaften, a. a. O., S. 467.

tauschen. Sie hätten deshalb keinen „perfekten, sondern nur einen Quasi-Geldcharakter“[6]. Zur Geldmenge gehörten auch neuere Geldzahlungsformen wie Kreditkarten und „Depotscheine“, die ihrem Inhaber ermöglichten, seine Bargeldbestände und unverzinslichen Einlagen gering zu halten.

Das Wesen des Geldes zu ergründen und auf dieser Grundlage eine wissenschaftlich akzeptable Bestimmung des Geldbegriffes vornehmen zu können, war zu allen Zeiten schwierig, weil sehr verschiedene Gegenstände einzelne Geldfunktionen wahrnahmen und daher scheinbar als Geld auftraten. Dabei haben vor allem die Veränderungen in der Geld- und Warenzirkulation, so die Entbindung der aus Edelmetall bestehenden Geldware von der Wahrnehmung der Zirkulationsmittelfunktion und die Möglichkeit, Geldforderungen relativ komplikationslos in Geld oder andere Geldsurrogate zu verwandeln, immer wieder zum Nachdenken über dieses „alte“ Erkenntnisproblem angeregt. Seine Lösung ist prinzipiell nur zu erreichen, wenn das Bemühen um die Unterscheidung zwischen Wesen und Erscheinungsformen des Geldes, um die Erfassung des Zusammenhangs zwischen Geldware und Geldsurrogaten und um das dialektische Begreifen der Einheit der Geldfunktionen methodologisches Prinzip der theoretischen Analyse bleibt. Die in der bürgerlichen politischen Ökonomie verbreitete Auffassung, die Geldmengendefinition sei im Prinzip ein empirisches Problem, ist nicht haltbar. Geld, so behaupten Friedman und Schwartz, sei nicht eine vorgegebene Sache, die – wie der amerikanische Kontinent – entdeckt werden müsse, sondern ein vorläufiges wissenschaftliches Konstrukt, wie die „Länge“, „Temperatur“ oder „Kraft“ in der Physik.[7] Natürlich ist die Geldmengenermittlung auch ein empirisches Problem. Seine Lösung aber kann nur gelingen, wenn die theoretische Aufgabe, den Inhalt des Geldbegriffs zu bestimmen, gelöst worden ist. Bürgerliche Deutungen, Geld sei ein „Aktivum“ mit Kaufkraft, eine bemerkenswerte Erfindung, die den „Güteraustausch“ vereinfache, indem es in ihm bestimmte Funktionen verrichte, sind unzureichend. Geld ist mehr als nur ein technisches Hilfsmittel oder, wie Karl Marx spöttisch bemerkt, ein „pfiffig ausgedachtes Auskunfts-

[6] E.-M. Claasen, Grundlagen der Geldtheorie, 2. Aufl., Berlin (West) – Heidelberg – New York 1980, S. 40.

[7] Vgl. M. Friedman/A. J. Schwartz, Monetary Statistics of the United States, New York – London 1970.

mittel" über Wert und Preis der Waren. Ausgangspunkt für die Bestimmung dessen, was Geld darstellt, ist die wichtige Bemerkung von Marx, daß die Hauptschwierigkeit in seiner Analyse überwunden sei, „sobald sein Ursprung aus der Ware selbst begriffen ist. Unter dieser Voraussetzung handelt es sich nur noch darum, seine eigentümlichen Formbestimmtheiten rein aufzufassen, was einigermaßen erschwert wird, weil alle bürgerlichen Verhältnisse vergoldet oder versilbert, als Geldverhältnisse erscheinen, und die *Geldform daher einen unendlich mannigfaltigen Inhalt zu besitzen scheint, der ihr selbst fremd ist.*"[8] Der Rekurs auf den historischen Prozeß sei deshalb der Darstellung von Wesen und Erscheinungsformen des Geldes vorangestellt.

1.1.2. Warenproduktion und Geld

In der bürgerlichen Literatur wird die Geldentstehung als ein Prozeß gedeutet, der weitgehend außerhalb und unabhängig von der Warenproduktion verlaufen sei. Geld sei sakralen Ursprungs,[9] oder in der Psyche „möglicherweise schon des Affenmenschen"[10] verwurzelt. Daher hätte der Tausch das fertige Geld bereits als seine Voraussetzung vorgefunden[11] oder aber die Geldfunktionen wären Natureigenschaften[12], so daß sie „ebenso lange wie das Leben selbst bestehen" müßten[13]. Das Wirtschaftsleben, so wird dann geschlußfolgert, sei „selbst in solchem Maße Produkt des Geldes . . ., daß es schon logisch ganz unzulässig erscheint, das Geld wiederum aus seinem Produkt, der arbeitsteiligen Verkehrswirtschaft, abzuleiten"[14].

Die Behauptung, Geld und Geldgebrauch wären älter als die warenproduzierende Gesellschaft, beruht auf der Verwechslung, daß Gegenstände existierten und innerhalb der Gemeinschaft schon eine

[8] K. Marx, Zur Kritik der politischen Ökonomie, in: K Marx/F. Engels, Werke (im folgenden MEW), Bd. 13, Berlin 1969, S. 49/50 (Hervorhebung d. A.).

[9] Vgl. B. Laum, Heiliges Geld. Eine historische Untersuchung über den sakralen Ursprung des Geldes, Tübingen 1924.

[10] G. Schmölders, Psychologie des Geldes, München 1982, S. 20.

[11] W. Gerloff, Die Entstehung des Geldes und die Anfänge des Geldwesens, Frankfurt a. M. 1940.

[12] G. Simmel, Philosophie des Geldes (1900), 4. Aufl., München – Leipzig 1922.

[13] Vgl. S. H. Frankel, Geld: Die Philosophie und die Psychologie des Geldes, Wiesbaden 1979, S. 36.

[14] G. Schmölders, Psychologie des Geldes, a. a. O., S. 29.

besondere Rolle zu spielen vermochten, bevor sie Geldfunktionen wahrnahmen und damit Geld wurden. Solange aber eine Ware nicht als Geld funktioniert, indem sie dessen Funktionen wahrnimmt, bleibt sie „potentielles" Geld. Sollte die wichtigste Funktion des Geldes tatsächlich, wie Thorstein Veblen glaubte, darin bestehen, den unter Bedingungen des Privateigentums unvermeidlichen „neiderfüllten Vergleich" zu ermöglichen, so müßten die Hort-, Schmuck- und Protzgegenstände frühester Zeiten schon als Geld bezeichnet werden.

Allein die psychologische Deutung der Geldfunktion begründet dann die fehlerhafte historische Einordnung. Selbst eine Präzisierung („Die Hortgüter gewinnen vielmehr erst dann Geldcharakter", wenn sie „außerdem zu regelrechten Zahlungen verwendet werden können"[15]), trifft nicht den Kern, denn „Zahlungen" konnten zu verschiedenen Zwecken (Gastgeschenke, Frauenkauf, Abgaben, Opfer, Kontributionen) auch außerhalb der Warenproduktion erfolgen, ohne daß es gerechtfertigt wäre, die dazu benutzten Dinge als Geld anzusehen.

Dialektisch betrachtet ist es ferner unzulässig, aus der unbestrittenen Tatsache, daß Geld entstehen und fördern half, woraus es selbst resultiert, zu schließen, es habe historisch vor der Warenproduktion existieren können. Die historisch-logische Einheit ist komplizierter, das Geld – nicht die Gegenstände, die es sein können – ist Produkt der Warenproduktion, deren Anfänge sich ohne Geld vollzogen, und es hat dann rückwirkend zum Funktionieren der Warenproduktion beigetragen, aus der es selbst hervorging. Das Geld entstand mit der Warenproduktion, selbst wenn Gegenstände diese Funktion übernahmen, die in Frühkulturen Göttern geopfert wurden, um sie zu versöhnen und von der Entsendung zerstörender Naturgewalten abzuhalten. So ist das Geld einerseits Ergebnis eines langen historischen Prozesses, in dessen Verlauf sich die Warenproduktion durchsetzt, und es hat andererseits diesen Prozeß gefördert, weil es den Warenaustausch und damit auch die Produktion von Waren rationalisieren half. Die historische Entstehung des Geldes im Prozeß der Entfaltung des Werts in Wertformen (einfache, vereinzelte, zufällige; totale, entfaltete, allgemeine und Geldform) sind im ersten Band des Marxschen „Kapital" anschaulich dargestellt.[16] Dort wurde nachgewiesen, daß die Eigenschaften der in

15 Ebenda, S. 27.

16 K. Marx, Das Kapital, Erster Band, in: MEW, Bd. 23, Berlin 1972, S. 77. –

Äquivalentform stehenden Waren von Beginn an das „Geheimnis" des später entstehenden Geldes begründen. Am Ende dieses Prozesses steht die Geldware Gold, die der Kapitalismus der freien Konkurrenz zu seiner Regulierung benötigt.

Die Herausbildung der Geldware Gold war aber noch nicht abgeschlossen, als bereits eine andere Tendenz einsetzte: ihre Verdrängung aus dem Zirkulationsprozeß. Einfacher ausgedrückt, noch bevor Gold zur allgemein anerkannten Geldware werden sollte, wurde es bei der Bezahlung von Waren zu einem großen Teil schon gar nicht mehr benötigt. An seine Stelle traten Geldsymbole bzw. Geldsurrogate, die die Geldware vertraten. Dieser „Verdrängungsprozeß" der nicht selten als „Entmonopolisierung" oder „Demonetisierung" in der bürgerlichen Ökonomie als Substitution des „Warengeldes" durch „Zeichengeld" interpretiert wird, war in Wirklichkeit zunächst nichts als eine simple Zwangsläufigkeit, die sich aus dem Wirken der ökonomischen Gesetze ergab.[17] Im Kapitalismus ist damit der

Vgl. auch: E. S. Varga, Das Geld, in: E. S. Varga, Ausgewählte Schriften, Bd. 1, Berlin 1979, S. 7.

17 Unter marxistischen Ökonomen ist strittig, ob Gold heute noch Geldware ist oder nicht. Vornehmlich aus der Tatsache, daß es nicht mehr zirkuliert, schließt eine Gruppe, zu der in der Sowjetunion Stanislav Borissov, Andreij Anikin, Sergeij Nikitin, Georgij Matjuchin, Inrij Pevsner, Georgij Soljus, in der VR Ungarn Istvan Hagelmayer, Peter Erdös, Todor Vylčev in Bulgarien, in der ČSSR Antonin Bruzek und Petr Chvojka und in der DDR Evelyn Kolloch, Klaus Kolloch, Werner Thümmler, Ulrich Hoffmann, Dieter Fuchs, Hans-Joachim Lotze, Schellbach, Frank Latka u. a. gehören, daß Gold sein Geldwarendasein aufgegeben habe. Ohne sich mit der Begründung dafür hier näher zu befassen, sei lediglich gesagt, daß alle Autoren bei dem dann notwendigen Versuch, alternative Theorien der Wertmessung zu entwickeln, bislang gescheitert sind (zur zusammenfassenden Kritik dieser Versuche vgl.: Dietrich Dietzel, Zum Wesen der Geldware und der Entwicklung ihrer Form im Kapitalismus, Dissertationsschrift (B), Technische Hochschule „Carl Schorlemmer", Leuna-Merseburg 1986, S. 205–221). – Andere Ökonomen, in der DDR z. B. Alfred Lemmnitz, Waldfried Schließer, Paul Danek, Johannes Köhler, Klaus Müller, in der UdSSR Dalin, Jaakov A. Kronrod, Boris Majorov, Josif I. Konnik und andere halten dagegen an der Geldwarentheorie fest. Dietzel, der sie ebenfalls vertritt, will aber zeigen, daß Papiergeld Wert messen kann, weil es seiner Meinung nach Ware sei, zwischen Wertschätzung und Wertmessung unterschieden werden müsse und an die Stelle des Wertinhalts der „Äquivalentware" eine „gesellschaftliche Wertgarantie" trete (D. Dietzel, Zum Wesen der Geldware und der Entwicklung ihrer Form im Kapitalismus, a. a. O., S. 233). – Das

Zwang zur Ökonomisierung des Reproduktionsprozesses, die Verminderung des Risikos von Geld- und Kapitalverlusten, die Einsparung von Kapital und Kosten, die Senkung des Kapitalvorschusses, die Beschleunigung seines Umschlags und die vorwiegend produktive Nutzung von Kapital gemeint. „Zeichengeld“ löst in diesem Prozeß die Geldware nicht ab, indem es sie *generell* überflüssig macht, sondern es vertritt, repräsentiert sie, weil es sie *in der Zirkulation* entbehrlich macht.

Die Notwendigkeit der Verdrängung des Goldes aus der Zirkulation aber ist vor allem eine Notwendigkeit der Ökonomisierung kapitalistischer Reproduktionsbeziehungen, und zwar in einem solchen Maße, daß man diese Notwendigkeit als ein ökonomisches Gesetz bezeichnen muß. Heute als „Greshamsches Gesetz“ bezeichnet, wurde dieser Zusammenhang schon frühzeitig durch den griechischen Komödiendichter Aristophanes, später von Nicolaus Copernicus und Thomas Gresham, dem Finanzverwalter der britischen Krone, ausgesprochen: Schlechtes Geld vertreibt gutes Geld aus der Zirkulation. Im einzelnen spielten dafür folgende Gründe eine Rolle:

Erstens mag der Geldgeschichte mit der Prägung der ersten Münze zwar eine historische Stunde geschlagen haben, doch so groß die Bedeutung dieses Ereignisses ohne Zweifel gewesen ist, bald schon stellte sich heraus, daß auch die Münzzirkulation nicht ohne Probleme war. Ständige natürliche und künstliche Verschlechterungen von Schrot (Gesamtgewicht) und Korn (Feingehalt) der Münzen, besonders schwierige Probleme bei der Gewährleistung eines geordneten Kleingeldumlaufs und anderes veranlaßten Besitzer von Geldwarenstücken schon frühzeitig, ihren Geldbesitz zu schützen, indem sie ihn nicht der Zirkulation übergaben. Dafür kursierten minderwertige Münzen aus Kupfer, Eisen oder anderen Metallen, die sicher auch deshalb erforderlich waren, weil es schwer ist, sehr kleine Geldsummen in Gold auszudrücken.

Auf diese Weise konnte in verschiedenen Ländern schon sehr früh

Buch von Borissov (Das Gold in der Wirtschaft des modernen Kapitalismus Moskau 1984) enthält wie Majorov schreibt, keine Antwort auf die Frage, „wie das inkonvertible Papiergeld, das selbst keine Ware ist und keinen Wert hat, die Funktion des Wertmaßes, des allgemeinen Äquivalents ausüben kann“ (B. Majorov, Das Gold in der Wirtschaft des modernen Kapitalismus, in: Außenhandel, Zeitschrift des Ministeriums für Außenhandel der UdSSR, Moskau, 10/1985, S. 38f., [russ.]).

eine vollkommen goldlose Zirkulation entstehen, in der nun Papierzettel und Münzen aus gewöhnlichem Metall zur Bezahlung der Waren dienten. Es handelt sich in diesem Fall im Unterschied zur Goldumlaufswährung um eine einlösbare Goldkernwährung. Die Notenbanken halten zur Deckung der umlaufenden Geldvertreter eine Zahlungsreserve, den Goldkern, der beträchtlich kleiner als der Geldumlauf sein kann, weil der größte Teil der Geldvertreter erfahrungsgemäß in der Zirkulation bleibt, solange „die Geschäfte florieren".

Zweitens kommen Probleme bei der Bereitstellung der Goldwarenmenge für die mit der Produktivkraftentwicklung wachsende Warenzirkulation als Faktoren hinzu, die den Rückzug der Geldware in Münzform aus der Zirkulation erklären. Mit der Wertsumme der jährlich produzierten und zirkulierten Warenmasse müßte auch die Edelmetallproduktion wachsen, soweit die erforderliche Geldmasse nicht durch eine größere Umlaufgeschwindigkeit des Geldes oder „durch umfangreiche Funktion des Gelds als Zahlungsmittel, d. h. durch größere gegenseitige Saldierung der Käufe und Verkäufe ohne Dazwischenkunft von wirklichem Geld" kompensiert werden kann. „Es erledigt sich damit auch die abgeschmackte Frage", sagt Marx, „ob die kapitalistische Produktion in ihrem jetzigen Umfang ohne das Kreditwesen . . . möglich wäre, d. h. mit bloß metallischer Zirkulation. Es ist dies offenbar nicht der Fall. Sie hätte vielmehr Schranken gefunden an dem Umfang der Edelmetallproduktion." [18]

Drittens zieht sich die Geldware in Form des Münzsymbols aus der Zirkulation zurück und gibt sich eine wertlose Form, weil damit eine Ökonomisierung der Produktionsverhältnisse zwischen den Warenproduzenten möglich ist, deren Notwendigkeit sich durch die Entfaltung von Warenproduktion und Handel ohne Zweifel verstärkt hatte. Mittel dazu war der aus dem Kreditgeschäft stammende Wechsel, von Marx als Handelsgeld bezeichnet. Dessen Eignung, Geldware aus der Zirkulation zu verdrängen und sie damit einzusparen, ergibt sich nicht nur daraus, daß er Forderung auf Geldware ist. Diesem Zusammenhang liegen arbeitsteilige, reproduktive Verflechtungen zwischen den Abteilungen, Zweigen und Bereichen der Volkswirtschaft zugrunde.

Aus der marxistischen Kreislauftheorie ist bekannt, daß zur

[18] K. Marx, Das Kapital. Zweiter Band, in: MEW, Bd. 24, Berlin 1972, S. 327 und 347.

Sicherung der Kontinuität des Reproduktionsprozesses die drei Formen des industriellen Kapitals nicht nur nacheinander, sondern in gewissen Proportionen auch nebeneinander (synchron) vorhanden sein müssen. Es bedarf, mit anderen Worten, zur Vermeidung von „Kreislaufstörungen" (Unterbrechungen) eines Zusatzkapitals. Die Kreisläufe der individuellen Kapitale verflechten sich ineinander; aus vertikaler Sicht ist der Abschluß des einen zugleich der Beginn des nächsten auf der jeweils höheren Produktionsstufe. Diese objektiven Kreislauf- und reproduktionstechnischen Zusammenhänge zwischen den Produktionsreihen, die untereinander verkettet sind, ermöglichen die Rationalisierung und Ökonomisierung des Zahlungsverkehrs. Im Prinzip beruht der Mechanismus, durch den erhebliche Barzahlungen (Zahlungen in Geldware) überflüssig werden, auf einer Produktionskette (Produktionsverflechtung), die eine Zahlungskette mit gegenseitigen Forderungen und Verbindlichkeiten entstehen läßt, wobei ein nicht unbeträchtlicher Teil der Forderungen von Stufe zu Stufe kompensiert, das heißt miteinander aufgerechnet werden kann. Für Produzenten des konstanten Kapitals, die dieses zum Teil miteinander austauschen, „können sich die Wechsel mehr oder weniger ausgleichen"[19]. Zur Bezahlung der Gesamtumsätze ist nun weitaus weniger Geldware erforderlich, als notwendig wäre, würden sich diese ohne Wechselgeschäft vollziehen. Je höher die Umschlagshäufigkeit des Wechsels, um so größer ist die Menge an Geldware, die er einspart. Entweder könnte die Produktion dieser eingesparten Geldware unterbleiben oder deren produktive Anlage das Verwertungsniveau erhöhen.

Die Grenzen des kommerziellen Kredits (Reservekapital im Fall verzögerter Rückflüsse und diese Rückflüsse selbst)[20] werden jedoch erst durchbrochen, wenn der kommerzielle Kredit sich mit dem eigentlichen „Geldkredit" verquickt.

Viertens ermöglicht die Verknüpfung von kommerziellem und Geldkredit über die vermittelnden Banken eine weitere Ökonomisierung der Beziehungen zwischen Warenproduzenten, wenn die periodische Freisetzung von Geldkapital an bestimmten Stellen der Volkswirtschaft mit dessen Einsatz und Verwertung dort gekoppelt wird, wo es notwendig und möglich ist. Damit kann die Produktion trotz Bindung eines Teils des Kapitals in der Produktions- und

[19] K. Marx, Das Kapital, Dritter Band, in: MEW, Bd. 25, Berlin 1972, S. 497.
[20] Vgl. ebenda.

Absatzphase ohne Zuschußkapital kontinuierlich betrieben werden und die gesamte Stufenreihe der Produktion mit einem Minimum an Geldkapital auskommen. Beim Diskontieren der Wechsel durch die Bank, die auf diese Weise das Geldkapital ihrer Depositoren einsetzt, „wird für jeden individuellen Fabrikanten oder Kaufmann sowohl die Notwendigkeit eines starken Reservekapitals umgangen wie die Abhängigkeit von den wirklichen Rückflüssen“[21].

Finanztechnisch ist vorstellbar, daß sich die aufeinanderfolgenden Stufen der Produktion kommerziellen Kredit gewähren, während die Handelsstufe ihre täglichen Verkaufserlöse bei der Bank in bar einzahlt. Diese zeitweilig freien Geldmittel der Handelsstufe (sie liegen bis zum Zahlungstermin an die Vorstufe brach) können über die Bank kurzfristig an die Produktionsvorstufen ausgeliehen werden. Als verwendete Mehrwert- und Lohneinkommen fließen sie „beständig den Kleinhändlern zurück, denen sie so einen Teil ihres Kapitals, aber gleichzeitig auch ihrer Revenue aufs neue realisieren“[22]. Vermittelt über die Bank werden so zeitweilig freie Geldkapitale der Endstufe den Produktionsstufen bereits vor Aufrechnung der kommerziellen Kredite zur Verfügung gestellt. Dabei nehmen die Produzenten im Bankkredit nur in Anspruch, was sie selbst der Endstufe an kommerziellem Kredit gegeben haben. Empirisch wird das durch die Tatsache belegt, daß Forderungen aus Warenlieferungen und Leistungen einerseits und Bankschulden andererseits gleichzeitig nachweisbar sind. Eine Kreditverflechtung zwischen den Banken wird dabei notwendig, wenn die Warenproduzenten auf den einzelnen Stufen und die Kaufleute Kunden verschiedener Banken sind. Am Prinzip ändert sich dadurch allerdings nichts. Die Banken der Vorstufen erlangen die zur Barauszahlung ihrer Kredite benötigten Gelder, indem sie sich kurzfristig an die Banken der Endstufe verschulden, bei denen täglich die in Bargeld realisierten Verkaufserlöse eingezahlt werden. Sie können sich das Bargeld auch verschaffen, indem sie die diskontierten Wechsel der Warenproduzenten auf den Vorstufen (Forderungen an die Endstufe) an die Bank der Endstufe verkaufen. Die Endstufe bringt dann sukzessiv die Geldmittel für die von ihr akzeptierten Wechsel auf, die von ihren Banken diskontiert wurden.

Fünftens kann dem Zwang nach Ökonomisierung, Rationalität und

[21] Ebenda, S. 501.
[22] Ebenda, S. 460.

Sicherheit des Zahlungsverkehrs auf einer höheren Stufe entsprochen werden, wenn die Banken ihre vermittelnden Beziehungen nicht unmittelbar mit Geldware, sondern mit Forderungen gegen sich selbst auf Geldware realisieren. Dabei bezahlen sie die angekauften Wechsel nicht mit Goldmünzen, sondern mit Banknoten. Banknoten sind ursprünglich nichts anderes als Wechsel auf den jeweiligen Bankier, ein Zahlungsversprechen der Bank dem gegenüber, von dem diese den Wechsel annimmt. Für ihre Inhaber bedeuten Banknoten daher Anspruch auf Zahlung. Sie machen als das „klassische Kreditgeld" den Bankkredit bis zu einem gewissen Grade unabhängig vom Umfang des wirklichen Bankkapitals und des in den Tresoren der Bank befindlichen Leihkapitals in Form der Geldware Gold.[23] Aber nur in gewissem Grade: Banknoten – und darin besteht ihr Vorteil gegenüber dem kommerziellen Wechsel – besitzen keinen Verfallstermin, sie sind unbefristet und können deshalb jederzeit in die Geldware Gold eingetauscht werden. Das Paradoxe besteht nun darin, daß gerade deshalb, weil dieser Tausch jederzeit möglich ist, er nicht oder nur zu einem geringen Prozentsatz des Umfangs der zirkulierenden Banknoten vollzogen wird. Die Banknote ist im Gegensatz zum Wechsel in feste Werte gestückelt, das heißt in beliebig große und kleine Summen zerleg- und zusammensetzbar. Sie überwindet die Grenzen des Wechsels, der an Warenbeziehungen zwischen Produzenten gebunden bleibt, personell und quantitativ begrenzt sowie befristet ist und auf individuelle Beträge lautet. Ihre Vorzüge gestatten es der Banknote, die Zirkulationsmittelfunktion des Geldes auch in der Revenuezirkulation zu übernehmen. Erleichtert wurde das durch die Ausgabe von Banknoten in kleineren Beträgen, wodurch eine weitere Zurückdrängung der Zirkulation von Goldmünzen möglich wurde. Das Vertrauen in die Bereitschaft der Banken, sie gegen Geldware einzulösen, und vor allem reproduktions- und kreislaufdeterminierte Zusammenhänge begründen die Zirkulationsfähigkeit des „Bankgeldes". Theoretisch können jetzt unendlich viele Forderungen und Verbindlichkeiten zwischen Produktions- und Handelsstufen mittels Banknoten, also Forderungen gegen die Bank, ausgeglichen werden. Die Banknoten der privaten Banken haben aber auch Mängel. Sie gelten nur für einen territorial be-

[23] „Die Bank konnte so verleihen und bezahlen, ohne Geld aus der Hand zu geben" (E. Sanio, Geld und Währung. Aktuelle Probleme, Frankfurt a. M. 1978, S. 94).

grenzten Bereich. Im Laufe der Entwicklung wurde die Banknotenemission gesetzlich geregeltes Monopol der zentralen Notenbanken. Die Zentralbanknoten sind Banknoten mit staatlichem Zwangskurs, das heißt, sie müssen von jedem jederzeit an Zahlung Statt angenommen werden. Tatsächlich sind sie aber zunächst Wechsel auf die Zentralbank, zahlbar sofort und jederzeit und in jeder Höhe umtauschbar in die Geldware Gold. Deshalb muß eine bestimmte Geldwarenmenge als „Deckung" des umlaufenden Banknotengeldes in den Banken vorhanden sein. Da in normalen Zeiten kaum Anlaß für die Konvertierung besteht, kann dieser Umfang an Geldware relativ gering sein. Durch Deckungsvorschriften wurde versucht, die willkürliche Ausdehnung der Banknotenemission zu behindern. Durch die Vorschrift, zusätzliche Banknoten nur mit kurzen, guten Warenwechseln zu tauschen, sollte Banknotengeld nur in dem Ausmaß vermehrt werden, wie die Warenmenge wuchs. Allerdings konnten auf diese Weise nicht nur Produktionssteigerungen, sondern auch erfolgte Preiserhöhungen rückwirkend durch die Banknotenausgabe mit guter Wechseldeckung finanziert werden, was im Aufschwung in der Regel auch der Fall war.[24]

Sechstens kann durch die Verknüpfung von kommerziellem und Bankkredit in Form des Giral- oder Buchkredits ein erheblicher Teil der Umsätze im Bereich der Kapitalzirkulation durch die Anwendung von Scheck, Überweisung, Kreditkarten und in neuerer Zeit durch elektronische Scheckbearbeitung auch in der Revenuezirkulation bargeldlos abgewickelt werden. Alle Zahlungen erfolgen dabei mittels Überweisung bzw. Umbuchung von Konto zu Konto. Diese gegenseitigen Verrechnungen auf Konten (Kontokorrentrechnung) geschieht ohne eine einzige Banknote, geschweige denn Geldware. Das wirkliche Geld ruht und ist dennoch rastlos in Bewegung. Diese Bewegung des Geldes zwischen verschiedenen Eigentümern ist nur noch an sich ändernden Zahlen auf den Konten wahrzunehmen. Schon Marx wußte, daß der Giroverkehr es ermöglicht, die Zahlungsverpflichtungen, die Kunden zunächst einer Bank gegenüber und später über das Clearing House auch mehrere Banken untereinander haben, durch Buchungen und damit bargeldlos abzuwickeln. „In Ländern von entwickeltem Kredit können wir

[24] Vgl. H. Mottek, Zu den Entwicklungsgesetzmäßigkeiten des kapitalistischen Geldsystems, Berlin 1981, S. 6 (Sitzungsberichte der Akademie der Wissenschaften der DDR, 7 G/1981).

annehmen, daß alles zur Verleihung disponible Geldkapital in der Form von Depositen bei Banken und Geldverleihern existiert ... Zudem wird in guten Geschäftszeiten, ehe die eigentliche Spekulation losgelassen wird, bei leichtem Kredit und wachsendem Vertrauen der größte Teil der Zirkulationsfunktionen durch einfache Kreditübertragung erledigt, ohne Dazwischenkunft von Metall- oder papiernem Geld."[25] Für Marx war klar, daß theoretisch und praktisch die Geldware Gold für die Warenzirkulation nicht benötigt wird, daß sie ihre Zirkulationsmittelfunktion vollständig an Geldzeichen (Wechsel, Banknoten, Guthaben) übergeben konnte, ohne dadurch aufzuhören, Geldware zu sein.

Mit den Dimensionen kapitalistischer Warenproduktion erhöhen sich auch die der reproduktiven Beziehungen. Kreditgeldgeschäfte, Banknotenumlauf und Kontokorrentrechnungen nehmen zu. Mit dem Übergang vom Kapitalismus der freien Konkurrenz zum Monopolkapitalismus verstärkt sich *siebtens* der Druck, der vom autonomen Monopolpreisverhalten auf die Geldmenge ausgeht. Das Anwachsen des Kreditgeldumlaufs ist daher nicht nur Ausdruck gestiegener Produktion schlechthin, sondern auch einer Produktion zu höheren Preisen, nämlich zu Monopolpreisen. Der damit steigende Bedarf an Geld konnte auf die Dauer weder durch Goldmünzen noch durch in Gold konvertible Banknoten befriedigt werden.

In dem Maße, wie sich Monopole zu strukturbestimmenden Elementen der Wirtschaft entwickelten, wurde der Sicherung einer juristisch mehr oder weniger stabilen Konvertibilität die Grundlage entzogen. Inkonvertible Banknoten verändern dann ihren Charakter. Sie fallen „unter die Gesetze des inkonvertiblen Staatspapiergeldes"[26], das es in der Geschichte des Geldwesens schon oft, in der Regel im Zusammenhang mit der Finanzierung von Kriegen, gegeben hatte und das dabei keinem anderen Ziel als der Verfälschung von Edelmetallmünzen diente, nämlich durch Umverteilungsprozesse die wachsenden, durch gewöhnliche Einnahmen nicht mehr finanzierbaren Ausgaben des Staates zu finanzieren. Unter den Bedingungen der allgemeinen Krise des Kapitalismus und ihrer Verflechtung mit zyklischen Krisenerscheinungen wurden nicht zuletzt durch die fortschreitende Monopolisierung die Grundlagen der Konvertierbarkeit von Banknoten nach und nach zerstört. Zum Staatspapier-

[25] K. Marx, Das Kapital. Dritter Band, a. a. O., S. 516, 536/537.
[26] Ebenda, S. 539/540.

geld degeneriert, kann sich seine Menge den staatsmonopolistischen Bedürfnissen der Zirkulation anpassen, indem ihre Erhöhung zu entsprechenden Veränderungen des Maßstabs der Preise – ausgedrückt in Papiergeld – führt.

Bei der Münzverfälschung, die auf der gleichen Ebene wie die Vergrößerung der Papierzettelmenge liegt, wurde im Gegensatz zum Papiergeld die Funktion des Zirkulationsmittels gestört, denn eine bestimmte Menge Edelmetall kann nicht problem- und grenzenlos mehr Edelmetalle repräsentieren. Als die Münze beginnt, Symbol ihrer selbst zu werden, fängt sie daher zugleich an, ihre Funktion zu untergraben. Mit dem Wegfall der juristisch fixierten Konvertibilität ehemals konvertierbarer Noten fallen die letzten, ohnehin lockeren Bindungen für die Papiergeldmengenexpansion, die Voraussetzung für die monopolistische Umverteilungs- und Verwertungsstrategie wird.

Achtens wird diese Entwicklung durch die nach der Weltwirtschaftskrise an Bedeutung gewinnende staatsmonopolistische Regulierung des Reproduktionsprozesses verstärkt. Die auf die Glättung des Krisenzyklus und auf Wachstum orientierte staatsmonopolistische Regulierung ist dem Inhalt nach eine indirekte Einflußnahme auf das wirtschaftliche Geschehen, eine Einflußnahme, die sich vornehmlich der Instrumente der Finanz-, Geld- und Kreditpolitik bedient. Die metallenen Schranken der Papiergeldwährung, ihre juristisch starre Bindung an die Geldware mußten gelockert werden, weil sie die Manövrierfähigkeit des imperialistischen Staates mit Hilfe des Geldes behinderten. Vor allem mußte dem Staat der Zugang zum Notenbankkredit, zur Geldschöpfung eingeräumt werden.

Die im Verlauf der staatsmonopolistischen Regulierung aufgegebene offizielle Bindung der umlaufenden Geldsurrogate an die Geldware war somit immanente Voraussetzung für diese monetären staatlichen Steuerungsversuche. Sie war aber auch zugleich Konsequenz der über das monopolistische inflationäre Preisverhalten in Gang gesetzten Umverteilungsstrategie. Schließlich stellt sie eine Voraussetzung für nationale Bemühungen dar, sich durch einseitige Währungskursmanipulation internationale Vorteile zu verschaffen, auch wenn dies nicht im Interesse des Weltkapitals liegen kann, wovon dann stets das zugleich vorhandene Bestreben nach relativer Kursstabilität im Rahmen internationaler Währungssysteme zeugt.

1.1.3. Geldformen heute

Dem heutigen Streit zwischen Neokeynesianern und Neomonetaristen über Inhalt und Begriffsbestimmung des Geldes liegen letztlich der dargestellte historische Prozeß und seine Ergebnisse zugrunde; offensichtlich läßt er sich im Rahmen dieser Konzepte nicht widerspruchsfrei deuten, obgleich beide theoretischen Ansätze zweifellos auch rationale Aspekte enthalten.

Die heute emittierten „Banknoten" kapitalistischer Länder haben, unabhängig davon, ob sie beim Ankauf von Staatsschuldmitteln oder von aus kommerziellen Beziehungen stammenden Zahlungsversprechen, Devisen usw., herausgegeben werden, mit ihren Vorläufern, die als „echte" Banknoten Kreditgeld, also Forderung auf Geldware darstellten, nicht viel mehr als den Namen gemein. Es handelt sich heute um uneinlösbares Staatspapiergeld. Dieses war von vornherein keine Forderung auf Geldware, sondern ihr Ersatz war als „Ersatzgeld" für die Ausübung der Zirkulations-, Zahlungs- und in gewisser Weise auch der Akkumulationsfunktion erdacht.

Neben der Geldware, die Wertäquivalent sein kann, weil sie als Ware selbst Wert besitzt (verschiedene Geldwaren sind theoretisch vorstellbar, historisch in Form von Gold und Silber belegt), gibt es zwei grundsätzlich verschiedene Geldformen, die jede für sich wieder in eine Vielzahl unterschiedlicher Geldarten eingeteilt werden können:

- Kreditgeld, das einst Forderung auf Geldware war (und heute auf das, was diese ersetzt), ein Anspruch, dessen Einlösungsmöglichkeit garantiert sein muß;
- uneinlösbares Staatspapiergeld (inclusive inkonvertible „Banknoten"), das die Geldware nicht dadurch repräsentiert, daß es Anspruch auf sie wäre, sondern dadurch, daß es sie ersetzt, aber tauschfähig mit ihr bleibt.

In den Volkswirtschaften des gegenwärtigen Kapitalismus besteht folgendes System von Geldware und Geldzeichen: Die Geldware Gold hat sich aus der Warenzirkulation zurückgezogen. Als Währungsreserve (vgl. Tabelle 1), Mittel zum Erwerb von Devisen, zum Ausgleich von Leistungsbilanzen ist sie jedoch nach wie vor aktiv, obgleich Golddeckungsvorschriften für die binnenwirtschaftliche Geldzirkulation nicht mehr existieren.

Die Zentralbanknote ist, indem sie die Eigenschaft, Forderung

Tabelle 1: Währungsreserven im kapitalistischen Weltwirtschaftssystem, Mio US-Dollar am Jahresende

	Alle IWF-Mitgliedsländer	darunter: USA	Japan	BRD	Frankr.	Großbr.	Italien
Währungsreserven insgesamt, Goldreserven mit 35 SZR je Feinunze bewertet							
1950	48448	24266	605	190	791	3443	741
1960	59981	19359	1949	7033	2272	3719	3251
1970	93180	14487	4840	13609	4960	2827	5352
1980	452667	27395	25717	52840	30994	21492	26117
1981	423330	29683	29196	47597	25597	16013	22850
1982	397843	33003	24270	48436	19691	13131	16665
1983	412198	32279	25489	46162	22851	12036	22283
1984	427793	32854	27261	43406	23748	10093	23083
1985	473215	42193	27651	48039	29753	13591	18078
darunter: Devisen							
1950	13332	–	598	190	129	581	485
1960	18494	–	1577	3753	429	431	980
1970	45333	629	3188	8455	1257	1213	2113
1980	373594	10134	21567	44461	25339	18747	21653
1981	340575	9774	24716	39644	19976	12807	18618
1982	313561	10211	19172	39620	14594	9673	12610
1983	321439	6289	20364	37313	18057	8718	18259
1984	338437	6656	22283	35028	19102	6971	19089
1985	374222	12856	22328	39025	24319	9741	14028
Gold (mit 35 SZR je Feinunze bewertet)							
1950	33445	22820	7	–	662	2862	256
1960	37917	17804	247	2971	1641	2801	2203
1970	37026	11072	533	3979	3532	1348	2887
1980	42541	11799	1082	4248	3654	840	2976
1981	38834	10760	987	3877	3335	775	2716
1982	36628	10194	935	3674	3160	734	2574
1983	34715	9652	888	3487	3000	696	2443
1984	32466	9016	831	3265	2808	653	2287
1985	36446	10097	931	3660	3147	732	2564

Quelle: Die Wirtschaft kapitalistischer Länder in Zahlen, in: IPW-Forschungshefte 1/1987, S. 115.

auf Geldware zu sein, einbüßte, zum staatlichen Papiergeld degeneriert. Da sie keine Forderung mehr ist, kann sie als „letztes" Geld neben der Zirkulationsmittelfunktion, für deren Ausübung auch Kreditgeld geeignet ist, auch die Zahlungsmittel- und Schatzfunktion wahrnehmen. Nach ihrem Umfang wird im Geldumlaufgesetz gefragt. Bei inflationärer Preisentwicklung verringert sich jedoch ihre Wertrepräsentanz. Das Kreditgeld ist im heutigen Kapitalismus nicht mehr Forderung auf Geldware, sondern existiert auf verschiedenen Ebenen in unterschiedlichen Arten mit entsprechendem Forderungscharakter[27]:

- Zentralbankguthaben als Forderung auf Zentralbanknoten;
- Depositen bei Privat- oder staatlichen „Geschäftsbanken" als Forderung der Deponenten (Kreditoren) auf Zentralbankgeld (in der Regel Zentralbanknoten) und Verpflichtung der Debitoren (Schuldnerbanken), die Depositen in Zentralbankgeld umzuwandeln;
- Wechsel (Zahlungsversprechen) als Forderung auf Zentralbankgeld, wobei Wechsel temporär in Buchgeld umgewandelt werden können, indem jenen, die sie der Bank zum Diskontieren präsentieren, Guthaben eingeräumt werden.

Ob das Kreditgeld, dessen Arten sich in bezug auf ihre „Liquidisierbarkeit" (Schwierigkeit, sie in Zentralbankgeld zu verwandeln) und hinsichtlich der Zinssätze unterscheiden, das für den Monopolkapitalismus „adäquate" Geld sei, mag dahingestellt sein; wahr ist, daß vor allem die Giralgeldarten die Zirkulationsmittelfunktion bei weitgehender Ausschaltung von Zentralbankgeld in der Kapitalzirkulation, aber durch Verbreitung des Scheck- und Überweisungsverkehrs auch in der Revenuezirkulation, wahrnehmen. Der Anspruch auf Zentralbankgeld muß dabei wie einst der Anspruch auf Geldware bei normal verlaufender Wirtschaftstätigkeit keineswegs vollständig eingelöst werden. Im Umfang der gegenseitigen Aufrechnungsmöglichkeiten erledigen die Forderungen auf Geld das

[27] Dieser Forderungscharakter ist wichtigstes Merkmal des Kreditgeldes. Die Auffassung mancher Autoren, Geld müsse als Kreditgeld bezeichnet werden, wenn es auf der Grundlage von Kreditbeziehungen in Umlauf gebracht werde und zurückströmt (vgl. Autorenkollektiv, Geldtheoretische Fragen der Gestaltung der intensiv erweiterten sozialistischen Reproduktion, in: Wirtschaftswissenschaft, 3/1986, S. 358 bis 373) reicht für die Kennzeichnung des Geldes als Kreditgeld nicht aus.

„Geschäft" unter sich. Depositen fungieren als „bloße Buchposten, soweit die wechselseitigen Guthaben der Depositeure durch Schecks auf ihre Depositen sich ausgleichen und gegeneinander abgeschrieben werden; wobei es ganz gleichgültig ist, ob die Depositen bei demselben Bankier liegen, so daß dieser die verschiedenen Konti gegeneinander abschreibt, oder ob dies durch verschiedne Banken geschieht, die ihre Schecks gegeneinander austauschen und sich nur die Differenz zahlen".[28]

Von der bürgerlichen Ökonomie werden mit den verschiedenen Geldmengenaggregaten diese Beziehungen in gewisser Weise widergespiegelt (vgl. Tabelle 2).

Tabelle 2: Geldmenge BRD

	Bargeldumlauf	Sichteinlagen	M1	Termingelder	M2	Spareinlagen	M3
	1	2	3 (1+2)	4	5 (3+4)	6	7 (5+6)
1972	45,8	93,6	139,3	93,0	232,3	146,1	378,4
1973	47,5	95,4	142,9	123,0	265,9	150,9	416,7
1974	51,5	106,9	158,4	121,2	279,6	172,6	452,2
1975	56,5	123,4	179,9	99,4	279,3	211,6	490,9
1976	60,6	126,3	186,8	111,3	298,2	233,8	523,0
1977	67,5	140,6	208,1	123,7	331,8	259,7	591,5
1978	76,2	161,7	237,9	137,5	375,4	281,2	656,5
1979	79,9	168,0	247,9	158,6	406,5	289,7	696,2
1980	84,0	173,4	257,3	183,3	440,6	298,8	739,4
1981	84,2	171,1	255,3	222,9	478,1	297,9	776,0
1982	88,6	184,4	273,0	229,1	502,2	328,8	831,0
1983	86,4	199,4	295,8	219,6	515,4	359,5	874,8
1984	99,8	214,4	314,2	228,1	542,3	373,8	916,2
1985	104,2	225,5	329,7	236,4	566,1	395,4	961,6
1986	112,1	246,6	334,1	252,2	610,9	439,8	1050,7

Quelle: Monatsberichte der DBB lfd.

Die Geldmengendefinition, die als Summe von Bargeldumlauf (Kassenhaltung des „privaten Publikums") und den Sichteinlagen bei den Banken (Giralgeld) bezeichnet wird – gewöhnlich M_1 ge-

[28] K. Marx, Das Kapital, Dritter Band, a. a. O., S. 488.

nannt – ist vor allem aus der Sicht der Zirkulationsmittelfunktion getroffen worden: Tatsächlich dienen Noten, Münzen und Sichteinlagen zur Abwicklung des laufenden Zahlungsverkehrs. Werden wie im Aggregat M_2 verschiedene Formen von Termineinlagen einbezogen, erfolgt auch eine stärkere Beachtung der Schatzfunktion des Geldes. Allerdings dienen diese terminisierten und daher nur beschränkt liquiden, dafür aber zinstragenden Aktiva eben auch bereits unmittelbar der Kapitalverwertung. Sie sind Leihkapital. Die Funktion des Geldkapitals, sich zu verwerten und die Funktion des Geldes, Wert m Schatz zu erhalten, gehen ineinander über, verschmelzen. Eine besondere Rolle spielen die in M_3 erfaßten Spareinlagen, die – handelt es sich um jene der Arbeiter – der langfristigen Sicherung der Reproduktion der Ware Arbeitskraft dienen, vom Kapital aber zugleich als Verwertungspotential genutzt werden. Das Geldmengenaggregat M_4 ist heterogen strukturiert. Werden in ihm Wechsel erfaßt, so enthält es offensichtlich ein Element, das tatsächlich in der Kapitalzirkulation Aufgaben des Geldes wahrzunehmen in der Lage ist. Problematischer ist es dagegen, eine Reihe fiktiver Kapitaltitel als „Quasigeld" zu bezeichnen, wenn zur Wahrnehmung von Geldfunktionen erst ihre Umwandlung in dafür geeignete Formen Voraussetzung ist. In aller Regel sind die als „near money" bezeichneten Wertpapiere vor allem eine Form der Geldkapitalanlage, und selbst wenn diese „geldähnlichen" Titel liquidisierbar, das heißt in Geld umtauschbar, sind, ist das allein kein Grund, sie schon als neue Geldsurrogate oder gar als Geld zu bezeichnen.

Prinzipiell sind bekanntlich alle Waren in Geld umtauschbar, was kein Argument ist, diese deshalb als „Beinahe-Geld" zu bezeichnen. Wie sollte es sonst noch plausibel sein, leere Flaschen, für die die Flaschenannahme den Pfand zurückerstattet, aus dem Bereich des „Quasi-Geldes" auszuschließen? Die hinreichend enge Substitution zwischen leeren Flaschen und Geld ist offensichtlich, das ist aber auch die Tatsache, daß leere Flaschen, Pfandbriefe, Versicherungspolicen und Industrieobligationen nicht direkt zur Bezahlung von Waren verwendet werden. Nur der Nachweis, daß die Wahrnehmung von Geldfunktionen vorliegt, rechtfertigt die Annahme, daß es sich um Geldsurrogate handelt. In bürgerlichen Versuchen, aus verschiedenen Sichten den Begriff der Geldmenge einzugrenzen, wird die Tatsache widergespiegelt, daß sich die Äquivalenzfunktion ausübende Geldware bei einer Reihe von Funktionen temporär oder dauerhaft von Geldzeichen vertreten läßt. Geld und Geldzeichen aber sind nicht identisch. Geld ist Geldware. Als solche besitzt es Wert. Geldzeichen dagegen sind seine Repräsentanten und selbst wertlos. Erhält der Warenverkäufer Geld, befindet er sich im Besitz jenes Äquivalents in Geldform, das dem Wert seiner auf dem Markt veräußerten Ware entspricht. Mit Kreditgeld (Scheidemünzen, einlösbare Banknoten, Wechsel, Sichteinlagen) dagegen erhält sein Empfänger erst eine Forderung, einen Anspruch auf Geld. Forderung auf Geld zu sein – einst auf die Geldware Gold, heute auf Papiergeld oder Kreditgeldarten höherer Ordnung –, das ist das ursprüngliche Wesen des Kreditgeldes, so oft und nachhaltig sich diese Eigenschaft auch in Zeiten normal ablaufender Warenzirkulation, innerhalb der sich durch reproduktive Beziehungen zwischen den Zweigen und Bereichen der Wirtschaft außerdem in beträchtlichem Umfang solche Ansprüche gegenseitig aufheben, aus dem Bewußtsein der Tauschenden verloren haben mag. Alle sogenannten geldnahen Titel, die nicht diesen Forderungscharakter haben und keine Geldfunktionen ausüben, sind deshalb kein Kreditgeld. Hauptmerkmal des Kreditgeldes ist seine Einlösbarkeit, die immer wieder vollzogene Umwandlung in Geld, insofern diese durch gegenseitige Aufrechnung nicht hinfällig wird.

In den von der bürgerlichen Ökonomie konstruierten Geldmengenaggregaten (M_1, M_2, M_3 usw.)[29] wird widergespiegelt, daß Geld in verschiedenen Funktionen auftritt und aus dieser Sicht unterschiedlich zusammengefaßt werden kann. Für jeden Zeitraum läßt sich die Menge bestimmen, die entweder als Zirkulations- und Zahlungsmittel oder als Schatz auftritt.

Dietrich Dietzel unterscheidet daher zwischen einer Anzahl von durch das Geldumlaufgesetz bestimmten, als Zirkulations- oder Zahlungsmittel fungierenden Geldeinheiten (GM_7) und einer Gesamtgeldmenge (GM_g), bestehend aus GM_2 und dem Schatz (GM_s). Sie wird als Summe von Bar- und Giralgeld verstanden.[30] Obwohl dem prinzipiell zugestimmt werden kann, ist hinzuzufügen, daß das Geldumlaufgesetz nicht nach der Höhe der für Zirkulations- und Zahlungsmittel insgesamt notwendigen Geldmenge fragt, sondern nach dieser verringert um die zur Zirkulation notwendige

[29] Zur realen Entwicklung vgl.: Tabelle 9, S. 191.

[30] Vgl. D. Dietzel, Zum Wesen der Geldware und der Entwicklung ihrer Form im Kapitalismus, a. a. O., S. 197.

bzw. genutzte Kreditgeldmenge. Das ist im wesentlichen der Umfang an Zentralbanknoten.

Die neomonetaristische Politik der Geldmengensteuerung berührt das Problem der „Geldschöpfung". Die Frage, ob Zentral- und Privatbanken Geld schaffen und vernichten können, ist zur Einschätzung ihrer Fähigkeit zur Geldmengenregulierung von großer Bedeutung.

1.1.4. Die „Geldschöpfung"

Auf welche Weise, in Abhängigkeit wovon und durch wen Geld „geschöpft" werden kann, ist eine in der Geschichte der Geldtheorie stets umstrittene Frage gewesen. Besonders trifft das auf das Problem der „autonomen Geldschöpfung der Banken" zu. Da die von der Zentralbank emittierten Noten nicht fällig werden und gesetzlich als Zahlungsmittel anzunehmen sind, stößt die Zentralbank theoretisch in ihren Geldschöpfungsmöglichkeiten auf keine Grenzen. In Wirklichkeit jedoch ist die Zentralbank keineswegs in der Lage, frei über die Höhe ihrer Banknotenemission zu entscheiden. Als Element des kapitalistischen Reproduktionsmechanismus ist sie sowohl an bestimmte Voraussetzungen (Produktions- und Preisentwicklung, Angebot an Wechseln, Devisen, Staatsschuldtiteln) gebunden als auch gezwungen, bestimmte Wirkungen ihrer Geldmengenpolitik unter anderem auf Preisniveau und außenwirtschaftliche Beziehungen zu beachten. Insofern gibt es tatsächlich auch Grenzen für die Zentralbanknotenemission, die allerdings kaum theoretisch quantifiziert werden können.

Die Behauptung dagegen, Privatbanken seien gleichfalls in der Lage, Geld zu schöpfen, wurde oft mit dem Hinweis verneint, hier werde die Vermittlung (Weitergabe) von Geld mit dessen Schaffung verwechselt. In dieser Argumentation sind sowohl richtige als auch falsche Elemente enthalten. Wahr ist zunächst, daß weder Zentral- noch Privatbanken Geldware schöpfen können. Geldware muß produziert werden. Die Zentralbank aber kann in Form von Zentralbanknoten und -guthaben Geldsurrogate schaffen, und sie tut das in dem Maße, wie sie dazu gezwungen ist oder es für wünschenswert hält. Wenn Privatbanken dagegen heute (sie geben keine Privatnoten mehr heraus) Guthaben einräumen, so sind das Forderungen auf Zentralbankgeld in Form eben von Depositen. Zentralbankgeld ist dabei nicht geschöpft worden, sondern vorausgesetzt: kein Zentralbankgeld kann ein- (und vorher aus-)gezahlt werden, wenn es nicht durch die Zentralbank emittiert worden ist. Durch Gutschriften können Geschäftsbanken eine bestimmte Kreditgeldart, nämlich das Giral- oder Buchgeld, schaffen. Doch sie können das nur in dem Maße, wie sie in der Lage sind, bis zum Augenblick der Kreditauszahlung (Umwandlung der Forderung in Form von Buchgeld in Zentralbankgeldnoten) Zentralbankgeld, sei es an Eigen- oder Fremdmitteln, aufzubringen. Deshalb muß auch die Möglichkeit, sogenanntes Federstrichgeld durch Heraufschreiben der Depositen zu schaffen, angezweifelt werden. Gewährt eine Bank Kredit, indem sie einem Kunden ein Guthaben einräumt, muß sie von nun an damit rechnen, daß dieses bar oder durch girale Verfügung in Anspruch genommen wird. Wollen – aus welchen Gründen auch immer – die Einleger ihre Bankkonten auflösen, sind die Banken verpflichtet, ihre eingegangenen Verbindlichkeiten in gesetzliche Zahlungsmittel und damit in eine Form von Geldzeichen umzuwandeln, die sie nicht selbst schaffen können. Daß dies hin und wieder mehr als unangenehm sein kann, zeigen die Bankzusammenbrüche, die zum Alltag des Kapitalismus gehören.

Die Schlußfolgerung, „Geschäftsbankengeld“ (Guthaben bei den Privatbanken) sei so gut wie Zentralbankgeld, weil beide die Zirkulationsmittelfunktion ausüben können, ist irreführend. Das von einer Geschäftsbank geschaffene „Guthabengeld“ ist eine Verbindlichkeit, die auf der anderen Seite der Bilanz ausgeglichen sein muß. Zentralbankgeld dagegen bedarf eines solchen Bilanzausgleichs nicht. Einmal geschaffen, muß es durch die Wirtschaft absorbiert werden. Für das „Guthabengeld“ der Privatbanken, das im Zuge der Kreditgewährung eingeräumt wird, existiert ein ökonomischer Mechanismus, der Vernichtung und Schaffung miteinander verbindet. Dieser Mechanismus zeigt, daß die Schaffung und Liquidierung von Kreditgeld der Privatbanken letztlich der Übertragung von Zentralbankgeld dient und dessen Bewegung widerspiegelt. Bekommt eine Geschäftsbank Zentralbankgeld, das sie an A verliehen hatte, zurück und verleiht es weiter an B, so gleichen sich dabei nicht eine Zentralbankgeldschöpfung und eine Zentralbankgeldvernichtung aus. Ein und dieselbe Zentralbankgeldsumme hat lediglich den Entleiher gewechselt, ist, vermittelt durch die Bank, von einem zum anderen übertragen worden. Geschaffen wird nur die Eintragung des neuen Borgers, gelöscht und vernichtet die des bisherigen. In den Konten der Bank wird ein getilgter Kredit gelöscht (es erlischt eine Forderung) und ein neuer wird eingetragen (eine neue Forderung gegenüber B ist entstanden); die Zentralbankgeldsumme bleibt unverändert. Nicht strittig ist natürlich, daß bar abgehobene Beträge (Zentralbankgeld also) an dritte Personen weitergegeben werden können und daß sie – wie auch für Schecks oder Überweisungen im Abrechnungsverkehr abgetretene Gegenforderungen an andere Banken (sofern der Scheck nicht mit Bargeld eingelöst wird) – anderswo Bankguthaben bilden können.

Aber auch das scheint kein Beweis für die „autonome" Geldschöpfungsfähigkeit der Privatbanken, sondern eher für die Umlauffähigkeit des Zentralbankgeldes zu sein, das eben nicht nur zur Bezahlung von Waren und Leistungen, sondern auch zur Bildung von Bankguthaben verwendet werden kann. Daran ändert sich auch nichts, wenn Geld vom Bankguthaben überwiesen, statt bar ausgezahlt werden sollte, denn die Bank kann nicht das Bankguthaben (Buchgeld), sondern nur Bargeld oder Forderungen an andere Banken überweisen. Weder das eine (Bargeld) noch das andere (Forderung an andere Banken) aber kann die Geschäftsbank selbst schaffen. Doch in Abhängigkeit von ihren Einlagen kann die Privatbank Kredite gewähren. Geschieht das dadurch, daß dem Kreditnehmer der entsprechende Betrag auf einem Konto gutgeschrieben wird, ist durch die Privatbank Giral- bzw. Buchgeld geschaffen worden. Dieses „Geschäftsbankengeld" (als Forderung auf Zentralbankgeld) dient der Einsparung und Erhöhung der Umschlagshäufigkeit des Zentralbankgeldes.[31] Wenn Marx schreibt, daß dieselben Geldstücke „als Instrumente für eine beliebige Anzahl von Depositen dienen" können,[32] heißt das nichts anderes, als daß eine gegebene Zentralbankgeldsumme in einem verschieden großen Depositenvolumen (Buchgeldvolumen) innerhalb des Bankensystems widergespiegelt werden kann. Wie groß dieses Buchgeldvolumen wird, hängt von der Entscheidung des Kreditempfängers und den Empfängern seiner Zahlungen über die Verwendung der geliehenen und in der Regel mehrfach weitergegebenen Geldsumme ab.

Wird der gesamte von einer Bank gewährte Kredit in Form von Zentralbankgeld in Anspruch genommen und von seinen Empfängern nicht wieder auf Bankkonten eingezahlt, so entspricht die Giralgeld-

[31] Vgl. K. Marx, Das Kapital. Dritter Band, a. a. O., S. 490, S. 516, 537.
[32] Ebenda, S. 490.

summe der geliehenen Zentralbankgeldsumme. In Abhängigkeit von der Häufigkeit, mit der diese geliehene Zentralbankgeldsumme oder ein Teil von ihr (bar oder per Überweisung) zu erneuten Sicht-, Termin- oder Spareinlagen verwendet wird, wächst dagegen das Giralgeldvolumen des Bankensystems. Durch die Festlegung von Mindestreserven auf jede Einlage ist die multiplikative Erhöhung von Depositen durch fortwährende Übertragung von Zentralbankgeld allerdings begrenzt, weil die verleihbare Summe mit steigender Zahl von Übertragungsakten abnimmt.

Diese Zusammenhänge bilden den rationalen Kern des neoquantitätstheoretischen Geldmengenmultiplikatorkonzepts. Der Geldmengenmultiplikator ist einfach der Quotient aus der Geldmenge, die auch das Kreditgeld der Geschäftsbanken umfaßt, und der Zentralbankgeldmenge (Basisgeldmenge), die der Geldmenge insgesamt zugrunde liegt. Hier liegt eine Analogie zu der Tatsache vor, daß das ursprüngliche Kreditgeld (als Forderung auf Geldware) nicht vollständig durch diese gedeckt sein mußte, weil diese Forderungen zum überwiegenden Teil untereinander aufrechenbar sind. Auch das Depositenvolumen des Bankensystems kann die Zentralbankgeldmenge, die sie widerspiegelt, um ein Vielfaches übersteigen; um wieviel hängt von den Entscheidungen des Publikums und der Geschäftsbanken über die Verwendung ihrer Geldmittel sowie den Mindestreservesätzen ab. „Wie alles in diesem Kreditsystem sich verdoppelt und verdreifacht und in bloßes Hirngespinst sich verwandelt, so gilt das auch vom ‚Reservefonds', wo man endlich glaubt, etwas Solides zu packen", meint Marx.[33]

Auf diese Grundzusammenhänge sollte hingewiesen werden, weil ihr Verständnis wichtig ist, um die Möglichkeiten bewußter Geldmengenregulierung wissenschaftlich einschätzen zu können (vgl. dazu die Kapitel 5 und 9).

1.1.5. Geldwesen, Geldwert, Geldfunktionen

Mit der Darstellung von Funktionen des Geldes, wie sie für die bürgerliche Ökonomie typisch ist, können sicher auch Elemente des Geldwesens erfaßt werden.[34] Doch der bürgerlichen Ökonomie

[33] Ebenda.

[34] Köhler sieht das Wesen des Geldes in der Einheit von Wertmaß und Zirku-

gelingt die vollständige Erschließung des Wesens der Geldkategorie nicht. Durch eine zum Teil einseitige und verabsolutierende Darstellung der Geldfunktionen, vor allem aber durch eine falsche Interpretation der Geldentstehung, muß sie im Gegenteil auch das Wesen des Geldes fehldeuten und falsche Konsequenzen daraus ableiten. So werden die Geldfunktionen nur oberflächlich beschrieben und unvollständig erfaßt.

Gerade die Funktion des Geldes, die am ehesten geeignet ist, den Zugang zum Wesen zu erschließen, die Wertmaßfunktion, bleibt nicht nur in der neomonetaristischen, sondern auch in anderen bürgerlichen ökonomischen Theorien unbeachtet,[35] oder sie wird infolge eines unwissenschaftlichen Wertbegriffs mißverstanden. Die Reduzierung des Wesens auf Funktionen ist aber nicht nur wegen der einseitigen Erfassung von Funktionen problematisch, sondern weil die Frage, welche Voraussetzungen und Merkmale das Geld haben muß, um diese Funktionen überhaupt wahrnehmen zu können, außerhalb der Betrachtung bleibt. Anstatt diese Frage höherer Wesensordnung zu stellen, begnügen sich bürgerliche Geldtheoretiker mit dem Hinweis, daß es die massenhafte Gewohnheit der Annahme eines bestimmten Gutes sei, die es zum Geld werden ließ. Auf Tradition beruhender Glaube und Vertrauen, das sei das Wesen des Geldes, ganz gleich, ob es sich um Metall-, Papier- oder Kreditgeld handele.

Georg Simmel und seine Anhänger behaupten in Anlehnung an Adam Müller, Geld sei etwas zur Natur des Menschen Gehöriges, gewissermaßen eine Art Sprache, in der sich die Menschen über Werte und Wertrelationen verständigen. Beim „Zeichen- oder Symbolgeld" sei es die autoritative Beglaubigung, die irgendeinem „wertlosen" im (bürgerlichen Sinne des Unvermögens, reale materielle Bedürfnisse zu befriedigen) Gegenstand Kraft und Geltung verleihe, Geldfunktionen auszuüben. In diesem subjektivistischen Geldverständnis dominieren offenbar die „Macht der Gewohnheit", menschlicher Einigungswille, staatliche Autorität und bei den

lationsmittel am besten zum Ausdruck gebracht. Der Begriff „allgemeines Äquivalent" sei dagegen nur eine tautologische Formulierung (vgl. J. Köhler, Beiträge zur Theorie der Politischen Ökonomie, Freiberg 1980, S. 34 bis 37).

35 Samuelson beispielsweise nennt folgende Geldfunktionen: Tauschmittel, Recheneinheit, Wertaufbewahrungsmittel, Vorsichtsmaßnahme für den Fall plötzlich entstehender Ausgaben oder der Verzögerung erwarteter Zahlungen (vgl. P. A. Samuelson, Volkswirtschaftslehre, Bd. 1, a. a. O., S. 346/365).

„Metallisten" die natürlich-stoffliche Substanz als entscheidende Bestimmungsgründe für das Geld.

Durch Identifikation von Wesen und Funktion muß die bürgerliche Ökonomie im Ergebnis des Funktionswandels, den sie zu erkennen glaubt, bzw. einer Veränderung des relativen Gewichts dieser Funktionen, zwangsläufig zur Auffassung gelangen, daß sich Wesen und Inhalt des Geldes gleichfalls mehrfach gewandelt hätten. Dieser Irrtum ist die unvermeidliche Folge methodologischer Unzulänglichkeiten. Tatsächlich aber bleiben die Funktionen des Geldes innerhalb der Warenproduktion unverändert. Selbst bei einer theoretisch vorstellbaren Veränderung der Funktionsstruktur ließe sich daraus keineswegs ein Wesenswandel ableiten. Geld und Geldzeichen ausschließlich in ausgewählten Funktionen zu analysieren, muß zu undifferenzierten oder falschen Wertungen führen. Tatsächlich haben nicht nur Neomonetaristen, sondern die Mehrzahl bürgerlicher Ökonomen nicht zwischen Geldware und Geldsurrogaten unterschieden, oder sie haben bis heute diesen Unterschied für unwesentlich gehalten, wie ihre Vermischung in den „gängigen" Geldmengenaggregaten deutlich zeigt.

1.1.6. Zirkulationsmittel

Für die Neomonetaristen ist Geld im Prinzip ein Medium, das als Tausch- bzw. Zirkulationsmittel fungiert, ganz gleich ob es sich um Gold, Papiergeld, Kreditgeld oder Giralgeld handelt. Das Wesen des Geldes sei vollständig mit der Tatsache erkannt, daß bestimmte Dinge allgemeines Mittel zum Tausch geworden seien.[36] Eine Unterscheidung zwischen Zirkulations- und Zahlungsmitteln, wie sie in der marxistischen Theorie geläufig ist, erfolgt dabei nicht. Alles was zahlt, wird als „Zahlungs- oder Tauschmittel" bezeichnet, gleichgültig, ob es wie Geldsurrogate die Zirkulation nur vermittelt oder wie Geld wirklich zahlt.

Allein das zeigt bereits, daß ein Erkennen der Tauschfähigkeit von Dingen uns noch nicht den Zugang zum Wesen des Geldes

[36] „Das Wesen des Geldes, seine eigentliche Natur", meint auch Samuelson, zeige sich „ganz typisch in der Papierwährung, Geld wird im Gegensatz zu einer Ware nicht um seiner selbst willen gewünscht, sondern weil man damit andere Dinge kaufen kann" (P. A. Samuelson, Volkswirtschaftslehre, Bd. 1, a. a. O., S. 357).

erschließen kann. Die Frage, die diesen Zugang zeigen könnte, wird nicht gestellt. Es ist die große aristotelische Frage nach dem Gleichheitsverhältnis im Geld-Ware-Tausch, deren ausgereifte Beantwortung nach über zwei Jahrtausenden erst Marx gelingen sollte.[37] Wenn die heutige bürgerliche Ökonomie die Frage nach dem Gleichheitsverhältnis umgeht, fällt sie in ihrem Geldverständnis hinter Aristoteles zurück. Aristoteles war es durch die historische Schranke, die ihm die Sklavenhaltergesellschaft setzte, nicht möglich, auf seine richtige Frage auch die richtige Antwort zu finden.[38]

Für die neomonetaristische Theorie ist das Verweilen an der Oberfläche der Produktions- und Austauschbeziehungen charakteristisch, wo allenfalls festgestellt werden kann, welche Dinge die Tauschmittelfunktion ausüben und welche nicht. Eine solche Betrachtungsweise ist ahistorisch, faßt das Geld als einmal „geschöpfte" und dann ewig existierende, wenn auch in ihren Formen wandelbare, Kategorie auf. Geld müßte dann mit Beginn des Tausches, auch in seinen zufälligen und primitiven Formen, bereits vorhanden gewesen sein. Das war jedoch keineswegs der Fall, auch wenn Wesensmerkmale des Geldes bereits in Wertformen nachweisbar sind, die seine Keimformen oder Vorstufen bilden und die sich um so deutlicher zeigen, je weiter sich der historische Prozeß seinem „Endprodukt", der Geldware, nähert. Rationell ist an dieser Argumentation lediglich die Einsicht, daß die Zirkulationsmittelfunktion des Geldes tatsächlich durch wertlose Geldsymbole wahrgenommen werden kann: „Die selbständige Darstellung des Tauschwerts der Ware ist hier nur flüchtiges Moment. Sofort wird sie wieder durch andre Ware ersetzt. Daher genügt auch die bloße symbolische Existenz des Geldes in einem Prozeß, der es beständig aus einer Hand in die andre entfernt. Sein funktionelles Dasein absorbiert sozusagen sein materielles. Verschwindend objektivierter Reflex der Warenpreise, funktioniert es (das wirkliche Geld – d. A.) nur noch als Zeichen seiner selbst und kann daher auch durch Zeichen ersetzt werden."[39]

Die Identifizierung der Geldsymbole mit Geldware und damit Geld schlechthin muß zu der falschen Annahme führen, Geld höre

[37] K. Marx, Das Kapital. Erster Band, a. a. O., S. 73.

[38] Ebenda; vgl. auch: F. Behrens, Grundriß der Geschichte der Politischen Ökonomie, Bd. 1, Berlin 1981, S. 51/52; H. Meißner (Hrsg.), Geschichte der politischen Ökonomie. Grundriß, Berlin 1978, S. 37/38.

[39] K. Marx, Das Kapital. Erster Band, a. a. O., S. 143.

in dem Moment auf, Geld zu sein, wenn Symbole es bei der Wahrnehmung der Zirkulationsmittelfunktion vertreten. Dieser tatsächlich gezogene Umkehrschluß ist im bürgerlichen Schrifttum verbreitet. Auch Joseph A. Schumpeter war der Meinung, Geld höre auf, „Geld zu sein, wenn es definitiv aus der Zirkulation ausscheidet und anderen Verwendungen zugeführt wird“[40]. Diese, aus der Überbetonung der Zirkulationsmittelfunktion des Geldes resultierende Konsequenz ist aus der Sicht der Gesamtheit der Geldfunktionen nicht schlüssig.

In Auseinandersetzung mit John Fullarton, den Marx übrigens zu den „besten Schriftsteller(n) über Geldwesen“ zählt und der glaubte, die Wertmeßfunktion könne auch durch nicht einlösbare Banknoten wahrgenommen werden,[41] hebt er hervor, daß die Geldware keineswegs als Maß der Werte und Maßstab der Preise dadurch überflüssig werde, weil sie durch bloße Wertzeichen in der Zirkulation ersetzt werden könne.[42] Die Neomonetaristen vereinfachen, wenn sie nur in der Tauschfähigkeit oder in der unmittelbaren Anwesenheit des Geldes in der Zirkulation die Haupt- und Wesenseigenschaft des Geldes vermuten und – wie die gesamte bürgerliche politische Ökonomie – die Repräsentation der Geldware durch Geldzeichen nicht wahrhaben wollen bzw. gar nicht zur Kenntnis nehmen, weil sie die werttheoretische Erklärung des Geldes ohnehin für überflüssig halten. Allein dadurch in der Fähigkeit von Dingen, Zeichen und Symbolen, den Warentausch zu vermitteln, das Wesen des Geldes zu sehen, kam die bürgerliche Ökonomie der wissenschaftlichen Erfassung des Wesens des Geldes nicht näher. Im Gegenteil: „Weil Geld in bestimmten Funktionen durch bloße Zeichen seiner selbst ersetzt werden kann“, schrieb schon Marx, „entsprang der andre Irrtum, es sei ein bloßes Zeichen.“[43]

Das gilt auch für die Funktion des Weltgeldes, bei der Geld, wie Marx schrieb, seine nationale Form abstreift und wieder in seiner ursprünglichen Gestalt als Gold, meist sogar in Barrenform auftrat. Bei gegenseitigen Verrechnungen diente Gold als ideelles Maß

[40] J. A. Schumpeter, Das Sozialprodukt und die Rechenpfennige. Glossen und Beiträge zur Geldtheorie von heute, in: Aufsätze zur ökonomischen Theorie, Tübingen 1952, S. 67/68.

[41] Vgl. K. Marx, Das Kapital. Erster Band, a. a. O., S. 142, Anm. 84.

[42] Vgl. ebenda.

[43] Ebenda, S. 105.

der Werte und – sofern sich die Zahlungsverpflichtungen ausgleichen – als ideelles Rechengeld: „Und der kommerzielle Kredit, der dem Warenaustausch dient und sein Intrument, der Wechsel, wurden zum Hauptvermittler des Welthandels."[44] Die Devisen- (Handels- und Bankwechsel, Banknoten, Münzen und Guthaben in ausländischer Währung) „entwickelten sich (fortan) zu einer Form von internationalem Kreditgeld, das neben dem Gold als Weltgeld-Stellvertreter fungierte."[45]

1.1.7. Rechnungsmittel

In Anlehnung an die „Zirkulationsmittelfunktion" glauben bürgerliche Ökonomen, das Wesen des Geldes bestehe darin, Rechnungsmittel zu sein. Mit dieser Auffassung wird auch die Erscheinung widergespiegelt, daß Warenumsatz und -austausch zwar nach wie vor mit Hilfe der Geldrechnung vonstatten gehen, der überwiegende Teil davon aber unter Umgehung von Geldzeichen in Form des bargeldlosen Zahlungsverkehrs abgewickelt wird. Nicht mehr Noten oder Münzen, sondern ein auf bestimmte Einheiten dieser Geldzeichen lautendes Guthaben-, Buch- oder Giralgeld, als „Rechnungsgeld" zusammengefaßt, vermittle den Warenaustausch.

Von Wilhelm Gerloff wird behauptet, daß es sich dabei um die höchste, die der kapitalistischen Wirtschaft angemessene Stufe der Geldentwicklung handele.[46] Abgesehen davon, daß Geld als Mittel des Wertausdrucks von Anfang an auch zugleich Maßeinheit war und dies sein mußte, um mit ihm rechnen zu können, ist es wissenschaftlich unstatthaft, allein in dieser Tatsache das Wesen des Geldes schlechthin zu sehen. Eine Vielzahl bürgerlicher Ökonomen aber hat sich mit dieser Deutung begnügt; Geld wandele sich in eine Legitimation, in ein „bloßes Hilfsmittel" zum Erwerb von Gegenleistungen (Friedrich Bendixen)[47], ein dokumentiertes Wertversprechen allgemeiner Geltung (Günter Schmölders)[48], zum

[44] Vgl. auch A. Lemmnitz, Zum Charakter des Weltgeldes im heutigen Kapitalismus, in: IPW-Berichte, 2/1977, S. 22.

[45] Ebenda, S. 22/23.

[46] W. Gerloff, Die Entstehung des Geldes und die Anfänge des Geldwesens, a. a. O., S. 128.

[47] Vgl. Gablers Wirtschaftslexikon, 10. Aufl., Wiesbaden 1979, S. 1626.

[48] G. Schmölders, Gutes und schlechtes Geld, Frankfurt a. M. 1968, S. 18.

„Unternehmensgeld", das Beteiligung am Sozialprodukt, ausgedrückt in einer Maßeinheit, die wir Geld nennen garantiert (Wilhelm Gerloff)[49], zu einer „Anweisung" ähnlich einem „Eintrittsbillett" oder einer „Spielmarke" (Joseph A. Schumpeter)[50], zur „abstrakten Rechnungsskala" des ökonomischen Geschehens (Gustav Cassel)[51] oder zur „abstrakten Rechnungseinheit", die eine „innerwirtschaftliche Funktion" ausübe (Robert Liefmann)[52]. Diese bestehe nicht in der Tauschvermittlung, sondern im Rechnen, Disponieren und damit in Nutzen- und Kostenvergleichen. Die Reduzierung des Geldwesens auf Maßeinheit, auf Mittel zum Rechnen bedeutet faktisch den Verzicht auf die Anerkennung der Wertmaßfunktion und damit der wichtigsten ökonomischen Funktion des Geldes überhaupt.

Johann Köhler ist zuzustimmen, wenn er hervorhebt, daß dem Rechnen das Messen vorausgehen muß: „Um was es nach dem Messen, nach der Verwandlung des Wertes oder seiner Bestandteile in Geldausdrücke ferner geht, ist das Rechnen mit diesen Ausdrücken. Das sind dann aber primär keine ökonomischen Vorgänge mehr, sondern algebraische, rechnerische."[53] Wertloses Rechengeld kann sich aber nicht von der Geldware lösen, weil es nicht die Eigenschaften hat, die für die Messung von Werten erforderlich sind. Es kann nur dazu dienen, mit seinem Namen Werteinheiten der Geldware auszudrücken. Der Versuch, das Wesen des Geldes damit zu begründen, daß mit seiner Hilfe gerechnet wird, mündet in einer zutiefst idealistischen Interpretation des Geldbegriffs.[54] Wirtschaft und Geld werden letztlich auf besondere Eigenschaften

49 W. Gerloff, Die Entstehung des Geldes und die Anfänge des Geldwesens. a. a. O., S. 128.

50 H. A. Schumpeter, Das Sozialprodukt und die Rechenpfennige, a. a. O., S. 39,

51 G. Cassel, Theoretische Sozialökonomie, 3. Aufl., Erlangen – Leipzig 1923, S. 338–340, 399.

52 R. Liefmann, Grundsätze der Volkswirtschaftslehre, Bd. 2, Stuttgart – Berlin 1922, S. 108–110, 131–133.

53 J. Köhler, Strittige Probleme der marxistisch-leninistischen Werttheorie, Leipzig 1977, S. 83 (Freiberger Forschungshefte, D 98).

54 Die Auffassung, Zahlen könnten messen und an die Stelle einer „objektiven Wertmessung" sei ein subjektiver Bewertungsmaßstab getreten, wie er auch von marxistischen Autoren vertreten wird (vgl. Autorenkollektiv, Währungsprobleme des heutigen Kapitalismus, Berlin 1982, S. 83, 106, 115, 120), können wir nicht teilen.

menschlichen Denkens reduziert. Die eigentliche Kernfrage der Geldtheorie, die Frage nach dem allgemeinen Äquivalent, mit dessen Hilfe der Wert der gewöhnlichen Waren ausgedrückt werden kann, wird verfehlt.

1.1.8. Wertaufbewahrungsmittel

Die Kernfrage der Geldtheorie hätte durch das Aufwerfen der Frage, welche Eigenschaften des Geldes dessen Fähigkeit zur Wertaufbewahrung begründen, noch am ehesten erschlossen werden können. Immerhin kann der Versuch, das Wesen des Geldes mit der „Bewahrung des Werts" in Verbindung zu bringen, die enge, typisch monetaristische Sicht des Geldes als „Nur-Tauschmittel" durch einen wichtigen Aspekt erweitern. Mit der Behauptung, die Fähigkeit zu einer solchen „Wertaufbewahrung" mache einen Gegenstand zu Geld, wird scheinbar ein richtiger Funktionsaspekt des Geldes erfaßt.

Marx hat die Schatzbildung als Ergebnis und Voraussetzung, und damit als immanentes Element der Warenproduktion verstanden,[55] wobei er neben der unmittelbaren Form des Schatzes auch seine „ästhetische Form", den „Besitz von Gold- und Silberwaren", unterschied.[56] Wichtig ist die Aussage von Marx, daß Gold und Silber sich nur als Geld fixieren, „sofern sie nicht Zirkulationsmittel sind. Als Nichtzirkulationsmittel werden sie Geld."[57]

Die beiden Fehler der bürgerlichen Ökonomie bestehen darin, einmal die Fähigkeit zur Werterhaltung im Sinne der dauerhaften Wertschätzung eines Gegenstandes durch den Menschen zu deuten und damit als ein stoffliches Problem mißzuverstehen. Zum anderen wird die Schatzbildung nicht als Funktionselement warenproduzierender Gesellschaften verstanden, sondern es werden alle Gebrauchswerte und Gegenstände, die – wann und aus welchen Gründen auch immer – gehortet werden und wurden, als Geld bezeichnet, sei es um Vermögen zu repräsentieren, Macht zur Schau zu stellen oder zur Erlangung von Vorteilen und Rechten anderen gegenüber.

Auf diese Weise wird *erstens* faktisch die Frage der Wertbildung

[55] Vgl. K. Marx, Das Kapital. Erster Band, a. a. O., S. 144 bis 146.

[56] Vgl. ebenda, S. 147.

[57] K. Marx, Zur Kritik der politischen Ökonomie, a. a. O., S. 106.

umgangen. Die bürgerliche Ökonomie unterstellt dagegen einen „Wert", der in Abhängigkeit von der Größe des subjektiven Begehrs nach den entsprechenden Gegenständen existiere. Geld erhalte durch individuelle Bewertung seinen Wert, werde auf dieser Grundlage zu Geld, wenn diese Anerkennung des Wertes massenweise, das heißt in der Gemeinschaft stattfinde.[58] Die Fähigkeit zur Wertaufbewahrung ist damit nicht objektiv, sondern ausschließlich subjektiv bestimmt. Die Möglichkeit, den Wert aufzubewahren, damit den „Reichtum unvergänglich" zu machen, ist aber nicht deshalb vorhanden, weil die Menschen bestimmte Gegenstände besonders hoch schätzen, sondern „weil der Tauschwert in unverwüstlichem Metall existiert".[59] Stellvertretergeld, das entsprechend dem Ausmaß inflationärer Entwicklung weniger Wert repräsentiert, ist als „Bewahrer des Wertes" nur schlecht geeignet. Gemildert werden kann dieser „Makel des wertlosen Surrogatengeldes" praktisch dadurch, daß sich die Schatzfunktion des Geldes mit der Geldkapitalbewegung verbindet, das heißt Geld nicht schlechthin gesammelt, sondern zinsbringend angelegt wird.

Zweitens wird in der bürgerlichen Argumentation die Entstehung des Geldes als ein Prozeß gedeutet, der nicht unmittelbar mit der Entfaltung der Warenwirtschaft zusammenfällt und der deshalb eine Trennung von Geld- und Nichtgeldwaren unmöglich macht. Das unhistorische Herangehen an die Erklärung des Geldes zeigt sich gerade darin, daß Entstehung und Wesen des Geldes mit Erscheinungen verknüpft werden, die außerhalb des Prozesses liegen, in dem es gesetzmäßig entsteht, zu dessen Funktionieren es beiträgt, nicht zuletzt durch die Ausübung der Schatzfunktion. Ihr rationaler Inhalt besteht ja vor allem darin, die Zufuhr von Geld in die Zirkulation und den Abzug aus ihr zu regulieren. Vermögen zu repräsentieren ist dagegen keine Funktion des Geldes, auch wenn es dazu in der Lage sein mag. Selbst wenn das Bedürfnis nach Geltung, Auszeichnung, Anerkennung, Rang, sozial bevorzugter Stellung und Macht sich schon in Urzeiten menschlicher Existenz bilden mag, die Gegenstände, die es befriedigen sollten, sind nicht deshalb Geld

[58] Der Glaube an das Geld sei „nichts anderes als der Geldwert, aufgefaßt als allgemeine, nichtindividuelle Wertschätzung der Geldeinheit . . . der Wert des Goldes ist das Bewußtsein von der Gültigkeit des Wertversprechens, das im Gold verkörpert ist" (G. Schmölders, Psychologie des Geldes, a. a. O., S. 146).

[59] K. Marx, Zur Kritik der politischen Ökonomie, a. a. O., S. 107.

gewesen, weil einige von ihnen mit dem Entstehen der Warenproduktion später Funktionen des Geldes wahrnehmen sollten. Solange es keinen Warenaustausch gab, konnte es auch keine Notwendigkeit geben, ein „Äquivalent", geschweige denn ein allgemeines in einer spezifischen Naturalgestalt besitzen zu müssen. Weil die „Wertaufbewahrungsfunktion" nicht unmittelbar aus den Gesetzen von Warenproduktion und -zirkulation abgeleitet wird, ist es der bürgerlichen Ökonomie versagt, auf diese Weise das Wesen des Geldes aufzudecken.

1.1.9. Wertmaßfunktion

Die Geschichte des geldtheoretischen Denkens zeigt, daß gelegentliche „Bekenntnisse" zur Existenz einer Wertmaßfunktion des Geldes die bürgerliche Ökonomie keineswegs näher an dessen Wesenserfassung herangeführt haben. Abgesehen davon, daß sich derartigen Einsichten das Gros bürgerlicher Ökonomen mit unterschiedlicher Begründung ohnehin verschließt, wird bei denen, die sie vertreten, nur die ganze Konfusion über den Inhalt des Wertbegriffs deutlich. Selbst Ökonomen, die von einer Wertmaßfunktion des Geldes reden, haben diese nämlich keineswegs begriffen.

Werner Ehrlicher glaubt, daß diese Theorien darauf hinausliefen, „daß als Geld nur eine Ware fungieren könne, die wegen ihres Eigenwerts geschätzt wird, d. h. also einen unabhängig von der Geldqualität existierenden selbständigen Gebrauchswert hat"[60]. Auch bei bürgerlichen Ökonomen, die eine Anerkennung der Wertmaßfunktion demnach für berechtigt halten – den Neomonetaristen sind Wesensfragen dieser Art fremd –, ist das Durcheinander und ständige Verwechseln von Wert und Gebrauchswert, von Wert und Preis, von Wertbildung und Bewertung also offensichtlich. Entweder werden Wert und Gebrauchswert von vornherein identifiziert, oder die Werterklärung löst sich in individuelle Nutzenszuordnungen auf, die in Abhängigkeit vom Gebrauchswert bzw. vom Empfinden der Nützlichkeit des Gegenstandes erfolgen. Dann brauche das Geld angeblich keinen eigenständigen „inneren" Wert zu besitzen, da es diesen durch die Schätzung in jedem Fall erhalte. Die allgemeine Wertschätzung der Edelmetalle und folglich ihr Wert resultiere beispielsweise aus ihren spezifischen Gebrauchs-

[60] W. Ehrlicher, Geldtheorie, a. a. O., S. 376.

werteigenschaften, wie Dauerhaftigkeit, Unverderblichkeit und ihrer „natürlichen Knappheit".

Neuere Erklärungen der „Wertmaßfunktion" gehen von anderen nützlichen Eigenschaften des Geldes aus. Unter den Bedingungen einer nichtmetallischen Geldzirkulation seien es nicht mehr die besonderen stofflichen Eigenschaften der Edelmetalle, sondern andere Gebrauchswerte, die den „Wert" des Geldes begründeten. Ehrlicher spricht in diesem Zusammenhang von einem selbständigen Bedürfnis, das das Geld als Wertaufbewahrungsmittel befriedige, „nämlich das Bedürfnis zur Tauschbereitschaft oder zur Liquidität".[61] Von der Eignung des Geldes, dieses Bedürfnis zu befriedigen, hänge seine allgemeine Wertschätzung ab. Das meßtheoretische Axiom, quantifizierend nur zwischen Dingen vergleichen zu können, die das zu Vergleichende auch gemeinsam besitzen,[62] gilt nur deshalb scheinbar nicht, weil Wertentstehung mit Bewertung verwechselt wird. Der Trugschluß, Geld könne Werte „messen", ohne die Qualität des zu Messenden in bestimmtem Umfang selbst zu haben, basiert letztlich auf diesen subjektiven Werterklärungen, die in mehreren Varianten vorgetragen werden.

Tatsächlich entfällt bei dieser für die bürgerliche Ökonomie gängigen Argumentation die Wertmaßfunktion des Geldes, denn nicht das Geld messe, sondern Individuen schätzten, bewerteten das Geld und ordneten ihm damit „Wert" zu. An die Stelle der Wertmaßfunktion des Geldes tritt de facto eine nicht an selbständigen Wert gebundene Rechnungsfunktion. Geld sei „Rechnungseinheit, die jedem Gut exakt einen Wert zuordnet" – den es vorher selbst durch Schätzung erhalten habe – „und die daneben als gemeinsamer Nenner für volkswirtschaftliche Gesamtgröße dient"[63]. Die Analyse der wichtigsten Funktion des Geldes, der Wertmaßfunktion, vollzieht sich also – bleibt sie nicht, wie gegenwärtig üblich, ohnehin ausgespart – als Bewertung und damit unter falschen Prämissen. Die in den Erscheinungen und Prozessen des Geldwesens verborgenen Wesenszusammenhänge bleiben auf diese Weise verhüllt.

Marx hat das Wesen des Geldes darin gesehen, daß der Wert der gewöhnlichen Waren in einer spezifischen Ware gesellschaftlich

[61] Ebenda.

[62] Auch Köhler schreibt: „Das Maß ist objektiv bestimmt, weil es eben von der Qualität des zu Messenden sein muß" (J. Köhler, Strittige Probleme der marxistisch-leninistischen Werttheorie, a. a. O., S. 81).

[63] Gablers Wirtschaftslexikon, a. a. O., S. 1626.

gültig dargestellt wird.[64] Als Ergebnis, Bestandteil und Voraussetzung warenproduzierender Ordnungen ist Geld Geldware, die sich im historischen Prozeß der Entfaltung der Wertformen herausbildet.[65] Mit ihren Vorläufern hat die Geldform (Geldware) gemein, den Wert aller anderen (Nichtgeld-)Waren auszudrücken und zu messen. Sie unterscheidet sich von ihnen dadurch, daß nunmehr erstmalig die Äquivalentform mit der Naturalform einer spezifischen Warenart „gesellschaftlich verwächst"[66]. Diese konkrete Ware, die allein, und zwar für alle anderen Waren, die Rolle des allgemeinen Äquivalents übernimmt, wird zur Geldware, ist Geld. „Der von den Waren selbst losgelöste und selbst als eine Ware neben ihnen existierende Tauschwert ist – Geld."[67]

Die Ware, die damit zur selbständigen Daseinsweise des Wertes aller anderen Waren wird und damit einen „bevorzugten Platz" unter den Waren „historisch erobert, ist das Gold"[68]. Einheitlich drücken nunmehr alle Waren ihren Wert nur noch mit Hilfe dieser einzigen, der Geldware aus. Sie ist Wertmaß, ihre Mengen werden mit Namen ihrer Vertreter quantifiziert. Als Zirkulationsmittel läßt sie sich durch verschiedene Kreditgeldarten und Staatspapiergeld, als Zahlungsmittel durch Staatspapiergeld vertreten. Sie ist Akkumulationsmittel und übt ihre Funktion direkt oder über Stellvertreter vermittelt auch international aus (Weltgeld). „Einen höheren Grad als den der allgemein gültigen Darstellung des Wertes der Waren" aber, schreibt Paul Danek, „kann es nicht geben. Diese Entwicklungsstufe der Wertform schließt ein, daß der Wert der Geldware von vornherein gesellschaftlich anerkannt ist und die Geldware zur selbständigen Daseinsweise des Wertes wird – gerade das macht das Wesen der Geldform aus."[69] Gerade von diesem Wesensverständnis ist die bürgerliche Geldtheorie weit entfernt.

[64] Auf die Diskussion unter marxistischen Ökonomen, ob diese spezifische Ware auch heute noch das Gold ist, soll hier nicht eingegangen werden. Wir sind jedoch der Meinung, das Geld Ware sein muß. Wertlose Dinge und damit Nichtwaren sind zur Ausübung der Wertmaßfunktion ungeeignet.

[65] Vgl. K. Marx, Das Kapital. Erster Band, a. a. O., S. 63 bis 85.

[66] Ebenda, S. 83.

[67] K. Marx, Grundrisse der Kritik der politischen Ökonomie, Berlin 1974, S. 63.

[68] K. Marx, Das Kapital. Erster Band, a. a. O., S. 83/84.

[69] P. Danek, Zur Rolle des historischen Materialismus in der marxistischen Geldtheorie im gegenwärtigen Meinungsstreit, in: Wissenschaftliche Zeitschrift der Martin-Luther-Universität, Halle – Wittenberg, 2/1981, S. 6.

1.2. Geldwert und Repräsentationsgesetz

1.2.1. Bürgerliche Erklärungen des Geldwerts

Die Frage nach dem Wert des Geldes hatte jahrhundertelang die geldtheoretische Diskussion beherrscht. Weil die Wertlehre im Zentrum der politökonomischen Theorie steht, muß zwangsläufig die Frage nach dem Wert des Geldes Kernproblem der Geldtheorie sein. Nachdem es durch die arbeitswerttheoretische Erklärung befriedigend gelöst war, sah sich die bürgerliche Ökonomie gezwungen, diese Lösung zum Hauptangriffspunkt ihrer Polemik zu wählen. Daß sie sich dabei heftig zerstritt, ist nicht ungewöhnlich. Weder metallische noch nominalistische Thesen, so zeigte dieser Streit aber, waren geeignet, eine wissenschaftliche Lösung zu widerlegen, die ihre Unwiderlegbarkeit bis zum heutigen Tag immer wieder unter Beweis gestellt hat.

Der wissenschaftlichen Seriosität entbehrt es, wie Ehrlicher zu behaupten, Marx sei „ebenso Metallist wie die Mehrzahl der Vertreter der historischen Schule" gewesen.[70] Läge dieser Behauptung die werttheoretische Erklärung zugrunde, könnte ihr noch mit Vorbehalt zugestimmt werden.[71] Tatsächlich kann „vollkommenes" Geld nur Geldware sein, deren Wert durch den gesellschaftlich anerkannten Arbeitsaufwand bestimmt ist, der zur Produktion der Geldware erbracht werden muß. Marx jedoch mit bürgerlichen Metallisten auf eine Stufe zu stellen, verbietet sich aus mehreren Gründen. So wird von „Metallisten" der Wert des Geldmetalls auf dessen Produktionskosten bezogen.[72] Wert und Produktionskosten sind jedoch zwei ganz verschiedene Kategorien, auch wenn es objektiv so scheint, als werde mit der kapitalistischen die wirkliche Kost der Gesellschaft bezahlt. Die marxistische Arbeitswerttheorie als Produktionskostentheorie zu interpretieren, heißt schlicht gesagt, sie zu entstellen. Außerdem ist eine Verabsolutierung der Edelmetalle als Geld nicht gerechtfertigt.

Obwohl scheinbar historisch belegt, ist die Identifizierung des

[70] W. Ehrlicher, Geldtheorie, a. a. O., S. 376.

[71] Aus dieser Sicht hat auch Varga die marxistische Geldtheorie „metallistisch" genannt (vgl. E. Varga, Das Geld, a. a. O., S. 60).

[72] Vgl. z. B.: K. Diehl, Über Fragen des Geldwesens und der Valuta, Jena 1918.

Geldes mit Edelmetall oder gar mit einer seiner Arten, dem Gold schlechthin, dennoch unhistorisch und falsch. Dahinter steckt die Annahme, Edelmetalle seien von Natur aus Geld, ewig und unveränderlich. Doch Gold und Silber wurden unter bestimmten gesellschaftlichen Verhältnissen zu Geldwaren, was umgekehrt nicht heißen kann, Geldware könnte nur Gold oder Silber sein.[73] Nicht alle Ansichten, die als „Metallismus" bezeichnet werden, basieren auf aufwandstheoretischer Grundlage.[74] Ist vom Wert des Metallgelds die Rede, so ist durchaus nicht immer „Substanz" oder „Stoffwert", sondern nicht selten nur ein sogenannter „Funktionswert", das heißt ein Gebrauchswert bzw. dessen Schätzung, gemeint. Ob es die, oberflächlich betrachtet, scheinbare Nähe zur marxistischen Geldtheorie oder die mangelnde Argumentationskraft, diese zu widerlegen, ist, metallistische Erklärungen des Geldwerts spielten in der bürgerlichen Vulgärökonomie jedenfalls schon lange eine untergeordnete Rolle, obwohl Länder, die aus praktischen Gründen an der Anerkennung der Geldfunktion des Goldes interessiert waren, stets auch einen fruchtbaren Boden für metallistische Erwägungen boten.

Weitere Verbreitung und größere Resonanz haben daher Theorien gefunden, die unter der Bezeichnung Nominalismus zusammengefaßt werden. In ihnen wird behauptet, Geld brauche keinen eigenständigen, keinen „Stoffwert" zu haben, um Geld zu sein und dessen Funktionen auszuüben. Dort, wo man noch nicht den Mut aufbrachte, sich gänzlich vom Wertbegriff loszusagen,[75] wird dieser durch die Grenznutzentheorie im Sinne der Bewertung subjektiv-

[73] „Wir müssen uns davor hüten, in die absolute Identifikation von Gold und Geld aus eines anderen Position heraus zurückzufallen, und mit einer angenommenen Verdrängung des Goldes als Geldware die Wertform ‚Geld' als überholt anzusehen" (P. Danek, Zur Rolle des historischen Materialismus in der marxistischen Geldtheorie im gegenwärtigen Meinungsstreit, a. a. O., S. 6).

[74] Das betrifft auch die metallistischen Geldlehren vor Copernicus, in denen der Wert der Münze lediglich als Edelmetallmenge (und damit als Gewichtsgröße) aufgefaßt wurde, die in der Münze enthalten war (vgl. E. Sommerfeld [Hrsg.], Die Geldlehre des Nicolaus Copernicus, Berlin 1978, S. 133).

[75] Schumpeter schreibt beispielsweise: „Es ist wahr, daß der Wert des Geldes als Geld nicht von dem Stoff kommt, aus dem es besteht oder den es — wie Goldzertifikate — repräsentiert . . . Aber wenn das wahr ist, so erhebt sich erst recht die Frage nach dem Ursprung und den Bestimmungsgründen des Geldwerts, der deshalb noch lange nichts Willkürliches oder Gleichgültiges ist" (J. A. Schumpeter, Das Sozialprodukt und die Rechenpfennige, a. a. O., S. 46).

individualistisch gedeutet. In der „staatlichen Theorie" des Geldes wird der Wertbegriff juristisch verstümmelt und seines ökonomischen Inhalts beraubt, wenn es heißt: „Die Nominalität der Werteinheit wird vom Staate geschaffen."[76] Der vom Staat durch Vertrauen und Autorität geschaffene „Wert" wird nicht näher definiert, aber es wird unter ihm offensichtlich nichts anderes verstanden als die wertende Einstellung der Bevölkerung zum Geld. Spätestens mit Cassel wird es Gewohnheit, ökonomische Phänomene, nicht zuletzt solche des Geldwesens, gänzlich ohne werttheoretischen Bezug darzustellen. Auch für die Bestimmung des Geldwerts genüge eine wertlose Preislehre. Der Betrag, zu dem ein Gut in einer abstrakten Rechnungseinheit, die bei Cassel Inhalt des Geldbegriffs ist, geschätzt wird, sei „offenbar ein Preis, die Einheit ist eine Preiseinheit und die ganze Rechnungsskala eine Preisskala"[77]. Auf diese Weise gelangt man zu der Auffassung, daß der „Wert" des Geldes durch die Menge von Waren und Dienstleistungen bestimmt sei, die für das Geld erworben werden können. Cassel definiert den „Geldwert" als den reziproken Wert des allgemeinen Preisniveaus,[78] versteht unter „Geldwert" folglich die Kaufkraft der Geldeinheit.

Die Identifizierung von Geldwert und Kaufkraft ist jedoch viel älter. Sie findet sich nicht erst bei Cassel. Doch handelt es sich bei dieser Gleichsetzung um die auch heute in der bürgerlichen politischen Ökonomie vorbehaltlos akzeptierte Geldwerterklärung. „Der Wert des Geldes findet in seiner Kaufkraft Ausdruck . . . Ein vollkommener Ausdruck der Geldwertbewegung wäre daher der Preisindex aller produzierten Güter."[79] Unterschiede sind lediglich in der Art und Weise der Begründung dieser Auffassung festzustellen. Insgesamt richteten sich die Anstrengungen, den „Geldwert" zu ermitteln, auf die Untersuchung des Preisniveaus und dessen Bestimmungsfaktoren. Angebot-Nachfrage-Modelle des Preises mußten so bestimmend für bürgerliche Versuche werden, den „Geldwert" theoretisch darzustellen.

Dabei gehen die *angebotstheoretischen* „Geldwerterklärungen" auf die monetaristische Quantitätstheorie zurück.[80] Neben der „traditio-

[76] G. F. Knapp, Staatliche Theorie des Geldes, 2. Aufl., Leipzig 1918, S. 32.
[77] G. Cassel, Theoretische Sozialökonomie, a. a. O., S. 339.
[78] Ebenda, S. 401.
[79] W. Ehrlicher, Geldtheorie, a. a. O., S. 378.
[80] Vgl. Kapitel 4 des Buches.

nellen" Kreditschöpfungstheorie, die die maximal mögliche „Geldschöpfung" der Geschäftsbanken zu bestimmen versucht, indem sie die Existenz von Zentralbankgeld bei den Privatbanken, die Bargeldhaltung des Publikums und den Mindestreservesatz berücksichtigt, spielt heute vor allem das sogenannte „Geldbasiskonzept" eine dominierende Rolle.[81] Danach werde das Geldangebot durch die Entscheidung der Zentralbank über die Höhe der „Geldbasis" (Zentralbankgeld bei Banken und Nichtbanken), die der Privatbanken über die Höhe der Reservehaltung und die des Publikums über die Aufteilung seines Vermögens in Bargeld, Sicht- und Termineinlagen bestimmt. Damit werden reale Aspekte, sicher aber nicht die gesamte Dialektik des Verhältnisses von inkonvertiblem Zentralbankgeld und dem es in unterschiedlicher Höhe widerspiegelnden Kreditgeldvolumen erfaßt. Es handelt sich ganz einfach um das Problem der Umlaufgeschwindigkeit des Zentralbankgeldes, die sich im Kreditgeldvolumen äußert und die Zentralbankgeldmenge ersetzt. Unter dem hier zu behandelnden Aspekt lautet dann die entscheidende Aussage, daß das Geldangebot (Geldmenge) das Preisniveau und dieses den Geldwert bestimme.[82]

Bei den *nachfragetheoretischen* „Geldwerterklärungen" geht es darum, die Wünsche der Wirtschaftssubjekte, den Kassenbestand bzw. Bargeldvorrat, aus welchen Motiven auch immer,[83] auf einer bestimmten

[81] Vgl. K. O. W. Müller, Eine neue Variante staatsmonopolistischer Regulierungskonzeption — die Neoquantitätstheoretiker, in: Wirtschaftswissenschaft, 11/1973, S. 1691–1693.

[82] Eine spezifische Interpretation des quantitätstheoretischen Postulats findet sich bei Schumpeter: „Vergleichen wir die Warenmasse mit dem Raum in einem Stehparterre und die Geldeinheiten mit den Eintrittsbilletts dazu, so sehen wir sofort, wovon die Kaufkraft des Geldes abhängen muß, der in diesem Gleichnis der Raum entspricht, welcher dem einzelnen Besucher des Stehpaterres zur Verfügung steht. Aber ... dieser Vergleich gilt unmittelbar nicht für die Geldmenge, sondern für die Einkommenssumme, nicht von den Geldeinheiten, sondern von Einkommenseinheiten und deren Kaufkraft. Sie und nicht einfach die Geldeinheiten als solche sind die wahren ‚Eintrittsbilletts' zum Güterreservoir. Wenn man ihn so versteht, so liegt in unserem Vergleich wirklich der Schlüssel zur Lösung des Geldwertproblems" (J. A. Schumpeter, Das Sozialprodukt und die Rechenpfennige, a. a. O., S. 49). Das aber ist lediglich der Grundgedanke der Quantitätstheorie, der nicht dadurch richtiger wird, daß zirkulierende Geldeinheiten als Einkommenseinheiten bezeichnet werden.

[83] Vgl. J. M. Keynes, Allgemeine Theorie der Beschäftigung, des Zinses und des Geldes, Berlin (West) 1955, S. 143, 164–167.

Höhe zu halten, den tatsächlichen also zu vergrößern oder abzubauen, als Ursache für Geldmengenveränderungen zu betrachten. Wird beispielsweise der Kassenbestand als zu hoch empfunden, werde Geld aus der Kasse verausgabt. Die Folge seien Preissteigerungen („Geldwertsenkungen"), die außerdem den vorhandenen Kassen- oder Bargeldbestand real auf die gewünschte Kassenhaltung reduzierten. Tobin hat diese „Wahltheorie" (Geld zu verausgaben oder es nicht zu tun) durch Einführung von Aktiva mit unterschiedlichem Risiko und unterschiedlichen Erträgen weitergeführt. Friedman und andere Vertreter der neomonetaristischen Schule erweiterten schließlich die Keynessche Alternative der Vermögensanlage in bar oder in Wertpapieren zu einem Katalog von Anlagemöglichkeiten, die entsprechend den Grenzentragsdifferenzen gewählt würden. Dadurch entstand die Theorie der „relativen Preise", mit der die Übertragung monetärer Impulse auf Produktion und Preisniveau erklärt werden sollte.[84]

Gegen angebots- und nachfrageorientierte „Geldwerterklärungen" sind prinzipiell dieselben kritischen Einwände angebracht, ermitteln sie doch beide den „Geldwert" über die Höhe der Geldmenge. In der „Nachfragetheorie" geschieht das ausgehend vom Wunsch der Wirtschaftssubjekte, einen Teil des Geldes nicht in die Zirkulation zu geben. Letztlich wird dabei das Interesse an einer bestimmten Klassenhaltung zur wesentlichen Geldwertdeterminante. Daß Klassenhaltungswünsche ohnehin nicht einziger Bestimmungsgrund der zirkulierenden Geldmenge sind, ist auch von bürgerlicher Seite kritisch vermerkt worden, als Einwand ist das allerdings deshalb unerheblich, weil die Geldmenge nicht den Geldwert bestimmen kann.

Auch die Versuche, Geldangebots- und Geldnachfragefaktoren gemeinsam bei der theoretischen Ermittlung des Geldwerts zu berücksichtigen, geht über oberflächliche Betrachtungen nicht hinaus. Der „Geldwert" bilde sich im Zusammenspiel von drei Komponenten: der monetären Nachfrage (Konsumtions- und Investitionsgüter, Staatsausgaben, Außenhandelssaldo), den Bestimmungsgründen des monetären Angebotspreises (Lohnhöhe im Sinn der „Lohn – Preis-Spirale", Monopolgrad, indirekte Steuern, Terms of Trade) und Faktoren des Produktionsausstoßes (insbesondere technischer Fortschritt und Kapazitätseffekt von Investitionen). Preisniveau und Geldwert werden in der Keynesschen Konzeption als Funktion der

[84] Vgl. das Kapitel 7 des Buches.

Verbrauchs- und der Investitionsausgaben sowie des Sparumfangs gedeutet.[85]

Im Kern läuft diese Auffassung darauf hinaus, anzunehmen, daß das Preisniveau der Konsumtionsmittel steige, der „Geldwert" falle, wenn die zahlungsfähige Nachfrage bei Konsumtionsmitteln (Verbrauchsausgaben) größer sei als deren Angebot (Kosten). Bleiben umgekehrt die Verbrauchsausgaben hinter Kosten und Umfang der Konsumtionsmittelproduktion zurück, dann sinke das Preisniveau, der „Geldwert" steige. Dieser Zusammenhang läßt sich auch so auslegen, daß der „Geldwert" dann falle, wenn das Sparvolumen hinter den Neuinvestitionen zurückbleibe, eine größere zahlungsfähige Nachfrage das Preisniveau damit erhöhe. Er steige, wenn umgekehrt das Sparvolumen das der Neuinvestitionen übertreffe, eine geringere wirksame Nachfrage das Preisniveau folglich reduziere.

Auch dieser „Weiterentwicklung" des geldwerttheoretischen Erkenntnisstandes liegen die gleichen Fehler zugrunde, wie den Theorien, von denen die „neueren" ausgehen, über die sie aber praktisch nicht hinausgelangen. Bestenfalls werden auch mit ihnen lediglich Angebot – Nachfrage-Faktoren und damit Preisbestimmungsgründe analysiert, aber es wird keine werttheoretische Untersuchung vorgenommen. Das muß zwangsläufig so sein, wenn einerseits bewußt auf die theoretische Erfassung des Wertbegriffs verzichtet, andererseits aber der Begriff selbst (Geldwert) noch beansprucht wird. Die Preisbestimmungsanalyse bleibt aber gerade deshalb einseitig und oberflächlich, weil sie sich ausschließlich auf Angebot-Nachfrage-Überlegungen reduziert. Sie bleibt dies um so mehr, wenn monopolistische Komponenten ausgeschlossen werden. Diese Theorien können bestenfalls Schwankungen der Preise, ihre durch Angebot – Nachfrage – Veränderungen bestimmte Bewegung erklären, was tatsächlich nicht immer auch befriedigend und vollständig geschieht. Die theoretisch wirklich interessante Frage aber ist, wodurch der Preis und seine Höhe bestimmt werden, wenn Angebot und Nachfrage sich entsprechen. Das ist das Wertproblem; es bleibt auch bei bürgerlichen Preistheorien des „Geldwerts" ausgespart.

Die fehlerhafte Annahme, daß Geld, ganz gleich ob aus Metall oder aus Papier, erst in der Zirkulation in Abhängigkeit von der dort befindlichen Geldmenge seinen Wert erhalte, schließt einen logischen

[85] Für Keynes sind Preisindizes und Kaufkraft Repräsentanten des Geldwerts (vgl. J. M. Keynes, Vom Gelde, Berlin [West] 1955, S. 43–49).

Zirkelschluß ein. Er besteht darin, einerseits ein Preisniveau nur mit Geld oder Geldzeichen ausdrücken zu können, um andererseits von diesem Preisniveau wieder auf den „Wert“ der Geldeinheit zu schließen. Den Geldwert mit Kaufkraft gleichzusetzen bedeutet de facto, ihn nicht als Wert-, sondern als Preiskategorie zu verstehen. Damit wird der Geldwert scheinbar zur Wirkung eines Prozesses, dessen logische Ursache er in Wirklichkeit ist: des Preisbildungsprozesses. Preise sind nur Geldausdruck des Wertes. Werte werden ausgedrückt durch etwas, was selbst Wert hat oder solchen repräsentiert. Preise können nicht Bestimmungsfaktoren des Wertes sein. Wodurch der Wert bestimmt wird und wie er ausgedrückt werden kann, sind zwei gänzlich verschiedene Fragen, deren „Vermischung“ unzulässig ist. Wie wertloses Geld bzw. Geld, dessen „Wert“ erst in der Zirkulation durch das gegebene Preisniveau ermittelbar sei, Wertrelationen sichtbar machen kann, bliebe überdies unbeantwortet. Marx schrieb: „Daß jede einzelne Warenart durch ihren Preis ein Element der Preissumme aller zirkulierenden Waren bildet, ist selbstverständlich. Wie aber untereinander inkommensurable Gebrauchswerte sich en masse mit der in einem Land befindlichen Gold- oder Silbermasse austauschen sollen, ist völlig unbegreiflich. Verschwindelt man die Warenwelt in eine einzige Gesamtware, wovon jede Ware nur einen aliquoten Teil bildet, so kommt das schöne Rechenexempel heraus: Gesamtware = x Ztr. Gold. Ware A = liquoter Teil der Gesamtware = derselbe aliquote Teil von x Ztr. Gold.“[86] Diese kritische Bemerkung an jene, die annahmen, der Wert des Goldes und Silbers werde durch ihre zirkulierende Quantität bestimmt, gilt analog für die Annahme, wertloses Papiergeld könne ohne Bezug zur Geldware Wertrelationen sichtbar machen. Es kann dies nur, wenn vorher die Werte der einzelnen Waren bekannt sind und sie zum Wert der Gesamtware addiert werden könnten. Dann entfiele allerdings die Notwendigkeit, sie mit Hilfe von Symbolen zu „messen“. Für die Lösung einer Aufgabe würden damit Annahmen zutreffend sein, die diese Aufgabe gegenstandslos machen.

[86] K. Marx, Das Kapital. Erster Band, a. a. O., S. 138, Anm. 80.

1.2.2. Repräsentation und Inflation

Indem die bürgerliche Ökonomie den Geldwert mit Kaufkraft identifiziert, begreift sie offensichtlich den Wert nur als Preiskategorie und erklärt ihn damit auch am Beispiel des Geldes falsch. Nicht Preise bestimmen den Geldwert, sondern der Geldwert ist umgekehrt Voraussetzung, um Preise bilden und ausdrücken zu können; wieviel Geld Waren zu kaufen vermag (die Kaufkraft), ist nicht identisch mit dem Wert des Geldes, hängt aber sehr wohl von diesem ab, ist also eine Funktion des Geldwerts und natürlich des Warenwerts. Der Geldwert selbst ist bestimmt vom gesellschaftlich notwendigen Arbeitsaufwand zur Herstellung der Geldware. Bei Äquivalententausch stimmen zwar der Wert der gekauften Waren und der Wert des Geldes überein, das aber rechtfertigt nicht den Schluß, daß ersterer der Bestimmungsgrund des letzteren sei. Der Wert des Geldes ist vielmehr aufwandstheoretisch von vornherein bestimmt und gegeben, weil nur so das Geld die Äquivalenzfunktion auszuüben vermag.

Das Marxsche Geldumlaufgesetz schließt ein, daß in der Preisbestimmung der Waren die Wertgröße des als Maßeinheit dienenden Geldquantums oder der Wert des Geldes als gegeben vorausgesetzt werden. Das Geld zirkuliert Waren, die Preise haben, das heißt ideell schon bestimmten Quantitäten der Geldware Gold gleichgesetzt sind. Die Gesamtsumme der zu realisierenden Warenpreise selbst ist bestimmt durch den „Preisgrad" (in Gold ausgedrückte Tauschwerte der Waren) und durch die Summe der Waren zu jeweils gegebenen Preisen.[87] Der Wert des Geldes bestimmt also ebensowenig den Wert der gekauften Waren; indem das Geld aber diesen Wert ausdrückt, erhalten die Waren ihren Preis. Das Geldumlaufgesetz von Marx besagt, daß die Quantität der zirkulierenden Geldware von ihrem eigenen Wert abhängt, der die Preissumme bestimmt, die Warenwerte und die Umlaufgeschwindigkeit als gegeben angenommen. Zwar werden dann ein hoher Geldwert mit hoher, ein geringerer mit niedriger Kaufkraft verbunden sein, die „Kraft" des Geldes, Waren zu kaufen, ist aber nicht identisch mit dem Geldwert, sondern abgeleitet von ihm.

Aus der Sicht der Inflationsdiskussion sei erwähnt, daß es zur Entwertung der Geldware nur kommen kann, wenn die gesellschaftlich

[87] Vgl. K. Marx, Zur Kritik der Politischen Ökonomie, a. a. O., S. 106/108.

notwendige Arbeitszeit zu deren Förderung und Beförderung sinkt. Eine solche Geldentwertung hat aber mit Inflation nichts zu tun, selbst dann nicht, wenn sie durch fehlende oder unzureichende Entwertungsvorgänge bei den gewöhnlichen Waren Preissteigerungen zwangsläufig nach sich ziehen müßte. Daran sei erinnert, weil nicht zuletzt durch die neomonetaristische Schule, wie durch die bürgerliche Ökonomie schlechthin, so vielfältig und widersprüchlich ihre Versuche zur theoretischen Deutung des Inflationsphänomens auch immer sein mögen, Preissteigerung und Inflation noch stets als Synonyme aufgefaßt werden.

Tatsächlich äußert sich der inflationäre Prozeß vornehmlich in Preiserhöhungen, und ein Umschlagen nichtinflationärer in inflationäre Preiskonstanz würde dem oberflächlichen Betrachter ohnehin kaum bewußt. Doch Preissteigerung, die durch eine „echte" Geldentwertung hervorgerufen wird, kann deshalb nicht inflationärer Art sein, weil in ihr nur wertbedingte Veränderungen in der Proportion zwischen Geldware und den gewöhnlichen Waren zum Ausdruck kämen. Bei unverfälschter Geldwarenzirkulation ist deshalb keine Inflation möglich. Sie ist paradoxerweise nur dort denkbar, wo wertloses Stellvertretergeld die Zirkulation vermittelt (paradox für den, der den Inhalt der Inflation mit Geldentwertung verbindet). Papierzettel, die keine Waren, sondern Surrogate, das heißt Symbole der Geldware sind, besitzen keinen Wert und erhalten auch in der Zirkulation solchen nicht. Andernfalls würde faktisch die Wertbildung aus der Produktions- in die Zirkulationsphase verlegt.

Nicht bei Kreditgeld, das als Forderung auf Geldware immer konvertibel mit ihr bleibt und dessen Bewegung deshalb den Gesetzen der metallischen Zirkulation folgt, sondern unter Bedingungen inkonvertiblen Papiergeldes kann es zur Inflation kommen. Zunächst aber symbolisieren Geldzeichen, gleichgültig ob Kreditgeld oder Staatspapiergeld, Geldware und repräsentieren damit deren Wert. Sie selbst haben keinen Wert. Es ist daher müßig, nach einem solchen zu suchen und ihn, auf welche Weise auch immer, bestimmen zu wollen. Zwar läßt sich auch für Papierzetteleinheiten eine Kaufkraft (reziprokes Preisniveau) ermitteln, doch auch diese entspricht ebensowenig wie bei der Geldware dem vermeintlichen Geldwert. Papiernoten symbolisieren in Abhängigkeit von dem Umfang, in dem sie sich in der Zirkulation befinden, Wert der Geldware. Symbolisieren sie weniger Wert, weil ihre Menge größer ist, benötigt man mehr bzw. auf größere Zahlen lautende Einheiten, um den Warenwert symbolisch auszudrücken, der Preisausdruck wird größer, die Kaufkraft einer Geldeinheit sinkt. Symbolisieren sie mehr Wert, weil ihre Menge geringer ist, benötigt man weniger bzw. auf kleinere Zahlen lautende Einheiten, um den Warenwert symbolisch auszudrücken, der Preisausdruck wird kleiner, die Kaufkraft steigt. Auch in diesem Fall bestimmen übrigens nicht die Preise den von den Geldzeichen symbolisierten Wert, sondern umgekehrt ergibt sich ihre Höhe gerade aus diesem. Gleichgültig aber, wie groß die Kaufkraft auch immer ist und ob sie steigt oder sinkt, einen Wert des Papiergeldes gibt es nicht, sondern stets nur einen vom Papiergeld repräsentierten Wert. Das ist zu beachten, wenn wie bei der Inflation von Geldentwertung gesprochen wird.[88]

Bei jenem chronischen Prozeß, der im heutigen staatsmonopolistischen Kapitalismus zu beobachten ist, sind tatsächlich die inkonvertiblen Zentralbanknoten, mit deren Namen Preise gebildet werden und die dem Inhalt nach Staatspapiergeld mit Zwangskurs darstellen, gemeint. Es mag überraschen, daß selbst Ökonomen, die überzeugt sind, daß Stellvertretergeld keinen eigenen Wert verkörpern kann, dennoch von Geldentwertung sprechen. Logischerweise kann eigentlich nur entwertet werden, was Wert besitzt. Wo diese Voraussetzung fehlt, kann auch keine „*Ent*wertung" eintreten. Sich der Unzulänglichkeit der gängigen Begriffsbestimmung offensichtlich bewußt, spricht Hannelore Riedel richtig von einer Geldentwertung, die „durch die Verringerung der Wertrepräsentation der Geldeinheit eintritt . . . Diese als Inflation auftretende Geldentwertung beruht auf einer Veränderung des Repräsentationsverhältnisses nicht in Gold eintauschbarer Geldvertreter (Bar- und Buchgeld) zu jener Menge der Geldware, die entsprechend den im Geldumlaufgesetz erfaßten Bedingungen zirkulieren müßte."[89] Eine formallogische Untersuchung läßt in der Tat den Schluß zu, daß der Inflationsvorgang geldtechnisch nicht als Verringerung der Wertrepräsentation einer Geldeinheit, sondern als Verringerung der Mengenrepräsentation dieser Geldeinheit begriffen werden muß.[90]

[88] „Inflation im staatsmonopolistischen Kapitalismus ist allgemeine Geldentwertung" (Politische Ökonomie des Kapitalismus, Lehrbuch, Berlin 1980, S. 578).

[89] H. Riedel, Zum Zusammenhang von Inflation und Reproduktion des Monopolkapitals, in IPW-Berichte, 7/1982, S. 29.

[90] Vgl. K. Müller, Inflation bei Preiskonstanz? Zu einigen aktuellen Aspekten der

Unterliegen wertlose Geldzeichen der Inflation, dann ist gemeint, daß die Menge an Geldware, die sie symbolisieren, geringer geworden ist. Eine Verkleinerung der Wertrepräsentation kann, muß aber nicht Begleiterscheinung der Inflation sein. Es wird dabei auch klar, worauf sich die „Überfüllung der Zirkulationskanäle mit Geldzeichen", von der Marx im Zusammenhang mit der Inflation spricht,[91] bezieht, zumal der Begriff „Überfüllung" zunächst Verwunderung auslösen kann, weiß man, daß die Zirkulationskanäle theoretisch ein unbegrenztes Volumen wertloser Geldzeichen aufnehmen könnten. Wenn auch aus einer Reihe von Gründen sicher nicht erwünscht, so ist das – freilich nur bei fehlender Konvertibilität – möglich, weil die Menge Geldware repräsentierender Geldsymbole nicht durch Eigenwert bestimmt ist. „Überfüllung" kann deshalb auch nicht die Beziehung der Geldzeichen zum Wertvolumen meinen. Wie groß die Geldzeichenmenge auch immer sein mag, sie kann stets nur das gegebene Wertquantum symbolisieren. Deshalb kann es in bezug auf das Wertquantum weder ein Zuviel noch ein Zuwenig an Geldzeichen geben. Geldzeichen-„Überschuß" kann aber auch nicht in bezug auf die Preise möglich sein, denn Preise sind Geldausdruck der Werte, damit Ergebnis der „Anwendung" von Geldzeichen oder besser Geldnamen, die für die Bildung der Geldausdrücke eben benötigt werden.

„Überfüllung der Zirkulationskanäle mit Geld" kann sich daher nur auf den bisher existierenden Preismaßstab beziehen. In bezug auf diesen Preismaßstab gibt es einen temporären Geldüberhang. Er ist Vorstufe, nicht aber Ursache der Inflation. Diese tritt dann ein, wenn dieser Geldüberhang abgebaut wird, wenn der Preismaßstab verändert bzw., was dasselbe ist, die Mengenrepräsentation verkleinert wird. Übersteigt die Menge an Stellvertretergeld das Quantum, das der bisherige Preismaßstab erforderte, sind Preiserhöhungen die Folge. Diese sind dann inflationär, Werte werden in einem höheren Preisniveau ausgedrückt. Das Problem besteht dabei darin, wie auf diese Weise, das heißt im Prozeß der chronischen Inflation, Wertrelationen widergespiegelt werden können. (Zum Problem der Widerspiegelung von Wertrelationen in wertlosen Papierzeichen und den dabei existierenden formallogischen Zusammenhängen vgl. die Tabelle 3.)

marxistischen Geldtheorie, in: Wissenschaftliche Zeitschrift der Technischen Hochschule Karl-Marx-Stadt, 1/1983, S. 113–117.

91 K. Marx, Das Kapital. Erster Band, a. a. O., S. 142.

Tabelle 3: Die Widerspiegelung von Wertrelationen in wertlosen Papierzeichen

	Variante I				*Variante II*				
	Wert der Ware	Papiergeldzeichen 1	2	3	Wert der Ware	Papiergeldzeichen 1	2	3	4
Summe	150	150	75	300	130	150	75	300	130
Ware A	10	10	5	20	10	11,5	6	23	10
B	20	20	10	40	10	11,5	6	23	10
C	30	30	15	60	20	23	11,5	46	20
D	40	40	20	80	40	46	23	92	40
E	50	50	25	100	50	57,5	29	115	50

Quelle: eigene Berechnungen.

Nehmen wir an, daß eine Papiereinheit indirekt (mittelbar) über die Geldware einen Teil des Gesamtarbeitszeitaufwands der zirkulierenden Warenmasse vertritt, so lassen sich Wertrelationen formallogisch erklären. Repräsentiert zum Beispiel eine Papiergeldsumme von 150 nationalen Geldzeicheneinheiten 150 Arbeitszeiteinheiten (Stunden), muß eine Ware, für deren Herstellung 10 Stunden benötigt werden, einen Papiergeldpreis von 10 haben. Bei gegebenem Arbeitszeitquantum verändern sich Maßstab und Preise permanent in Abhängigkeit von der Variation der Papiergeldmenge (vgl. Tabelle 3). Es müßte dann angenommen werden, daß staatsmonopolistische Geldmengenveränderungen langfristig Preisstrukturbewegungen auslösen, die in Abhängigkeit von der Wertbewegung erfolgen und so die Wertrelationen widerspiegeln (I 1, 2, 3). Andererseits hieße das auch, daß zunächst durch wenige Monopole verursachte Preis-Wert-Abweichungen eine Störung in der Widerspiegelung von Wertrelationen in Preisen herbeiführen, die einen Kampf um Preiserhöhungen auslösen und damit den notwendigen Geldmengenzuwachs erzwingen. Das führt schließlich zu einer Korrektur der Preisstrukturen, die Wertrelationen nun wieder exakt ausdrücken, nunmehr aber in Form nominell höherer Preise. Nur so läßt sich die Behauptung stützen, daß das Wertgesetz auch im Prozeß der chronischen Inflation den Warenaustausch regelt. Akzeptiert man diese Überlegung, ließe sich der dauerhafte monopolistische Inflationsprozeß als ständiger Versuch privater Monopole interpretieren, den Verstoß monopolistischer Konkurrenten gegen die Wertrelationen zum eigenen Vorteil zu korrigieren, um ihn damit gleichzeitig auch immer wieder neu auszulösen.

Die Preissteigerungen einzelner Monopole bei gegebenem Geldwert (im Sinne des Repräsentationsverhältnisses) bedeuten eine Umverteilung von Werten. Diese wird bei jeglichem Preisniveau angestrebt, kommt heute in monopolistischen Preis-Wert-Abweichungen zum Ausdruck und funktioniert im Prinzip nur bei gegebenem Geldwert. Das langfristige Ergebnis aber ist, wie so oft, ungewollt: Weil alle Monopolkapitale das tun, wovon sie die anderen am liebsten abhalten würden, kommt es zur Erhöhung der Geldmenge, damit zur Verringerung der Mengen- und Wertrepräsentation (als Verringerung des Geldwerts bezeichnet) und zwangsläufig zur Erhöhung des Preisniveaus. Monopolen ist also das Streben eigen, die Widerspiegelung von Wertrelationen in adäquaten Preisrelationen ständig zu stören. Die Widerspiegelung von Wert- in Preisrelationen setzt sich somit in einem Prozeß durch, in dem die Preisrelationen von denen der Werte abweichen, in dem durch Preisrelationen gegen Wertrelationen verstoßen wird. Das aber ist zugleich die Form, in der sich tendenziell die Preisrelationen den Wertrelationen nähern. Es ist jedoch auch zu beachten, daß sich die Werte der Waren selbst permanent ändern, damit aber auch die Relationen zwischen ihnen.

In Variante II der Tabelle sind die Werte von B und C zurückgegangen, die Wertsumme verringert sich von 150 auf 130. Dabei müssen aber bei gegebener Papiergeldmenge die Preise der übrigen Waren A, D, E steigen (II, 1), wenn die Wertrelationen richtig widergespiegelt werden sollen. Auch dieser Zusammenhang erlaubt es, auf einen in der ökonomischen Literatur bislang nicht beachteten Inflationsaspekt aufmerksam zu machen: Bei unflexibler Geldmengenbewegung müssen Wertsenkungen bei einer oder wenigen Waren zu Preissteigerungen bei allen übrigen Waren führen. Bei Geldmengensteigerungen (II, 3 im Vergleich zu II, 1) sind sie natürlich um so größer und können auch im Wert gesunkene Waren betreffen. Nur eine der Wertbewegung folgende Geldmengenbewegung (II, 4) ließe „Geldwert“ und Preise unverändert.

KAPITEL 2

Geld und Geldkapital

2.1. Die Verwandlung von Geld in Kapital

Die Rolle des Geldes im Kapitalismus ist mit der Beschreibung der Geldfunktionen keineswegs schon hinreichend erfaßt. In der kapitalistischen Warenproduktion findet zwar Tausch statt, sicher mehr als je zuvor, und doch ist die Tatsache des Tausches schlechthin nicht Grundmerkmal der kapitalistischen Produktionsweise. Es ist absurd, anzunehmen, der kapitalistische Warenproduzent ließe Waren nur deshalb herstellen und verkaufen, um sich aus den Erlösen zu kaufen, was er selbst gern besitzen möchte. Ihm geht es um etwas anderes, um die Erzielung von Mehrwert, um die Verwertung seines (Geld)-kapitals. Wie dies auf der Grundlage des Wertgesetzes, des äquivalenten Warentauschs überhaupt möglich ist, erläutert Marx im Rahmen der Mehrwerttheorie. „Die kapitalistische Produktion beginnt", so sagt Marx, „in dem Augenblick, wo die Arbeitsbedingungen *einer* Klasse gehören und die bloße Verfügung über das Arbeitsvermögen einer *andern*. Diese Trennung der Arbeit von den Arbeitsbedingungen bildet die Voraussetzung der kapitalistischen Produktion."[1] Und unter diesen Bedingungen tritt Geld nicht nur als Geld, sondern auch als Geldkapital auf. Geld verwandelt sich dabei in Kapital, nicht indem es, wie bürgerliche Ökonomen meinen, gespart wird, sondern indem es mit der Absicht und so eingesetzt wird, daß es sich verwertet, und damit vergrößert zu dem zurückkehrt, der es vorschießt. Sicher tritt jedes Kapital zunächst als Geldkapital auf, bevor es sich in die Formen des produktiven und Warenkapitals verwandeln kann,

[1] K. Marx, Theorien über den Mehrwert. Erster Teil, in: MEW, Bd. 26.1., Berlin 1974, S. 49 (Hervorhebungen d. A.).

doch Geld als Geld hat den Warentausch zu vermitteln (W – G – W), Geld als Kapital aber, sich zu verwerten (G – W – G').[2]

Geld in seinen Funktionen als Geld und Geld in seiner Aufgabe als Kapital unterscheiden sich also zunächst durch ihre Zirkulationsform. Allerdings ist diese Unterscheidung nicht im absoluten Sinne plausibel. Denn die Zirkulation des Geldes als Geld und die Zirkulation des Geldes als Kapital schließen sich nicht nur nicht aus, sie sind nicht in diesem absoluten Sinne Gegensatz, weil sie sich zugleich auch voraussetzen und sich gegenseitig bedingen. In Auseinandersetzung vor allem mit Thomas Tooke, John Law und anderen begründet Marx, daß nicht Zirkulation (Umlauf von Geld als Zirkulationsmittel) und Kapital (Bewegung des Geldes als Kapital) Gegensätze bilden. Der Unterschied besteht vielmehr in der *Geldform der Revenue* und der *Geldform des Kapitals*, denn zirkulieren und Zirkulationsmittel sein muß das Geld sowohl in der einen als auch in der anderen Form. Geld fungiert als Zirkulationsmittel in der Revenuezirkulation, ist Verausgabung von Revenue, wenn es Waren der individuellen Konsumtion bezahlt, obgleich es dabei natürlich beständig Kapital ersetzt und zwar das Warenkapital der Produzenten der Abteilung II.[3] Wenn Geld die Übertragung von Kapital vermittelt, und dies kann es wiederum nur, wenn es entweder als Zirkulations- oder Zahlungsmittel auftritt, dann besteht der Unterschied zur Revenuezirkulation nur darin, daß Geld dabei „nicht nur Kapital für die eine Seite, den Verkäufer . . . sondern auch von der anderen Seite, vom Käufer, als Kapital verausgabt, vorgeschossen wird."[4] Dabei geht Geld natürlich ständig von einer in die andere Sphäre über. Geldfunktionen und Geld als Kapital stehen aber nicht im direkten Gegensatz zueinander. Sie sind ineinander verwoben. „Soweit das Geld in der einen oder andern Funktion dient, sei es zur Realisierung von Revenue oder zur Übertragung von Kapital, fungiert es im Kauf und Verkauf oder im Zahlen als Kaufmittel oder Zahlungsmittel und im weiteren Sinn des Worts als Zirkulationsmittel. Die weitere Bestimmung, die es in der Rechnung seines Ausgebers oder Empfängers hat, daß es ihm Kapital oder Revenue vorstellt, ändert hieran absolut nichts . . ."[5]

[2] Vgl. K. Marx, Das Kapital. Erster Band, a. a. O., S. 161.
[3] Vgl. K. Marx, Das Kapital. Dritter Band, a. a. O., S. 459f.
[4] Ebenda, S. 459.
[5] Ebenda, S. 460.

Es ist offensichtlich falsch, den Unterschied zwischen der Zirkulation des Geldes als Revenue und der Zirkulation des Geldes als Kapital in einen Unterschied zwischen Zirkulation schlechthin und Kapital umzudeuten. Dies wäre lediglich ein Ausdruck dafür, nicht verstanden zu haben, daß das Geld eben auch in der kapitalistischen Warenproduktion seine herkömmlichen Aufgaben wahrzunehmen hat, und dies kann nur geschehen, wenn sich die Realisierung der Geldfunktion mit der Geldkapitalbewegung verknüpft. Es ist also gleichfalls falsch anzunehmen, Geld höre im Kapitalismus auf, Geld zu sein und verwandele sich ausschließlich in Geldkapital. Geld ist im Kapitalismus sowohl das eine als auch das andere, nicht aber voneinander getrennt, sondern miteinander verbunden.

Auf einen Unterschied jedoch hat bereits Marx hingewiesen. In der Revenuezirkulation ist Geld tatsächlich vorwiegend Zirkulationsmittel, in der Kapitalzirkulation trat es schon frühzeitig hauptsächlich als Zahlungsmittel auf, weil Kreditgeldsurrogate die Kapitalzirkulation sicherten. „Aber der Unterschied des Geldes als Zahlungsmittel vom Geld als Kaufmittel (Zirkulationsmittel) ist eine dem Geld selbst zukommende Unterscheidung, nicht ein Unterschied zwischen Geld und Kapital.“[6] Bei der Bestimmung der zirkulierenden Geldmenge im Geldumlaufgesetz wird dann folgerichtig auch nicht zwischen Geld für die Revenue- und Geld für die Kapitalzirkulation unterschieden, denn ob das Geld für das eine oder andere erforderlich ist, ändert nichts an der Tatsache, daß es für beide Aufgaben benötigt wird. Aus dieser Sicht ist dann auch die Frage zu beantworten, ob Geld, das ein Unternehmer über eine Bank ausleiht, „nur“ Geld oder „schon“ Geldkapital ist. Marx und Engels zeigen am Beispiel, daß keine eindeutige Antwort darauf möglich ist, ob es sich dabei um Vorschuß von Zahlungsmitteln oder Kapital handelt.[7] Erhält nämlich ein Kunde von der Bank eine bestimmte Geldsumme, ohne dafür irgendwelche Deckung zu geben, bekam er auf jeden Fall Zahlungsmittel vorgeschossen, und verwendet er diese in seinem Betrieb, hat er damit zusätzliches Kapital erhalten. Verpfändet dieser Kunde seiner Bank Wertpapiere, Staatsschuldscheine oder Aktien für einen gewissen Betrag ihres Wertes, findet zwischen ihm und der Bank nur eine gegenseitige Kapitalübertragung statt (Wertpapiere sind eine bestimmte Form zinstragender Kapitalanlage). Der Bankkunde erhält

[6] Ebenda, S. 461.
[7] Vgl. ebenda, S. 472/473.

dadurch kein zusätzliches, sondern weniger Kapital, dafür aber als „Zahlungsmittel" in der liquidesten Form. Für die Bank dagegen besteht der Inhalt dieses Geschäfts in der Gewährung einer Anleihe: „eine Verwandlung von Geldkapital aus einer Form in die andre, und diese Verwandlung ist gerade die wesentliche Funktion des Bankgeschäfts".[8]

Beim Wechselankauf schließlich (Diskontgeschäft) findet gleichfalls ganz gewöhnlicher Kauf und Verkauf, gegenseitige Kapitalübertragung zwischen der Bank und ihrem Kunden statt. Der Bankkunde hat dabei wiederum kein zusätzliches Kapital erhalten, er hat lediglich eine nicht flüssige Form von Geldkapital an die Bank verkauft gegen den Wertbetrag in flüssiger Form, den noch laufenden Wechsel gegen bares Geld. Er hat damit auch der Bank nichts zurückzuerstatten, weil wiederum lediglich die eine Form des Geldkapitals – der Wechsel – nur in die andere – das Geld – umgewandelt worden ist. Dabei ist noch ungewiß, ob der Bankkunde das von der Bank erhaltene Geld dann als wirkliches Kapital oder lediglich als Zirkulations- oder Zahlungsmittel in der Revenuezirkulation einsetzt.

2.2. Kapitalanlage und Kapitalwanderung

Was in dem sogenannten Transmissionskonzept (bzw. der Impulshypothese) heute übrigens nahezu übereinstimmend von Keynesianern und Neomonetaristen widergespiegelt wird,[9] sind durchaus auch rationale Aspekte wirtschaftlichen Geschehens. Es geht einmal um das Problem, wie kapitaltheoretisch Geld, vor allem der Mehrwert, verwendet wird, da die Verwendung von c und v als Bestandteile des Wertes reproduktionstheoretisch vorgegeben, ihre Alternativen daher begrenzt, wenn sicher auch vorhanden sind. Ohne Zweifel gibt es stets mehrere Kapitalanlagemöglichkeiten, die Wahl zwischen ihnen fällt wie jede Wahl auf der Grundlage von Kriterien. Das ökonomische Kriterium korrespondiert mit dem Grundgesetz der jeweiligen Produktionsweise; für den Kapitalismus sind das die Kennziffern des Verwertungsgrades. Hoher Grad der Verwertung

[8] Ebenda, S. 472.

[9] Vgl. Kapitel 6 des Buches.

wird Geldkapital anlocken, steigender die Aufmerksamkeit und das Interesse auf sich ziehen, niedriger wird Kapital abstoßen, sinkender es vorsichtiger werden lassen.

Zum anderen wird mit dem Transmissionskonzept auch der neomonetaristischen Schule die legitime Frage aufgeworfen, was Kapitalanlageentscheidungen dort bewirken, wo sie gefällt werden und welche „Nah- und Fernwirkungen" sie in Zweigen und Bereichen der Volkswirtschaft auslösen, die von der Entscheidung und ihrer Erstwirkung in irgendeiner, positiver oder negativer Weise betroffen werden. Legitim ist diese Fragestellung schon deshalb, weil die Teile und Elemente der kapitalistischen Volkswirtschaft nicht schlechthin nebeneinander existieren, sondern einen Systemzusammenhang bilden. Diese beiden Probleme enthalten den rationalen Aspekt der umfangreichen Diskussion über die „Transmission monetärer Impulse in den realwirtschaftlichen Bereich", obwohl gerade diese Probleme – wie das in der marxistischen Theorie auch geschieht – völlig unabhängig von irgendwelchen „Impulsen" gelöst werden können. Das liegt daran, weil es sich bei diesen auch vom Transmissionskonzept erfaßten Aspekten um solche handelt, die – ohne das dies bewußt begriffen würde – generelles unternehmerisches Verhalten auf der Grundlage objektiver ökonomischer Gesetze der kapitalistischen Produktionsweise betreffen.

Die Begründung für die Herausbildung der Durchschnittsprofitrate und des Produktionspreises ist ein treffendes Beispiel dafür, wie dieses Grundproblem kapitalistischer Reproduktion von Marx einer souveränen Lösung zugeführt worden ist. Der Verwertungsgrad der Kapitale ist in den Zweigen und Bereichen der Volkswirtschaft zunächst sehr unterschiedlich, denn die Faktoren, die ihn bestimmen, sind es gleichfalls. Gleichgroße Kapitale erzeugen selbst bei identischem Ausbeutungsgrad in Abhängigkeit von der organischen Zusammensetzung unterschiedlich hohe Mehrwertmassen.[10] Das Kapital aber kann und will die Verschiedenheit der Profitraten auf die Dauer nicht hinnehmen. Die dauerhafte Konservierung eines Profitraten- und damit Verwertungsgefälles zwischen den Kapitalanlagemöglichkeiten kann „nicht existieren, ohne das ganze System der kapitalistischen Produktion aufzuheben"[11]. Das Ergebnis wären nicht schlechthin eklatante wirtschaftliche Disproportionen, absolute Bevorzugung

[10] Vgl. K. Marx, Das Kapital, Dritter Band, a. a. O., S. 153.
[11] Ebenda, S. 162.

von einigen und Ignorierung von anderen Anlagefeldern – solche Erscheinungen sind zumindest im relativen Sinne bekanntlich vorhanden und nachweisbar –, sondern es würde der kapitalistischen Produktion an inneren Triebkräften mangeln, diese Disproportionalität nicht auswuchern zu lassen, sie vielmehr immer wieder zu „glätten", partiell und relativ zu überwinden. Für die kapitalistische Warenproduktion ist die Disproportionalität der einzige Weg zur Proportionalität, ein Weg, der nie zu seinem Ziel führt, gerade deshalb aber beständig gegangen werden muß. Wenn wir sagen, Kapitale nehmen die Verschiedenheiten der Profitraten nicht hin, dann meinen wir, daß sie diese Verschiedenheit dadurch ablehnen, daß sie ihr Kapital in die Zweige mit der höchsten Profitrate bringen. Somit entbrennt der Kampf der Kapitalisten aus den unterschiedlichsten Zweigen um die profitabelste Kapitalanlage. Das Ergebnis ist ein Zustand, den niemand wollte, der aus der Sicht des Gesamtkapitals aber objektiv notwendig ist: Die Konkurrenz nivelliert die verschiedenen Profitraten. „Der Profit, der entsprechend dieser allgemeinen Profitrate auf ein Kapital von gegebner (gleicher) Größe fällt, welches immer seine organische Zusammensetzung, heißt der Durchschnittsprofit."[12] Dazu kommt es, weil Kapital sich einer Sphäre mit niedriger Profitrate entzieht und in eine andere eindringt, die höheren Profit abwirft.[13]

Offensichtlich werden durch Kapitalanlageentscheidungen, wie in den „Transmissionskonzepten" auf bürgerliche Weise widergespiegelt, auch Angebot – Nachfrage-Konstellationen verändert, die auf den Verwertungsgrad zurückwirken. Zweige, die durch Zufluß zusätzliches Kapital aufnehmen, werden früher oder später zu einem Angebot gelangen, das über die Nachfrage hinausgewachsen ist. Preise fallen dann und mit ihnen die Profite. Anders in Zweigen, denen sich das Kapital entzieht. Abgeflossenes Kapital bewirkt, daß das Angebot an Waren dieses Zweiges hinter der Nachfrage zurückbleibt; Preise, Profite und die Profitrate dieses Zweiges können steigen. Die Konkurrenz um profitabelste Kapitalanlagen und die ständige Kapitalwanderung bewirken somit, daß kleine Profitraten größer, große Profitraten kleiner werden müssen. Daß diese gegenläufigen Entwicklungen nicht an jenem Punkt einzurasten vermögen, in dem sie sich begegnen, liegt an den inneren Gesetzmäßig-

12 Ebenda, S. 167.

13 Vgl. ebenda, S. 206.

keiten der privaten Warenproduktion, die Disproportionen nicht vorbeugen, sondern nur im nachhinein zu korrigieren vermag. Disproportionalität ist die Form, in der Proportionalität existiert. Daß dieser Gleichgewichtspunkt, der niemandem bekannt ist, überschritten ist, wird den Kapitalanlegern erst bewußt, wenn das Profitratengefälle „umkippt", eine „Spiegelbild-Disproportion" entstanden ist, die die Kapitalwanderung umkehren läßt. Durch dieses permanente Hin und Her wird die Verteilung des Kapitals auf die einzelnen Zweige und Bereiche so geregelt, daß die proportionale Entwicklung im Prozeß der Akkumulation wenigstens im Durchschnitt, in der Tendenz gewahrt bleibt.

Dieser Ausgleichsmechanismus funktioniert nicht nur zwischen den produktiven Zweigen der Volkswirtschaft. In ihn sind auch andere Kapitalanlageformen und -felder (Anlage im Handel, im Bank- und Versicherungsgewerbe, in Form von Wertpapieren usw.) einbezogen. Auch das wird in den Transmissionskonzepten des Neomonetarismus und des Neokeynesianismus widergespiegelt. Tatsächlich geht es den Kapitalanlegern um die Optimierung ihrer Anlagestreuung, wofür die Höhe der Verwertung, Verwertungsraten und die Sicherheit der Anlage wichtige Kriterien sind. Sicher sind im Monopolkapitalismus diese Prozesse durch Tendenzen ergänzt oder modifiziert worden, die bei einigen den Eindruck entstehen ließen, die Ausgleichsmechanismen seien blockiert, die monopolistischen Elemente konservierten die disproportionalen Strukturen. Strukturkrisen scheinen der empirische Beleg dafür zu sein. Daran ist richtig, daß ihre ökonomische Macht es den Monopolen gestattet, durch Angebot – Nachfrage-Manipulationen und Preisdiktat auch ohne unbedingte Kapitalwanderungen die erwünschte Profitabilität zu erreichen. Und Monopole sind bekanntlich in der Lage, in ihren Zweig eindringenden Konkurrenten kaum Entfaltungsmöglichkeiten zu gewähren, wenn sie das für notwendig halten. Es wäre jedoch unrichtig, daraus zu schlußfolgern, daß deshalb das Verwertungsgefälle im Monopolkapitalismus keine Kapitalwanderung mehr auslösen könne. In ihr setzt sich auch unter monopolkapitalistischen Bedingungen der subjektive Drang nach höchster Kapitalverwertung und der objektive Zwang zu relativer volkswirtschaftlicher Proportionalität durch. Ständige Aktienkäufe und -verkäufe, Preisschwankungen (die auch heute nicht nur, wenn auch vorwiegend, Schwankungen in den Preiszuwachsraten sind, sondern auch monopolistische „Preisunterbietungen" einschließen), unterschiedliche Entwicklungstempi einzelner Zweige, Zusammenbrüche und Neugründungen sind Belege für die nach wie vor existierende Konkurrenz zwischen Monopolen innerhalb und auch zwischen verschiedenen Kapitalanlagefeldern.

Tabelle 4: Konzentration des Kapitals in den USA
a) *Kapitalgesellschaften nach Größenklasse der Aktiva*

	Insgesamt	davon Aktiva unter 10 Mio US$	10 bis unter 100 Mio US$	100 Mio US$ und darüber
Zahl der Gesellschaften, 1000				
1950	629,3	623,8	5,1	0,7
1960	1 140,6	1 130,2	9,0	1,4
1970	1 665,5	1 647,1	15,8	2,6
1980	2 710,5	2 675,3	29,2	6,1
Anteile nach Größenklassen, v. H.				
1950	100,0	99,1	0,8	0,1
1960	100,0	99,0	0,9	0,1
1970	100,0	98,9	0,9	0,2
1980	100,0	98,7	1,1	0,2
Aktiva, Mrd. US-Dollar				
1950	598	167	127	304
1960	1 207	293	242	671
1970	2 635	450	433	1 752
1980	7 617	861	883	5 872
Anteile nach Größenklassen, v. H.				
1950	100,0	28,1	21,1	50,8
1960	100,0	24,3	20,1	55,6
1970	100,0	17,1	16,4	66,5
1980	100,0	11,3	11,6	77,1

Allein der unaufhaltsame Innovationsprozeß läßt permanent neue Anlage- und Konkurrenzobjekte entstehen, um die mächtige Monopole miteinander konkurrieren.[14] Konzentration, Zentralisation und

[14] Ein Beispiel bietet die Situation auf dem Markt für Schlüsseltechnologien. So sind selbst Spitzenprodukte gegen Preissenkungen keineswegs immun. Auf dem Halbleitermarkt fielen die Preise für 64-kBit-Speicherchips von 110 US-Dollar (1983) auf 3,75 US-Dollar 1984 und 0,50 US-Dollar im Jahre 1986, für 256-

b) *Aktiva und Gewinne der Kapitalgesellschaften in der verarb. Industrie*

	Insgesamt	davon Aktiva unter 10 Mio US$	10 bis unter 100 Mio US$	100 Mio bis unter 1 Mrd. US$	1 Mrd. US$ und darüber
Aktiva, Mrd. US-Dollar					
1960	255,8	47,4	48,1	89,7	70,6
1970	578,2	69,1	66,5	160,3	282,3
1980	1 384,5	126,6	1 20,5	255,3	882,1
1983	1 705,0	149,8	1 49,0	281,6	1 124,6
Anteile nach Größenklassen, v. H.					
1960	100,0	18,5	18,8	35,1	27,6
1970	100,0	12,0	11,5	27,7	48,8
1980	100,0	9,2	8,7	18,4	63,7
1983	100,0	8,8	8,7	16,5	66,0

Quelle: Die Wirtschaft imperialistischer Länder in Zahlen, in: IPW-Forschungshefte 1/1987, S. 57.

Monopolisierung des Eigentums haben dabei sowohl zu neuen Formen des Konkurrenzkampfes als auch der Kapitalwanderung geführt.

Im Prozeß der Diversifikation und der Ausweitung des monopolistischen Eigentums- und Herrschaftsbereiches über produktive und nichtproduktive Kapitalanlagesphären wird sich zwangsläufig ein beträchtlicher Umfang der Kapitalwanderung und Konkurrenz innerhalb der Konzerne und Konglomerate selbst vollziehen. Die unterschiedlichen Profitraten zwischen den umfangreichen Anlagefeldern innerhalb eines Monopolunternehmens, einer Finanzgruppe usw. unterliegen also selbst durch interne Entscheidungen der Nivellierungstendenz. Das ist einfach deshalb so, weil das Monopolunternehmen sich nicht nur selbst beliefert (was bei vertikaler Gliederung selbstverständlich ist), sondern nach wie vor ein waren- und leistungsproduzierendes Unternehmen ist, das bei horizontaler

kBit-Speicherchips von 50 US-Dollar pro Stück auf 5 US-Dollar (Ende 1985). Hohe Preise und Profite für Speicherchips können nur noch auf dem Megabit-Markt erzielt werden (vgl. P. Hess, Wissenschaftlich-technische Revolution und Akkumulation des Kapitals, in: IPW-Berichte, 2/1986, S. 16).

Anlagestreuung und Profitabilitätsgefälle die Möglichkeit interner Kapitalwanderung und damit ständiger Korrektur der Anlageentscheidungen nutzen wird. Gleichfalls werden Monopole auf Grund ihrer Expansivität und Aggressivität auch stets bestrebt bleiben, profitable Anlagefelder auch außerhalb des Eigentumsbereichs zu suchen. Interne kann deshalb die „äußere“ Kapitalwanderung nicht ersetzen, sondern nur ergänzen. Damit werden aber letztlich Angebot – Nachfrage – Veränderungen ausgelöst, die rückwirkend die Profitabilität beeinflussen und gegebenenfalls Anlagekorrekturen erzwingen.

Für nivellierende Effekte monopolistischer Konkurrenz – Kapitalwanderung, Preisgestaltung, Profite und Profitraten – ist es nicht schwer, empirische Belege zu finden, obwohl auch heute nicht, noch weniger als zu Zeiten der freien Konkurrenz, der Durchschnittsprofit und seine Rate in der empirischen Wirklichkeit zu entdecken sind. „Sie alle haben keine andere Realität als in der Annäherung, der Tendenz, im Durchschnitt“, schreibt Engels an Conrad[15], und Marx erklärt: „Zwischen den mehr oder minder Annähernden findet selbst weder Tendenz noch Ausgleichung statt, die der idealen, d. h. in der Wirklichkeit nicht vorhandnen Mittelposition zustrebt, d. h. die Tendenz hat, sich um sie herum zu normieren.“[16]

Empirische Belege über Kapitalwanderungen und ihre Effekte spielen aber gerade deshalb zu Recht eine bedeutende Rolle in der Diskussion zum Problem der Wertmodifikation. Auch wenn nicht mit Sicherheit gesagt werden kann, daß sie schon hinreichender Beleg dafür sind, daß auch im monopolkapitalistischen Stadium die Tendenzen zum Ausgleich das Gesetz vom Durchschnittsprofit und Produktionspreis, wenn möglicherweise auch unterdrückt und durch andere notwendige Zusammenhänge ergänzt, weiter wirken lassen, so ist doch sicher unumstritten, daß es diese Tendenz zum Ausgleich auch im Monopolkapitalismus gibt und daß ihre Ursachen und Erscheinungsformen deshalb zu Recht in die Diskussion zum Problem der Wertmodifikation einbezogen werden müssen.[17]

Das Problem besteht dann darin, diese Tendenz im Ensemble

[15] Vgl. MEW, Bd. 39, S. 431.

[16] K. Marx, Das Kapital. Dritter Band, a. a. O., S. 182/183.

[17] Vgl. G. Maurischat, Zum Verhältnis von Produktionspreis, Monopolprofit und Monopolpreis im Imperialismus, in: Monopolprofit und Wertmodifikation heute. Berichte der Humboldt-Universität zu Berlin, 22/1982, S. 36–57.

mit anderen Tendenzen, besonders der monopolistischen Abweichung vom Durchschnittlichen, zu gewichten, die Grundrichtung der Bewegung, den übergreifenden Zusammenhang zu erkennen. Dabei die eine Tendenz lediglich als Störung, als Verstoß gegen die gegenläufige zu bezeichnen, kann möglicherweise hinderlich sein, die qualitativ neue dialektische Einheit, die hier entstanden ist, zu erkennen. Der Hinweis auf unterschiedliche, sehr verschieden hohe monopolistische Profitraten und die „Stabilität" dieser Ungleichheit ist heute genausowenig ein Indiz gegen die Tendenz zum Ausgleich wie die unterschiedlichen Profitraten des vormonopolistischen Kapitalismus Zweifel am inneren Drang nach Ausgleich begründeten.

Die Dialektik von Statik und Dynamik macht das zunächst scheinbar Paradoxe philosophisch – entgegen der Annahme von Dieter Klein[18] – eben doch plausibel: Der als Gesetzesinhalt formulierte Tatbestand (ob nun Wert, Durchschnittsprofit, Produktionspreis oder anderes) setzt sich in der Form der Abweichung, des Verstoßes gegen diesen Tatbestand durch. Diese Abweichungen sind streng genommen nicht „wesentliche Resultate der Gesetzeswirkung"[19], sondern Formen und Bedingungen der Gesetzesdurchsetzung. Das permanente Moment der Abweichung vermag andererseits die Richtung der Bewegung nicht zu zeigen, so daß es unstatthaft ist, aus der Abweichung selbst auf die Unmöglichkeit ihrer tendenziellen Überwindung zu schließen. Hier kann nur die dynamische Analyse helfen. Wenn gesagt wird, es nutze in der Theoriebildung nichts, das Wesen des Monopols, das sich im Monopolprofit realisiert, „als eine Abart der Wirkung des Gesetzes des Durchschnittsprofits zu interpretieren"[20], so ist diese Aussage auf Anhieb plausibel, wenn man mit dem Gesetz des Durchschnittsprofits Vorstellungen verknüpft, die nur für das Stadium der freien Konkurrenz zutreffend sein konnten. Sie ist es nicht, wenn in der Analyse des durch ökonomische und außerökonomische Macht zustande kommenden produzierten und umverteilten Mehrwerts, der die Form eines über dem Durchschnittsprofit der freien Konkurrenz liegenden Monopolprofits annimmt, in gebührender Weise auch monopolistische Konkurrenz und Kapitalwanderung berücksichtigt werden. Auf Anhieb läßt sich nur schwer begreifen, weshalb relativ gleichstarke

[18] Vgl. D. Klein, Zur Qualifikation einer Wertmodifikation, in: Monopolprofit und Wertmodifikation heute, a. a. O., S. 141/142.

[19] Ebenda, S. 142.

[20] Ebenda.

monopolistische Unternehmen in den einzelnen Zweigen und Kapitalanlagefeldern auf die Dauer unterschiedliche Profitraten hinnehmen sollen, indem sie nicht auf sie reagieren.

Zwar sind weder Notwendigkeit noch Möglichkeit der Kapitalwanderung unter monopolistischen Strukturen so groß wie sie es in der vormonopolistischen kapitalistischen Warenproduktion gewesen sind, aber andererseits ist die Kraft des Monopolunternehmens, diese Kapitalwanderung gegen das Interesse anderer Monopole zu erzwingen, viel größer, als es je die Kraft von Unternehmen sein konnte, die im Stile der freien Konkurrenz ihre ökonomischen Gefechte austrugen. So verfehlt es daher tatsächlich wäre, den Monopolprofit als eine Abart des „Durchschnittsprofits der freien Konkurrenz“ zu deuten, so nützlich kann andererseits die These sein nicht bei den ohne Zweifel vorhandenen Abweichungen des Monopolprofits von *diesem* Durchschnittsprofit stehen zu bleiben, sondern stärker die Mechanismen zu erforschen, die nunmehr auf höherer Ebene tendenziell zur Nivellierung unterschiedlich hoher Monopolprofitraten und Monopolprofitmassen und damit zu neuen, zu monopolistischen Durchschnitten führen, die weder quantitativ noch qualitativ mit den Durchschnittsprofiten der freien Konkurrenz zusammenfallen und doch analog wie diese erklärt werden müssen. Mit dem neomonetaristischen Transmissionskonzept werden diese anspruchsvollen theoretischen Probleme allerdings nicht nur deshalb nicht erfaßt, weil die monopolistisch determinierten Handlungsstrategien dabei völlig ignoriert werden und die Argumentation in einem Stil erfolgt, der bestenfalls für den Kapitalismus der freien Konkurrenz angemessen gewesen wäre.

Der Fehler beginnt mit der Annahme, Geld selbst sei als Geld bereits Anlageobjekt. Damit erfolgt die Gleichsetzung von Geld und Geldkapital und die Verwischung ihrer wesentlichen Unterschiede. Dahinter steckt die falsche nutzenstheoretische und möglicherweise auch konsumverzichtsdeterminierte bürgerliche Kapitaldeutung. Wenn Unternehmer oder Privatpersonen einen Teil ihres Vermögens in Form von Bargeld halten, so tun sie das zweifellos, weil sie sich davon in bestimmten Situationen Nutzen versprechen.

Im Keynesianismus sind es Unsicherheit und Ungewißheit, die diese Vorliebe für Bargeldbesitz (Liquiditätspräferenz) begründeten. Für den Verzicht auf diesen Besitz und seine Umwandlung in Geldsubstitute wie Sichtdepositen, Termingelder oder Wertpapiere müßte eine bestimmte Verwertungsrate (Liquiditätsprämie) geboten werden. Diese wäre um so höher, je größer einerseits die indivuduelle Unsicherheit bzw. das Sicherheitsbedürfnis, andererseits je „geldferner“, das heißt illiquider der gebotene Ersatz in Form des Geldsubstitutes ist. Falsch daran ist nicht nur, daß der Zins psychologisch (seine Ursache sei die Unsicherheit, die er widerspiegele) und nutzenstheoretisch bestimmt wird (Wirtschaftssubjekte) wägten zwischen Nutzen bzw. „Opfer“ ab, die das zinslose Halten von Bargeld und die profitable Weggabe desselben erzeugten). Falsch daran ist vor allem, Geld selbst im Sinne der Anlageentscheidung als Geldkapital aufzufassen. Solange Geld nicht mit der Absicht auftritt, sich zu verwerten, ist es noch kein Geldkapital, bestenfalls handelt es sich um potentielles. Im Sinne der Kapitalanlageentscheidung steht der kapitalistische Unternehmer nicht vor dem Problem, zwischen Geld als Geld und Geld als Kapital zu wählen, sondern vor der Frage, wo, in welchem Umfang und auf welche Art und Weise er sein Geld in Geldkapital verwandeln soll. Dabei wird er sich allerdings ohne Zweifel auch von zeitlichen und Risikofaktoren leiten lassen. Genauso falsch wie es ist, Geld schlechthin als Geldkapital zu bezeichnen, ist es auch, Konsumtionsmittel zum realen Kapital zu zählen, eine Zuordnung, die dazu dient, die Grenzen zwischen Kapitalisten und Nichtkapitalisten zu verwischen.

Der entscheidende Einwand gegen neomonetaristische und neokeynesianische „Transmissionsdeutungen“ richtet sich jedoch gegen die, wenn auch mit Vorsicht und zweifelnd, so doch immerhin unterstellte Formalisierbarkeit der Impulswirkung einer Geldmengenveränderung. Abgesehen davon, daß der Zentralbank – wie bereits empirisch nachgewiesen und im 9. Kapitel auch theoretisch zu begründen sein wird – die Fähigkeit zur hinreichenden Bestimmung und Kontrolle der Geldmenge und damit zur „Impulswirkung“ abgesprochen werden muß, ist es zweifelhaft, ob, ihr Gelingen unterstellt, der Substitutionsprozeß in Gang kommt, wie das die Theorie annimmt.[21] Was der Geldmengenimpuls bewirkt, läßt sich nicht eindeutig sagen. Es ist zwar anzunehmen, daß durch äußere (wirtschaftspolitische) Einflüsse auf den Reproduktionsprozeß Wirkungsbedingungen ökonomischer Gesetze so verändert werden, daß eine Anpassung unternehmerischen Verhaltens und Handelns notwendig wird. Jedoch können die wirtschaftlichen Bedingungen, auf die ein Geldimpuls trifft, so unterschiedlich und vielfältig sein,

[21] Vgl. Kapitel 6 des Buches.

daß über dessen Wirkungen kaum definitive Urteile möglich sind. Natürlich sind Modelle konstruierbar, in denen der Weg durch Restriktionen von vornherein so abgesteckt ist, daß der Impuls sich auf ihm „ungehindert“ fortzupflanzen vermag, um schließlich das vorgegebene Ziel zu erreichen. Diese Wirkungskette ist dann zumindest theoretisch vorstellbar.

Die Unterschiede in der Interpretation des Transmissionsweges zwischen Neomonetaristen und Neokeynesianern betreffen vor allem die Restriktionen und Annahmen, die für die Fortpflanzung des Geldmengenimpulses getroffen werden. Für Keynesianer ist der Grad der geldpolitischen Wirksamkeit von den Zinselastizitäten abhängig. Bei hoher Zinselastizität der Investitionen könnten Geldmengenänderungen, die zu einem niedrigen Zins führen, Investitionen und Produktion beleben. Bei hoher Zinselastizität der Geldnachfrage dagegen würde der Geldmengenimpuls lediglich zur Bargeldaufstockung führen und den Zins auf hohem Niveau belassen.

Daß die in verschiedenen Modellen konstruierten Ketten von Substitutionsbeziehungen zwischen Vermögensarten so oder so ähnlich ablaufen können, ist kaum widerlegbar, daß sie tatsächlich so ablaufen, ist aber auch nicht beweisbar. Im einzelnen könnten viele Teilwirkungen in jenen Wirkungsketten angezweifelt werden, vor allem wenn zusätzliche Faktoren berücksichtigt werden und damit das jeweilige Wirkungsfeld variiert und genauer erfaßt wird. Bürgerliche Transmissionsmechanismen negieren durch Hervorhebung jeweils monokausaler, wenn auch zu einer Wirkungskette verflochtener Beziehungen, daß die Kettenwirkungen auch anders ablaufen oder blockiert sein können. Der positive Kern dieser Theorie ist zugleich deren Schwäche, wird doch die Profitabilität der verschiedenen Kapitalanlagearten lediglich als Angebot-Nachfrage-Problem betrachtet, was sie *auch*, aber eben nicht *nur* ist.

Selbst wenn es der Zentralbank gelingt, Nichtbanken zum Verkauf von Wertpapieren und damit zur Annahme von Geld zu veranlassen, also einen „Geldimpuls“ auszulösen, sind die weiteren Wirkungen nur noch eine Funktion der konkreten wirtschaftlichen Bedingungen. Von ihrer Variabilität hängt die Wirkungsvielfalt des „Geldimpulses“ ab. Ob zusätzliches Geld von den Finanzmärkten aufgesogen wird – in Form längerfristiger Einlagen, Kredittilgung oder Erwerb von Bankschuldverschreibungen –, in Konsumtionsmittel verwandelt oder produktiv angelegt wird und wie sich dabei

Zins-, Profitraten, Preise und Renditen verändern, hängt von einem Bedingungsgefüge ab, das selbst variabel ist. Verallgemeinerungen sind dabei spekulativ. Bleiben aber, wie in bürgerlichen Angebot-Nachfrage-Modellen der „Transmission", solche Fragen wie Mehrwertrate, wissenschaftlich-technischer Fortschritt und Produktivitätsdynamik unbeachtet, die auf die Profitrate des produktiven Kapitals bekanntlich wesentlichen Einfluß haben, so müssen ihre Aussagen, das läßt sich mit Sicherheit sagen, einseitig sein. Monetäre Impulse, finden sie überhaupt statt, beeinflussen bestenfalls Kreditkosten, Liquidität, Kassenbestände und damit die Finanzierbarkeit von Investitionen. Die Bereitschaft, Investitionen aber auch tatsächlich vorzunehmen, Geld- in produktives Kapital zu verwandeln, ist damit allerdings keineswegs schon hinreichend bestimmt.

Die Ausnutzung von Substitutionsmöglichkeiten (Austausch von Kapitalanlagearten bzw. -formen) wird ferner durch das Bemühen begrenzt, die Anlage von Geldkapital möglichst breit auf alle profitablen Arten zu streuen, um das Gesamtrisiko zu minimieren. Außerdem ist die Erhöhung des Vermögens und des Kapitalbestandteils in Geldform wahrscheinlich, wenn auf Grund wirtschaftlicher Krisen eine Umwandlung in produktives Kapital wenig sinnvoll erscheint. Selbst sinkende Zinsen und Wertpapierrenditen können allein diesen „produktiven Aufschwung" keineswegs herbeiführen. Bekanntlich sind die Zinsen in der Phase der Depression oder am Ende der Krise gering, ohne daß zur gleichen Zeit der Verwertungsgrad des produktiv fungierenden Kapitals besonders hoch ist, so daß keineswegs eine nennenswerte „Kapitalumschichtung" stattfinden kann. Tabelle 5 zeigt, daß auch bis in die jüngste Zeit hinein die zyklische Determination der Zinsentwicklung erhaltengeblieben ist.

Tabelle 5: Zinssätze in kapitalistischen Hauptländern in %

	USA	Japan	BRD	Frankr.	Großbr.	Italien
a) Diskontsätze (Leitzinsen der Zentralnotenbanken), Jahresende						
1950	1,75	5,11	6,00	2,50	2,00	4,00
1960	3,00	6,94	4,00	3,50	5,00	3,50
1970	5,50	6,00	6,00	7,00	7,00	5,50
1975	6,00	6,50	3,50	8,00	11,25	6,00
1980	13,00	7,25	7,50	9,50	14,00	16,50
1981	12,00	5,50	7,50	9,50		19,00

	USA	Japan	BRD	Frankr.	Großbr.	Italien
1982	8,50	5,50	5,00	9,50		18,00
1983	8,50	5,00	4,00	9,50		17,00
1984	8,00	5,00	4,50	9,50		16,50
1985	7,50	5,00	4,00	9,50		15,00
b) Zinsen für Staatsanleihen						
1973	7,12	7,26	9,30	8,25	10,72	7,42
1975	8,19	9,20	8,50	9,49	14,39	11,54
1978	8,49	6,09	5,80	8,96	12,47	13,70
1979	9,33	7,69	7,40	9,48	12,99	14,05
1980	11,39	9,22	8,50	13,03	13,79	16,11
1981	13,72	8,66	10,40	15,79	14,74	20,58
1982	12,92	8,06	9,00	15,69	12,88	20,90
1983	11,34	7,42	7,90	13,63	10,81	18,02
1984	12,48	6,81	7,80	12,54	10,69	14,95
1985	10,97	6,34	6,90	10,94	10,62	13,00
c) Geldmarktzinsen, Jahresdurchschnitt						
1973	8,73	7,16	12,14	9,13		6,93
1975	5,82	10,67	4,96	7,84	10,56	10,64
1978	7,93	4,36	3,70	8,16	8,74	11,49
1979	11,20	5,86	6,69	9,48	13,59	11,86
1980	13,36	10,93	9,54	12,20	16,10	17,17
1981	16,38	7,69	12,11	15,26	13,48	19,60
1982	12,26	7,12	8,88	14,73	12,02	20,18
1983	9,09	6,72	5,78	12,63	9,90	18,44
1984	10,23	6,32	5,99	11,88	9,49	17,27
1985	8,10	6,70	5,44	10,08	11,95	15,25
d) „Realzinsen" (als Beispiel: Zinsen für Staatsanleihen minus Inflationsrate gemessen an den Verbraucherpreisen)						
1973	+ 1,02	− 4,44	+ 2,40	+ 0,85	+ 1,52	− 3,48
1975	− 1,01	− 2,60	+ 2,60	− 2,31	− 9,91	− 5,46
1978	+ 0,89	+ 2,29	+ 3,10	− 0,14	+ 4,17	+ 1,50
1979	− 1,87	+ 4,09	+ 3,20	− 1,22	− 0,51	− 0,65
1980	− 2,11	+ 1,22	+ 3,10	− 0,77	− 4,11	− 5,09
1981	+ 3,32	+ 3,76	+ 4,10	+ 2,39	+ 2,84	+ 2,78
1982	+ 6,82	+ 5,36	+ 3,70	+ 3,89	+ 4,28	+ 4,40
1983	+ 8,14	+ 5,62	+ 4,60	+ 4,03	+ 6,21	+ 3,32
1984	+ 8,18	+ 4,51	+ 5,40	+ 5,14	+ 5,69	+ 4,15
1985	+ 7,47	+ 4,24	+ 4,70	+ 5,14	+ 4,52	+ 3,80

Quelle: Die Wirtschaft kapitalistischer Ländern in Zahlen, in: IPW-Forschungshefte 1/1987, S. 112.

2.3. Geldkapital und Reproduktion

2.3.1. Geld, Zins und Geldkapital im Zyklus

Absatzschwierigkeiten in der Krise, Produktions- und Investitionseinschränkungen sowie die Zunahme der Lagervorräte sind Zeichen für die Verlangsamung des Kapitalumschlags. Sinkende Preise und Arbeitslöhne, steigende Arbeitslosigkeit verringern die für die Revenuezirkulation notwendige Geldmenge; die Geldmenge aber, die für die Kapitalübertragung notwendig ist, steigt, weil die Kreditgewährung in der Krise abnimmt.[22] In gewisser Weise zeigt sich dieser Zusammenhang auch an der Entwicklung in den USA zu Beginn der 80er Jahre.

Tabelle 6 läßt erkennen, wie in den Krisenjahren 1980–1982 das Kreditvolumen abnahm, die für die Kapitalübertragung notwendige Geldmenge wuchs und damit ein Anstieg der Gesamtgeldmenge bewirkt wurde, obgleich der für die Revenuezirkulation benötigte Geldumfang sank. Anders im Aufschwung (1983/84): Die Erhöhung des Kreditvolumens und damit der Umlaufgeschwindigkeit ließen nun ein geringes Wachstum der Geldmenge zu.

Tabelle 6: Wachstum nomineller Geldmengen und des Kreditvolumens in den USA (jährlicher Zuwachs in Prozent)

	1980	1981	1982	1983	1984[a)]
Geldmenge M_1	7,2	5,1	8,5	3,7	5,2
Geldmenge M_2	9,0	9,4	9,2	5,2	6,2
Geldmenge M_3	9,8	11,7	10,1	2,8	8,2
Kreditvolumen	– 1,6	– 2,5	– 0,5	+8,0	+9,6

a) erste 3 Quartale

Quelle: G. Gebhardt/R. Mock/K. Trautmann, Reganomics-Anspruch und Wirklichkeit, in: Wirtschaftswissenschaft, 3/1985, S. 408.

Das ist das Bild der Krise: Geringere Umsätze, gesunkene Preise, geringere Schatzbildung verknappen das Angebot an disponiblem Geldkapital und damit an potentiellem produktivem Kapital. Der

[22] Vgl. K. Marx, Das Kapital. Dritter Band, a. a. O., S. 464.

kommerzielle Kredit bricht zusammen, Zahlungsketten brechen auf, die Nachfrage nach Geld steigt, nicht um Investitionen zu finanzieren, sondern um Zahlungsverpflichtungen, die Kapitalisten untereinander eingegangen waren, einzulösen. Die Nachfrage nach Geld ist in der Krise eine Nachfrage nach Zahlungsmitteln. Weil die verringerte Geldumlaufgeschwindigkeit das Geldangebot verknappt, steigen die Zinssätze, machen Finanztransaktionen gegenüber produktiven Investitionen attraktiv. Die Trennung von Kapitaleigentum und Kapitalfunktion läßt jedem Geldkapitalisten die Wahl, sein Kapital produktiv anzulegen oder es über das Bankensystem bzw. die Finanzmärkte zu verleihen. Entscheidungskriterium ist das Verhältnis von Profitrate und Zinssatz. Liegt es über 1, findet Geldkapitalzufluß in den produktiven Sektor statt, liegt es unter 1, übersteigen die Zinssätze die Profitraten, fließen Geldkapitale auf die Finanzmärkte. Zugleich wirken die steigenden Kosten bei Fremdfinanzierung vor allem in der Krise zusätzlich negativ auf den Investitionsprozeß. Hoher Zinsfluß kann bewirken, „daß er für einzelne, besonders nachteilig gestellte Geschäftszweige den Profit zeitweilig ganz verschlingt“[23]. Marx untersuchte in Polemik mit Fullarton auch das Phänomen, weshalb in Krisenzeiten die Wertpapiere „in der Hand der Bank von England“[24] zunehmen, ihre Notenzirkulation aber abnimmt, obwohl auf den ersten Blick das Gegenteil zu vermuten wäre, weil die wachsenden Käufe von Wertpapieren ja lediglich den Bedarf der kapitalistischen Unternehmer nach Geld widerspiegelten. Die Gesamtmasse der Umlaufmittel werde in solchen Zeiten der Geldklemme neben dem Goldabfluß eben durch die Nachfrage nach Geld als bloßem Zahlungsmittel in Grenzen gehalten. Dabei fließen ausgegebene Banknoten in der Regel sofort zurück, oder die Transaktion über den Giralkredit wird bargeldlos abgewickelt, denn allein die Zahlung war Zweck des Geschäfts. „Es ist das Eigentümliche des Geldes“, sagt Marx, „daß, wo es bloß zur Saldierung von Zahlungen fungiert (und in Zeiten der Krise wird Vorschuß aufgenommen, um zu zahlen, nicht um zu kaufen; um vergangene Geschäfte abzuwickeln, nicht um neue einzuleiten), seine Zirkulation nur verschwindend ist, selbst soweit diese Saldierung nicht bloße Kreditoperation, ohne alle Dazwischenkunft von Geld stattfindet; daß also bei großem Andrang nach Geldakkimmodation eine unge-

[23] Ebenda, S. 519.
[24] Ebenda, S. 467.

heure Masse dieser Transaktionen stattfinden kann, ohne die Zirkulation zu erweitern."[25] Der Umfang der Banknoten sinkt in der Krisenphase folglich nicht nur im Bereich der Revenuezirkulation, sondern auch in der Kapitalzirkulation, indem an die Stelle der Zirkulation der Noten als Zirkulationsmittel die „Zirkulation der Noten als Zahlungsmittel"[26] trete. Diese Nachfrage nach Geld in der Krise ist nicht nur eine Nachfrage nach Geld als Geld (als Zahlungsmittel). Es ist auch eine Nachfrage nach Kapital, nicht in der Form der Ware, sondern in der Form des Geldes. Während es in der Krise einen Mangel an Warenkapital, von außerordentlichen Umständen abgesehen, nicht gibt, die Märkte im Gegenteil überfüllt sind, existiert ein Mangel an Geldkapital.

„Bereinigungen" von Disproportionen, quantitative und strukturelle Anpassungen von Angebot und Nachfrage, Verkäufe vom Lager, sukzessive Einlösung von Zahlungsverpflichtungen, Bankrotte und Fusionen lassen noch während des Übergangs von der Krisen- zur Depressionsphase die Anspannung im Kreditsystem und Zins zurückgehen. Niedrige Zinsen bilden dann zusammen mit einem entstandenen Nachfragestau nach Waren, sich verringernden Lagerbeständen, der Aussonderung des physisch und moralisch verschlissenen konstanten fixen Kapitals, der sukzessiven Ansammlung von zeitweilig freien Geldkapitalien bei zunächst noch geringer Nachfrage nach Produktionsmitteln, der Hinwendung zu bislang noch nicht genutzten wissenschaftlich-technischen Novationen eine Grundlage für die später einsetzende Belebung, die schließlich in den Aufschwung mündet. Der Unterschied zwischen Aufschwung und Krise besteht nicht darin, daß nun die Bereitschaft, Kredit zu nehmen, wieder vorhanden ist. Es sei keineswegs, wie Fallarton sagt, „die starke Nachfrage für Anleihen, was die Periode der Stockung von der Prosperität unterscheidet, sondern die Leichtigkeit, womit diese Nachfrage zur Prosperitätszeit und die Schwierigkeit, womit sie nach eingetretner Stockung befriedigt wird"[27].

Im Aufschwung, wenn Preise, Löhne, Beschäftigung und Konsumtion steigen, bedarf es eines größeren Quantums zirkulierenden Geldes, um die höheren Revenueausgaben zu bezahlen. Da Arbeitslöhne vom industriellen Kapital in der Form von variablem Kapital

[25] Ebenda, S. 475.
[26] Ebenda, S. 476.
[27] Ebenda, S. 466.

und stets in Geldform vorgeschossen werden, ist mehr Geld erforderlich. Dennoch kann das Bedürfnis nach zusätzlichem Geld in Grenzen gehalten werden, wenn – wie im Aufschwung üblich – der Rückfluß des Geldes schnell und glatt abläuft. Geld für die Kapitalzirkulation kann im Aufschwung relativ eingespart werden, denn „diese flotte Geschäftszeit (ist) zugleich die Periode des elastischsten und leichtesten Kredits"[28]. So mag sich der Umfang des Geldes, das als Zirkulationsmittel der zur Saldierung der Zahlungen benötigt wird, zwar absolut ausdehnen, gemessen an der Ausdehnung des Produktionsumfangs und der Umsätze kann er jedoch sinken, weil über den Kredit größere Massenzahlungen ohne alle Dazwischenkunft von Geld aufgerechnet werden können und durch den beschleunigten Geldumlauf dieselbe Geldmenge den Rückfluß einer größeren Anzahl von Einzelkapitalen vermitteln kann. Während somit die notwendige Geldmenge für die Kapitalzirkulation wenigstens relativ sinken kann, erhöht sie sich im Aufschwung für die Revenuezirkulation. Krise und Aufschwung unterscheiden sich aus der Sicht der Geldnachfrage dadurch, „daß in der Prosperitätszeit die Nachfrage nach Umlaufmitteln zwischen Konsumtion und Händlern, in der Periode des Rückschlags die Nachfrage nach Umlaufmitteln zwischen Kapitalisten vorherrscht. In der Periode der Geschäftsstockung nimmt die erstere ab, die zweite zu"[29]. Dabei ist zu berücksichtigen, daß die „ungeheure Entwicklung des Kreditsystems während der Prosperitätszeit, also auch die enorme Steigerung der Nachfrage nach Leihkapital und die Bereitwilligkeit, womit das Angebot sich ihr in solchen Perioden zur Verfügung stellt, die Kreditklemme während der Zeit der Stockung herbeiführt"[30], in der natürlich auch Geld da sei, „aber jeder hütet sich wohl, es in leihbares Kapital, in leihbares Geld zu verwandeln; jeder hält es fest für wirkliches Zahlungsbedürfnis"[31]. Unter anderem mag dafür eine Rolle spielen, daß in Zeiten prosperierenden Kredits ein Mißverhältnis zwischen Profitrate und Zinsschuldendienst vorbereitet wird. Die durch den Kredit aufgeblähte fiktive Nachfrage bewirkt

[28] Ebenda, S. 463.

[29] Ebenda, S. 467.

[30] Ebenda, S. 466.

[31] Ebenda, S. 547. – Dieses Bestreben, Bargeld zu halten, wird mit der keynesianischen „Liquiditätspräferenz" widergespiegelt, einer Kategorie, deren Inhalt unbefriedigend erklärt bleibt, indem er nur psychologisch und nicht als Resultante objektiver ökonomischer Prozesse gedeutet wird.

ein Mißverhältnis zwischen Zahlungsverpflichtungen, die durch Aufnahme von Fremdkapital eingegangen worden sind, und den zurückfließenden Erlösen. Dies um so mehr, wenn das Steigen des Zinsfußes die Kreditgeschäfte nicht einschränkt, sondern erweitert und zur „Überspannung aller ihrer Hilfsmittel" führt. „Diese Periode geht deshalb dem Krach voraus"[32], einem Krach, der, wie zu Beginn der 80er Jahre dieses Jahrhunderts die AEG-Krise zeigte, auch mächtige Unternehmen keineswegs ungeschoren läßt.

Mit zunehmender Dauer des Aufschwungs wird dessen Beendigung auch deshalb beschleunigt, weil langfristige Investitionen, die sich erst nach und nach amortisieren, mit kurzfristigen Krediten finanziert worden sind. Wenn durch Absatzschwierigkeiten die Erlöse spärlicher fließen, entstehen Liquiditätsprobleme, Aktiva werden liquidiert, um Bargeld zu beschaffen. Reichen die Erlöse nicht, um Zahlungsverpflichtungen erfüllen zu können, kommt es zu hoher Bargeldnachfrage, die Zinsen steigen, die Grenze zwischen Aufschwung und Krise wird überschritten.

2.3.2. Geld, Zins und Geldkapital bei chronischer, struktureller Überakkumulation

Die besondere Art der Verschmelzung von allgemeiner Krise mit zyklischen und strukturellen Krisenerscheinungen hat in der kapitalistischen Weltwirtschaft dazu geführt, daß die Beziehungen zwischen Geld und Geldkapital unter akkumulations- und reproduktionstheoretischen Aspekten neue Dimensionen erreichen. Die langfristige Abschwächung produktiver Akkumulation und wirtschaftlichen Wachstums, Veränderungen im Zugang zur ökonomischen Nutzung der Energie- und Rohstoffressourcen, steigender Kapitalanlagebedarf und Überakkumulationswirkungen des wissenschaftlich-technischen Fortschritts, die zunehmende Bedeutung gesellschaftlich notwendiger, aber wenig profitabler Bereiche, Modifikationen im zyklischen Ablauf des Reproduktionsprozesses, die neue Qualität wirtschaftlicher Verflechtung und Konkurrenz zwischen den Teilen der kapitalistischen Weltwirtschaft haben die ehemals zyklusphasenbedingten Unterschiede in der Nachfrage nach Geld und Geldkapital verschwimmen lassen.

[32] Ebenda, S. 586.

Sowohl aus den sich verschlechternden Wachstumsbedingungen, der Erhöhung des Kapitalanlageminimums, den durch den wissenschaftlich-technischen Fortschritt ausgelösten Entwertungszwängen der permanenten Überproduktion von Kapital und Waren in verschiedenen Zweigen, der steigenden Vorratshaltung und künstlichen Verknappung des Warenangebots, den häufig wechselnden und daher kurzfristigen Erholungs- und Stagnationserscheinungen als auch aus der zunehmenden chronischen Staats- und internationalen Verschuldung, aus Leistungsbilanzdefiziten und permanenten inflationären Preissteigerungen resultiert eine hohe Nachfrage nach Geldkapital im Vergleich zum Angebot bzw. zur Bereitschaft, im Überfluß vorhandenes Geld und Geldkapital in produktives Kapital zu verwandeln.[33] Auf dieser Grundlage entsteht das Hochzinsniveau, während andererseits die Profitraten produktiver Kapitalanlagen tendenziell zurückgehen.

2.3.3. Hochzinsniveau und „Hochzinspolitik"

Die sicher unbestreitbaren Ziele, die zum Beispiel die USA-Regierung mit hohen Zinsen verfolgt, rechtfertigen es durchaus noch nicht, von einer „Hochzinspolitik" zu sprechen.[34]

Ausgangspunkt für die theoretische Analyse der Zinsdynamik (vgl. auch Tabelle 5) können nicht die Interessen und Absichten irgendeiner Regierung, sondern müssen die Angebot-Nachfrage-Verhältnisse des Leihkapitals sein, die einerseits auch durch die Geldpolitik von Staats- und Zentralbank mitbeeinflußt werden, andererseits aber selbst wiederum Inhalt und Möglichkeiten geldpolitischer Steuerung ganz wesentlich bestimmen.

[33] Vgl. die ausführlichen Erläuterungen dazu in: K. Müller, Zu einigen Aspekten der Entwicklung des Zinsniveaus im staatsmonopolistischen Kapitalismus, in: Wirtschaftswissenschaft, 1/1985, S. 47–72.

[34] Wenn Jürgen Kuczynski richtig sagt, man sollte aufhören, von einer „Hochzinspolitik" zu sprechen, da den Wirtschaftspolitikern die Lenkung der Zinsbewegung längst aus den Händen geglitten sei, und sie im heftigsten Streit miteinander liegen, wie die Zinssätze heruntergeschraubt werden können (J. Kuczynski, Die Konjunktur in der Welt des Kapitals, in: Horizont, 6/1984, S. 24), so ist daran nur die vermutlich unbewußt unterstellte Annahme falsch, die Wirtschaftspolitiker hätten überhaupt *jemals* die Zinsentwicklung beherrschen oder gar bestimmen können.

Da zu den veränderten Reproduktionsbedingungen des Kapitals heute auch ein steigender relativer Überschuß von anlagesuchendem Geldkapital gehört,[35] wird versucht, das Hochzinsniveau vornehmlich aus der Sicht der Nachfrage zu begründen. Ökonomischer Hintergrund für langfristige Veränderungen der Zinssätze und des Zinsniveaus ist die neue Qualität der Akkumulations- und Reproduktionsbedingungen, die sich im Verlauf der besonderen Verschmelzung von allgemeiner Krise mit zyklischen Krisenerscheinungen erheblich verändert haben.

Erstens kommt es zur langfristigen Abschwächung des wirtschaftlichen Wachstums. Letztlich ist die Wachstumsschwäche Ausdruck dafür, daß Produktivkraftentwicklung und wissenschaftlich-technischer Fortschritt auch im gegenwärtigen Kapitalismus durch zunehmende Verwertungsschwierigkeiten immer wieder auf systemimmanente Schranken stoßen. Für die Zinsbewegung ist von Bedeutung, daß tendenziell sinkende Profitraten und Fondsquoten bei steigendem Kapitalaufwand langfristig den Bedarf an Fremdkapital erhöhen.

Zweitens haben steigende Rohstoffpreise in den 70er Jahren direkt und indirekt (über erzwungene strukturelle Anpassungen in der Anlage des konstanten fixen Kapitals) zu einem hohen Fremdkapitalbedarf beigetragen. Durch sinkende Rohstoffpreise in der ersten Hälfte der 80er Jahre hat dieser Faktor an Bedeutung verloren.

Drittens ergeben sich zum Teil qualvolle Anpassungs- und Bereinigungsprozesse aus der Anwendung von „Hochtechnologien". Volkswirtschaftliche Strukturen veralten. Der Strukturwandel muß finanziert werden. Zugleich steigen die Aufwendungen für Forschung und Entwicklung, sie beginnen, die finanzielle Kraft selbst größerer Unternehmen zu übersteigen oder bewegen sich an einer Risikogrenze, der sich die Unternehmen nur ungern nähern. Aus dem Zwang, den Produktionsapparat umzustrukturieren, entsteht ein hoher Fremdkapitalbedarf, der zur Erhöhung des Zinssatzes drängt.[36]

[35] Vgl. Staatsmonopolistischer Kapitalismus. Neue Tendenzen und Widersprüche, in: IPW-Forschungshefte, 1/1986, S. 19.

[36] Vgl. G. P. Apostol/V. Pilat, Besonderheiten des staatsmonopolistischen Kapitalismus unter den Bedingungen der Krise der kapitalistischen Weltwirtschaft, in: Staatsmonopolistischer Kapitalismus, a. a. O., S. 110.

Viertens erwächst aus der zunehmenden Bedeutung der infrastrukturellen Grundlagen gesellschaftlicher Produktion, der wachsenden Nachfrage nach Rüstungsgütern und der sich ausbreitenden Militarisierung des gesellschaftlichen Lebens ein steigender Bedarf imperialistischer Regierungen nach Leihkapital. Der Widerspruch zwischen der Notwendigkeit oder einfach dem Bestreben, einerseits in wachsendem Maße Staatsausgaben zu tätigen, andererseits bei nachlassendem Wachstumstempo und vor allem in Krisenphasen sich verengende Finanzierungsspielräume in Kauf nehmen zu müssen, läßt die Staatsverschuldung, wenn auch zeitweilig etwas langsamer, von Jahr zu Jahr ansteigen. Auch die staatliche Nachfrage nach Leihkapital, die selbst Ausdruck der Labilität und Krisenhaftigkeit staatsmonopolistischer Reproduktion sowie des Versuchs ist, mit reaktionären, aggressiven Mitteln diesen Zustand zu überwinden, trägt zum hohen Zinsniveau bei.

Fünftens erhöhen Modifikationen des Krisenzyklus einschließlich der Tatsache, daß heute Entwertungsprozesse in hohem Maße auch außerhalb der Krisenphase ablaufen, im Zusammenhang mit der Verkürzung der Nutzungsdauer von neuinvestierter Technik und Technologie den Kapitalanlagebedarf. Anhaltende Überakkumulation von Kapital, steigende Vorratshaltung und künstliche Verknappung des Warenangebots, um die Preise hochzuhalten, ständige Stockungen und Rückschläge, strukturelle Überproduktionen in einzelnen Zweigen, schnell und häufig wechselnde Erholungs- und Stagnationserscheinungen belassen den Zins auf relativ hohem Niveau. Belebung und Aufschwung erhöhen die Nachfrage nach Leihkapital, um Investitionen und Produktion zu finanzieren. Abrupte Krisenausbrüche erhöhen sie, weil „geborgt werden muß, um zu zahlen, was es auch koste"[37]. Weitere Faktoren sind die nahezu gigantischen Dimensionen der internationalen Verschuldung, die besonders den Entwicklungsländern durch imperialistische Gläubigerstaaten und -banken aufgezwungen worden sind,[38] negative Leistungsbilanzen und inflationäre Preissteigerungsraten, die Fremdkapitalbedarf auslösen und damit das Zinsniveau erhöhen.[39]

[37] K. Marx, Das Kapital. Dritter Band, a. a. O., S. 373.

[38] Autorenkollektiv, Zur Lage der Entwicklungsländer in der kapitalistischen Weltwirtschaft, in: Wirtschaftswissenschaft, 6/1984, S. 17.

[39] Vgl. dazu: K. Müller, Zu einigen Aspekten der Entwicklung des Zinsniveaus im staatsmonopolistischen Kapitalismus, a. a. O., S. 63ff.

Sinkende Preissteigerungsraten wie in der Krise 1980–1983 mindern daher den Zinsdruck. Sinkende Zinssätze reduzieren umgekehrt wiederum den Preissteigerungsbedarf. Ein langfristig hohes Zinsniveau aber bewirkt, daß Finanzanlagen, vor allem die Anlage von disponiblem Geldkapital in Wertpapieren wie Staatsschuldtiteln, aber auch Aktien und Industrieobligationen, im Vergleich zu Erweiterungsinvestitionen im produktiven Bereich profitabler und attraktiver geworden sind, was monetärer Ausdruck für die Zuspitzung und neue Qualität langfristiger Krisenerscheinungen ist. In der Literatur dazu ist zu Recht die negative Rückwirkung des Hochzinsniveaus auf die „reproduktive Akkumulation" herausgestellt worden, doch gibt es auch andere Wirkungen. Durch die vergleichsweise hohe Attraktivität von anlagefähigen Wertpapieren könnten die Eigenmittel durch Emission von Aktien (Anteilscheinen) aufgestockt werden. Dadurch wird der Übergang vom Einzel- zum Aktienkapital, die Trennung von Kapitaleigentum und Kapitalfunktion weiter gefördert. Diese Möglichkeit existiert aber nur in „Wachstumsbranchen" bzw. in solchen Bereichen, die nicht von strukturellen Krisen heimgesucht werden.

Tabelle 7 zeigt die Profitabilität von Geldkapitalanlagen in der BRD. Die beste Geldkapitalanlage des letzten Vierteljahrhunderts waren Baugrundstücke. Es folgen Gold, Immobilienfonds und Aktien. An letzter Stelle liegen Spareinlagen, die zum großen Teil auch nicht zum Zweck der Verwertung, sondern zur späteren Finanzierung von Konsumausgaben gebildet werden. Kurzfristig gibt es erhebliche Schwankungen. Im Zusammenhang mit dem Steigen des Goldpreises erwies sich in den 70er Jahren die Anlage von Gold sogar günstiger als der Erwerb von Bauland. In der Krise 1980–1983 war die Profitabilität des Aktienbesitzes am größten. Sie war bereits in der zweiten Hälfte der 70er Jahre im Zusammenhang mit dem Hochzinsniveau beträchtlich gestiegen.

Insolvenzen treffen auch heute Aktiengesellschaften, die in Form des „Gesellschaftskapitals" mehr „Eigen- und weniger Leihkapital" einsetzen, in geringerem Maße als Unternehmen, die sich relativ zum Gesamtkapital stärker verschulden. Hochzinsniveau und hohe Geldkapitalnachfrage fördern auf diese Weise Konzentration, Zentralisation und weitere Differenzierung der kapitalistischen Warenproduzenten. Sie begünstigen vor allem die in Form von Aktiengesellschaften existierenden Monopolbetriebe. Wenigstens für diese bewirkt deshalb der hohe Zinssatz keine Blockade der

Tabelle 7: Geldanlagen in der BRD
Soviel an Wert – gemessen in Prozent und pro Jahr – gewannen bzw. verloren diese Geldanlageformen im Durchschnitt in diesem Zeitraum

Jahr	Spar-einlagen[a]	Fest-geld[b]	Festverzinsliche Wert-papiere[c]	Aktien[d]	Immo-bilien-fonds	Bauland[e]	Gold[f]
1960–1964	3,4	2,5	5,9	5,1	9,4	16	–0,9
1965–1969	3,8	3,1	6,4	9,8	7,4	10	–1,7
1970–1974	4,8	7,2	5,8	–1,3	8,0	7	28,3
1975–1979	3,4	3,9	8,6	8,9	6,9	11	14,6
1980–1983	4,4	7,4	7,6	17,7	8,0	14	3,4
Summe	94,6	113,1	163,9	183,3	190,5	290	215,1

a) Spareckzins
b) Zinssatz für Festgelder mit Laufzeiten von drei Monaten (unter 1 Mio DM)
c) Gesamtertrag aus Verzinsung und Kursänderung, bezogen jeweils auf den Zeitraum Jahresanfang bis Jahresende
d) Gesamtertrag aus Dividendenausschüttung und Kursänderung. Ab 1978 einschließlich Steuergutschrift
e) Durchschnittlicher Quadrameter-Preis der im jeweiligen Jahr verkauften baureifen Grundstücke
f) Londoner Goldpreis, in DM umgerechnet

Quelle: Volks- und Betriebswirtschaft (Köln), 2/1985, S. 10.

Rückverwandlung von Mehrwert in produktives Kapital. Die strukturelle Überakkumulation wird deshalb primär nicht durch zu hohe Kostenbelastungen bewirkt, denen Monopole angeblich ausgesetzt seien, sondern durch unzureichende Verwertungsbedingungen und Absatzschwierigkeiten auf den Warenmärkten. Neben den Prinzipien der Kreditvergabepolitik (Konditionen, Sicherheiten, Bonitätsanforderungen) hat wohl auch der Zinssatz als Bestandteil der Kreditvergabekonditionen eine differenzierende, eine strukturelle Wirkung. Während leistungsfähige Monopole in Wachstumsbranchen hohe Profitraten und -massen erreichen, überdurchschnittlich mit Kredit versorgt werden, Kredittilgungen und Zinszahlungen mühelos vornehmen können, erhalten „Problembranchen“ weniger fremdes Kapital zur Verfügung gestellt (vgl. Tabelle 8).

Tabelle 8: Daten zur ökonomischen Konzentration in der BRD

	1970	1980	1983	1984
führende Konzerne[a)]				
Umsatz (Mrd. DM)	99,5	251,8	304,6	345,4
Export (Mrd. DM)	31,7	86,3	103,3	117,5
Beschäftigte (1000)	1 414	1 744	1 642	1 680
Sachanlageinvestitionen[b)] (Mrd. DM)	11,1	17,3		19,5
F/E-Aufwand (Mrd. DM)	3,8	11,2		14,6
Anteil dieser Konzerne am Potential der BRD-Industrie in Prozent				
Beschäftigte	15[c)]	16	17	17
Inlandsumsatz	16[c)]	16	16	17
Investitionen	22[c)]	23	25	26[d)]
F/E-Aufwand	45[c)]	44	43	44[d)]
Unternehmenszusammenschlüsse	305	635	506	575
Insolvenzen[e)]	4 201	9 140	16 114	16 760

a) Bayer, Hoechst, BASF, Siemens, Bosch, Volkswagenwerk, Daimler-Benz, Thyssen, Mannesmann, Gutehoffnungshütte

b) ohne die zum Teil beträchtliche Investitionen für Unternehmensaufkäufe

c) 1975

d) Vorläufige Berechnung

e) Konkurse und Vergleiche, ohne Anschlußkonkurse, d. h. Konkurse im Ergebnis gescheiterter Vergleichsverfahren

Quelle: A. Burger, Daten zur ökonomischen Konzentration in der BRD, in: IPW-Berichte, 12/1985, S. 63/64.

Unter den Bedingungen jener besonderen Art der Verschmelzung der allgemeinen Krise mit zyklischen und strukturellen Krisenerscheinungen, wie sie besonders seit Anfang der 80er Jahre zu beobachten sind, hat die Verwertungsrate zinstragenden Kapitals, der Zinsfuß, insgesamt ohne Zweifel sowohl einen größeren Einfluß auf den Umfang der produktiven Akkumulation als auch auf strukturelle, differenzierende Prozesse – im Vergleich zu früheren Phasen der kapitalistischen Entwicklung. Die Allikation reproduktiver Ressourcen, von Arbeitskräften und Produktionsmitteln wird jedoch nach wie vor im Marxschen Sinne von der Profitrate und über ihre Entwicklung gesteuert. Neben Mehrwertrate, Umschlagszahl und organischer Zusammensetzung des Kapitals wird die Profitrate aber entscheidend von Angebot-Nachfrage- und damit Preis-Veränderungen auf den Warenmärkten bestimmt, die in erster Linie darüber entscheiden, ob sich Geldkapital selbst genügt oder in produktives Kapital umgewandelt wird.

„Reichtum, das ist Geld." – Der Monetarismus in der Periode der Herausbildung des Kapitalismus

3.1. Entstehung und Entwicklung des Monetarismus

Es sind die Neomonetaristen, die die monetären Kategorien, insbesondere die Geldmenge und ihre Entwicklung, in den Mittelpunkt der theoretischen Analyse und Betrachtung stellen und darin die entscheidenden wirtschaftspolitischen Steuerungsgrößen sehen.

Die neomonetaristische Lehre ist jedoch keineswegs voraussetzungslos in der bürgerlichen politischen Ökonomie entstanden. Vielmehr hat sie bestimmte historische Wurzeln und Vorläufer, deren Reklamation, wie bereits betont, durch heutige Ökonomen zur Herstellung eines theoretischen Kontinuums und damit entsprechender wissenschaftlicher „Legitimation" entschieden betrieben wird.

Welches sind nun theoriengeschichtliche Quellen des Neomonetarismus? Auf welche der Geschichte der politischen Ökonomie entlehnten inhaltlich-theoretischen sowie methodologischen Komponenten, auf welche Konzeptionen greift er zurück? Gerade die Beantwortung dieser Fragen ist von Bedeutung für das Verständnis der Diskussionen im und um den Neomonetarismus: Zugleich wird es damit für diese Lehre möglich zu erklären, was Werner Krause in einem anderen Zusammenhang das „Beharrungsvermögen" bestimmter Dogmen der bürgerlichen politischen Ökonomie nannte. „Betrachtet man die Geschichte der bürgerlichen politischen Ökonomie, so ist neben Wandlungen und Modifikationen der Theorien, die sich aus den veränderten gesellschaftlichen Bedingungen ergeben, auch eine gewisse Kontinuität in den Konzeptionen der bürgerlichen Ökonomie feststellbar. Diese Tatsache erklärt sich aus der überragenden Bedeutung älterer Dogmensysteme für die herrschenden

Ausbeuterklassen."[1] Unter diesem Aspekt erweist sich vor allem der Monetarismus mit der Quantitätstheorie des Geldes als von zentraler Bedeutung für die Formierung des Neomonetarismus in der Gegenwart.

Als Wirtschaftstheorie der Übergangsperiode vom Feudalismus zum Kapitalismus, als „das erste selbständige ökonomische Gedankengebäude, das den Namen einer bürgerlichen ökonomischen Theorie verdient"[2], begann sich der Monetarismus bereits am Ende des 14. bzw. zu Beginn des 15. Jahrhunderts in den wirtschaftlich entwickelten Ländern Europas herauszubilden. Seine eigentliche Blütezeit lag jedoch im 16. und 17. Jahrhundert, und seine Hauptverbreitungsgebiete waren vor allem England, Spanien, Holland, Italien, Frankreich und Deutschland. Konkrete gesellschaftliche Ursache für eine verstärkte wissenschaftliche Analyse des Geldes, seiner Stellung und Rolle innerhalb der Wirtschaft jener Zeit, war die in den meisten europäischen Ländern sich mehr und mehr ausbreitende Warenproduktion. Mit der Warenproduktion und der quantitativen Zunahme der in den Austauschprozeß einbezogenen Produkte und ihrer Verwandlung in Waren erfuhren das Geld (als diesen Prozeß vermittelnde ökonomische Kategorie) sowie die Geldwirtschaft insgesamt eine wachsende Bedeutung.[3] Zugleich vollzog sich mit der Ausdehnung der Geldwirtschaft sukzessive der Zersetzungs- und Auflösungsprozeß des Feudalismus, die Zurückdrängung der feudalen Naturalwirtschaft. Friedrich Engels hat in einer frühen Schrift diese Entwicklung mit sehr überzeugenden Worten dargestellt und sichtbar gemacht, daß „die Bürgerschaft der Städte eine gewaltige Waffe gegen den Feudalismus (hatte) – das Geld . . . Lange ehe die Ritterburgen von den neuen Geschützen in Bresche gelegt, waren sie schon vom Geld unterminiert; in der Tat, das Schießpulver war sozusagen bloß der Gerichtsvollzieher im Dienst des Geldes. Das Geld war der große politische Gleichmachungshobel der Bürgerschaft. Überall, wo ein persönliches Verhältnis durch ein Geldverhältnis, eine Naturalleistung, durch eine Geldleistung verdrängt wurde, da trat ein bürgerliches Verhältnis

[1] Bürgerliche Ökomomie im modernen Kapitalismus, hg. von H. Meißner, Berlin 1967, S. 50.

[2] Autorenkollektiv, Grundlinien des ökonomischen Denkens in Deutschland. Von den Anfängen bis zur Mitte des 19. Jahrhunderts, Berlin 1977, S. 96.

[3] Vgl. H. Joswig, Das Geld, Leipzig – Jena – Berlin 1968, S. 50–56.

an die Stelle eines feudalen. Wie sehr die Feudalität am Ende des fünfzehnten Jahrhunderts schon vom Geld unterhöhlt und innerlich aufgefressen war, tritt schlagend hervor an dem Golddurst, der sich um diese Zeit Westeuropas bemächtigt ... Im fünfzehnten Jahrhundert war also die Feudalität in ganz Westeuropa in vollem Verfall; überall hatten sich die Städte mit antifeudalen Interessen, mit eignem Recht und mit bewaffneter Bürgerschaft in die feudalen Gebiete eingekeilt, hatten die Feudalherren teilweise schon gesellschaftlich, durch das Geld, und hie und da sogar auch politisch in ihre Abhängigkeit gebracht; selbst auf dem Lande, da, wo der Ackerbau durch besonders günstige Verhältnisse sich gehoben, fingen die alten Feudalbande an, unter der Einwirkung des Geldes sich zu lösen ..."[4]

Die im Gefolge der großen geographischen Entdeckungen in der zweiten Hälfte des 15. Jahrhunderts vor sich gehende Herausbildung eines Weltmarktes verstärkte diese Wirkungen durch die Orientierung auf eine mehr tauschwertgerichtete Produktion. Das Geld – die allgemeinste Ausdrucks- oder Erscheinungsform des Tauschwertes – avancierte daher zum ökonomischen Ziel der Produktion und Zirkulation, aller ökonomischen Aktivitäten, ließ Ideen vom Geld als Verkörperung, als Form von Macht und Reichtum schlechthin entstehen. Insofern wurde das Geld sowie die Sphäre der Waren- und Geldzirkulation nicht nur zum auserkorenen Gegenstand praktischer, sondern auch zunehmend theoretischer Aufmerksamkeit.

Das ökonomische Denken der verschiedenen gesellschaftlichen Klassen und Schichten jener historischen Umbruchsperiode vom Feudalismus zum Kapitalismus stellte also Fragen des Geldes immer stärker in den Mittelpunkt und beantwortete sie je nach Klassencharakter und ideologischer Grundposition. Den „konservativen und reaktionären ökonomischen Auffassungen, die auf die Erhaltung oder Wiederherstellung der feudalen Naturalwirtschaft gerichtet waren und das Geld deshalb mehr oder weniger konsequent ablehnten, standen die es ebenfalls verneinenden, aber bereits über Feudalismus und Kapitalismus hinausweisenden progressiven ökonomischen Vorstellungen des frühen utopischen Kommunismus gegenüber. Es gab ferner mannigfaltige kleinbürgerliche-klein-

[4] F. Engels, Über den Verfall des Feudalismus und das Aufkommen der Bourgeoisie, in: MEW, Bd. 21, Berlin 1962, S. 393–394.

bäuerliche romantische Illusionen, die auf die Herstellung oder Erhaltung der Harmonie von Naturalwirtschaft und Geldwirtschaft, von feudalen Produktionsverhältnissen und solchen der kleinen Warenproduzenten orientierten und das Geld deshalb nur in seinen elementaren Funktionen als Maß der Werte und Maßstab der Preise, Zirkulations- und Zahlungsmittel akzeptierten."[5] Und es entstanden und entwickelten sich die zu dieser Zeit historisch fortschrittlichen, antifeudalen ökonomischen Ideen des Monetarismus, „die vom Standpunkt der Warenzirkulation und des auf ihrem Boden erwachsenden Wucher- und Handelskapitals die Überwindung der feudalen Naturalwirtschaft durch die bürgerliche Geldwirtschaft proklamierten und damit den Weg zum Kapitalismus bahnten"[6].

Zweifellos erhielt das ökonomische Denken zu Fragen des Geldes, und darin der Monetarismus eingeschlossen, wesentliche Impulse und Anstöße sowohl durch die mit den großen geographischen Entdeckungen in der zweiten Hälfte des 15. Jahrhunderts verbundenen Auswirkungen als auch durch die in der ersten Hälfte des 16. Jahrhunderts in vielen europäischen Ländern verstärkt einsetzenden Geldentwertungen bzw. Preissteigerungen und andauernden Münzverschlechterungen. Den engen Zusammenhang von geographischen Entdeckungen und den ökonomischen Ideen des Monetarismus skizziert auch Karl Marx, wenn er schreibt: „Die große Rolle, die das amerikanische Silber spielt als Bindemittel zwischen Amerika, von dem es als Ware nach Europa wandert, um von da nach Asien, besonders Indien, als Tauschmittel exportiert zu werden, dort großenteils in der Form des Schatzes sich niederzuschlagen, war die Tatsache, mit deren Beobachtung der wissenschaftliche Kampf über das Monetarsystem begann ..."[7]. Keine Frage, es ist stimmig, wenn Andrej Anikin formuliert, daß die geographischen Entdeckungen jener Zeit „eine Folge der Entwicklung des Handelskapitals (waren), und sie selbst haben wiederum wesentlich zu seinem Aufstieg beigetragen"[8]. Und das Handelskapital beförderte durch die von ihm forcierte Ausprägung des Welthandels sowie eines Weltmarktes nicht nur den Ausbau seiner

[5] Geschichte der politischen Ökonomie. Grundriß, hg. von H. Meißner, 2., überarb. u. erw. Aufl., Berlin 1985, S. 75.

[6] Ebenda.

[7] K. Marx, Grundrisse der Kritik der Politischen Ökonomie, a. a. O., S. 879.

[8] A. Anikin, Ökonomen aus drei Jahrhunderten, Berlin 1974, S. 48.

ökonomischen Positionen in der Zirkulationssphäre, sondern ermöglichte bzw. regte auch ökonomisches Denken und theoretische Analysen über Waren- und Geldströme unter den Verhältnissen einer sich mehr und mehr auf den Tauschwert und Weltmarkt orientierenden Warenproduktion an. Dies ist ganz sicher auch der bestimmende Aspekt für Marx' wichtigen Gedanken, daß das „Monetarsystem die Produktion für den Weltmarkt und die Verwandlung des Produkts in Ware, daher in Geld, richtig als Voraussetzung und Bedingung der kapitalistischen Produktion verkündet"[9].

Jene großen geographischen Entdeckungen waren zugleich auch verbunden mit dem bereits genannten Phänomen der Geldentwertungen bzw. der Preissteigerungen, das die wissenschaftliche Beschäftigung mit der Geldzirkulation, dem Geldwert und dem großen Angebot des aus Übersee kommenden Goldes und Silbers entscheidend förderte und so auch befruchtend auf die Herausbildung des Monetarismus wirkte.

Allerdings gibt es in der marxistisch-leninistischen Literatur zu dieser Problematik noch eine Reihe von Diskussionen, die auf eine komplexere Sicht oder Interpretation der ökonomischen Phänomene und Prozesse orientieren. So finden wir in der von einem Autorenkollektiv verfaßten Schrift „Grundlinien des ökonomischen Denkens" folgenden ernstzunehmenden Hinweis: „In Lehrbüchern zur Geschichte der politischen Ökonomie ist es üblich geworden, die Auswirkungen der vermehrten Edelmetalleinfuhr auf die Preissteigerungen als ein charakteristisches Merkmal zur Erklärung des Monetarismus über Gebühr hervorzuheben. Aber die Monetaristen standen seit Mitte des 16. Jahrhunderts nicht nur vor der Erscheinung einer beginnenden, aus Übersee veranlaßten Edelmetallentwertung, sondern sie waren Augenzeuge eines viel komplexeren wirtschaftsgeschichtlichen Prozesses. Sie befanden sich am Anfang einer grundlegenden Umwandlung der Produktionsverhältnisse."[10] Damit verbunden war auch – so wird weiter ausgeführt – eine Umwälzung in den bekannten und gewohnten Wert- und Preisverhältnissen, es bildeten sich gewissermaßen zwei Preisebenen (die feudal bestimmte und die vom Welthandel fixierte Ebene) heraus und „die Preise stiegen – schon vor der vermehrten Edelmetallzufuhr

[9] K. Marx, Das Kapital. Dritter Band, a. a. O., S. 793.

[10] Autorenkollektiv, Grundlinien des ökonomischen Denkens in Deutschland a. a. O., S. 103.

aus Amerika – vor allem, weil sich das Wertgefüge änderte"[11]. Und die Ökonomen jener Zeit – wie die Monetaristen – unternahmen alles, „um die damaligen Vorgänge aufzuhellen. Aber da sie am Anfang dieses Übergangsprozesses standen, konnten sie nur die Erscheinungen der einsetzenden Preissteigerungen konstatieren und deren Auswirkungen auf die einzelnen Klassen und Schichten darstellen."[12]

Wir können uns mit einer solchen Herangehensweise durchaus identifizieren, halten sie für ausgewogen und anregend. Jedoch widerspricht sie nicht der Position, daß die erhebliche Zufuhr von überseeischen Edelmetallen in Europa Geldentwertungen bzw. Preissteigerungen bestimmten Ausmaßes hervorriefen und dies dem ökonomischen Denken daher als Impuls, als Anstoß zur wissenschaftlichen Erörterung von Geldwert und Geldzirkulation diente. Daß dieses Phänomen zugleich eingebettet oder teilweise verquickt war in den bzw. mit dem Übergang von der feudalen zur kapitalistischen Warenproduktion konnte auf dieser Entwicklungsstufe der bürgerlichen politischen Ökonomie zweifellos noch nicht erkannt werden.

Angesichts der genannten ökonomischen Phänomene kam schließlich das monetaristische Denken auf einen scheinbar direkten Zusammenhang von Preissteigerung und Geldmengenexpansion, der dann in der Quantitätstheorie des Geldes einen entsprechenden, wenngleich falschen, politökonomischen Ausdruck erhielt. Was lag, so Fritz Behrens, unter diesen Verhältnissen „näher, als die Zunahme des Geldmetalls für die gewaltigen Preissteigerungen ... verantwortlich zu machen?"[13] Die wissenschaftliche politökonomische Erklärung der von den Monetaristen beobachteten und in der Quantitätstheorie reflektierten Erscheinungen konnte aber nur in den *Bedingungen der Produktion* und nicht im Bereich der Zirkulation liegen: Ursachen waren die billigere Produktion von Edelmetallen, die Steigerung der Arbeitsproduktivität in diesem Produktionszweig durch umfassenden Einsatz von Sklavenarbeit in den Kolonien sowie die Anwendung neuer, ergiebigerer Erzaufbereitungsverfahren und die somit bewirkte Senkung des Gold- und Silberwertes bei

[11] Ebenda, S. 104.

[12] Ebenda.

[13] F. Behrens, Grundriß der Geschichte der politischen Ökonomie, Bd. 1, a. a. O., S. 67.

gleichzeitiger weitgehender Konstanz der Arbeitsproduktivität in den anderen Produktionszweigen. Marx hat im übrigen diesem Gesichtspunkt in seinen Betrachtungen zum Monetarsystem nicht allzuviel Aufmerksamkeit gewidmet. Er begründet diese Tatsache im Urtext von „Zur Kritik der Politischen Ökonomie" mit dem Verweis auf die methodologische Unmöglichkeit, diesen Aspekt in seine beabsichtigte Darstellung über Zirkulationsmittel einzupassen.[14] Wohl hat er aber diesen bedeutsamen Fakt registriert und auch benannt. So spricht Marx von den „großen Revolution(en), die z. B. im 16. und 17. Jahrhundert durch das Fallen des Werts der edlen Metalle in allen ökonomischen Verhältnissen herbeigeführt wurde(n)"[15]. In der Schrift „Zur Kritik der Politischen Ökonomie" betont Marx wohl die „große soziale Revolution, die das Fallen im Wert der edlen Metalle in Europa hervorrief", doch er verweist nun darauf, „die Wertschwankungen der edlen Metalle in ihrem Einfluß auf das System der bürgerlichen Ökonomie"[16] nicht weiter untersuchen und verfolgen zu wollen.

Als Anstoß zur systematischen wissenschaftlichen Beschäftigung mit Problemen des Geldes erwies sich auch die mit der Münzgeldwirtschaft in jener Zeit verbundene dauernde Münzgeldverschlechterung.[17] Dieses Phänomen, das im übrigen keine neue Erscheinung in der Geschichte darstellt[18] und auch umfassender als „nur unter dem Gesichtspunkt der bewußten Ausnutzung des Münzregals zur Bereicherung des Landesherrn zu betrachten"[19] ist, muß auch auf dem Hintergrund des sich vollziehenden Übergangs von der unter feudalen Verhältnissen existierenden, von der Naturalwirtschaft überlagerten vorkapitalistischen zur kapitalistischen Warenproduktion erklärt und verstanden werden. Unter diesen Konstellationen, auf einem vergleichsweise noch relativ niedrigen, sich erst entwickelnden höheren Niveau der Warenproduktion, hatten vor allem die Edelmetalle als allgemeines Äquivalent den Austausch- bzw.

[14] Vgl. K. Marx, Grundrisse der Kritik der Politischen Ökonomie, a. a. O., S. 878.

[15] Ebenda, S. 877.

[16] K. Marx, Zur Kritik der Politischen Ökonomie, a. a. O., S. 124.

[17] Vgl. dazu: F. Behrens, Grundriß der Geschichte der politischen Ökonomie, Bd. 1, a. a. O., S. 67; E. Kaemmel, Finanzgeschichte, Berlin 1966, S. 129.

[18] Beispielsweise haben feudale ökonomische Theoretiker wie Johannes Buridanus und Nikolaus Oresmius für ihre Zeit auf dasselbe Phänomen verwiesen.

[19] Autorenkollektiv, Grundlinien des ökonomischen Denkens in Deutschland, a. a. O., S. 104.

Zirkulationsprozeß von Waren zu ermöglichen und zu vermitteln. Marx macht darauf aufmerksam, daß jedoch unter den Verhältnissen der metallischen Zirkulation „die Münze nach ein paar Schritten in der Zirkulation mehr Metallgehalt vor(stellt) als sie hat. Je länger die Münze umläuft bei gleichbleibender Zirkulationsgeschwindigkeit, oder je lebhafter ihre Zirkulation in demselben Zeitraum wird, um so mehr löst sich ihr Dasein als Münze von ihrem goldenen oder silbernen Dasein ab. Was übrig bleibt, ist magni nominis umbra. Der Leib der Münze ist nur noch ein Schatten. Während sie ursprünglich durch den Prozeß schwerer, wird sie jetzt leichter durch ihn, fährt aber fort, in jedem einzelnen Kauf oder Verkauf als das ursprüngliche Goldquantum zu gelten. Der Sovereign fährt fort, als Schein-Sovereign, als Schein-Gold, die Funktion des legitimen Goldstücks zu vollziehen. Während andre Wesen durch Reibung mit der Außenwelt ihren Idealismus einbüßen, wird die Münze durch die Praxis idealisiert, in bloßes Scheindasein ihres goldenen oder silbernen Leibes verwandelt. Diese zweite, durch den Zirkulationsprozeß selbst bewirkte Idealisierung des Metallgeldes, oder die Scheidung zwischen seinem Nominalgehalt und seinem Realgehalt, wird teils von Regierungen, teils von Privatabenteurern in Münzfälschungen buntester Art ausgebeutet."[20] Dieser von Marx charakterisierte objektive Prozeß der Abnutzung und Verdrängung der vollwertigen Edelmetallmünzen aus der Binnenzirkulation und ihrer Verwendung als privaten Schatz, die schrittweise Entwicklung vom Metallgeld zum Wertzeichen sowie die langsam vor sich gehende Loslösung des Wertzeichens von der Metallsubstanz erwies sich durchaus als ein relevanter Gegenstand des ökonomischen Denkens in jener historischen Periode. Und er macht zugleich auch verständlich, daß sich in Gestalt der Monetaristen dann Ökonomen zu Wort meldeten, die diesen Prozeß in seinen bestimmten Erscheinungen und Zusammenhängen theoretisch auszudrücken suchten.

Mit diesen Darlegungen haben wir zweifellos nicht alle, aber eine Reihe wesentlicher ökonomischer Faktoren und Prozesse beleuchtet, die die Herausbildung und Formierung des Monetarismus, die Ausprägung ökonomischer Auffassungen mit monetaristischem Charakter auslösten und beeinflußten. Dabei ist es zugleich von Bedeutung, daß sich die Entwicklung des Monetarismus über einen durchaus längeren historischen Zeitraum erstreckte, daß diese öko-

[20] K. Marx, Zur Kritik der Politischen Ökonomie, a. a. O., S. 89.

nomische Lehre in „Bewegung“ war. In neueren marxistisch-leninistischen Arbeiten wird daher zu Recht der Prozeß- bzw. Etappencharakter in der Formierung des Monetarismus betont, seine Entwicklung „in drei Abschnitten“[21] gezeigt. Dabei entspricht der *erste* Abschnitt „jenem Zeitraum im Prozeß der ursprünglichen Akkumulation, in dem vor allem das im europäischen Handel tätige Kapital wesentlich dazu beiträgt, daß einerseits die feudalen Produktionsverhältnisse unterminiert werden und die Naturalwirtschaft verstärkt den Ware-Geld-Beziehungen weichen muß und andererseits die noch vorwiegend einfache Warenwirtschaft die Möglichkeit einer breiteren Entfaltung erhält. In diesem Abschnitt entsteht in den ersten Jahrzehnten des 16. Jahrhunderts der frühe Monetarismus, der vor allem die Interessen der einfachen Warenproduzenten und des Handelskapitals an einem geordneten Münzgeldsystem zum Ausdruck bringt.“[22] Hingegen kennzeichnet der *zweite* Abschnitt den „Höhepunkt des Monetarismus um die Mitte des 16. Jahrhunderts. Der Prozeß der sogenannten ursprünglichen Akkumulation gewinnt vor allem dadurch an Tiefe, daß sich in England die kapitalistischen Produktionsverhältnisse in der Landwirtschaft beschleunigt durchsetzen. Die kapitalistische Warenproduktion erhält somit eine breitere Basis; die sozialen Voraussetzungen für die Herausbildung der kapitalistischen Produktionsweise werden durch die gewaltige Ausmaße erreichende Enteignung der unmittelbaren Produzenten von ihren Produktionsbedingungen erweitert. Der nun voll ausgebildete Monetarismus bringt nicht mehr nur die Interessen der einfachen Warenproduzenten und des Handelskapitals an einem geordneten Münzgeldsystem zum Ausdruck; er fordert darüber hinaus gleiche Entfaltungsmöglichkeiten für alle Zweige der landwirtschaftlichen und gewerblichen Produktion.“[23] Schließlich beginnt der *dritte* Abschnitt „in der zweiten Hälfte des 16. Jahrhunderts. Die durch die geographischen Entdeckungen ausgelöste Revolution im Welthandel führt zu einem wachsenden Angebot des aus dem großen Überseehandel gewonnenen Geldkapitals, das infolge der geringen produktiven Anlagemöglichkeiten zu einem größeren Teil im Zirkulationsbereich bleibt. Der Monetarismus beschreibt diese neuen Erscheinungen . . .“[24]

[21] Autorenkollektiv, Grundlinien des ökonomischen Denkens in Deutschland, a. a. O., S. 98.

[22] Ebenda. [23] Ebenda. [24] Ebenda.

3.2. Klassencharakter und Wesen des Monetarismus

Zweifellos wird aus den oben gegebenen Einschätzungen des Entwicklungsprozesses des Monetarismus ersichtlich, daß der entscheidende sozialökonomische Hintergrund für seine Formierung der Zersetzungsprozeß der feudalen Naturalwirtschaft durch die sich entwickelnde bürgerliche Waren- und Geldwirtschaft war bzw. daß die Bedingungen der ursprünglichen Akkumulation des Kapitals wesentlich das allgemeine soziale Milieu für die Entwicklung dieser ökonomischen Lehre darstellten. Zu Recht vermerken daher Günter Fabiunke und Peter Thal hinsichtlich des Monetarismus, daß er „als Ausdruck der auf die ursprüngliche Akkumulation des Kapitals gerichteten Klasseninteressen der aufstrebenden Bourgeoisie, insbesondere des Handels- und Wucherkapitals, in der Epoche des Heranreifens der kapitalistischen Produktionsweise im Schoße des Feudalismus"[25] entstand. Und Behrens kleidet dies in die Worte, daß der Monetarismus in der „sich weiter ausbreitenden Geldwirtschaft" wurzelt und „die mit der Erweiterung und Vertiefung der Warenproduktion verbundene Entwicklung der Geldwirtschaft als Grundlage der frühkapitalistischen Entwicklung im niedergehenden Feudalismus"[26] widerspiegelt. Kurzum, der Monetarismus bildete sich als ökonomische Theorie unter den Bedingungen eines erst entstehenden, im Vergleich zum Feudalismus historisch progressiven Kapitalismus heraus. Und er trug auch mit seinen politökonomischen Dogmen und wirtschaftspolitischen Postulaten ideologisch zur rascheren Entfaltung bürgerlicher Ware-Geld-Beziehungen, zur Konzentration großer privater Geldvermögen[27], also zur Herausbildung kapitalistischer Produktionsverhältnisse, zur Durchsetzung der geschichtlich fortschrittlichen bürgerlichen Waren- und Geldwirtschaft, mithin zur Zersetzung der feudalen Naturalwirtschaft bei.

[25] G. Fabiunke/P. Thal, Geschichte der politischen Ökonomie. Leitfaden, Berlin 1976, S. 18.

[26] F. Behrens, Grundriß der Geschichte der politischen Ökonomie, Bd. 1, a. a. O., S. 66.

[27] So betont Marx nachdrücklich, daß die „Akkumulation von Gold und Silber, von Geld, ... die erste historische Erscheinung des Ansammelns von Kapital und das erste große Mittel desselben" ist (K. Marx, Grundrisse der Kritik der Politischen Ökonomie, a. a. O., S. 144).

Das heißt, er erwies sich als antifeudale, als *historisch progressive* politökonomische Ideologie.

Diese Charakteristik ist insofern von Bedeutung, als sie – ungeachtet bestimmter formaler Analogien und gewisser gleicher Argumentationslinien – einen prinzipiellen Unterschied zum Wesen des Neomonetarismus markiert. Denn dieser ist dann – geht man konsequenterweise von der Leninschen Bestimmung des historischen Platzes des Imperialismus aus[28] – bürgerliche politökonomische Ideologie eines „sterbenden Kapitalismus"[29]. Doch die Demontage eines solchen Zusammenhangs oder seine Ausklammerung ist genau Ziel und zugleich Ergebnis eines realgeschichtliche Entwicklungskonstellationen der kapitalistischen Produktionsweise negierenden Vorgehens der Neomonetaristen.

Doch zurück zum Monetarismus als dem ersten, noch vorkapitalistischen und vorwissenschaftlichen System der bürgerlichen politischen Ökonomie. Mit ihm hatten sich relativ ausführlich auch Marx und Engels beschäftigt. Sowohl in Marx' für das Verständnis der marxistischen Geldtheorie und für die Auseinandersetzung mit den verschiedenen bürgerlichen Geldlehren so bedeutsamen Schrift „Zur Kritik der Politischen Ökonomie" als auch in den verschiedenen Bänden des „Kapital" finden sich grundsätzliche Betrachtungen und Wertungen zum Monetarismus. Engels hat sich beispielsweise in seiner Frühschrift „Umrisse zu einer Kritik der Nationalökonomie", ohne daß er den Begriff des Monetarismus bereits verwandte, zu dieser Lehre mit folgenden Worten geäußert: „Die Nationalökonomie entstand als eine natürliche Folge der Ausdehnung des Handels, und mit ihr trat an die Stelle des einfachen, unwissenschaftlichen Schachers ein ausgebildetes System des erlaubten Betrugs, eine komplette Bereicherungswissenschaft."[30] Und weiter: „Man lebte noch in der naiven Anschauung, daß Gold und Silber Reichtum sei, und hatte also nichts Eiligeres zu tun, als überall die Ausfuhr der ‚edlen' Metalle zu verbieten."[31] Wohl geradezu schon als klassisch ist Marx' nachstehende Charakteristik des Monetarismus anzusehen: „Wie eine allgemeine Goldgier Völker und Fürsten im 16. und 17.

[28] Vgl. dazu: W. I. Lenin, Der Imperialismus als höchstes Stadium des Kapitalismus, in: Werke, Bd. 22, Berlin 1974, S. 304–307.

[29] Ebenda, S. 307.

[30] F. Engels, Umrisse zu einer Kritik der Nationalökonomie, in: MEW, Bd. 1, Berlin 1957, S. 499.

[31] Ebenda.

Jahrhundert, der Kindheitsperiode der modernen bürgerlichen Gesellschaft, in überseeische Kreuzzüge nach dem goldenen Gral jagte, so proklamierten die ersten Dolmetscher der modernen Welt, die Urheber des Monetarsystems, ... Gold und Silber, d. h. Geld, als den einzigen Reichtum. Richtig sprachen sie den Beruf der bürgerlichen Gesellschaft dahin aus, Geld zu machen, also, vom Standpunkt der einfachen Warenzirkulation, den ewigen Schatz zu bilden, den weder Motten noch Rost fressen ... Wenn das Monetar- und Merkantilsystem den Welthandel und die unmittelbar in den Welthandel mündenden besonderen Zweige der nationalen Arbeit als die einzig wahren Quellen von Reichtum oder Geld auszeichnet, ist zu erwägen, daß in jener Epoche der größte Teil der nationalen Produktion sich noch in feudalen Formen bewegte und als unmittelbare Subsistenzquelle den Produzenten selbst diente ... Geld als Zweck der Zirkulation ist der Tauschwert oder der abstrakte Reichtum, nicht irgendein stoffliches Element des Reichtums, als bestimmender Zweck und treibendes Motiv der Produktion."[32]

Worin sind nun die wesentlichen Aspekte dieser Marxschen Einschätzung zu sehen? Unbedingte Aufmerksamkeit verdienen unseres Erachtens folgende Momente:

Erstens ist der Gedanke bedeutsam, daß die Monetaristen die „ersten Dolmetscher der modernen Welt" waren, daß sie den „Beruf der bürgerlichen Gesellschaft", nämlich Geld zu machen, unverblümt aussprachen. Das heißt, die Morgenröte der kapitalistischen Produktionsweise sowie ihr bestimmendes ökonomisches Ziel wurden bereits in den theoretischen Konstruktionen der Monetaristen in bestimmter Weise zum Ausdruck gebracht.

Zweitens ist die Formulierung wichtig, daß der Monetarismus „Gold und Silber, d. h. Geld, als den einzigen Reichtum" begreift. Damit wird eine klare Reichtumsbestimmung dieser vorwissenschaftlichen bürgerlichen politischen Ökonomie gegeben, doch mit der Ausführung, daß die „in den Welthandel mündenden besonderen Zweige der nationalen Arbeit als die einzig wahren Quellen von Reichtum oder Geld" zu betrachten sind, wird zugleich diese Bestimmung dahingehend erweitert und entwickelt, daß Warenproduktion und -zirkulation, daß Zirkulation und Handel in der Sicht des Monetarismus der Reichtums- bzw. Geldgewinnung untergeordnet sind und als deren wesentliche Quellen bestimmt werden.

[32] K. Marx, Zur Kritik der Politischen Ökonomie, a. a. O., S. 133.

Die Verwandlung des durch Arbeit erzeugten Produkts in Ware und daher in Geld ist hier das non-plus-ultra des Monetarismus! Aber natürlich mußte eine solche Auffassung erhebliche gesellschaftliche Auswirkungen haben, denn wenn man Geld oder Reichtum nur dann erhält, wenn man Produkte in Waren verwandelt, sie verkauft, mußte dies eine politökonomische Orientierung für die weitere Ausdehnung der Ware-Geld-Beziehungen, der Warenproduktion sein. Somit war gewissermaßen auch eine theoretische Anregnug zur Erhöhung der Produktivität der Warenproduktion gegeben. Dies alles sind zweifellos Gesichtspunkte, die erklären, daß der Monetarismus ideologisch zersetzend auf die vorhandenen naturalwirtschaftlichen Beziehungen und stimulierend auf die Entwicklung und Ausdehnung der bürgerlichen Waren- und Geldwirtschaft wirkte, also die Herausbildung der kapitalistischen Produktionsweise beförderte.

Drittens gilt es Marx' Gedanken hervorzuheben, daß der Monetarismus zwar richtig den „Beruf der bürgerlichen Gesellschaft" ausspricht, dies jedoch noch wesentlich „vom Standpunkt der einfachen Warenzirkulation" aus geschieht, die ihren Endzweck in der Bildung des „ewigen Schatzes" findet. Mit anderen Worten: Über die Zirkulationssphäre und die Geldakkumulation oder Schatzbildung infolge der Verwandlung von Produkt in Ware und Ware in Geld kamen die monetaristischen Theoretiker noch nicht hinaus. Das bestimmt in entscheidendem Maße eben auch den *vor*wissenschaftlichen Charakter des Monetarismus; das Geld wurde noch nicht in seiner Kapitalfunktion begriffen, als Surplusgeld gesehen. Diese dem Monetarismus eigene Erkenntnisschranke ist nicht Resultat geringer Denkkraft seiner Repräsentanten, sondern Ausdruck des Reifegrades der sozialökonomischen Verhältnisse, insbesondere am Anfang der länger andauernden gesellschaftlichen Umbruchsperiode vom Feudalismus zum Kapitalismus. In diesem Sinne sind auch Marx' Worte zu verstehen, daß es „historisch" durchaus „ganz richtig (ist), daß das Suchen nach dem Wert zunächst an dem *erscheinenden* Ausdruck der Waren als Wert, an das Geld sich anlehnt . . ."[33]. Und natürlich – die Beschränkung des theoretischen Denkens auf die vor allem vom Wucher- und Handelskapital beherrschte Zirkulationssphäre, die dominierende Betrachtung der einfachen Warenzirkulation (insbesondere die Untersuchung der Prozesse der

[33] K. Marx, Theorien über den Mehrwert. Dritter Teil, in: MEW, Bd. 26.3, Berlin 1974, S. 143.

Geldzirkulation- und -akkumulation), die Erhebung, genauer: ihre Verabsolutierung, bestimmt entscheidend den *vor*wissenschaftlichen Charakter des Monetarismus. Und wenn sich Vertreter des Monetarismus „überhaupt mit Fragen der Produktion beschäftigten, geschah dies vom Standpunkt der Zirkulation, ohne das Bewußtsein darüber, daß es sich bei der Zirkulation um eine von der Produktion bestimmte und daher auch nur von deren Standpunkt zu begreifende Sphäre der gesellschaftlichen Wirtschaft handelt"[34].

Gerade die Orientierung des politökonomischen Denkens auf die Analyse der inneren Zusammenhänge, der objektiven ökonomischen Gesetzmäßigkeiten der sich herausbildenden und später dann entfaltenden kapitalistischen *Produktions*verhältnisse führt zur wissenschaftlichen politischen Ökonomie. Kurz, die Wissenschaftlichkeit der politökonomischen Theorie wird vor allem durch den Übergang des systematischen ökonomischen Denkens von der Untersuchung der Gesetzmäßigkeiten der Zirkulationssphäre zur Untersuchung der Gesetzmäßigkeiten der Produktionssphäre charakterisiert.[35]

Wenn wir hier – analog zum vorkapitalistischen – auch so nachdrücklich den vorwissenschaftlichen Charakter des Monetarismus betonen, so nicht etwa aus purer Besserwisserei. Vielmehr ergeben sich daraus – wie noch sichtbar werden wird – wichtige Aspekte für das Verständnis, die Wertung und marxistisch-leninistische Kritik des Neomonetarismus. Eine dialektisch-materialistische Theoriegeschichtsschreibung auf dem Gebiet der politischen Ökonomie vermag sehr wohl zu erfassen, daß die Zirkulationsbezogenheit – und damit eben auch die Unwissenschaftlichkeit – des Monetarismus *objektiven* Umständen geschuldet war. Seinen Vertretern, die erst am *Beginn* des historischen Entwicklungs- und Formierungsprozesses der politischen Ökonomie als theoretischer Wissenschaft standen[36], konnte es unter den Bedingungen der Vorbereitung und einsetzenden

[34] Geschichte der politischen Ökonomie. Grundriß, hg. von H. Meißner, a. a. O., S. 70.

[35] K. Marx, Das Kapital. Dritter Band, a. a. O., S. 349.

[36] So schreibt Marx ausdrücklich, daß die politische Ökonomie, „wie sie geschichtlich aufgetreten, in der Tat nichts ... als die wissenschaftliche Einsicht in die Ökonomie der kapitalistischen Produktionsperiode" ist (F. Engels, Herrn Eugen Dührings Umwälzung der Wissenschaft, „Anti-Dühring", in MEW, Bd. 20, Berlin 1962, S. 213).

Herausbildung des Kapitalismus, während das Wucher- und Handelskapital noch dominierte und so die Geldakkumulation vor allem über die Sphäre der Warenzirkulation stattfand, gar nicht möglich sein, die Produktion und die in ihr wirkenden ökonomischen Gesetze zur Grundlage der theoretischen Analyse zu machen: „Wie es der *Vorstufe der bürgerlichen Produktion* entsprach, hielten jene verkannten Propheten an der gediegenen, handgreiflichen und glänzenden Form des Tauschwerts fest, an seiner Form als allgemeine Ware im Gegensatz zu allen besonderen Waren. *Die eigentlich bürgerlich ökonomische Sphäre der damaligen Zeit war die Sphäre der Warenzirkulation.* Vom Gesichtspunkt dieser elementarischen Sphäre aus beurteilten sie daher den ganzen verwickelten Prozeß der bürgerlichen Produktion und verwechselten Geld mit Kapital."[37]

Indem die Monetaristen sich unter den existierenden gesellschaftlichen Bedingungen – insbesondere im Zusammenhang mit Fragen des Geldes – der theoretischen Erfassung und Behandlung der in der Zirkulationssphäre erstmalig zutage tretenden Voraussetzung kapitalistischer Produktion zuwandten, dazu entsprechende Betrachtungen und Aussagen entwickelten und versuchten, ökonomische Gesetze zu formulieren, ebneten sie den Weg zu einer wissenschaftlichen politischen Ökonomie, die schließlich in Gestalt der klassischen bürgerlichen politischen Ökonomie in England und Frankreich entstand.

Doch wie verhält es sich mit dem Neomonetarismus? Knüpft er nicht – gewissermaßen in theorienhistorischer Kontinuität oder in Fortsetzung ideengeschichtlicher Traditionen – an das politökonomische und methodologische Gebäude sowie Instrumentarium seiner Vorgänger an? Zeichnet ihn nicht auch beispielsweise eine außerordentlich starke Zirkulationsbezogenheit in der theoretischen Analyse und Betrachtung aus? Und wie ist diese methodologische Gemeinsamkeit des Monetarismus und Neomonetarismus unter Berücksichtigung des zweifelsfrei völlig veränderten historischen Entwicklungsstadiums des Kapitalismus („Vorstufe" kapitalistischer Produktion contra Imperialismus als höchstes und letztes Stadium, als monopolistischer, parasitärer bzw. faulender und sterbender Kapitalismus[38]) zu werten?

[37] K. Marx, Zur Kritik der Politischen Ökonomie, a. a. O., S. 133/134 (Hervorhebung d. A.).

[38] Vgl. W. I. Lenin, Der Imperialismus und die Spaltung des Sozialismus, in: Werke, Bd. 23, Berlin 1957, S. 102.

Soviel sei bereits an dieser Stelle – gewissermaßen als These – gesagt: Entsprach das in Abhängigkeit vom Vorbereitungs- und Herausbildungsstadium der kapitalistischen Produktionsweise entwickelte theoretische und methodologische Gebäude oder Instrumentarium des Monetarismus (seine Vorwissenschaftlichkeit) einer Periode, in der es im Grunde auch erst um die *Vorbereitung* einer wissenschaftlichen politischen Ökonomie ging, gab es hier also einen bestimmten objektiven, gesetzmäßig auftretenden Zusammenhang zwischen historisch progressiver Gesellschaftsentwicklung und vorwärtsweisenden Tendenzen in der Entwicklung einer analog entstehenden und zu bewertenden politökonomischen Wissenschaft und Ideologie, so ist für die bürgerliche politische Ökonomie der Gegenwart diese Kongruenz aufgehoben. Eine prinzipiell veränderte Situation ist entstanden. Im Kontext eines nun nicht mehr aufstrebenden, nicht den historischen Fortschritt, sondern bereits den geschichtlichen Untergang verkörpernden imperialistischen Stadiums des Kapitalismus erweist sich eine annähernd analoge theoretische und methodologische Heran- und Vorgehensweise des Neomonetarismus als ein konkreter Ausdruck des Vulgarisierungs- und Verfallsprozesses der bürgerlichen politischen Ökonomie. Die im Kapitalismus zeitweilig mögliche objektive Übereinstimmung von historisch progressiver gesellschaftlicher Entwicklung und fortschrittlichem Charakter der bürgerlichen – einschließlich der politökonomischen – Ideologie ist längst nicht mehr gegeben. Daraus ergeben sich dann entsprechende Konsequenzen für die qualitative Einschätzung der „Gemeinsamkeiten“ des Monetarismus und Neomonetarismus.

Bereits Marx stellte die sich aus veränderten ökonomischen, politischen, sozialen und ideologischen Existenzbedingungen des Kapitalismus im ersten Drittel des 19. Jahrhunderts entwickelnden Folgen für das Wesen der bürgerlichen politischen Ökonomie fest.[39] Dabei macht er deutlich, daß es schließlich um 1830 zur „ein für allemal entscheidende(n) Krise“, zur Degenerierung der einstmals wissenschaftlichen bürgerlichen politischen Ökonomie zur bürgerlichen Vulgärökonomie kam, die sich dadurch auszeichnet, daß sie sich vor allem „nur innerhalb des scheinbaren Zusammenhangs“[40] der bürgerlichen Produktionsverhältnisse herumtreibt. Und als hätte

[39] Vgl. K. Marx, Das Kapital. Erster Band, a. a. O., S. 21.
[40] Ebenda, S. 95 (Anm. 32).

er die entsprechende Beziehung zwischen Monetarismus und Neomonetarismus oder die Reanimation von traditionellen monetaristischen Dogmen durch heutige bürgerliche Ökonomen vor Augen, konstatiert er: „Es charakterisiert eben die Vulgärökonomie, daß sie das, was in einer bestimmten überlebten Entwicklungsstufe neu, originell, tief und berechtigt war, zu einer Zeit wiederholt, wo es platt, abgestanden und falsch ist."[41]

3.3. Theoretische Grundpositionen des Monetarismus

Unsere Beschäftigung mit dem Monetarismus muß natürlich auch die Frage der Bestimmung seines politökonomischen Inhalts, seiner theoretischen Grundkonzeption einschließen. Dabei gilt es zu berücksichtigen, daß nicht schlechthin die wissenschaftliche Beschäftigung mit dem Geld in jener von uns beschriebenen historischen Umbruchsperiode das ökonomische Denken zum Monetarismus werden ließ, denn – wie marxistisch-leninistische Theorienhistoriker zu Recht feststellen – diese war „auch in den Geldlehren der scholastischen Theologen, den antimonetaristischen Pamphleten der Apologeten des Feudalismus, den frühbürgerlichen Geldauffassungen *Luthers* und anderen Bekundungen anzutreffen"[42]. Deshalb sind unseres Erachtens Formulierungen wie die, daß der Monetarismus „an die frühbürgerlichen ökonomischen Auffassungen" anknüpfte und „vor allem deren Ansätze einer volkswirtschaftlichen Betrachtung zur ersten systematischen Untersuchung der Geld- und Güterströme unter den Bedingungen einer sich auf den entstehenden Weltmarkt orientierenden und vorwiegend extensiv erweiternden Warenproduktion"[43] entwickelte, einerseits durchaus zutreffend und seine inhaltlichen Gesichtspunkte erfassend. Doch andererseits ist diese Bestimmung noch nicht ausreichend. Damit ist noch nicht das Spezifische des Monetarismus, seine theoretische Charakteristik

[41] K. Marx, Das Kapital. Dritter Band, a. a. O., S. 794.

[42] Geschichte der politischen Ökonomie. Grundriß, hg. von H. Meißner, a. a. O., S. 58.

[43] Autorenkollektiv, Grundlinien des ökonomischen Denkens in Deutschland, a. a. O., S. 95.

gegeben. Und um diese geht es. Mit anderen Worten, im Grunde geht es um die von Jürgen Kuczynski so formulierte Frage: „Woran erkennen wir in den geldtheoretischen Schriften dieser Zeit ihre Zugehörigkeit zum vorkapitalistischen Monetarsystem?"[44]

Die Beantwortung dieser Frage muß vor allem berücksichtigen, daß das dominierende antifeudale ökonomische Denken und die entsprechenden wesentlichen geldtheoretischen Schriften ein direktes Bekenntnis zum Geld, eine nachdrückliche Bekräftigung seiner Rolle in der Gesellschaft und im Wirtschaftsprozeß enthielten. „Reichtum, das ist Geld!" – dieser in den drei sächsischen Streitschriften über die Münzverschlechterung (aus dem Jahre 1530 stammend)[45] ausgegebene Schlachtruf enthält sowohl den Reichtumsbegriff des Monetarismus als auch sein gesamtes Credo. Analog ist der Grundgedanke bei dem englischen Ökonomen Clement Armstrong, der schrieb: „Der ganze Reichtum des Landes besteht darin, für alle unsere reichen Waren aus anderen Ländern bares Geld zu bekommen; und nachdem das Geld dem ganzen Lande zugeführt worden ist, sollen alle Menschen im Lande damit reich gemacht werden."[46] Indem nun im fundamentalen Widerspruch zum lange Zeit vorherrschenden feudalen Naturalwirtschaftsprinzip sowie auch zur Konsumorientierung der einfachen Warenproduktion das Geld zur Grundform des Reichtums, zum Ziel aller wirtschaftlichen Aktivität und gesellschaftlichen Strebens erklärt wurde, brachten die Urheber des Monetarsystems direkt einen bis in die Gegenwart gültigen und charakteristischen Grundzug des Kapitalismus zum Ausdruck.

Marx hob bei der Einschätzung der Kritik der bürgerlichen politischen Ökonomie am Monetarsystem den unseres Erachtens wichtigen Aspekt hervor, daß in dieser Kritik „die politische Ökonomie also (fehlt), indem sie dieses System als bloße Illusion, als nur falsche Theorie befeindet, nicht als barbarische Form ihrer eigenen Grundvoraussetzung wiedererkennt. Zudem behält dieses System *nicht nur ein historisches Recht*, sondern innerhalb bestimmter Sphären der modernen Ökonomie *volles Bürgerrecht*. Auf *allen* Stufen des bürger-

[44] J. Kuczynski, Studien zu einer Geschichte der Gesellschaftswissenschaften, Bd. 1, Berlin 1975, S. 120.

[45] Gemeyne stimmen von der Müntz, Leipzig 1530.

[46] C. Armstrong, A treatise concerning the staple and how to reform the realm (zit. nach: J. Kuczynski, Studien zu einer Geschichte der Gesellschaftswissenschaften, Bd. 1, a. a. O., S. 122).

lichen Produktionsprozesses, wo der Reichtum die elementarische Form der Ware annimmt, nimmt der Tauschwert die elementarische Form des Geldes an, und in allen Phasen des Produktionsprozesses fällt der Reichtum immer wieder für einen Augenblick in die allgemeine elementarische Form der Ware zurück. Selbst in der entwickeltsten bürgerlichen Ökonomie werden die spezifischen Funktionen des Goldes und Silbers als Geld im Unterschied von ihrer Funktion als Zirkulationsmittel und im Gegensatz zu allen übrigen Waren nicht aufgehoben, sondern nur beschränkt",[47] weshalb also das Monetarsystem sein „Recht" behält.

Von den Monetaristen wurde, entsprechend dem historischen Entwicklungsstand der gesellschaftlichen Produktionsverhältnisse, das Geld vor allem in seiner Funktion bzw. Form als Schatz, in der Sammlung oder Anhäufung von Gold und Silber begriffen und behandelt. Doch gerade unter den von uns oben bereits skizzierten Verhältnissen einer sich schrittweise auflösenden feudalen Naturalwirtschaft, einer sich vergleichsweise stärker ausprägenden Waren- und Geldwirtschaft und einer sich ausdehnenden Außenhandelswirtschaft erwies sich die kategorische Hervorhebung des Geldes, insbesondere auch in seiner Schatzform, als eine ideologische Vorbereitung für die Herausbildung des Kapitalismus. Zugleich stellte es eine praktische Grundbedingung für die Entwicklung der kapitalistischen Produktionsverhältnisse dar. Insofern war es ein unbestreitbares historisches Verdienst des Monetarismus, daß die Geldakkumulation, das heißt die Bildung von potentiellem Kapital in Form des Geldschatzes als Sinn und Zweck ökonomischen Handelns bestimmt wurde.

Natürlich gibt es zwischen der Geldakkumulation während des vor allem in West- und Südeuropa stattfindenden Zersetzungsprozesses der Feudalwirtschaft und der Geldakkumulation unter den Verhältnissen kapitalistischer Warenproduktion prinzipielle Unterschiede. Im Kapitalismus fungiert das Geld als Kapital. Das heißt, es wird zur Produktion des Mehrwerts, zum Kauf und zur Verwertung der Ware Arbeitskraft (sowie der Produktionsmittel) verwandt. Hingegen wird in der sich langsam auflösenden Feudalgesellschaft das Geld eben wesentlich als Schatz angehäuft; diese Akkumulation des Geldes in Schatzform wird als das non-plus-ultra angesehen,

[47] K. Marx, Zur Kritik der Politischen Ökonomie, a. a. O., S. 134 (Hervorhebung d. A.).

wobei Marx in seinen politökonomischen Untersuchungen deutlich macht, daß gerade „das Aufhäufen des Geldes um des Geldes willen die barbarische Form der Produktion um der Produktion willen, d. h. Entwicklung der Produktivkräfte der gesellschaftlichen Arbeit hinaus über die Schranken herkömmlicher Bedürfnisse (ist). Je unentwickelter die Warenproduktion, um so wichtiger ist die erste Verselbständigung des Tauschwerts als Geld, die Schatzbildung . . ."[48]

Die entscheidende ökonomische Sphäre, die eigentliche Quelle der Geldakkumulation oder Schatzbildung und auch der zentrale Gegenstand wissenschaftlicher Untersuchung war für den Monetarismus die Zirkulationssphäre bzw. die Warenzirkulation, was natürlich auch im Zusammenhang mit der beträchtlichen Entfaltung des Welthandels, ausgelöst durch die großen geographischen Entdeckungen, und mit der sich enorm festigenden Rolle des Handelskapitals zu sehen ist. Marx verweist in diesem Kontext auch darauf, daß für den Monetaristen das Geld das „kristallische Produkt der Zirkulation"[49] ist und das Monetarsystem eben „die Produktion für den Weltmarkt", die „Verwandlung des Produkts in Ware, daher in Geld"[50] verkündet.

Der Monetarismus beschrieb durchaus interessante Phänomene im Bereich der Waren- und Geldzirkulation. Doch letztlich liegt darin auch seine prinzipielle theoretische und methodologische Grenze für die wissenschaftliche Erfassung objektiver ökonomischer Gesetzmäßigkeiten des Reproduktionsprozesses jener Zeit – und hierin weisen im übrigen, bei aller Unterschiedlichkeit der jeweiligen gesellschaftlichen Existenzbedingungen, Monetarismus und Neomonetarismus eindeutige Gemeinsamkeiten auf. Das heißt, der Neomonetarismus übernahm als Legat von seinem theorienhistorischen Vorläufer die Verabsolutierung oder Überbetonung der Zirkulationssphäre und muß daher bei der politökonomischen Analyse grundlegender innerer Zusammenhänge der kapitalistischen Produktionsweise der Gegenwart scheitern.

Die in der Zeit der Geldentwertungen und Münzverschlechterungen intensivierte wissenschaftliche Beschäftigung mit Fragen des Geldes (vor allem des Geldwertes, der Geldmenge und der Geldzirkulation) brachte seitens des Monetarismus eine Reihe von theo-

[48] Ebenda, S. 111/112.
[49] Ebenda, S. 134.
[50] K. Marx, Das Kapital. Dritter Band, a. a. O., S. 793.

rienhistorisch bedeutsamen Ideen, Auffassungen und Erkenntnissen hervor. Darunter sind solche, die, wie Jürgen Kuczynski treffend bemerkt, „auch in der späteren kapitalistischen Wirtschaft bis in die Gegenwart eine Rolle spielen“[51]. Und genau dies muß, wenn man die theoriengeschichtlichen Wurzeln und Quellen des Neomonetarismus aufdecken und analysieren will, im Mittelpunkt unseres Interesses stehen. Sicher wäre es auch interessant und reizvoll, auf viele der theoretischen Grundpositionen des Monetarismus (zum Beispiel zur Arbeit[52], zum Wert[53], zum Mehrwert[54] oder zur Rolle des Staates und der Wirtschaftspolitik[55]) näher einzugehen oder einzelne Werke des Monetarismus gründlich zu untersuchen, dies auch, weil in „der detaillierten wissenschaftlichen Erschließung der monetaristischen Literatur ... die marxistische Theoriengeschichtsschreibung ... noch am Anfang“[56] steht. Es wäre interessant, die eine oder andere vom Monetarismus erfaßte ökonomische Gesetzmäßigkeit, wie zum Beispiel das sogenannte Greshamsche Gesetz[57],

[51] J. Kuczynski, Studien zu einer Geschichte der Gesellschaftswissenschaften, Bd. 1, a. a. O., S. 123.

[52] So spricht Marx davon, daß der frühe Monetarismus „die in den Welthandel mündenden besondren Zweige der nationalen Arbeit als die einzig wahren Quellen von Reichtum oder Geld“ begreift und bestimmt (K. Marx, Zur Kritik der Politischen Ökonomie, a. a. O., S. 133).

[53] Hier vermerkt Marx, daß das Monetarsystem „die Selbständigkeit des Werts nur begriffen (hatte), wie er aus der einfachen Zirkulation resultiert — Geld ...“ (K. Marx, Grundrisse der Kritik der Politischen Ökonomie, a. a. O., S. 233) und daß gerade diesem Geld „nicht angesehen wird, daß es ein gesellschaftliches Produktionsverhältnis darstellt, aber in der Form eines Naturdings von bestimmten Eigenschaften“ (ebenda, S. 22).

[54] Marx verweist darauf, daß die „Bestimmung des Mehrwerts“ abhing „von der Form, worin der Wert selbst gefaßt wurde“, weshalb der Mehrwert sich im Monetarismus „daher als Geld dar(stellt)“ (K. Marx, Theorien über den Mehrwert. Erster Teil, a. a. O., S. 143/144) und als Produkt der Zirkulationssphäre angesehen wurde (vgl. ebenda, S. 19).

[55] Vgl. dazu: Geschichte der politischen Ökonomie. Grundriß, hg. von H. Meißner, a. a. O., S. 84.

[56] Autorenkollektiv, Grundlinien des ökonomischen Denkens in Deutschland, a. a. O., S. 123.

[57] Dieses an die Praxis der Münzverschlechterungen anknüpfende und nach dem Engländer Thomas Gresham benannte „Gesetz“ besagt, daß das „schlechte“ Geld das umlaufende „gute“ Geld aus der Zirkulation verdränge. Das heißt, daß in Edelmetallform auftretendes Geld durch minderwertiges, in seinem Edel-

intensiver zu diskutieren oder bestimmte Repräsentanten des Monetarismus oder Denker, die mit ihren ökonomischen Ideen dem Monetarismus verbunden waren, spezieller zu beleuchten. Doch ist dies entweder zum Teil schon geschehen – es sei hier nur auf die Behandlung des sächsischen Münzstreites[58], die Vorstellung bedeutender Monetaristen wie John Hales und Jean Bodin[59] oder die Betrachtung der monetaristischen Grundpositionen des berühmten Astronomen Nicolaus Copernikus[60] sowie des großen Theologen Martin Luther[61] verwiesen – oder muß weiterer Arbeit der marxistisch-leninistischen Theoriengeschichtsschreibung und Kritik auf dem Gebiet der politischen Ökonomie vorbehalten bleiben. Wir wollen und können uns nur theoretischen Grundpositionen und Dogmen des Monetarismus, den Bestandteilen seines aus diversen Einzelideen- und -konzeptionen bestehenden Theoriengebäudes zuwenden, die von grundsätzlicher Bedeutung für die politökonomische Ausrichtung des Neomonetarismus waren und sind. Es geht also um theorienhistorische Quellen und politökonomische Konstanten mit Langzeitwirkung, die das schon angeführte „Beharrungsvermögen“ zeigen. Und das heißt vor allem, die wesentlich vom Monetarismus inhaltlich mit getragene, aber begrifflich-kategorial wohl noch nicht so benannte *Quantitätstheorie des Geldes* ins Zentrum der Aufmerksamkeit zu rücken.

Diese Theorie, die nach Valentin Ussoskin „zu den ältesten Doktrinen in der Geschichte der bürgerlichen ökonomischen Theorie“[62]

metallgehalt herabgesetztes Geld oder durch Geldstellvertreter wie Wertzeichen und Scheidemünzen ersetzt wird. In einer einflußreichen Schrift von John Hales ist so auch zu lesen: „Wenn Goldschmiede und Kaufleute und andere in bezug auf Metalle erfahrene Personen merken, daß ein Groschen besser ist als der andere, und daß man doch so viel für den schlechtesten wie für den besseren bekommt, werden sie dann nicht den besseren Groschen beiseite legen und zu anderen Zwecken verwenden und den schlechtesten ausgeben, der im Verkehr ebenso gilt?“ (J. Hales, Drei Gespräche über die in der Bevölkerung verbreiteten Klagen, hg. von A. Skalweit, Frankfurt a. M. 1948, S. 93).

58 Vgl. dazu: Autorenkollektiv, Grundlinien des ökonomischen Denkens in Deutschland, a. a. O., S. 116.

59 Vgl. ebenda, S. 124 und S. 136.

60 Vgl. E. Sommerfeld, Die Geldlehre des Nicolaus Copernikus, a. a. O.

61 Vgl. G. Fabiunke, Martin Luther als Nationalökonom, Berlin 1963; F. Behrens, Grundriß der Geschichte der politischen Ökonomie, Bd. 1, a. a. O., S. 82–86.

62 V. Ussoskin, Theorie des Geldes, Moskau 1976, S. 104 (russ.).

zu zählen ist, hatte und hat zweifellos noch für die bürgerliche politische Ökonomie im allgemeinen und die bürgerliche Geldtheorie im besonderen einen großen Stellenwert. Er erklärt sich wesentlich daraus, daß die Geldpolitik in der kapitalistischen Wirtschaft nicht nur zu den traditionellen Mitteln der Beeinflussung der Wirtschaft gehört, sondern daß gerade der – so Stefan Heretik treffend – „Hauptinhalt der Geldpolitik ... die Manipulation mit der Geldmenge“[63] ist.

In der Geschichte der politischen Ökonomie ist die Quantitätstheorie nicht nur in mehreren Varianten aufgetreten,[64] sondern sie bietet auch verschiedenen Schulen und Strömungen verschiedene theoretisch-methodologische Anknüpfungspunkte, weil Geldmenge sowie der Zusammenhang von Geldmenge und Preisentwicklung – je nach Ausrichtung natürlich – allgemeine Ansatzpunkte für entsprechende politökonomische Argumentationen und wirtschaftspolitische Empfehlungen darstellen.

Nach dem bürgerlichen Ökonomen Josef Dobretsberger beginnt angeblich mit der Quantitätstheorie des Geldes „die moderne Geldtheorie und die Nationalökonomie überhaupt“[65]. Sein Kollege Edgar Salin rechnet sie „zum eisernen Bestand aller Geldbetrachtungen“[66]. Und auch Gerhard Stavenhagen räumt ihr sowie ihren Varianten und Auslegungen einen bedeutenden Platz innerhalb der bürgerlichen Wirtschaftstheorie ein.[67]

Die vom Monetarismus mitentwickelte Quantitätstheorie des Geldes ist zugleich eine der wesentlichen theoriegeschichtlichen Wurzeln des Neomonetarismus und der modernen bürgerlichen Theorien der Geldmengenregulierung. Ein Teil der politökonomischen Kernthesen dieser Quantitätstheorie ist insbesondere mit dem Namen des französischen Ökonomen und Philosophen Jean Bodin (1530–1596) verbunden. Dies hängt auch damit zusammen, daß sich in der zweiten Hälfte des 16. Jahrhunderts gerade in Frankreich eine recht intensive monetaristische Diskussion entfaltet hatte. Dort

63 S. Heretik, Theoretische Grundlagen der gegenwärtigen bürgerlichen Ökonomie, Berlin 1977, S. 245.

64 Vgl. ebenda, S. 214–217.

65 J. Dobretsberger, Das Geld im Wandel der Wirtschaft. Vierzehn Studien zu den Währungsfragen der Gegenwart, Bern 1946, S. 11.

66 E. Salin, Geschichte der Volkswirtschaftslehre, Bern – Tübingen 1951, S. 57.

67 G. Stavenhagen, Geschichte der Wirtschaftstheorie, Göttingen 1951, S. 193–195.

hatte der Königliche Rat und Rechnungspräsident de Malestroit eine regierungsamtliche Analyse über die Preissteigerungen angefertigt und war dabei zu der Auffassung gelangt, daß diese im Grunde nur den Münzverschlechterungen entspringen würden.[68] In Polemik mit seinem Landsmann entwickelte nun Bodin in einer schriftlichen Erwiderung,[69] daß die Preissteigerungen des 16. Jahrhunderts bei weitem die Verschlechterung des Geldes übertreffen würden, sie also nicht der entscheidende Grund sein könnten. Neben den ökonomischen Auswirkungen von Monopolgesellschaften, der durch Aus- und Einfuhrverbote verursachten Warenknappheit und damit bewirkter Preiserhöhung seien die Preissteigerungen vor allem auf den gewaltigen Zufluß von Edelmetallen nach Europa und Frankreich zurückzuführen. „Die erste und fast einzige (Ursache), welche niemand vor diesem berühret hat, ist der Überfluß und die Menge des Goldes und Silbers, dessen heutzutage in diesem Königreich mehr ist als in 400 Jahren gewesen."[70] Mit anderen Worten, mit diesem Gedanken hat Bodin den unmittelbaren, gesetzmäßigen und kausalen Zusammenhang zwischen den beiden ökonomischen Erscheinungen „Menge des im Lande befindlichen Edelmetalls bzw. Geldes" und „Höhe der Warenpreise" aufgezeigt, dessen Kern in der Aussage besteht: „Je größer die vorhandene Geldmenge, desto höher die Preise und umgekehrt!" Kurzum, die Preise, das Preisniveau sind direkt proportional von der Geldmenge abhängig und diese Theorie führt demzufolge die Preisänderungen wesentlich auf Geldmengenänderungen zurück. Damit ist das politökonomische Credo der in dieser Form, so Salin, noch „rohen" Quantitätstheorie des Geldes[71] gegeben.

Von grundsätzlicher theoriengeschichtlicher Bedeutung ist dabei, daß mit dieser Konzeption, wie Behrens richtig bemerkt, „nun immer stärker der Gesichtspunkt der umlaufenden Geldmenge in den Vordergrund"[72] tritt.

[68] Vgl. Autorenkollektiv, Grundlinien des ökonomischen Denkens in Deutschland, a. a. O., S. 136.

[69] J. Bodin, La response aux paradoxes de M. de Malestroit touchant l'enncherissement de toutes choses et des monnayes, Paris 1568.

[70] Ebenda (zit. nach: Autorenkollektiv, Grundlinien des ökonomischen Denkens in Deutschland, a. a. O., S. 137).

[71] Vgl. E. Salin, Geschichte der Volkswirtschaftslehre, a. a. O., S. 57.

[72] F. Behrens, Grundriß der Geschichte der politischen Ökonomie, Bd. 1, a. a. O., S. 82.

Im Zusammenhang mit der zunehmenden Menge des als Geld zirkulierenden Edelmetalls stellte Bodin auch fest, daß dies entsprechende Folgen für den Geldwert haben würde. Das heißt, mit der Zunahme der zirkulierenden Menge von Gold und Silber bzw. Geldmenge würde der Geldwert sinken. Beide ökonomischen Größen ständen also in einem umgekehrt proportionalen Verhältnis zueinander.

Eine angemessene wissenschaftliche, das heißt die historischen Bedingungen und Umstände der politökonomischen Theorienentwicklung berücksichtigende, marxistisch-leninistische Kritik der Bodinschen Quantitätslehre des Geldes kann und darf sich nicht einfach in einer bloßen Gegendarstellung aus heutiger Sicht erschöpfen. Sie hat vielmehr zu erfassen, ob und wie durch die Quantitätstheorie des Geldes Bausteine für das Fundament des Gebäudes der wissenschaftlichen politischen Ökonomie gelegt wurden und worin ihre zeit-, umstände- und klassenbedingten theoretischen Schranken liegen. Das heißt dann konkret, daß von der Quantitätstheorie ein ernsthafter Versuch zur Erfassung, Formulierung und Analyse kausaler ökonomischer Zusammenhänge, zur Aufdeckung von Ursache-Wirkungs-Verhältnissen (Geldmenge → Warenpreise; Geldmenge → Geldwert) unternommen wurde. Damit nähert sie sich zweifellos der Erkenntnis ökonomischer Gesetze, die entscheidend den Gegenstand der Wissenschaft von der politischen Ökonomie bestimmen und lieferte so zugleich einen wesentlichen Beitrag zur „Vorbereitung des *wissenschaftlichen* ökonomischen Denkens"[73].

Der prinzipielle theoretische und methodologische Fehler der von Bodin mitbegründeten Quantitätstheorie besteht im allgemeinen in einer Überbetonung der wirtschaftlichen Prozesse der Zirkulationssphäre bei gleichzeitiger Unterschätzung der sich in der Produktionssphäre vollziehenden ökonomischen Vorgänge.[74] Im besonderen geht es um das Problem, daß der in der ökonomischen Wirklichkeit der Warenproduktion existierende Zusammenhang zwischen der zirkulierenden Menge des Geldes und den Warenpreisen völlig verkehrt wird, denn die zur Zirkulation erforderliche Geldmenge hängt von der Preissumme der zirkulierenden Waren und

[73] G. Fabiunke/P. Thal, Geschichte der politischen Ökonomie. Leitfaden, a. a. O., S. 21.

[74] Vgl. Geschichte der politischen Ökonomie. Grundriß, hg. von H. Meißner, a. a. O., S. 87.

von der Geschwindigkeit ab, mit der ihre Verwandlung in Geld erfolgt, das heißt von der Umlaufgeschwindigkeit des Geldes. Dies sind die entscheidenden Komponenten des von Marx aufgedeckten ökonomischen Gesetzes des Geldumlaufs.[75] Doch die Illusion der Quantitätstheorie, daß, wie Marx polemisch hervorhebt, „umgekehrt die Warenpreise durch die Masse der Zirkulationsmittel und letztre ihrerseits durch die Masse des in einem Lande befindlichen Geldmaterials bestimmt werden, wurzelt bei ihren ursprünglichen Vertretern in der abgeschmackten Hypothese, daß Waren ohne Preis und Geld ohne Wert in den Zirkulationsprozeß eingehn, wo sich dann ein aliquoter Teil des Warenbreis mit einem aliquoten Teil des Metallbergs austausche"[76]. Kurz, die Preise und mit ihnen der Wert der Waren würden durch die Quantität des in der Zirkulation befindlichen Geldes determiniert werden. Wenn dem so wäre, dann ergäbe sich die Frage: Und wodurch wird der Wert des Geldes bestimmt? Die Antwort wäre: durch die Quantität der im Zirkulationsprozeß befindlichen Waren – womit wir uns munter im Kreise bewegen würden.

Weiterhin gilt es, die Annahme der Quantitätstheorie kritisch zu vermerken, „daß Geld, ganz gleich ob aus Metall oder aus Papier, in der Zirkulation überhaupt erst seinen Wert erhalte ... oder ... der Wert des zirkulierenden Goldes in Abhängigkeit von dessen Zirkulationsmenge über oder unter dem Metallwert liegen könne"[77]. Das heißt, es geht um eine Verabsolutierung des Geldes als Zirkulationsmittel und der damit verbundenen weitgehenden Negierung seiner übrigen Funktionen. Indem die Quantitätstheorie des Geldes die Auffassung mit vertritt, daß die Menge des zirkulierenden Geldes den Geldwert bestimme, wird dem Geld eigentlich ein eigener Wert abgesprochen.

Von Bedeutung ist schließlich, daß in der Argumentation der Quantitätstheorie dann „der gerade wesentliche Unterschied zwischen wertlosen Geldsurrogaten und wertbesitzender Geldware (verschwindet). Bei Zirkulation und Preisformulierung mit Hilfe der Geldware sind Preiserhöhungen Wirkung, nicht die Ursache für die Senkung des Geldwerts, sieht man von anderen Preisfaktoren

[75] Vgl. K. Marx, Das Kapital. Erster Band, a. a. O., S. 136/137.
[76] Ebenda, S. 137/138.
[77] K. Müller, Zur Kritik neuerer bürgerlicher Geldtheorien, in: Wirtschaftswissenschaft, 9/1982, S. 1371.

(Warenwert, Angebot, Nachfrage) ab. Bei Geldsurrogaten ist das anders. Als wertlose Zeichen *repräsentieren* sie nur Wert."[78]

An dieser Stelle ist deutlich zu betonen, daß unsere kritischen Anmerkungen zur Bodinschen Quantitätstheorie keineswegs etwa nur als theorienhistorische Reminiszenz zu verstehen sind. Das Gegenteil ist vielmehr der Fall! Weil der Neomonetarismus in seinem vordergründigen Bemühen um Wahrung ideengeschichtlicher Kontinuität gerade auch auf die vom Monetarismus mitgetragene Quantitätstheorie zurückgreift, sie benutzt und in sein politökonomisches System integriert, hat diese Kritik natürlich einen erheblichen aktuellen Stellenwert.

In diesem Zusammenhang muß auch unbedingt die Tatsache hervorgehoben werden, daß der Neomonetarismus bei seinen theorienhistorischen Rückgriffen auf den Monetarismus gerade in den Fragen des Geldes ganz offensichtlich eine grundsätzliche Problematik nicht zu erfassen vermag, daß nämlich zu Zeiten des Monetarismus ein gänzlich anderer Geldtyp oder eine andere Form des Geldes anzutreffen war als im heutigen Kapitalismus.

Der Charakter bzw. Typ des Geldes sowie die davon abgeleitete Form der Geldzirkulation werden von den vorhandenen Produktionsverhältnissen und vom Niveau der Produktivkraftentwicklung, folglich von der Spezifik einer Produktionsweise, dem jeweiligen Typ der Warenproduktion, bestimmt.[79] Entsprechend dem Reife- und Entwicklungsstadium der Produktionsverhältnisse und Produktivkräfte in jener von uns behandelten historischen Periode, dem Typ der einfachen Warenproduktion und -zirkulation existierte hier *Metallgeld* (oder Papiergeld in seiner Stellvertreterfunktion für Metallgeld). Das heißt, die Analysen und Ausführungen des Monetarismus basierten wesentlich auf der Metallgeldzirkulation. Dieses Metallgeld ist als die ursprüngliche oder natürliche Form des Geldes anzusehen, weil es die Verhältnisse der isoliert produzierenden Privateigentümer verkörperte und für die einfache Warenproduktion in den vorkapitalistischen Produktionweisen typisch war.

Mit der vollen Herausbildung und Entfaltung der kapitalistischen Produktionsweise entwickelte sich aber das *Kreditgeld* als ein grundsätzlich anderer Geldtyp, der dadurch bestimmt ist, daß das in ihm

[78] Ebenda.

[79] Vgl. K. Marx, Grundrisse der Kritik der Politischen Ökonomie, a. a. O., S. 58ff.

verkörperte Produktionsverhältnis (Geldverhältnis) als Kreditverhältnis produziert wird – und daher im Grunde nichts anderes als zirkulierenden Kredit darstellt. Dieses in verschiedenen Formen auftretende Kreditgeld (Handels- und Bankgeld) ist gerade die typische Geldform für die gesellschaftliche Produktion der entwickelten kapitalistischen Produktionsweise. Es gehört als Verkörperung von Kreditverhältnissen im Vergleich zum Metallgeld somit „einer höhern Sphäre des gesellschaftlichen Produktionsprozesses an“[80].

Daraus ergibt sich nun, daß die versuchten Bezüge des Neomonetarismus auf seine Vorläufer an der Tatsache vorbeigehen, daß in den jeweiligen historischen Perioden unterschiedliche Geldtypen – hier Metallgeld, da Kreditgeld – vorliegen, daher auch im Grunde verschiedene Geldbegriffe präsent sind. In der Logik des Neomonetarismus verschwinden diese gravierenden Unterschiede, erscheint, gewissermaßen als Produkt ahistorischen Vorgehens, eine Art überzeitlicher Geldtyp und -begriff.

Wenn anhand zentraler politökonomischer Dogmen und Doktrinen die Kritik des Monetarismus dazu beiträgt, diesen aus wissenschaftshistorischer und logischer Gesetzmäßigkeit als beschränkte und oberflächlich argumentierende Konstruktion zu charakterisieren, dann betrifft dies erst recht und vollends die theoretischen Konstruktionen des Neomonetarismus, in letzter Instanz das gesamte Gebäude der heutigen bürgerlichen politischen Ökonomie.

[80] Ebenda, S. 95.

Kapitel 4

Der Monetarismus im Kapitalismus der freien Konkurrenz

Für das Bestreben des Neomonetarismus, durch den Nachweis von theoriengeschichtlichen Traditionslinien ein Alibi für die Richtigkeit der in der Gegenwart des Kapitalismus verkündeten politökonomischen Doktrinen und wirtschaftspolitischen Rezepturen zu erlangen, ist nicht nur der Monetarismus mit seiner Quantitätstheorie des Geldes bedeutungsvoll.

Von erheblicher und bis in die Gegenwart reichender Bedeutung sind auch politökonomische Dogmen unmittelbarer Vorläufer und Repräsentanten der klassischen bürgerlichen politischen Ökonomie unter den Bedingungen des aufstrebenden, sich entfaltenden Kapitalismus der freien Konkurrenz sowie von Vertretern der bürgerlichen Vulgärökonomie in der Periode eines sich unter dem Druck ökonomischer, politischer, sozialer und ideologischer Prozesse und Widersprüche zum Imperialismus wandelnden Kapitalismus. Dabei ist für diese bürgerlichen Ökonomen charakteristisch, daß sie im Zusammenhang mit der Entwicklung ihrer geldtheoretischen- und politischen Auffassungen und Empfehlungen direkt oder indirekt an monetaristische Positionen, insbesondere an die Quantitätstheorie, anknüpfen und diese in bestimmter Weise und Richtung ausbauen beziehungsweise „verfeinern" – zum Beispiel durch die Aufnahme der Umlaufgeschwindigkeit des Geldes als ein modifizierendes Moment.

Diese Entwicklung führt dann dazu, daß die bürgerliche Dogmengeschichte zwischen der „naiven Quantitätstheorie des Geldes" von Bodin und ihrer „Verfeinerung" – beispielsweise durch John Locke – tunterscheidet. So schreibt unter anderen Alfred Kruse: „Ein beträchtlicher Fortschritt in Richtung auf eine gründlichere Argumentation zur Quantitätstheorie stellten Ausführungen *John Lockes* (1632–1704) in seiner Schrift ‚Consequences of the lowering of interest and raising the value of money' (1691) dar, in welcher er von seiner Preistheorie ausging"[1], weil hier „die wohl erstmalige Berücksichtigung der Umlaufgeschwindigkeit des Geldes"[2] zu finden sei. Analog bewertet Kruse dann auch den Beitrag von Richard Cantillon.[3] Zu David Hume bemerkt er: „Aufbauend auf die Erkenntnisse *Bodins, Lockes und Cantillons* bildet er die *Quantitätstheorie* des Geldes fort. Nicht die gesamte Geldmenge entscheide über den Geldwert, sondern nur das in Umlauf befindliche Geld .... Die Quantitätstheorie erhielt somit die Gestalt: Geldmenge mal Umlaufgeschwindigkeit ist wertgleich dem Warenumsatz mal Preis."[4] Eduard Heimann formuliert, daß David Hume „natürlich Erbe einer langen und allmählich entwickelten Tradition von *Bodin* über *Locke* zu *Cantillon* (war), die alle zur Verfeinerung der Geldtheorie beigetragen und dadurch mitgeholfen hatten, ihre Anwendung in der Wirklichkeit zu ermöglichen"[5].

4.1. Gesellschaftliche Hintergründe der bürgerlichen geld- und quantitätstheoretischen Überlegungen

Daß theoretische Überlegungen zum Geld sowie die Quantitäts theorie des Geldes sich als integrale Bestandteile der bürgerlichen politischen Ökonomie im allgemeinen und der bürgerlichen Geldlehre im besonderen unter den Bedingungen des Kapitalismus der freien Konkurrenz zeigen und später behaupten, ist zweifellos verschiedenen Aspekten und Tatsachen geschuldet. Der entscheidende materielle und gesellschaftliche Grund liegt vor allem darin, daß mit der schrittweisen, von Land zu Land allerdings zeitlich differenzierten Herausbildung und vollen Durchsetzung des Kapitalismus etwa ab Mitte des 17. bzw. zu Beginn des 18. Jahrhunderts in Europa und mit der Entwicklung vom Früh- zum Industriekapitalismus eine weitere Entfaltung der Ware-Geld-Beziehungen verbunden war bzw. eine qualitativ neue Stufe der Waren- und Geldwirtschaft existierte.

[1] A. Kruse, Geschichte der volkswirtschaftlichen Theorien, München 1953, S. 29.
[2] Ebenda. [3] Vgl. ebenda, S. 44.
[4] Ebenda, S. 45/46.
[5] E. Heimann, Geschichte der volkswirtschaftlichen Lehrmeinungen, Frankfurt a. M. 1949, S. 45.

Die kapitalistische Produktionsweise hat entwickelte Warenproduktion und -zirkulation sowie eine damit verbundene entwickelte Geldzirkulation zur Voraussetzung. Das Geld als das „letzte Produkt der Warenzirkulation ist die erste Erscheinungsform des Kapitals. Historisch tritt das Kapital dem Grundeigentum überall zunächst in der Form von Geld gegenüber, als Geldvermögen . . ."[6] Zugleich betritt jedes neue Kapital „in erster Instanz die Bühne, d. h. den Markt, Warenmarkt, Arbeitsmarkt oder Geldmarkt, immer noch als Geld, Geld, das sich durch bestimmte Prozesse in Kapital verwandeln soll"[7]. Das bedeutet, daß jedes Kapital zunächst als Geld auftritt, mit dem die sachlichen und persönlichen Produktionsbedingungen (Produktionsmittel und Arbeitskräfte) gekauft und bezahlt werden. Geld an sich ist noch kein Kapital, vielmehr verwandelt es sich erst in Kapital; die im kapitalistischen Produktionsprozeß vor sich gehende Verwertung der Ware Arbeitskraft ist letztlich Kern dieser „bestimmten Prozesse". Sie bringt schließlich die Verwandlung von Geld in Kapital, die Verwandlung von Geld in mehr Geld, in Mehrwert, hervor. Das heißt, daß mit der Herausbildung des Kapitalismus keineswegs etwa eine Einschränkung, sondern eine weitere *Ausdehnung* der Rolle des Geldes, und zwar jetzt in seiner Kapitalform, verbunden ist. Damit bleibt auch das Phänomen des Geldes unter kapitalistischen Produktionsverhältnissen weiterhin ein ernsthafter Gegenstand der theoretischen Betrachtungen des bürgerlichen politökonomischen Denkens, obgleich die Beschäftigung mit dem Geld und seinem Wert nicht mehr so vordergründig im Mittelpunkt des wissenschaftlichen Interesses steht wie zu Zeiten des frühen Monetarismus.

Nun erlangt ja auch die *Produktion* von Mehrwert („Mehr"Geld) und damit der Produktionsprozeß oder die Produktionssphäre im Vergleich zu der die Geldschatzbildung ermöglichenden *Zirkulation* von Waren und Geld das eindeutige Übergewicht im wirtschaftlichen Reproduktionsprozeß. So haben sich gerade die unmittelbaren Vorläufer und Vertreter der wissenschaftlichen klassischen bürgerlichen politischen Ökonomie vorwiegend der Aufgabe zugewandt, den sich entfaltenden Kapitalismus im Rahmen eines allgemeinen theoretischen Systems zu erklären und in seinen Bestandteilen zu definieren, wobei insbesondere Fragen der Arbeit,

[6] K. Marx, Das Kapital. Erster Band, a. a. O., S. 161.
[7] Ebenda.

des Werts; der Wertgröße, des Reichtums sowie von Profit, Rente, Zins, Arbeitslohn, Arbeitsteilung und Außenhandel diskutiert wurden.

Von Bedeutung war weiterhin die Tatsache, daß es mit der sich voll entfaltenden kapitalistischen Produktionsweise um die Wende vom 18. zum 19. Jahrhundert zu erheblichen Veränderungen im Bankgeschäft kam.[8] Angesichts der seit der Erfindung und Anwendung der Dampfmaschine stattfindenden Revolution in den Produktivkräften, der damit verbundenen industriellen Produktion in neuen Dimensionen, des massenhaften Übergangs von der Arbeit in Handwerks- und Manufakturbetrieben zur Arbeit in kapitalistischen Fabriken reichte in zunehmendem Maße das vorhandene Kapital privater Unternehmer nicht mehr aus, um den Notwendigkeiten erweiterter kapitalistischer Reproduktion zu entsprechen. Geldkapital für die Verwertung im größeren Stile wurde erforderlich: „Zuerst konnten die privaten Bankhäuser den rapid ansteigenden Finanzbedarf noch kreditieren, aber die rasche Entwicklung der Produktivkräfte überstieg jedoch sehr bald auch ihre Möglichkeiten. Neue Wege zur Kapitalbeschaffung mußten deshalb beschritten werden", so zum Beispiel durch die Gründung von Banken als Aktiengesellschaften, „die sich speziell der Finanzierung der aufstrebenden Industrie zuwandten. Die Banken wurden damit von Privatbanken zu Kapitalgesellschaften, die sowohl durch die beteiligten Aktionäre größeres Eigenkapital aufbringen konnten als auch als Großbanken stärkere Anziehungskraft auf die Mobilisierung von Bankeinlagen der Wirtschaft und der besitzenden Klassen ausübten. Die wachsenden Aufgaben der Banken als Finanzier der sich rasch entwickelnden Industrie wandelten auch den Charakter der Geldgeschäfte."[9]

Mit der Ausgabe von Kapitalkrediten in verschiedenen Formen (inclusive der des Geldkapitals) wurden natürlich Probleme der Geldversorgung einer Volkswirtschaft, Fragen der zur Zirkulation notwendigen Geldmenge, des Verhältnisses von Geldmenge und Preisentwicklung relevant, denen sich auch die bürgerliche politische Ökonomie in ihren theoretischen Äußerungen in bestimmter Weise stellen mußte. Als ein stimulierender Faktor zur Beschäftigung mit den verschiedenen Aspekten des Geldes erwies sich auch die Tat-

[8] Vgl. E. Rhode, Banken, Börsen, Währungen, Berlin 1984, S. 11–16.
[9] H. Joswig, Das Geld, a. a. O., S. 85.

sache, daß bereits „vor dem endgültigen Sieg der kapitalistischen Produktionsweise über die ihr vorangehenden feudalen Klassengesellschaften ... mit der Ausdehnung der Ware-Geld-Beziehungen der nationale Geldumlauf aufgehört (hatte), reine Metallumlaufswährung zu sein. Geldzeichen als ‚unterwertige Scheidemünzen', also Münzen aus minderwertigem Metall, die nur Symbol einer bestimmten Edelmetallmenge waren, beherrschten den Kleinhandel, Kreditscheine wie Handelswechsel (Schuldscheine von Kaufleuten, im allgemeinen mit dem Warenvorrat als Sicherheit) oder Banknoten (damals Anweisungen von Banken auf ihren Edelmetallvorrat) den Großhandel. Es gab selbst schon Länder mit gänzlich silber- bzw. goldlosem Inlandsumlauf, in denen neben Scheidemünzen durch Staatsgarantie gedecktes Papiergeld zirkulierte." [10]

Damit stellte sich natürlich eine Reihe ernsthafter Fragen, so zum Beispiel ob und wie die „überall aufschießenden Lokalformen des Geldes" (Marx) der Golddeckung unterliegen, ob sich der Geldumlauf damit auch weiter nach den Gesetzen des Metallgeldumlaufs regelt. In diesen gesellschaftlichen Kontext gehört auch, daß in einer Reihe von europäischen Ländern verschiedene Aktivitäten bzw. Projekte zur Stimulierung der sich entwickelnden kapitalistischen Wirtschaft initiiert wurden, die auf den massiven Einsatz von Kreditgeld orientierten. Auf diesem Gebiet tat sich insbesondere der von Marx als einer der „Hauptverkünder des Kredits" bezeichnete Schotte John Law (1671–1729) hervor. Er sah im Geldüberfluß den Schlüssel zum wirtschaftlichen Wohlstand eines Landes und hat „deshalb in seinen Werken die Gründung der Banken und die Entwicklung des Kredits oft mit der ‚Entdeckung Indiens', das heißt mit der Entdeckung des Seeweges nach Indien und Amerika verglichen" [11]. Dabei geht er davon aus, daß nicht Metall-, sondern Kreditgeld von einer Art Staatsbank entsprechend den ökonomischen Erfordernissen ausgegeben werden müßte, denn die „Ausnutzung der Banken ist die beste von allen bisherigen Methoden zur Vergrößerung der Geldmenge" [12]. Für die Bank sah er eine Politik der Kreditexpansion vor, bei der die auszugebende Kreditsumme über den Bankbeständen an Metallgeld liegen sollte, wobei das praktische Scheitern

[10] E. Sanio, Geld und Währungen. Aktuelle Probleme, a. a. O., S. 11.

[11] A. Anikin, Ökonomen aus drei Jahrhunderten, a. a. O., S. 113.

[12] J. Law, Ouevres comlétes, hg. von P. Harsin, Teil 1, Paris 1934, S. 46 (zit. nach: A. Anikin, Ökonomen aus drei Jahrhunderten, a. a. O., S. 114).

einiger von Law selbst getragener Unternehmungen vor allem deutlich machte, daß gleich „in welchen Formen Geld existiert, ob als Münze, Banknote, Papiergeld oder Buchgeld, stets muß unter Berücksichtigung der Umlaufgeschwindigkeit des Geldes eine quantitative Übereinstimmung zwischen der Geldmenge und der Warenmenge vorhanden sein. Die Entwicklung des Geldumlaufs darf sich nur in Abhängigkeit von der Produktion vollziehen und nicht in Abhängigkeit von der Zirkulation."[13]

Laws Vorstellungen vom Kreditgeld waren im übrigen bestimmt von den bereits entwickelten kapitalistischen Produktionsverhältnissen in Großbritannien. Ihr Scheitern bei der praktischen Umsetzung in Frankreich erklärt sich wesentlich daraus, daß hier noch keine entwickelten bürgerlichen Verhältnisse anzutreffen waren, feudalabsolutistische Verhältnisse dominierten, und bei strenger Staatsgewalt stand Papiergeldemission im Vordergrund. Dies war ein Mißbrauch der Möglichkeit des Metallgeldersatzes durch papierene Stellvertreter vor allem zu parasitären Zwecken.

Ein bedeutender gesellschaftlicher Faktor, der unter den Bedingungen des Kapitalismus der freien Konkurrenz die Entwicklung bürgerlicher geld- und quantitätstheoretischer Überlegungen förderte bzw. auch herausforderte, ist im „normalen" Wirken der ökonomischen Gesetze der voll herausgebildeten kapitalistischen Produktionsweise zu sehen. Dies schließt den widerspruchsvollen zyklischen Verlauf des kapitalistischen Reproduktionsprozesses „in eine(r) Reihenfolge", so Marx, „von Perioden mittlerer Lebendigkeit, Prosperität, Überproduktion, Krise und Stagnation"[14] ein. Und in der Krise schaffen sich die aus dem kapitalistischen Grundwiderspruch hervorgehenden Widersprüche des Reproduktionsprozesses gewaltsam Luft. Durch die Entwertung und Vernichtung von Waren- und produktivem Kapital wird die Überproduktion des Kapitals abgebaut, und es werden zeitweilig günstigere Verwertungsbedingungen geschaffen. Diese „großen Weltmarktsungewitter, worin der Widerstreit aller Elemente des bürgerlichen Produktionsprozesses sich entladet", zeigen sich gerade auch „innerhalb der oberflächlichsten und abstraktesten Sphäre dieses Prozesses, der Sphäre der Geldzirkulation"[15]. So sind beispielsweise die Krisen der Jahre 1825,

13 H. Joswig, Das Geld, a. a. O., S. 72.
14 K. Marx, Das Kapital. Erster Band, a. a. O., S. 476.
15 K. Marx, Zur Kritik der Politischen Ökonomie, a. a. O., S. 156.

1837 und 1839 auch mit unkontrollierter Geldausweitung bei unsicherer Gelddeckungspflicht verbunden, was die Sphäre der Geldzirkulation für die bürgerliche politische Ökonomie daher zu einem entsprechenden Tummelplatz werden ließ.

Für die klassische bürgerliche politische Ökonomie und für Elemente ihrer Geldlehre ist durchaus zutreffend, daß, wie Rudolf Hickel feststellte, auch für sie „erste Erfahrungen über die wirtschaftliche Krisenanfälligkeit kapitalistischer Produktionssysteme vor(liegen). Die von den Produktions- und Distributionsprozessen unmittelbar getrennten, aber dennoch auf diese bezogene Einrichtungen der Geldwirtschaft wirken sich zum Teil – wie die Realität zeigt – krisenverschärfend aus; ja durch Bankzusammenbrüche ist die Geldwirtschaft selbst von der Krise betroffen. Wenn die klassisch-politische Ökonomie auch keine Geldlehre aus einem Guß vorzulegen vermag, so stehen doch Fragen im Vordergrund, deren unterschiedliche Antworten wesentliche Impulse für die Entwicklung einer Geldtheorie abgaben."[16]

Solche Fragen sind beispielsweise eben die nach dem Wert des Geldes, nach dem Zusammenhang zwischen Geldversorgung einerseits und ökonomischer Entwicklung im Kapitalismus jener Zeit andererseits und auch nach einer entsprechenden institutionell-strukturellen Ausgestaltung des Geld- und Banksystems. Damit sind zweifellos Fragen angesprochen, die „bis in die heutigen geldtheoretischen und -politischen Diskussionen"[17] der bürgerlichen politischen Ökonomie, speziell im Zusammenhang mit der Monetarismus-Debatte, hineinreichen.

4.2. Hauptvertreter und -aussagen der Quantitätstheorie des Geldes

Zu den oben genannten Fragestellungen hat sich sehr nachdrücklich eine Reihe von politökonomischen Theoretikern und Ideologen des Bürgertums zu Wort gemeldet, die die theoretischen Konzepte,

[16] R. Hickel, Die Lehre vom Geld – neu betrachtet, Einführung zu: K. Diehl/P. Mombert (Hrsg.), Vom Gelde. Ausgewählte Lesestücke zum Studium der politischen Ökonomie, Frankfurt a. M. – Berlin (West) – Wien 1979, S. XXXII.

[17] Ebenda, S. XXXIII.

Positionen und Argumentationen des Monetarismus gerade in den Fragen der Quantitätstheorie aufnahm, inhaltlich weiterführte und damit dafür sorgte, daß diese Theorie gewissermaßen zu einer Legende in der Geschichte der bürgerlichen politischen Ökonomie wurde.

Unter den historischen Bedingungen eines sich in ökonomischen, sozialen und politischen Klassenkämpfen durchsetzenden Kapitalismus wurden wesentliche Postulate der Quantitätstheorie vom Briten John Locke (1632–1704), einem der größten bürgerlichen Philosophen des 17. Jahrhunderts, sowie seinen Landsleuten Richard Cantillon (1680–1734), David Hume (1711–1776) und David Ricardo (1772–1823) vertreten. Als ein Repräsentant dieser Theorie ist auch der Freund, Zeitgenosse und Landsmann von Ricardo, James Mill (1773–1836) anzusehen, der sich in der Geschichte der politischen Ökonomie als ein Vulgarisator der Ricardoschen Theorie einen Namen machte.

Karl Marx hat sich in seinen Schriften, speziell in der „Kritik der Politischen Ökonomie", zu quantitätstheoretischen Auffassungen, insbesondere von Hume und Ricardo, geäußert. Doch er verweist auch darauf, daß sich die Ansicht, „daß die Preise der Waren abhängen von der Masse des zirkulierenden Geldes, nicht umgekehrt die Masse des zirkulierenden Geldes von den Preisen"[18], ebenfalls bei italienischen Ökonomen des 17. Jahrhunderts und bei Charles-Louis de Montesquieu (1689–1755) finden lassen und daß gerade auch Ricardo eine „Weiterentwicklung dieser Theorie"[19] liefern würde.

John Locke, der zu den Stammvätern der materialistischen Erkenntnistheorie und des bürgerlichen Liberalismus zählt und dem die klassische bürgerliche politische Ökonomie ihr philosophisches und ideologisches Fundament mit verdankt,[20] der von Marx und Engels als „einer der Doyens der modernen Nationalökonomie"[21] bezeichnet wird, hat sich insbesondere mit seinem 1691 veröffent-

18 K. Marx, Zur Kritik der politischen Ökonomie, a. a. O., S. 135.

19 K. Marx, Das Kapital. Erster Band, a. a. O., S. 138.

20 Vgl. F. Behrens, Grundriß der Geschichte der politischen Ökonomie, Bd. 1, a. a. O., S. 139–143; Autorenkollektiv, Grundlinien des ökonomischen Denkens in Deutschland, a. a. O., S. 199–203.

21 K. Marx/F. Engels, Die Deutsche Ideologie, in: MEW, Bd. 3, Berlin 1958, S. 511

lichten Werk „Some considerations of the consequences of the lowering of interest and raising the value of money"[22] (Einige Betrachtungen über die Folgen von Zinssenkungen und der Erhöhung des Geldwertes) an der Formierung der Quantitätstheorie des Geldes beteiligt und damit zugleich, so Anikin, „einen bedeutenden Platz in der ökonomischen Wissenschaft"[23] erobert.

Dabei weisen gerade auch seine politökonomischen Ausführungen zur Arbeit, zur Arbeitsteilung, zum Wert, zu Zins und Rente als Erscheinungsformen des Mehrwerts[24] ihn als einen der frühen Repräsentanten klassischer bürgerlicher politischer Ökonomie aus. Locke betonte insbesondere die Proportionalität von Geldmengenentwicklung und Preisbewegung, wobei die Preisproblematik sein Ausgangspunkt war. Er ging dabei von der These aus, daß jede Ware ihren Preis durch das Verhältnis von Menge und Absatz bekäme, was auch für das Geld durchaus Gültigkeit hätte, wobei es einen schwerwiegenden Unterschied gäbe: Während die „normalen" Waren bald einen guten, bald einen schlechten Absatz hätten, würden für das Geld immer Absatzmöglichkeiten bestehen. Daher scheide bei ihm der Absatz als Bestimmungsgrund aus, und es sei demzufolge nur die Menge des Geldes von Bedeutung. Dabei ist Locke zugleich der Meinung, daß die „allgemeine Übereinstimmung der Menschen ... dem Silber, wegen seiner Qualitäten, die es zum Geld geeignet machten, einen imaginären Wert bei(legte)"[25]. Und er spricht, wie Marx hervorhebt, „direkt den Zusammenhang zwischen der Wertlosigkeit von Gold und Silber und der Bestimmung ihres Werts durch Quantität aus"[26], denn, so argumentiert Locke, da „die Menschen übereingekommen sind, Gold und Silber einen imaginären Wert zu verleihen ... ist der nnere Wert, den man in diesen Metallen erblickt, nichts als ihre

[22] J. Locke, Some considerations of the consequences of the Lowering of interest and raising the value of money, in: The Works of John Locke, Bd. 2, London 1722.

[23] A. Anikin, Ökonomen aus drei Jahrhunderten, a. a. O., S. 143.

[24] Vgl. K. Marx, Theorien über den Mehrwert. Erster Teil, a. a. O., S. 341–344.

[25] J. Locke, Some considerations of the consequences of the lowering of interest and raising the values of money (zit. nach: K. Marx, Das Kapital. Erster Band, a. a. O., S. 105).

[26] K. Marx, Das Kapital. Erster Band, a. a. O., S. 139.

Quantität"[27]. Mit dieser Position präsentiert er sich zweifelsfrei als bedeutender Repräsentant der Quantitätstheorie des Geldes.

Im Zusammenhang mit festzustellenden Preisänderungen und dem Handelsvolumen vertrat Locke nun die Auffassung, daß diese nicht nur einfach durch die Menge, sondern auch durch die Umlaufgeschwindigkeit des Geldes bestimmt sind. So hänge das Verhältnis zwischen Geldmenge und Handelsvolumen „nicht glatt von der Quantität des Geldes ab, sondern auch von der Schnelligkeit seines Umlaufes. Derselbe Schilling kann einmal in 20 Tagen zu Zahlungen an 20 Leute verwendet werden, ein andermal 100 Tage in derselben Hand verbleiben."[28] Die wohl erstmalige Berücksichtigung der Umlaufgeschwindigkeit des Geldes – auch später im Konzept des Neomonetarismus eine wichtige Position –, die Betonung ihrer Bedeutung für die Wirksamkeit der Geldmenge ist dann auch der durchaus berechtigte Grund dafür, daß die bürgerliche Dogmengeschichte Locke die „Verfeinerung der Quantitätstheorie"[29] zuschreibt und davon spricht, daß die „nationalökonomische Theorie" ihm die „erste, wenn auch noch zögernd und unsicher vorgetragene Fassung einer verbesserten Form der Quantitätstheorie"[30] verdankt.

Richard Cantillon, ein lange Jahre in Paris lebender irischer Bankier, der in der marxistisch-leninistischen Theoriegeschichtsschreibung trotz einiger Ausführungen bei Behrens und in den „Grundlinien des ökonomischen Denkens" insgesamt wohl noch nicht umfassend und ausgewogen in seiner Bedeutung für die Entwicklung der bürgerlichen politischen Ökonomie gewürdigt wurde, von dem Marx feststellte, daß aus ihm „Quesnay, Sir James Steuart und A. Smith reichlich geschöpft haben"[31], hat ganz sicher einen soliden Beitrag zur Entwicklung der klassischen bürgerlichen politischen Ökonomie, speziell in Frankreich, geleistet und ins-

[27] J. Locke, Some considerations of the consequences of the lowering of interest and raising the value of money (zit. nach: K. Marx, Das Kapital, Erster Band, a. a. O., S. 139).

[28] J. Locke, Some considerations of the consequences of the lowering of interest and raising the value of money (zit. nach: A. Kruse, Geschichte der volkswirtschaftlichen Theorien, a. a. O., S. 29).

[29] A. Kruse, Geschichte der volkswirtschaftlichen Theorie, a. a. O., S. 29.

[30] E. Heimann, Geschichte der volkswirtschaftlichen Lehrmeinungen, a. a. O., S. 55.

[31] K. Marx, Das Kapital. Erster Band, a. a. O., S. 579.

besondere die theoretische Formierung des Physiokratismus wesentlich beeinflußt. Gerade seine aus der Analyse der landwirtschaftlichen Produktion entwickelte Arbeitswerttheorie, seine Auffassungen zum gesellschaftlichen Reproduktionsprozeß und Gesamtprodukt, zum volkswirtschaftlichen Kreislauf, zu den Einkommen der Klassen und Schichten, zu Fragen des Außenhandels waren – ungeachtet aller historischen, klassenmäßigen und erkenntnistheoretischen Schranken – ein bedeutender Schritt zur wissenschaftlichen politischen Ökonomie.[32] Insofern ist seine 1725 geschriebene, aber erst im Jahre 1755 veröffentlichte Arbeit „Essai sur la nature du commerce en général"[33] (Abhandlung über die Natur des Handels im allgemeinen) schon als ein bedeutendes Werk der politischen Ökonomie anzusehen.

Von Bedeutung ist dabei – neben dem bereits Genannten – daß sich Cantillon recht ausführlich mit dem Preismechanismus beschäftigt hat und dabei aufdeckte, daß je nach Angebot und Nachfrage die Preise die Produktion regulieren und sich dieses Schwanken um ein Zentrum, den „inneren Preis oder Wert einer Sache", der durch Boden und Arbeit bestimmt sei, vollziehe.[34] Zu Recht bemerkt daher Behrens: „Damit zeigt er die Wechselwirkung, die zwischen Wert und Preis besteht, ohne allerdings den Wert bereits begriffen zu haben."[35] Im Grunde bringt Cantillon hiermit den ökonomischen Funktions- bzw. Regulierungsmechanismus des Kapitalismus der freien Konkurrenz zum Ausdruck, der dann später von Adam Smith und David Ricardo in Gestalt des ökonomischen Liberalismus einen entsprechenden ideologischen und wirtschaftspolitischen Rahmen erhielt.

In der Geldtheorie hat Cantillon für die bürgerliche politische Ökonomie durchaus bemerkenswerte Anregungen geliefert, weshalb auch Alfred Kruse für dieses Gebiet von ihm behauptet, er sei „eine(r) der einflußreichsten, wenn nicht überhaupt der bedeutendste Schriftsteller der vorklassischen Zeit"[36]. So hat Cantillon nicht nur

[32] Vgl. dazu auch: Autorenkollektiv, Grundlinien des ökonomischen Denkens in Deutschland, a. a. O., S. 216–218.

[33] R. Cantillon, Abhandlung über die Natur des Handelns im allgemeinen, Jena 1931.

[34] Ebenda, S. 19.

[35] F. Behrens, Grundriß der Geschichte der politischen Ökonomie, Bd. 1, a. a. O., S. 161.

[36] A. Kruse, Geschichte der volkswirtschaftlichen Theorien, a. a. O., S. 44.

die Entstehung des Geldes im Zusammenhang mit einer bestimmten gesellschaftlichen Notwendigkeit und Nützlichkeit behandelt, auf die Vorzüge der Edelmetalle als Geldstoff verwiesen, sondern auch den Geldwert näher zu bestimmen versucht. Danach werde der Wert der Münzen bzw. der Geldwert von den Produktionskosten der Edelmetalle, speziell der Goldproduktion bestimmt, der „wahre oder innere Wert der Metalle steht, wie der aller Dinge, im Verhältnis zum Boden und zur Arbeit, die zu ihrer Produktion erforderlich sind“[37]. Und dieser „innere Wert“ bildet das Schwankungszentrum für den Geldwert, der nun durch die umlaufende Geldmenge fixiert wird, denn der Geldwert würde „bald über, bald unter dem inneren Wert“ liegen und wechseln, „je nachdem sie (die Edelmetalle – d. A.) im Überfluß vorhanden oder knapp sind ...“[38] Von Bedeutung war weiterhin, daß sich Cantillon sehr ausführlich mit der Umlaufgeschwindigkeit des Geldes befaßte. Dabei stellte er fest, daß Veränderungen in der Umlaufgeschwindigkeit im Grunde analoge Wirkungen wie Veränderungen der Geldmenge erzielen würden. Dies erklärt dann im übrigen, warum Kruse Cantillon als Überwinder der von Bodin vertretenen „naiven Quantitätstheorie des Geldes“ behandelt, denn zum „ersten Mal wurde in unzweideutiger Weise ausgesprochen, daß für den Wert des Geldes nicht nur die Menge, sondern auch die Umlaufgeschwindigkeit bedeutsam sei“[39].

Die zweifellos umfassendste Entwicklung und Darstellung der Grundgedanken und Thesen der Quantitätstheorie des Geldes liefert in der Mitte des 18. Jahrhunderts David Hume. Marx spricht davon, daß er „bei weitem der bedeutendste Repräsentant dieser Theorie im 18. Jahrhundert ist“[40]. Dieser große englische Philosoph und Freund Adam Smiths hat unbestritten die Entwicklung der klassischen bürgerlichen politischen Ökonomie mit einer Vielzahl von produktiven Ideen und Aussagen über Wirtschaft und Gesellschaft seiner Zeit sowie über politökonomische Kategorien befördert. Seine „ökonomischen Schriften enthalten viel interessante Gedanken und Beobachtungen“[41]. So hat er sich beispielsweise recht

[37] R. Cantillon, Abhandlung über die Natur des Handels im allgemeinen, a. a. O., S. 62–63.

[38] Ebenda, S. 63.

[39] A. Kruse, Geschichte der volkswirtschaftlichen Theorien, a. a. O., S. 44.

[40] K. Marx, Zur Kritik der Politischen Ökonomie, a. a. O., S. 135.

[41] A. Anikin, Ökonomen aus drei Jahrhunderten, a. a. O., S. 149.

intensiv mit Problemen der Wert- und Mehrwerttheorie beschäftigt und dabei den Standpunkt vertreten, daß alles „in der Welt ... mit Arbeit gekauft (wird)“[42], die Grundrente – die für ihn die ursprüngliche Form des Mehrwerts ist – aus der Ungleichheit in der Verteilung der Produktionsbedingungen entspringt, der Profit im Handel seine ursprüngliche Quelle habe, wobei dessen Höhe den Zinsfuß bestimmen würde.

In seiner Geldtheorie geht Hume von der These aus, daß Geld selbst keinen Wert habe, vielmehr bloß Wertzeichen sei und deshalb bei wachsender zirkulierender Geldmenge die Warenpreise steigen würden und fallen müßten im Verhältnis, wenn diese Geldmenge abnehme. Mit anderen Worten, die das Wesen des Geldes bestimmende Funktion, Maß der Werte zu sein, wurde von Hume nicht erfaßt, so daß es durchaus zutreffend ist, wenn Behrens in diesem Zusammenhang feststellt, daß Hume „hinsichtlich des Geldes Auffassungen (vertritt), die ihn nicht nur auf das Niveau der Merkantilisten, sondern sogar auf das Niveau der Monetaristen zurückwerfen“[43].

Ausgehend von seiner geldtheoretischen Grundposition entwickelte Hume dann seine Version der Quantitätstheorie. Dabei ist er, ebenso wie ihre anderen Repräsentanten, „von der geschichtlichen Tatsache der sogenannten Preisrevolution ausgegangen ... Hume hat selbst von einem Preisanstieg auf das Drei- bis Vierfache geschrieben.“[44] Schließlich hat er daraus die quantitätstheoretische Konsequenz entwickelt, daß mit steigender Menge an vollwertigem Metallgeld, die er mit der Entdeckung und dem Zustrom von Gold und Silber aus Amerika in Zusammenhang brachte, auch die Preise entsprechend steigen würden. Dabei bietet Hume insofern eine modifizierte Variante der Quantitätstheorie an, als er betont, daß nicht die gesamte *vorhandene* Geldmenge für die Preisentwicklung und für den Geldwert von Bedeutung sei, sondern nur die *zirkulierende* Menge. Es sei „klar, daß die Preise nicht so sehr abhängen von der absoluten Menge der Waren und der des Geldes, die in einem Lande vorhanden sind, als von der Menge der Waren, die

[42] D. Hume, Essays, Bd. 1, Teil 2, London 1764, S. 189 (zit. nach: K. Marx, Theorien über den Mehrwert. Erster Teil, a. a. O., S. 349).

[43] F. Behrens, Grundriß der Geschichte der politischen Ökonomie, Bd. 1, a. a. O., S. 144.

[44] A. Anikin, Ökonomen aus drei Jahrhunderten, a. a. O., S. 149.

auf den Markt kommt oder kommen kann, und von dem Gelde, welches zirkuliert. Wenn das gemünzte Geld in Truhen verschlossen wird, so ist dies für die Preise dasselbe, als ob es vernichtet wäre."[45] Des weiteren hob er hervor, daß sich Geldmengenänderungen nicht sofort auf das Preisniveau auswirken, daß sich die Preissteigerung gewissermaßen mit einer Art Zeitverzug vollziehen würde, denn „obgleich der hohe Preis der Waren eine notwendige Folge des Zuwachses von Gold und Silber sei, (folge) er jedoch nicht unmittelbar auf diesen Zuwachs", sondern es sei „einige Zeit erheischt ..., bis das Geld durch den ganzen Staat zirkuliert und seine Wirkungen auf alle Volkskreise geltend macht"[46], wobei Hume davon ausging, daß sich insbesondere bei langsamen Geldvermehrungen die Übergangszeit bis zur Durchsetzung von allgemeinen Preissteigerungen als günstig für die kapitalistischen Unternehmer auswirken würde.

Es ist schon bemerkenswert, daß die heutige bürgerliche Ökonomie Hume als einen theorienhistorischen Kronzeugen für ihre These „Eine milde Inflation schmiert die Räder!" reklamiert. So schreibt Heimann, daß Hume „die beste Analyse des Vorgangs bei ‚nicht fester' Geldmenge gegeben (hat), d. h. der Auswirkungen einer Inflation ... Er kam ... zu dem Ergebnis, daß eine langsame, aber ständige Vermehrung der umlaufenden Geldmenge anzuraten sei, um dem Geschäftsleben dauernd neuen Antrieb zu geben ... Seine Schlußfolgerung ist gleichbedeutend mit dem Gedanken, daß durch Inflation dauerhafter Wohlstand erreicht werden kann."[47]

Die quantitätstheoretischen Auffassungen Humes wurden dann von Marx in seiner Schrift „Zur Kritik der Politischen Ökonomie" einer sorgfältigen Analyse unterzogen. Dabei arbeitete Marx nicht nur heraus, daß Hume zu falschen theoretischen Positionen kam, weil er aus historischen Zufälligkeiten im Grunde ökonomische Gesetzmäßigkeiten ableiten wollte[48], daß jede Analyse über das Verhältnis von Zirkulationsmittelmenge und Preisentwicklung den

[45] Zit. nach: K. Marx, Zur Kritik der Politischen Ökonomie, a. a. O., S. 138.
[46] D. Hume, Essays and treatises on several subjects, Bd. 1, London 1977, S. 303/304 (zit. nach: F. Engels, Herrn Eugen Dührings Umwälzung der Wissenschaft, „Anti-Dühring", a. a. O., S. 112).
[47] E. Heimann, Geschichte der volkswirtschaftlichen Lehrmeinungen, a. a. O., S. 61.
[48] Vgl. K. Marx, Zur Kritik der Politischen Ökonomie, a. a. O., S. 135.

„Wert des Geldmaterials als gegeben voraussetzen“[49] müsse, sondern er machte zugleich vor allem deutlich, daß Hume Geld als Maß der Werte nicht zu trennen vermochte vom Geld als Zirkulationsmittel. „Rechengeld und Zirkulationsmittel fallen ihm zusammen und beide sind Münzen (coin).“[50] Und weil „eine Wertveränderung im Maße der Werte oder der edeln Metallen, die als Rechengeld funktionieren, die Warenpreise steigen oder fallen macht, also auch die Masse des zirkulierenden Geldes bei gleichbleibender Umlaufgeschwindigkeit, schließt Hume, daß das Steigen oder Fallen der Warenpreise von der Quantität des zirkulierenden Geldes abhängt. Daß im 16. und 17. Jahrhundert nicht nur die Quantität von Gold und Silber sich vermehrte, sondern gleichzeitig ihre Produktionskosten sich verminderten, konnte Hume aus dem Schließen der europäischen Minen sehn. Im 16. und 17. Jahrhundert stiegen die Warenpreise in Europa mit der Masse des importierten amerikanischen Goldes und Silbers; also sind die Warenpreise in jedem Lande bestimmt durch die Masse des in ihm befindlichen Goldes und Silbers ... Im 16. und 17. Jahrhundert stiegen die Preise nicht gleichmäßig mit der Zunahme der edeln Metalle; mehr als ein halbes Jahrhundert verfloß, bevor *irgendein* Wechsel in den Warenpreisen sich zeigte, und selbst dann währte es noch lange, bevor die Tauschwerte der Waren allgemein dem gesunkenen Wert des Golds und Silbers geschätzt wurden, also bevor die Revolution die allgemeinen Warenpreise ergriff. Also, schließt Hume, der ganz im Widerspruch mit den Grundsätzen seiner Philosophie einseitig beobachtete Tatsachen unkritisch in allgemeine Sätze verwandelt, also ist der Preis der Waren oder der Wert des Geldes bestimmt nicht durch die absolute Masse des in einem Lande befindlichen Geldes, sondern vielmehr durch die Quantität von Gold und Silber, die wirklich in die Zirkulation eingeht, aber schließlich muß alles in einem Lande befindliche Gold und Silber als Münze von der Zirkulation absorbiert werden.“[51] Und schließlich, so macht Marx in seiner Kritik der Quantitätstheorie Humes deutlich, die gerade von hoher Aktualität in der Auseinandersetzung mit der von uns im Kapitel 7 behandelten Quantitätstheorie des Neomonetarismus ist, wird mit der Auffassung, daß das Geld selbst keinen Wert

[49] Ebenda, S. 135.
[50] Ebenda, S. 137/138.
[51] Ebenda, S. 138.

hätte bzw. dieser erst in der Zirkulation zustande käme, eine Konzeption vertreten, die fälschlicherweise davon ausgeht, daß „Waren ohne Preis und Gold und Silber ohne Wert ... in den Zirkulationsprozeß eingehn“[52].

Indem also aus der scheinbaren Bestimmung der Warenpreise durch die Geldmenge gewissermaßen die Konstruktion eines entsprechenden Zusammenhanges erfolgt, werden durch Hume, seine Schüler und seine modernen Nachfolger in der bürgerlichen politischen Ökonomie die objektiven Bestimmungsgründe der Preise in die Zirkulationssphäre verlegt.

Zugleich wird auf diese Weise von Hume die Geldmenge als eine scheinbar autonome, nicht durch die objektiven Bedingungen des kapitalistischen Reproduktionsprozesses fixierte Größe begriffen, ein theoretischer Ansatzpunkt, der innerhalb des Neomonetarismus beispielsweise bei Milton Friedman[53], aber auch bei Karl Brunner und Allan Meltzer großen Anklang fand.[54] In Wirklichkeit wird jedoch die zur Zirkulation notwendige Geldmenge – entgegen Humes Auffassung – von den Warenpreisen determiniert. So bestimmen bei Edelmetallwährungen die Warenpreise die in der Zirkulation befindliche Quantität des Geldes. Wurden viele Waren produziert, so erhöht sich bei gleicher Arbeitsproduktivität die Gesamtsumme der Warenpreise bzw. der Werte, und es wird entsprechend eine größere Menge Geld in der Zirkulation erforderlich. Treten jedoch weniger Waren in die Zirkulation ein, so verringert sich die notwendige Geldmenge, was bei Edelmetallwährungen durch das Abfließen von Gold und Silber in den Schatz oder ins Ausland signalisiert wird.

Der theoretische Kernpunkt Marxscher Kritik an Hume ist letztlich im ungenügenden Beherrschen und Anwenden der von William Petty (1623–1687) in ihren Anfängen begründeten Arbeitswerttheorie auf die Problematik des Geldes zu sehen. Marx verweist darauf, daß eben Hume – wie schon weiter vorn festgestellt – das Geld lediglich in seiner Funktion als Tauschmittel sah, nicht jedoch

[52] Ebenda, S. 139.

[53] Vgl. M. Friedman, Die optimale Geldmenge und andere Essays, München 1970; L. Silk, Wirtschaft als Schicksal. Die großen Ökonomen Amerikas, Stuttgart – Zürich 1978, S. 80.

[54] Vgl. auch G. Vandewalle, Die Entwicklung der amerikanischen ökonomischen Theorie während der letzten zwanzig Jahre (1963–1983), Hochschule für Ökonomie „Bruno Leuschner“, Konferenzmaterial, Berlin 1985, S. 14ff.

„die allergeringste Einsicht in die Funktion der edlen Metalle als *Wertmaß* hatte. Er konnte sie nicht haben, weil er absolut nichts vom Wert selbst wußte. Das Wort selbst erscheint vielleicht nur einmal in seinen Aufsätzen, und zwar wo er Lockes Irrtum, die edlen Metalle hätten ‚einen nur eingebildeten Wert', weiter dahin verballhornt, sie hätten ‚hauptsächlich einen fiktiven Wert'."[55]

Hier muß deutlich gesagt werden, daß mit Edelmetallgeld nur Waren zirkulieren können, wenn es selbst Ware ist, einen immanenten Wert besitzt und allen anderen Waren als allgemeiner Wertausdruck, als allgemeines Äquivalent dient. Doch ehe Waren mittels des Geldes ausgetauscht werden können, müssen sie als Wertgrößen gemessen sein. Das heißt, ehe das Geld als allgemeines Tauschmittel wirken kann, muß es als Wertmaß fungiert haben. Doch nur, wenn die Waren bereits in einer bestimmten Menge der Geldware ausgedrückt sind, sind sie zirkulierbar und mittels des Geldes realisierbar. Mit anderen Worten: Maß der Werte zu sein ist die Grundfunktion des Geldes!

Wenn jedoch – wie bei Hume – das Geld nur in seiner Funktion als Tauschmittel begriffen und behandelt wird, so erwächst daraus auch die von ihm vertretene Position, wonach das gesamte vorhandene Geld eines Landes im Umlauf ist bzw. sich eine beliebige Menge an Geld in der Zirkulation befinden kann. Erst durch das wissenschaftliche Erkennen der Geldwertproblematik und durch Anerkennung bzw. Unterstellung der Wertmaßfunktion des Geldes ist es, so Marx, „klar, daß ... nur eine bestimmte Quantität Gold und Silber als Äquivalent für eine gegebene Wertsumme von Waren zirkulieren kann. Muß also jede zufällig in einem Lande befindliche Quantität Gold und Silber ohne Rücksicht auf die Summe der Warenwerte als Zirkulationsmittel in den Warenaustausch eingehn, so besitzen Gold und Silber keinen immanenten Wert und sind daher in der Tat keine wirklichen Waren."[56]

Wie ist nun Humes quantitätstheoretisches Denken einzuordnen und zu werten? Zweifellos hat er mit seinen Thesen und Überlegungen *keinen* Beitrag zur Entwicklung einer wissenschaftlichen Geldtheorie der klassischen bürgerlichen politischen Ökonomie geleistet. Vielmehr steht er in dieser Frage „hier tief, nicht nur unter

[55] K. Marx, in: F. Engels, Herrn Eugen Dührings Umwälzung der Wissenschaft. „Anti-Dühring", a. a. O., S. 224.

[56] K. Marx, Zur Kritik der Politischen Ökonomie, a. a. O., S. 138/139.

Petty, sondern auch unter manchem seiner englischen Zeitgenossen"[57]. Unseres Erachtens scheint im übrigen aus dieser Sicht Behrens' Einschätzung, daß „Humes Fehler ... in der *Unentwickeltheit des ökonomischen Denkens* begründet (war), das der Unentwickeltheit der kapitalistischen Produktionsweise entsprach und die ‚Quantitätstheorie' damit zu einer Durchgangsphase für die Entwicklung der politischen Ökonomie macht"[58], nicht ganz zutreffend zu sein, weil damit die bereits zur Zeit Humes vorhandenen politökonomischen Ansätze und Grundlagen für eine wissenschaftliche Klärung des Geldphänomens nicht berücksichtigt werden.

Humes Verdienst besteht darin, daß er mit seiner quantitätstheoretischen Argumentation, wie Anikin zu Recht feststellt, „die Aufmerksamkeit auf Probleme gelenkt hat, die heute in der politischen Ökonomie eine große Rolle spielen: Wovon wird die für die Zirkulation notwendige Geldmenge bestimmt? Wie wirkt die Geldmenge auf die Preise ein? Worin besteht die Spezifik der Preisbildung bei einer Geldentwertung?"[59]

Eine zentrale Stellung in den Diskussionen um die Thesen der Quantitätstheorie des Geldes hat auch David Ricardo mit seinen geldtheoretischen und -politischen Aussagen. Für den Neomonetarismus avancierte er damit zu einer wichtigen, sozusagen klassischen Bezugsperson, die den theoriegeschichtlichen Brückenschlag von der Gegenwart zur Vergangenheit der bürgerlichen politischen Ökonomie legitimieren helfen soll. Von Bedeutung ist nun, daß, wie Marx bemerkt, „Ricardo Humes Theorie verfeinerte"[60], er weiterhin „seine Vorgänger zusammenfaßt und ihre Ansichten schärfer formuliert", und zudem beherrschte „die Gestalt, die er der Geldtheorie gab, bis zu diesem Augenblick die englische Bankgesetzgebung"[61].

Dieser Politökonom des industriellen Kapitalismus, der das Gebäude der klassischen bürgerlichen politischen Ökonomie in England vollendete, hatte auf Grund eigener Erfahrungen mit dem

[57] K. Marx in: F. Engels, Herrn Eugen Dührings Umwälzung der Wissenschaft. „Anti-Dühring", a. a. O., S. 224.

[58] F. Behrens, Grundriß der Geschichte der politischen Ökonomie, Bd. 1, a. a. O., S. 158 (Hervorhebung d. A.).

[59] A. Anikin, Ökonomen aus drei Jahrhunderten, a. a. O., S. 150.

[60] K. Marx, Zur Kritik der Politischen Ökonomie, a. a. O., S. 142.

[61] Ebenda, S. 144.

Geld-, Bank- und Börsengeschäft im Jahre 1809 mit seiner Schrift „On the high price of Bullion. A proof of the depreciation of banknotes" sowie in den folgenden Jahren mit verschiedenen anderen Aufsätzen – noch vor der Ausarbeitung seines eigentlichen Systems der politischen Ökonomie – in die geldtheoretischen Diskussionen seiner Zeit eingegriffen.

Diese wurden Anfang des 19. Jahrhunderts, insbesondere auch auf dem Hintergrund und im Gefolge der ökonomischen Auswirkungen der Napoleonischen Kriege in Europa, die sich in England beispielsweise im erheblichen Anstieg der Inflation[62] und in steigenden Preisen der Edelmetalle zeigten, sehr heftig geführt. Anikin verweist darauf, daß die „Geldtheorie ... damals zu den kompliziertesten und zugleich brennendsten politischen Problemen der ökonomischen Wissenschaft (gehörte). Zu Beginn des 19. Jahrhunderts stand in England das Problem des Geldes und der Banken im Mittelpunkt leidenschaftlicher Auseinandersetzungen und des Kampfes der Partei- und Klasseninteressen. So war es ganz natürlich, daß Ricardo, der die Geld- und Kreditpraxis gut kannte, seine Kräfte als Ökonom und Publizist zunächst in dieser Arena maß."[63]

Ausgehend vom Phänomen der zunehmenden Vermehrung der umlaufenden Zahlungsmittel in Gestalt der inkonvertiblen Banknoten in England[64], die die Kaufkraft des Geldes verringerten, entwickelte Ricardo seine Geldtheorie bzw. seine spezifische Form und Argumentation zur Quantitätstheorie.

Ricardo sah die Ursache für die feststellbare Geldwertverschlechterung in einer übermäßigen Schaffung von Notenbankgeld und setzte sich daher auch für die Rückkehr zur Goldwährung ein. Seine dazu entwickelten Ideen und Vorschläge kreisen vor allem

62 In England zirkulierten während dieser Kriege im Grunde keine Goldmünzen mehr, dafür war eine rasch steigende Zahl inkonvertibler Banknoten im Umlauf. Doch deren Kurs lag unter ihrem nominellen Geldwert, nachdem im Jahre 1797 durch die „Restriction bill" die Einlösungspflicht der Banknoten in Edelmetall für die Bank von England aufgehoben worden war. Nun verringerte sich infolge zunehmender Vermehrung der umlaufenden Zahlungsmittel die Kaufkraft des Geldes.

63 A. Anikin, Ökonomen aus drei Jahrhunderten, a. a. O., S. 242.

64 Marx schreibt diesbezüglich: „Die Forschungen über das Geldwesen wurden im 19. Jahrhundert unmittelbar angeregt, nicht durch die Phänomene der metallischen, sondern vielmehr durch die Banknotenzirkulation" (K. Marx Zur Kritik der Politischen Ökonomie, a. a. O., S. 143).

um folgende Aspekte: „1. eine stabile Geldzirkulation ist eine wesentliche Voraussetzung für das Wirtschaftswachstum; 2. eine solche Stabilität ist nur auf der Basis des Goldstandards, eines auf dem Gold fußenden Geldsystems möglich; 3. Gold kann in der Zirkulation weitgehend oder gar völlig durch Papiergeld ersetzt werden, das nach einer festen Parität gegen Gold einwechselbar bleibt ..."[65]

Zweifellos ist es wichtig zu wissen, daß Ricardo als klassischer bürgerlicher Politökonom bei der Bestimmung des Geldwerts – und das ist auch ein wichtiger Unterschied zu den quantitätstheoretischen Auffassungen von Locke und Hume – durchaus *einerseits* die Arbeitswerttheorie mit zugrunde legt[66]; so sei der „innere Wert" von Gold und Silber neben ihrer Seltenheit von „den zu ihrer Beschaffung aufgewandten Arbeitskosten und dem Werte des Kapitals, das in den Bergwerken steckt, in denen sie gewonnen werden"[67], bestimmt. Doch *andererseits* – und insofern offenbart sich hierin seine theoretische Inkonsequenz – ging Ricardo auch, dabei die Zirkulation von Goldgeld mit der von Papiergeld mit Zwangskurs verwechselnd, davon aus, daß das gesamte in einem Land vorhandene Geld zirkuliert, so daß das Geldvolumen die Wertsumme der Waren übersteigen kann und umgekehrt. Im ersten Fall würde das Gold unter seinen eigenen Metallwert sinken und die Warenpreise steigen. Würde hingegen die Menge des zirkulierenden Geldes unter der Summe der Tauschwerte der Waren liegen, dann stiege das Gold über seinen ihm immanenten Wert, und die Preise der Waren fielen. Somit würde das Gold zum Wertzeichen von niedrigerem oder höherem Metallwert als seinem eigenen. „In beiden Fällen", so Marx kritisch zu Ricardos Konzept, „wäre die Bewegung der Warenpreise, ihr Steigen oder Fallen, Wirkung der relativen Expansion oder Kontraktion der Masse des zirkulierenden Goldes über oder unter das seinem eignen Wert entsprechende

[65] A. Anikin, Ökonomen aus drei Jahrhunderten, a. a. O., S. 242.

[66] So läßt doch Hume, wie Marx registriert, „Waren ohne Preis und Gold und Silber ohne Wert ... in den Zirkulationsprozeß eingehn" (K. Marx, Zur Kritik der Politischen Ökonomie, a. a. O., S. 139) und Locke „spricht direkt den Zusammenhang zwischen der Wertlosigkeit von Gold und Silber und der Bestimmung ihres Werts durch Quantität aus" (K. Marx, Das Kapital. Erster Band, a. a. O., S. 139).

[67] D. Ricardo, Der hohe Preis der Edelmetalle, ein Beweis für die Entwertung der Banknoten, in: K. Diehl/P. Mombert (Hrsg.), Vom Gelde. Ausgewählte Lesestücke zum Studium der politischen Ökonomie, a. a. O., S. 62.

Niveau, d. h. die normale Quantität, die durch das Verhältnis zwischen seinem eignen Wert und dem Wert der zu zirkulierenden Waren bestimmt ist."[68] Und an anderer Stelle resümiert Marx: „Die Preise steigen und fallen also periodisch, weil periodisch zu viel oder zu wenig Geld zirkuliert."[69] Kurzum, auch bei Ricardo bilden sich die Preise der Waren sowie der Geldwert in der Zirkulationssphäre in Abhängigkeit von der Geldmenge bzw. vom Verhältnis von Geld- und Warenmasse. Das von Ricardo nicht bewältigte politökonomische Problem, das sich im übrigen dann auch in den aktuellen Konzepten der neomonetaristischen Quantitätstheoretiker wiederfindet, gewissermaßen der theoretische Grundfehler, besteht darin, daß er in seiner Geldtheorie nun nicht konsequent an der Arbeitswerttheorie festhält und infolge dessen annimmt, daß das Geld erst in der Zirkulation seinen Wert erhält. Den prinzipiellen Unterschied zwischen Geldware (Gold) und Geldsurrogaten erfaßt er nicht.

Ricardo ist so einem Schein aufgesessen. Unter den Bedingungen der Zirkulation von Geldsurrogaten scheinen diese unabhängig von der Geldware ihre Basis in der unmittelbaren Repräsentationsbeziehung zu den Warenwerten zu haben. Marx bemerkt dazu: „Es scheint daher, als ob das Wertzeichen den Wert der Waren *unmittelbar* repräsentiert, indem es nicht als Zeichen von Gold, sondern als Zeichen des im Preis nur ausgedrückten, aber in der Ware allein vorhandenen Tauschwerts sich darstellt. Dieser Schein ist aber falsch. Das Wertzeichen ist unmittelbar nur *Preiszeichen*, also *Goldzeichen*, und nur auf einem Umweg Zeichen des Werts der Ware."[70] Mit anderen Worten, Surrogate von Geld (Gold) sind wertlose Zeichen, sie *repräsentieren* nur Wert – eben den der Geldware. Und sie vermögen dies entsprechend den Notwendigkeiten des objektiven ökonomischen Gesetzes des Geldumlaufs.

Infolge des Nichterfassens dieser politökonomischen Zusammenhänge, des Verwechselns von Banknotenzirkulation (als Form der *Kreditgeld*zirkulation) mit der Papiergeldzirkulation (als Form der *Metallgeld*zirkulation) hat Ricardo letztlich geglaubt, „Gold sei im Grunde auch nur ein Wertzeichen. Er sah das Geld nur als

[68] K. Marx, Zur Kritik der Politischen Ökonomie, a. a. O., S. 146.
[69] K. Marx, Das Kapital. Dritter Band, a. a. O., S. 564.
[70] K. Marx, Zur Kritik der Politischen Ökonomie, a. a. O., S. 95.

Zirkulationsmittel und erkannte nicht die ganze Kompliziertheit und Mannigfaltigkeit seiner Funktionen."[71]

Welches sind nun schließlich die politökonomischen Hauptaussagen der Vertreter der Quantitätstheorie des Geldes unter den Bedingungen des Kapitalismus der freien Konkurrenz? Gewissermaßen als Produkt theoriengeschichtlicher Genesis kristallisieren sich folgende Aspekte oder Thesen heraus:

1. Die Geldmenge ist der dominierende Faktor des Wirtschaftsprozesses, wobei die Warenpreise durch die im Umlauf befindliche Geldmenge (Geldware oder Geldsurrogate) bestimmt werden.
2. Es treten im Grunde Geld ohne Wert und Waren ohne Preis in den Zirkulationsprozeß bzw. in die Zirkulationssphäre ein.
3. Der Geldwert wird – ebenso wie die Warenpreise – auf dem Markt in Abhängigkeit vom Verhältnis von Waren- und Geldvolumen gebildet. Die Warenpreise sind direkt proportional zur Geldmenge, und der Wert des Geldes ist umgekehrt proportional zur Geldmenge.
4. Die Umlaufgeschwindigkeit des Geldes ist wohl eine zu berücksichtigende Tatsache, sie wird jedoch im Grunde als konstant betrachtet, was sich als Voraussetzung für das direkt proportionale Wirken von Geldmengenänderungen auf die Warenpreise erweist.
5. Der Zirkulationssphäre (inclusive der Waren- und Geldzirkulation) kommt primäre Bedeutung für den wirtschaftlichen Reproduktionsprozeß eines Landes zu.

Diese Aspekte erwiesen sich nun als politökonomische Ansatzpunkte für die Repräsentanten folgender Generationen von Quantitätstheoretikern in der bürgerlichen politischen Ökonomie. Dabei waren sie gerade auch für Vertreter des Neomonetarismus eine bedeutende Grundlage bei der Ausarbeitung ihrer quantitäts- und regulierungstheoretischen Konzepte. Weil jene also in ihren politökonomischen Entwürfen zur staatsmonopolistischen Regulierung, wie Klaus O. W. Müller zu Recht bemerkt, „die *Geldmenge* als das entscheidende Instrumentarium ansehen, ist es nicht verwunderlich, wenn sie an quantitätstheoretischen Auffassungen aus der Geschichte der bürgerlichen politischen Ökonomie anknüpfen"[72].

[71] A. Anikin, Ökonomen aus drei Jahrhunderten, a. a. O., S. 244.
[72] Bürgerliche Ökonomie ohne Perspektive, hg. von H. Meißner, a. a. O., S. 152.

Kapitel 5

Der Monetarismus im Imperialismus (bis Anfang der 30er Jahre)

5.1. Der gesellschaftliche Hintergrund für Veränderungen in den geld- und quantitätstheoretischen Auffassungen

Als sich im letzten Viertel des 19. bzw. im ersten Drittel des 20. Jahrhunderts der monopolistische Kapitalismus herausbildete und das imperialistische Stadium der kapitalistischen Produktionsweise begann, wurden gewaltige Veränderungen in der Ökonomie und Politik des Kapitalismus ausgelöst.

Die Existenz und Herrschaft des imperialistischen Monopols untergrub wesentlich den ökonomischen Funktions- und Regulierungsmechanismus des Kapitalismus der freien Konkurrenz. Dies bedeutete eine Veränderung der Wirkungsbedingungen und der Wirkungsweise der ökonomischen Gesetze des Kapitalismus. Sie bewirkte die Austragung der – nun monopolistischen – Konkurrenz bis hin zu ihrer gewalttätigsten Form in Gestalt des ersten imperialistischen Weltkrieges und beförderte wesentlich auch die Prozesse, die zum Ausbruch der Weltwirtschaftskrise von 1929–1932 sowie zur sukzessiven Entfaltung des staatsmonopolistischen Kapitalismus führten.

Diese gewaltigen Veränderungen und neuen Phänomene des Kapitalismus hatten in ihrer Komplexität nicht nur Auswirkungen auf die Struktur und den Charakter der Produktionsverhältnisse, sondern führten auch zu beträchtlichen Modifikationen innerhalb der Zirkulationssphäre. Das heißt, sie waren auch mit erheblichen Veränderungen im Geld- und Kreditwesen sowie im internationalen Währungs- und Finanzsystem verbunden. Ein spektakulärer Ausdruck dafür war das schrittweise Zurückdrängen der Goldumlaufwährung zugunsten des Kreditgeldes in Form von Banknoten und Depositen sowie vor allem das Ende des Goldstandards im kapitalistischen Außenhandel mit dem Beginn des ersten Weltkriegs im

Jahre 1914. Dieser Goldstandard, der in den ersten Jahrzehnten des 19. Jahrhunderts eingeführt wurde (1821 durch die Bank von England), ermöglichte jederzeit den Umtausch des von einer staatlichen Zentralbank ausgegebenen Papiergeldes in Gold. Das nationale, goldeinlösbare Papiergeld konnte ungehindert auf den internationalen Kreditmärkten gehandelt werden, was zweifellos den Zahlungs- und Kapitalverkehr unterstützte. Insofern war der Goldstandard längere Zeit ein angemessener Ausdruck der internationalen Realisierungs- und Austauschbedingungen unter den Verhältnissen des Kapitalismus der freien Konkurrenz. Er war ein Ausdruck für die relative Stabilität der Währung und wirkte zugleich weitgehend automatisch durch den freien Geld- und Kapitalverkehr.

Mit der Entwicklung des monopolistischen Kapitalismus, so Erwin Rhode, „funktionierte dieser Goldstandard immer weniger, denn die Ausdehnung des Geldumlaufs in den einzelnen Volkswirtschaften war an die Menge des bei der Zentralbank vorhandenen Goldes gebunden. Das verhinderte einerseits eine inflationistische Ausdehnung des Geldumlaufs, andererseits wurde die weitere Entwicklung der Produktion auch dann aus ‚Geldmangel' gehemmt, wenn eine solche möglich und wünschenswert gewesen wäre. Diese ‚goldene Schranke' mußte deshalb fallen. Ohne ihre Überwindung war kein Monopolprofit auf die Dauer realisierbar. Der erste Weltkrieg war daher nicht Ursache, sondern nur Vorwand und endgültige Veranlassung für die Abkehr vom Goldstandard."[1]

All diese Veränderungen, neuen Erscheinungen und Prozesse bewirkten auch, daß sich die bislang gültigen und dominierenden Dogmen und Theorien der bürgerlichen politischen Ökonomie, die weitgehend den Erfordernissen und Prinzipien des Kapitalismus der freien Konkurrenz entsprachen, als überholt erwiesen. Insofern bedurften auch die geld- und währungstheoretischen Konzepte der bürgerlichen Ökonomie einer gewissen Anpassung an die veränderten ökonomischen Bedingungen. Demzufolge war für die aus dem Kapitalismus der freien Konkurrenz stammende Quantitätstheorie des Geldes – sollte sie weiterhin als wirksames Instrument im Arsenal der bürgerlichen Ökonomie einsetzbar sein – eine bestimmte Modifizierung oder Weiterentwicklung objektiv notwendig.

Das recht simple und sehr mechanisch ausgedeutete Grunddogma

[1] E. Rhode, Banken, Börsen, Währungen, a. a. O., S. 319.

von der Proportionalität der Geldmenge und des Preisniveaus verlangte einfach angesichts der durch die ökonomische Herrschaft des Monopols komplizierter gewordenen Verhältnisse in der Zirkulations-, in der Realisierungs- und Geldsphäre die Berücksichtigung anderer ökonomischer Faktoren und Momente, also einen spezifischen Ausbau, eine „Verfeinerung". Es sind, so Heretik, entgegen „dieser einfachen Erklärung ... indessen auch kompliziertere Wege möglich, die zum Beispiel voraussetzen, daß das Preisniveau nicht nur von der Geldmenge, sondern auch von Änderungen in der Geldumlaufgeschwindigkeit und des Produktionsvolumens abhängt, wobei diese Änderungen wiederum durch die Geldmenge bedingt werden können"[2].

Ohne jedoch näher die gesellschaftlichen Ursachen für diesen Vorgang zu benennen, stellten bürgerliche Ökonomen ebenfalls entsprechende Bestrebungen zur Ausarbeitung modernerer Fassungen der Quantitätstheorie fest. Paul A. Samuelson geht beispielsweise von folgender Überlegung aus: „Obwohl die naive Quantitätstheorie, die einen direkten Zusammenhang zwischen P und M behauptet, ziemlich unvollkommen ist, vermag sie dennoch die Ursachen von Hyperinflationen und gewissen langfristigen Preistendenzen zu erklären", weshalb man sie „immer wieder predigen" sollte.[3] Doch es „würden nur wenige Fachleute diese Theorie heutzutage in ihrer naiven Form vertreten. Es besteht allgemeine Übereinstimmung darüber, daß Maßnahmen des Staates und der Banken zur Beeinflussung des Geldangebots, seiner Verfügbarkeit für Kreditnehmer, die investieren wollen, und der Zinskosten wichtige Auswirkungn auf die *Konsum- plus Investitions- plus Staatsausgaben* haben und damit auf das Preis- und Lohnniveau"[4], weshalb eine „Reihe kompetenter amerikanischer Ökonomen der Quantitätstheorie wieder wachsendes Interesse zuwenden"[5] – und eine „verfeinerte Quantitätstheorie" anbieten.

In diesem Zusammenhang sind dann beispielsweise auch die von Friedman unternommenen Anstrengungen zur Ausarbeitung der neomonetaristischen Quantitätstheorie einzuordnen. Mit diesen

2 S. Heretik, Theoretische Grundlagen der gegenwärtigen bürgerlichen Ökonomie, a. a. O., S. 215.
3 P. A. Samuelson, Volkswirtschaftslehre, Bd. 1, a. a. O., S. 369.
4 Ebenda, S. 374.
5 Ebenda, S. 370.

Aktivitäten führte er unmittelbar die in den 30er Jahren an der Universität von Chicago begonnenen politökonomischen Arbeiten konservativ-neoklassischen Zuschnitts fort,[6] die als „Chicagoer Schule" bekannt geworden sind. So stellen auch die von Friedman 1941 in einer Studie unter dem Titel „Taxing to Prevent Inflation" entwickelten Auffassungen „einen ersten Versuch dar, die Quantitätstheorie und die neue Keynesianische Analyse zu verstehen und anzuwenden"[7].

Gerhard Stavenhagen schreibt im Zusammenhang mit den Bestrebungen zur Modernisierung der Quantitätstheorie: „Dabei unterzog man die einzelnen Faktoren, die den Geldwert und seine Veränderungen beeinflussen, einer eingehenden Analyse und suchte den Begriff der Geldmenge näher zu bestimmen, indem man den verschiedenen Kreditzahlungsmitteln eine erhöhte Beachtung schenkte und die Umlaufgeschwindigkeit des Geldes genau zu definieren bemüht war. Zugleich gewann die Erkenntnis an Boden, daß nicht nur die Geldmenge, sondern auch die Produktion und die Umsätze der Waren Veränderungen des Geldwerts hervorrufen können."[8]

Als gewichtige Produkte zur „Verfeinerung" oder zum Ausbau der geld-, quantitäts- und währungstheoretischen Konzepte, die dann gerade auch dem Neomonetarismus als theoriengeschichtlicher Fundus dienten, erwiesen sich im ersten Drittel des 20. Jahrhunderts vor allem der *Transaktionsansatz von Irving Fisher* und der *Kassenhaltungsansatz der Cambridger Schule* sowie die *Kaufkraftparitäten-Theorie von Gustav Cassel* als eine modernisierte Variante der Quantitätstheorie des Geldes.

[6] „Laut Friedman war", so G. Vandewalle, „die Universität von Chicago, während dieser Zeit eine der wenigen akademischen Zentren, wo sich die neo-klassische Quantitätstheorie behauptete gegen die Flutwelle der monetären Theorie von Keynes" (G. Vandewalle, Die Entwicklung der amerikanischen ökonomischen Theorie während der letzten zwanzig Jahre [1963—1983], a. a. O., S. 7).

[7] L. Silk, Wirtschaft als Schicksal. Die großen Ökonomen Amerikas, a. a. O., S. 67.

[8] G. Stavenhagen, Geschichte der Wirtschaftstheorie, a. a. O., S. 197.

Zweifellos hat der US-amerikanische Ökonom Irving Fisher (1867 bis 1947) erhebliche Bedeutung für die bürgerliche politische Ökonomie im allgemeinen und ihre Quantitätstheorie des Geldes im besonderen.

Der an der Universität von Yale lehrende, der neoklassischen Schule zuzurechnende Fisher hat insbesondere mit seinen Schriften „The Purchasing Power of Money", „The Theory of Interest" und „Mathematical Investigation in the Theory of Value und Prices" sowie mit seiner Argumentation zur Transaktions- oder Verkehrsgleichung ($M \cdot V = P \cdot T$)[9] der bürgerlichen geldtheoretischen Diskussion starke Anstöße gegeben. So stellt Stavenhagen fest: „Nach der Jahrhundertwende versuchte man der Quantitätstheorie eine möglichst exakte Formulierung zu geben. Dieses Bestreben fand Ausdruck in der Aufstellung der sogenannten *Verkehrsgleichung*, die in zahlenmäßiger Veranschaulichung, bzw. in algebraischer Darstellung alle für die Bestimmung des Geldwertes maßgeblichen Faktoren und ihre Beziehungen zueinander aufweisen sollte. Am bekanntesten wurde die von *Irving Fisher* entwickelte Formel . . ."[10]. Dobretsberger ist der Auffassung, daß – neben Keynes – die „theoretischen Grundlagen der neuen Währungspolitik zu einem großen Teil auf Fisher"[11] zurückgehen. Und Charles Rist formuliert, daß Fishers Erklärungen „in ihrer Gesamtheit die präziseste Erklärung (bilden), welche die Wirtschaftswissenschaft bis heute über das Verhältnis von Preisen, Geldmenge und Umlaufgeschwindigkeit des Geldes zueinander gegeben hat"[12]. Leonard Silk hebt im übrigen in seiner biographischen Skizze über Friedman ausdrücklich hervor, daß dieser sich bei seinen Arbeiten über die Quantitätstheorie des

[9] Die Buchstaben drücken folgende Faktoren aus:
M = Geldmenge,
V = Umlaufgeschwindigkeit des Geldes,
T = Transaktionsvolumen
P = Preisniveau.

[10] G. Stavenhagen, Geschichte der Wirtschaftstheorie, a. a. O., S. 197.

[11] J. Dobretsberger, Das Geld im Wandel der Wirtschaft, a. a. O., S. 5.

[12] C. Rist, Geschichte der Geld- und Kredittheorien, Bern 1947, S. 310.

Geldes von Fishers Konzeption und seiner Transaktionsgleichung angeregt sah.[13]

Die Modifizierungen im Geldwesen berücksichtigend, arbeitet Fisher dann mit monetären Umlaufmitteln, die sich aus der Geldmenge (M), bestehend aus Metall- und Notengeld, sowie den Bankdepositen (M') zusammensetzen und liefert so die Quantitätsgleichung in der von ihm erweiterten Form:

$$M \cdot V + M' \cdot V' = P \cdot T .$$

Was beinhaltet diese Fishersche Verkehrsgleichung? Im Grunde soll sie, wie Behrens bemerkt, „die Funktion darstellen, die die Kaufkraft des Geldes als reziprokes Preisniveau bestimmt. Das Preisniveau soll bei gleichbleibender Gütermenge der im Umlauf sich befindlichen Menge des Geldes proportional sein."[14]

Vom Standpunkt der Entwicklung der Theorie der politischen Ökonomie enthält die von Fisher aufgestellte Gleichung wahrlich nichts Neues oder Sensationelles.

Erstens besagt sie im Wesen nichts anderes, als daß Austauschprozesse einmal unter dem Gesichtspunkt realisierter Waren und zum anderen unter dem Blickwinkel der Geldseite zu sehen sind, denn allen Transaktionen, in einer bestimmten Zeit (T) mit dem Preisindex (P) bewertet, steht in gleicher Höhe ein Geldumschlag gegenüber, welcher aus Geldmenge und Umlaufgeschwindigkeit des Geldes besteht.[15]

Zweitens verkörpern diese beiden Gleichungen im Grunde eine Tautologie. Letztlich besagen sie nichts weiter als die notwendige Übereinstimmung bzw. Identität zwischen dem im Preis ausgedrückten Warenvolumen ($P \cdot T$) und der diese Warenmasse realisierenden Geldquantität unter Berücksichtigung des modifizierenden Einflusses der Umlaufgeschwindigkeit.[16]

Auch heutigen bürgerlichen Politökonomen bleibt die Dünnblütigkeit dieser Gleichung nicht verborgen. So schreibt beispiels-

[13] Vgl. L. Silk, Wirtschaft als Schicksal. Die großen Ökonomen Amerikas, a. a. O., S. 67.

[14] F. Behrens, Grundriß der Geschichte der politischen Ökonomie, Bd. 4, Berlin 1981, S. 44.

[15] Vgl. R. Hickel, Die Lehre vom Geld, a. a. O., S. XXXIX.

[16] Vgl. S. Heretik, Theoretische Grundlagen der gegenwärtigen bürgerlichen Ökonomie, a. a. O., S. 215.

weise Silk: „Die Gleichung ist trivial, weil beide Seiten das gleiche Phänomen beschreiben – auf der linken Seite steht der Geldbetrag, der für Güter ausgegeben wird; auf der rechten Seite der Geldbetrag, der im Austausch für Güter eingenommen wird."[17]

Angesichts dieser Tatbestände ist es wohl kaum gerechtfertigt, Fisher als Mann zu feiern, der die wissenschaftliche politische Ökonomie vorangebracht hat. Vielmehr scheint uns die marxistisch-leninistische Wertung der wissenschaftlichen Leistung von Fisher durch Ussoskin angemessen. Er verweist darauf, „daß weder die theoretische Position von Fisher, noch der durch ihn verwendete analytische Apparat irgend etwas absolut Neues in der ökonomischen Literatur zu Beginn des 20. Jahrhunderts bedeutete. Die grundlegenden Ideen der quantitativen Theorie wurden von Hume formuliert und erhielten ihre abschließende Überarbeitung . . von D. Ricardo."[18] Und auch die Gleichung sei bereits von anderen bürgerlichen Ökonomen entwickelt worden[19], worauf auch der bürgerliche Dogmenhistoriker Rist verweist[20].

Da im übrigen Fishers Gleichungen nicht die Warenpreissumme, sondern das Produkt aus dem Warenvolumen und einem im Grunde fiktiven gewogenen Durchschnitt aller Warenpreise enthalten, stehen sie nicht nur von der Form, sondern gerade auch von der Kernproblematik her im Widerspruch zum objektiven ökonomischen Gesetz des Geldumlaufs, wie es von Marx wissenschaftlich herausgearbeitet wurde.[21] Wie wir schon an anderer Stelle betont haben, treten Waren mit einem Preis auf den Markt und erhalten diesen nicht erst dort. Generell sind Preis und Ware nicht voneinander zu trennen.

Die von Fisher vorgenommene Trennung beider ökonomischer Größen (im Produkt $P \cdot T$) signalisiert ganz unmißverständlich seine quantitätstheoretische Basis. Und diese wird durch solche Annahmen bestärkt, wie

– die Umlaufgeschwindigkeit des Geldes und der Depositen hängt von institutionellen Gegebenheiten bzw. langfristig fixen sozialen Sitten ab (zum Beispiel von Zahlungsgewohnheiten der Indi-

[17] L. Silk, Wirtschaft als Schicksal, a. a. O., S. 67.

[18] V. Ussoskin, Theorie des Geldes, a. a. O., S. 112 (russ.).

[19] Vgl. ebenda.

[20] Vgl. C. Rist, Geschichte der Geld- und Kredittheorien, a. a. O., S. 308.

[21] Vgl. K. Marx, Das Kapital. Erster Band, a. a. O., S. 133ff.

viduen hinsichtlich der Nutzung ihrer Einkommen, der Art der Anlage ihrer Ersparnisse und der Nutzung von Schecks und Buchkrediten, von Zahlungssystemen in der Wirtschaft, der Bevölkerungsdichte, der Transportschnelligkeit) und ist gegenüber Variierungen der Geldmenge und des Preisniveaus relativ starr;
- das Transportvolumen ist unabhängig von der Quantität des Geldes und dem Preisniveau;
- das Preisniveau selbst ist der einzige passiv von der Geldmenge abhängige Faktor in der Gleichung, wobei eine einseitig funktionale Abhängigkeit von variabler Geldmenge und Preisniveau unterstellt wird und die Geldmenge die autonome, hingegen das Preisniveau die abhängige Größe darstellt.

Es fällt nicht schwer, in diesen Positionen das Gerüst der Quantitätstheorie des Geldes zu erkennen.

In diesem Zusammenhang muß unbedingt daran erinnert werden, daß auf dem Höhepunkt der klassischen bürgerlichen politischen Ökonomie (Ricardo) die Quantitätstheorie bei der Geldwertbestimmung noch partiell einen Schimmer der objektiven Arbeitswerttheorie erkennen ließ. Bei Fisher ist dieser jedoch völlig abhanden gekommen. Er ersetzt oder identifiziert, ausgehend von werttheoretischen Positionen der Grenznutzenschule[22] und somit die objektive Arbeitswerttheorie ablehnend, Geldwert durch bzw. mit Kaufkraft des Geldes. Dem Geld – nicht als Ware und nicht unmittelbar zur Bedürfnisbefriedigung dienend verstanden – wird „ein sogenannter indirekter Nutzen zugesprochen, der von dem Nutzen der Güter, die mit dem Geldbestand gekauft werden können, abhängt. Unterstellt man das Vorhandensein eines güterwirtschaftlichen Gleichgewichts, so muß dann der abgeleitete Grenznutzen des Geldes umgekehrt proportional mit dem Preisniveau variieren."[23] Kurzum, das Preisniveau bestimmt die Menge an Waren, die mittels einer Summe Geldes gekauft werden können. Dies bringt nichts weiter als die Kaufkraft des Geldes zum Ausdruck. Und je höher das Angebot an Geld, desto höher das Preisniveau und desto niedriger der Grenznutzen des Geldes bzw. die Kaufkraft des Geldes oder der Geldeinheit.

In der Kritik zu Fishers Konzeption stimmen wir Behrens zu, der

[22] Vgl. dazu: H. Lehmann, Grenznutzentheorie, Berlin 1968.

[23] R. Henseleit, Determiniertheit und Konsistenz in der Entwicklung der Quantitätstheorie, Dissertation, Köln 1970, S. 98/99.

feststellt: „Für Fisher ist der Wert des Geldes nicht, wie ihn die Arbeitswerttheorie versteht, gleich dem Wert der Ware, die als Maß aller anderen Werte verwendet wird, sondern immer eine bestimmte Menge Waren, die man für eine bestimmte Menge Geld kaufen kann. Den Preis des Geldes drückt er in Waren und den Preis der Waren in Geld aus. Beruht eine Währung auf einer einzigen Ware, Gold oder Silber, dann fällt nach Fisher ihre Kaufkraft zu allen anderen Waren mit den Schwankungen im Angebot und der Nachfrage des gewählten Metalls."[24]

Um diese Schwankungen auszuschließen – sie hätten nach Fisher schädliche gesellschaftliche Auswirkungen – orientiert der US-amerikanische Ökonom auf die Stabilisierung der Kaufkraft des Geldes und schlägt daher einen Index vor („Fisher-Index"), der die Entwicklung des Preisniveaus nach Möglichkeit exakt erfassen bzw. ausdrücken soll. Zugleich könnte er als solide Basis einer entsprechenden Geldpolitik fungieren. Das Verhältnis der Preise einer bestimmten Warenmenge zu ihren Preisen in einer anderen Zeit sollte dann solche Indexziffer sein. Mit anderen Worten, an die Stelle einer Ware (Gold oder Silber) soll ein Preisindex als Maß der Werte, genauer, Maßstab der Preise treten.[25]

Gerade in dieser Position ist die politökonomische Dürftigkeit der Fisherschen Argumentation, sein theoretisches Unverständnis für die objektiven Beziehungen von Ware-Wert-Geld-Preis besonders auffällig. Preisindizes sind keinesfalls als Maß der Werte verwendbar, weil „die Preise . . . bereits in Geld ausgedrückte Werte der in den Indizes zusammengefaßten Waren (sind). Die als Geld verwendete Ware . . . ist Maß der Werte und zugleich Maßstab der Preise"[26]. Unter den Bedingungen entwickelter Warenproduktion, wie sie der Kapitalismus aufweist, muß eine Ware als allgemeines Äquivalent fungieren, der gesamten Warenwelt gegenübertreten, um so die Werte dieser anderen Waren in Preise zu verwandeln. Diese als Äquivalent fungierende Ware kann der Warenwelt nur als Geld gegenübertreten, weil sie ihr bereits als Ware gegenüberstand. Kurz, die Ware Geld gibt der Warenwelt das Material ihres Wertausdrucks.[27]

[24] F. Behrens, Grundriß der Geschichte der politischen Ökonomie, Bd. 4, a. a O., S. 45.

[25] Vgl. I. Fisher, Feste Währung: Zur Entwicklungsgeschichte der Idee, Uchtdorf – Weimar – Leipzig 1937, S. 324.

[26] F. Behrens, Grundriß der Geschichte der politischen Ökonomie, Bd. 4, a. a. O., S. 45.

Wird das Geld, wie bei Fisher, insbesondere in seiner Funktion als Zirkulations- bzw. Tauschmittel begriffen, wird die Mißachtung des Wesens des Geldes als allgemeines Äquivalent, seiner Wertmaßfunktion zum dominierenden Prinzip und wird auch vom Geldwert abstrahiert, so muß die wissenschaftliche Bestimmung des Preises vom Wesen her unklar bleiben. Es „ist allenfalls möglich, Schwankungen des Preisniveaus zu erklären, welche aus Änderungen im Volumen des Kreditgeldes resultieren. Letzteres jedoch ist einseitig und unvollständig: Zunächst ist zu akzeptieren, daß eine nichtbilanzierte Ausweitung der Quantität von Geldsurrogaten, welche nach dem Jahre 1914 durch die Aufhebung des Goldmünzenstandards besonders begünstigt wurde, zur Erhöhung des allgemeinen Preisniveaus führt und entsprechend auch zu Kaufkraftverlust.

Damit ist eine wesentliche Seite des inflationären Prozesses, der unter den heutigen Bedingungen insbesondere mit antizyklischen Maßnahmen der Zentralbank auf dem Gebiet der Geldmengenregulierung und mit der durch die Haushaltsdefizitfinanzierung verursachten Geldschöpfungsprozesse in Verbindung steht, erfaßt. Die einseitige Verlagerung der Ursachen von Preisniveausteigerungen auf den monetären Bereich vermag jedoch nicht, den Zugang zur primären Ursache des inflationären Preisanstiegs zu eröffnen: die Existenz des Monopols und des Mechanismus der Monopolpreisbildung. Damit bleibt der Weg zur Analyse der monopolkapitalistischen Produktionsverhältnisse versperrt."[28]

Sicher enthält Fishers Konzept für die Entwicklung der *bürgerlichen* Geldtheorie neue Aspekte. So hebt die Transaktionsversion insbesondere den makroökonomischen Charakter der Quantitätstheorie hervor, da sie in ihrer Argumentation ausschließlich auf der Ebene volkswirtschaftlicher Aggregate operiert. Weil nun Fisher das Geldangebot als exogen bestimmten ökonomischen Faktor betrachtet, orientiert er mit seiner quantitätstheoretischen Variante verstärkt auf die Analyse von Prozessen und Faktoren, die von Bedeutung für die Umlaufgeschwindigkeit des Geldes sind; gleichzeitig betrachtet er Einflüsse der Geldumlaufgeschwindigkeit auf das Preisniveau. In dieser Richtung ist auch der Versuch zu sehen,

[27] Vgl. auch: K. Marx, Das Kapital. Erster Band, a. a. O., S. 109–111.

[28] K. Eveslage, Darstellung und Kritik der Hauptrichtungen der bürgerlichen Theorie der Geldmengenregulierung im staatsmonopolistischen Kapitalismus, Dissertation A, Humboldt-Universität zu Berlin, Berlin 1984, S. 52/53.

Geldmengenentwicklung und Einkommensentwicklung in bestimmter Verbindung zu behandeln (über die Kategorie des „Preisindex des Einkommens").

Fisher intepretiert seine Verkehrsgleichung als eine Gleichgewichtsbedingung zwischen Geldmenge und Preisen.[29] Damit entspricht er in gewissem Maße dem Erfordernis, dem die bürgerliche politische Ökonomie gerade unter den Bedingungen des Imperialismus gegenübersteht: neben der ideologischen auch ihre wirtschaftspolitische Funktion zu erfüllen.[30] Im übrigen ist Fishers theoretische Konzeption noch weitgehend der „klassischen Dichotomie"[31] des vormonopolistischen Kapitalismus verwandt. Das heißt, sie geht von einer relativ strengen Trennung zwischen dem monetären und dem materiellen Bereich der Wirtschaft und ihren jeweiligen Prozessen sowie zwischen Waren- und Geldmarkt aus und sieht den Einfluß der Geldmenge auf die „realen" Faktoren des kapitalistischen Produktionsprozesses als unbedeutend an. So könne eine „außerordentliche Erhöhung der Umlaufmittel ... weder die Erzeugnisse von Ackerbau und Industrie, noch die Fahrgeschwindigkeit von Lastzügen oder Schiffen erhöhen"[32]. Mit anderen Worten, die Variierungen in der Geldmenge haben wohl einen kausalen Einfluß auf die Veränderung des Preisniveaus, doch „eine Wirkung gegenüber dem realen Sozialprodukt sowie der Allokations-, Preisstruktur und dem Produktionsniveau gibt es nicht, sie ist also ‚neutral'"[33].

Dieses Dogma von der sogenannten Neutralität des Geldes verschließt sich also noch der Auffassung, daß eine Geldmengen*regulierung* zur Beeinflussung der „realen" Faktoren des kapitalistischen Produktionsprozesses oder des Produktionsvolumens möglich ist. Ohne Zweifel entspringt diese Dichotomie zwischen der monetären und der materiellen Sphäre der kapitalistischen Wirtschaft betreffs der Preisbildung und der Bestimmung des notwendigen volkswirtschaftlichen Geldvolumens einerseits sowie betreffs der Wirkung monetärer auf materielle Prozesse und Faktoren andererseits mit der vor-

[29] Vgl. I. Fisher, Die Kaufkraft des Geldes, Berlin 1916, S. 45.

[30] Vgl. dazu auch: Bürgerliche Ökonomie ohne Perspektive, hg. von H. Meißner, a. a. O., S. 51ff.

[31] Vgl. dazu auch: S. Heretik, Theoretische Grundlagen der gegenwärtigen bürgerlichen Ökonomie, a. a. O., S. 214.

[32] I. Fisher, Die Kaufkraft des Geldes, a. a. O., S. 124/125.

[33] R. Hickel, Die Lehre vom Geld – neu betrachtet, a. a. O., S. XXV.

rangig geld*wert*theoretischen Ausrichtung der Fisherschen Transaktionsversion der Quantitätstheorie des Geldes.

Diese Ausrichtung ist – im Unterschied zu der stärker geld*wirkungs*theoretischen Variante, die im staatsmonopolistischen Kapitalismus unter dem Zwang notwendiger ökonomischer Regulierungsaktivitäten dann Verbreitung findet – noch sehr stark geprägt von den Ideen des Sayschen Theorems des „automatischen", sich selbst regulierenden Marktgleichgewichts und der angeblichen Unmöglichkeit allgemeiner Überproduktionskrisen.[34]

5.3. Der Kassenhaltungsansatz der „Cambridger Schule"

Der sogenannte Kassenhaltungsansatz der „Cambridger Schule" erweist sich als zweite wichtige, modernisierte Variante der bürgerlichen Quantitätstheorie des Geldes unter den Bedingungen des sich entwickelnden Imperialismus. Dieses Konzept ist besonders eng mit den Namen der an der Universität von Cambridge lehrenden Ökonomen Alfred Marshall, Arthur C. Pigou und Denis Robertson verbunden. Worin bestehen die politökonomischen Grundgedanken? Es wird davon ausgegangen, daß das „Geld ein unentbehrliches Tauschmittel in einer arbeitsteiligen Wirtschaft ist und daß die Wirtschaftssubjekte zur Abwicklung ihrer Transaktionen einen Teil ihres Einkommens in Form von Geld halten"[35]. Insbesondere der Nachfrage nach Geld sowie der bei den Wirtschaftssubjekten als Teil des Einkommens in Gestalt der „Kassenbestände" auftretenden Geldmenge wird spezielles Interesse entgegengebracht. Pigou betont beispielsweise, daß seine Theorie „ihre Aufmerksamkeit auf den Anteil der Mittel konzentriert, die die Leute in Form von Geld halten"[36].

Als „Kassenbestände" werden vor allem das Bargeld und die

[34] Vgl. dazu auch: K. Eveslage, Darstellung und Kritik der Hauptrichtungen der bürgerlichen Theorie der Geldmengenregulierung, a. a. O., S. 64–69.

[35] P. Trapp, Geldmenge, Ausgaben und Preisanstieg in der Bundesrepublik Deutschland, Tübingen 1976, S. 6 (Kieler Studien, 138).

[36] A. C. Pigou, The Value of Money. The Controversy over the Quantity Theory of Money, Boston 1965, S. 40.

Sichteinlagen gefaßt. Als theoretische Grundhaltung für die Ableitung der Motive zur Haltung von Geld dienen den Vertretern der „Cambridger Schule" Prinzipien der Grenznutzentheorie in ihrer Anwendung auf Fragen des Geldes und der Geldmenge. „Der Geldhaltung wird hier also in gewisser Weise der Nutzen zugebilligt, Kaufkraft in möglichst bequemer Form zur Verfügung zu halten. Die Kassenhaltung gewährt dem Wirtschaftssubjekt eine gewisse Bequemlichkeit, nämlich ohne größere Schwierigkeiten die täglichen Transaktionen abwickeln zu können."[37] Neben dem „Bequemlichkeits"- oder Transaktionsmotiv würde im übrigen das „Sicherheits"- und Spekulationsmotiv auf die Kassenhaltung Einfluß nehmen.

Der Kassenhaltungsansatz der „Cambridger Schule" geht nun weiter davon aus, daß die Nachfrage nach Geld zur Kassenhaltung dem Grenznutzenprinzip unterliegt. Das heißt, die Wirtschaftssubjekte schätzen den Nutzen der Kassenhaltung gegenüber dem Nutzen ab, der aus anderen Formen der Geldverwendung (Kauf von „Gütern") entspringt. Kurz, die Nachfrage nach Geld muß in einer bestimmten Beziehung zur Nachfrage nach Gütern stehen. Resultat dieser Abschätzung ist ein sogenannter, auf Marshall zurückgehender, Kassenhaltungskoeffizient (*k*), das heißt eine bestimmte Proportion zwischen Realeinkommen und „realer Kasse".

Bei gewisser Anerkennung der von den Cambridger Ökonomen unterstellten Motive zur Kassenhaltung muß zugleich hervorgehoben werden, daß ihr Vorgehen völlig die sozialökonomische Differenzierung in der Kassenhaltung verschiedener Einkommensgruppen unter kapitalistischen Produktionsverhältnissen mißachtet. Das heißt, die klassenstrukturellen Aspekte in der Geldnachfrage bzw. Kassenhaltung werden nicht entsprechend berücksichtigt. Auch die Problematik der Kreditierung, der unterschiedlichen Wirkungen, die von der Zyklizität kapitalistischer Wirtschaftsentwicklung und vom Zinssatzniveau auf eine jeweilige Geldnachfrage ausgehen, werden ausgespart.[38] Ausgehend vom Geldangebot als zentralem Bestimmungsfaktor des Preisniveaus wird weiterhin versucht, die Abhängigkeit des „Geldwertes" (bzw. der Kaufkraft des Geldes) von der Geldmenge zu erfassen. Es geht im Kern darum, „die

37 R. Henseleit, Determiniertheit und Konsistenz in der Quantitätstheorie, a. a. O., S. 130.

38 Vgl. dazu auch: K. Eveslage, Darstellung und Kritik der Hauptrichtungen der bürgerlichen Theorie der Geldmengenregulierung, a. a. O., S. 62/63.

Wünsche der Wirtschaftssubjekte, den Kassenbestand bzw. Bargeldvorrat, aus welchen Motiven auch immer, auf einer bestimmten Höhe zu halten, den tatsächlichen also zu vergrößern oder abzubauen, als Ursache für Geldmengenveränderungen zu betrachten"[39]. Wenn zum Beispiel der Kassenbestand als zu hoch angesehen wird, dann wird Geld aus der Kasse ausgegeben, und Preissteigerungen („Geldwerts"-Senkungen) seien die Folge.

In dieser Sicht wird das Problem des Geldwerts im Grunde oberflächlich-vulgärökonomisch begriffen und behandelt. So wird „der Wunsch oder die Neigung, eine bestimmte Kassenhaltung beizubehalten bzw. zu verändern, faktisch zur bestimmenden Geldwertdeterminante", und damit wird in dieser Theorie der „Geldwert" im Wesen „rein subjektivistisch idealistisch interpretiert und seiner objektiven Grundlage entzogen"[40].

Im Unterschied zu Fishers Transaktionsansatz, wo das Geld in der Zirkulation seinen Ausgangspunkt hatte, liegt nun der Schwerpunkt darauf, daß eine spezielle Nachfrage nach Geld besteht und es sich in Form der „Kassenbestände" außerhalb der Zirkulation findet. Diese sogenannten Kassenbestände, die bei den Wirtschaftssubjekten angesichts der Nichtidentität bzw. des Auseinanderklaffens von Geldeinkommens*bildung* und Geldeinkommens*verwendung* entstehen, werden als Anteil am jährlichen gesamten Realeinkommen der privaten Haushalte und Unternehmen einer Volkswirtschaft im schon erwähnten Kassenhaltungskoeffizienten ausgedrückt. Dieser Koeffizient bzw. Anteil ist im Grunde, so Heretik zu Recht, „der Kehrwert der Geldumlaufgeschwindigkeit; $k=i/v$. Das heißt, die Geldumlaufgeschwindigkeit wird als ein Bruchteil des realen Einkommens (y) ausgedrückt. Dieser Bruchteil stellt den Wert des gesamten Bargeldbestandes dar."[41] Für diese Variante der Quantitätstheorie ergibt sich dann die Gleichung

$$M=k \cdot P \cdot y \quad \text{oder} \quad P=\frac{M}{k \cdot y}.$$

Das bedeutet, daß sich das Preisniveau als eine Funktion der Geldmenge, des jährlichen Realeinkommens und des Kassenhaltungsverhaltens der Wirtschaftssubjekte darstellt.

[39] K. Müller, Zur Kritik neuerer bürgerlicher Geldtheorien, a. a. O., S. 1372.
[40] Ebenda, S. 1373.
[41] S. Heretik, Theoretische Grundlagen der gegenwärtigen bürgerlichen Ökonomie, a. a. O., S. 216.

Da die neoklassisch ausgerichteten Cambridge-Ökonomen von einer weitgehend statischen Betrachtung von Gleichgewichtszuständen in einer Volkswirtschaft ausgehen, die „sich auf das Postulat gründet, daß

a) die Geldnachfrageelastizität bezüglich des Preisniveaus gleich 1 ist und
b) der materielle Sektor der Wirtschaft von Änderungen der nominellen Geldmenge und des Preisniveaus unbeeinflußt bleibt,

so folgt daraus eine Konstanz des Realeinkommens gegenüber Geldmengenänderungen ebenso wie ein unverändertes Ausgaben- bzw. entsprechend Kassenhaltungsverhalten bezüglich der *realen* Kassenhaltung."[42] Kurz, k und y sind, läßt man kurzfristige Übergangsprozesse außer Betracht, langfristig konstant. Insofern ist dann auch die Cambridge-Gleichung, wenn wir das gesellschaftliche Produkt in Form des Realeinkommens (y) durch die Form des Transaktionsvolumens (T) ersetzen, infolge der reziproken Beziehung von k und v mit der Fisherschen Transaktions- oder Verkehrsgleichung identisch. Der Grundgedanke von der direkt proportionalen Beziehung zwischen nominellen Geldmengenänderungen und Variationen des Preisniveaus findet sich eindeutig wieder.

In der bürgerlichen politischen Ökonomie wird der durch die „Cambridger Schule" vollzogene Übergang von der Analyse der Umlaufgeschwindigkeit des Geldes zur Analyse der Kassenhaltung als zentraler Beitrag zur Entwicklung der Geldtheorie behandelt. Dieser Übergang sei vollzogen worden, weil die Kassenhaltung (respektive Geldnachfrage) – im Unterschied zu der nur in ihrer gesamtwirtschaftlichen Höhe als symptomatische Größe ex post fixierbaren Umlaufgeschwindigkeit – ein individueller Verhaltens- bzw. Handlungsparameter der privaten Haushalte und Unternehmen der Volkswirtschaft sei.[43] Und die Berücksichtigung der Geldnach-

[42] K. Eveslage, Darstellung und Kritik der Hauptrichtungen der bürgerlichen Theorie der Geldmengenregulierung im staatsmonopolistischen Kapitalismus, a. a. O., S. 58/59. – Vgl. W. Ehrlicher, Kompendium der Volkswirtschaftslehre, Bd. 2, Göttingen 1969, S. 41.

[43] Vg. dazu: D. Bley, Zur Herausbildung und Verbreitung des modernen Monetarismus als Ausdruck der sich verschärfenden Widersprüche im Imperialismus und die Umsetzungsversuche seiner Grundthesen, dargestellt am Beispiel der BRD, Dissertation, Hochschule für Ökonomie „Bruno Leuschner", Berlin 1980, S. 35.

frage sowie der entsprechenden wirksamen Motivationen dafür stellt die bürgerliche Theorie in eine unmittelbare Beziehung zu den durch monetäre Faktoren bestimmten Entscheidungen und Handlungen der Wirtschaftssubjekte hinsichtlich ihrer Geldhaltung.

Zweifellos gilt es zur Kenntnis zu nehmen, daß die Vertreter der Cambridger Version der Geldmengentheorie das Geld nicht nur – wie in Fishers Version – in seinen Funktionen als Zirkulations- und Zahlungsmittel sehen.[44] Vielmehr sind sie bemüht, die Funktion des Geldes als Mittel der Akkumulation und des Sparens (als „Wertaufbewahrungsmittel“) in spezifischer Form in ihr Theoriegebäude zu integrieren, ohne jedoch etwa damit ihre Grundposition zum Wesen des Geldes aufzugeben.[45] Und sie rücken mit ihren Betrachtungen die Geldnachfrage sowie ihre Motive mehr ins Zentrum theoretischer und praktischer Aufmerksamkeit. Darin ist die Bedeutung des Herangehens der Vertreter der „Cambridger Schule“ zu sehen.

Ihre Auffassungen zur Geldnachfrage bilden dann im übrigen einen entscheidenden Ansatz für die Theorien der Geldmengenregulierung, bzw. sie bereiten den Übergang von der Geldmengentheorie zur Regulierungstheorie des staatsmonopolistischen Kapitalismus vor. Der Neomonetarismus um Friedman hat dann später in seiner neuformulierten Quantitätstheorie des Geldes – wie auch andere bürgerliche ökonomische Lehren (Keynesianismus!) – diesen Gedanken aufgegriffen und in eigener spezifischer Weise geldmengenpolitisch verarbeitet.[46]

Die Cambridger Version selbst erweist sich angesichts ihrer festen Bindungen an die traditionellen altliberalen Doktrinen der nachklassischen bürgerlichen Vulgärökonomie (u. a. statisches Gleichgewichtskonzept bzw. Saysches Dogma) noch als wenig geeignet für eine plausible Ableitung ökonomischer Regulierungsaktivitäten des Staates, obwohl sich das objektive Erfordernis staatsmonopolistischer Regulierung bereits nachhaltig bemerkbar macht.

[44] In prinzipieller Verkennung bzw. Entstellung seines wirklichen Wesens wird dieses darauf reduziert, „technische Hilfsmittel“ des Warenaustausches zu sein (vgl. dazu auch: K. Müller, Zur Kritik neuerer bürgerlicher Geldtheorien, a. a. O., S. 1354).

[45] S. Heretik, Theoretische Grundlagen der gegenwärtigen bürgerlichen Ökonomie, a. a. O., S. 216.

[46] Vgl. dazu auch: G. Vandewalle, Die Entwicklung der amerikanischen ökonomischen Theorie während der letzten zwanzig Jahre (1963–1983), a. a. O., S. 6ff.

Wohl betont die bürgerliche Ökonomie den Übergang von der Betrachtung der Umlaufgeschwindigkeit des Geldes zur Untersuchung der Geldnachfrage bzw. Kassenhaltung innerhalb der Quantitätstheorie. Doch bei aller Modifizierung handelt es sich keineswegs um eine radikale theoretische Positionsänderung. Und zwar vor allem deshalb nicht, weil zwischen beiden ökonomischen Faktoren eine reziproke Beziehung besteht. Im Grunde sind die Quantitätsgleichungen bzw. Formeln beider Versionen identisch. Dies ist eine Tatsache, die auch bürgerliche Politökonomen anerkennen müssen,[47] wenngleich ihrerseits die „gänzlich anderen Prämissen" der beiden Ansätze besonders betont werden.[48]

Sowohl der von der „Cambridger Schule" betonte Kassenhaltungskoeffizient als auch die in der Fisherschen Transaktionsvariante unterstrichene Umlaufgeschwindigkeit des Geldes werden über einen längeren Zeitraum als konstant betrachtet. Und daraus erwächst, „daß relevante Veränderungen des wirtschaftlichen Verhaltens unter dem Gesichtspunkt einer statischen Gleichgewichtstheorie von vornherein ausgeschlossen werden. Ein anderes Vorgehen ließe die quantitätstheoretische Grundaussage auch nicht zu"[49].

5.4. Die Kaufkraftparitäten-Theorie von Gustav Cassel

Der Neomonetarismus, der sich bekanntermaßen als eine allgemeine Theorie der Geldwirtschaft und Geldpolitik mit spezifischem Akzent versteht, kann sich heute, will er auch dem Anspruch praktischer Relevanz entsprechen, nicht nur der Untersuchung und Erörterung von Geldphänomenen einer nationalen Volkswirtschaft zuwenden. Angesichts der mit der Dynamik der gesellschaftlichen Produktivkräfte sowie der weiteren Entfaltung des staatsmonopolistischen Kapitalismus verbundene Tendenzen zur Internationalisierung des kapitalistischen Wirtschaftslebens und der daraus resultierenden An-

[47] Vgl. E. Bechler, Geld und Währung, Bd. 1, München 1978, S. 112.

[48] Ebenda.

[49] K. Eveslage, Darstellung und Kritik der Hauptrichtungen der bürgerlichen Theorie der Geldmengenregulierung im staatsmonopolistischen Kapitalismus, a. a. O., S. 60.

forderungen an die internationalen Austauschbeziehungen müssen, wie Rudolf Hickel zu Recht feststellt, „über die Analyse binnenwirtschaftlicher Geldversorgung hinaus auch die Form- und Funktionsprobleme des Geldes im Kontext internationaler Wirtschaftsbeziehungen"[50] untersucht werden.

In diesem Zusammenhang stellen zweifellos die geld- und währungstheoretischen Auffassungen des schwedischen Ökonomen Gustav Cassel (1866–1945) eine gewichtige theoriegeschichtliche Quelle für den Neomonetarismus dar. Insbesondere ist auf die eng mit seinem Namen verbundene Theorie der Kaufkraftparitäten zu verweisen. Gerade dieser Theorie attestieren bürgerliche Ökonomen, ungeachtet einzelner kritischer Anmerkungen und der Feststellung, daß ihre Grundgedanken bereits bei Ricardo oder Ludvig von Mises zu finden seien, sie also „nicht neu"[51] waren, doch „eine weitreichende Wirkung"[52] bzw. daß sie „ihre Gültigkeit teilweise bis ins System der manipulierten Währungen hinein"[53] beweise.

Unbestritten erlangte Cassel als ein Vertreter der sogenannten Neoklassik in der bürgerlichen Ökonomie mit seinen vorwiegend in deutscher Sprache veröffentlichten Schriften erhebliche Resonanz. Aus theoriehistorischer Sicht beeinflußte er die Diskussionen innerhalb der bürgerlichen politischen Ökonomie im ersten Drittel des 20. Jahrhunderts auf geld- und währungstheoretischem Gebiet. Das belegen nachdrücklich seine Analysen zum kapitalistischen Währungssystem in der Zeit des Zusammenbruchs des internationalen Goldstandards, seine Denkschriften für die Internationale Finanzkonferenz des Völkerbundes 1920 in Brüssel und 1921 in Genf,[54] seine konzeptionellen Überlegungen zur Gestaltung des internationalen Währungssystems auf der Konferenz des Völkerbundes 1922 in Genua[55] sowie – neben entsprechenden Passagen in

[50] R. Hickel, Valuta und Währung – neu betrachtet, in: K. Diehl/P. Mombert (Hrsg.), Valuta und Währung. Ausgewählte Lesestücke zum Studium der politischen Ökonomie, Frankfurt a. M. – Berlin (West) – Wien 1979, S. V.

[51] G. Stavenhagen, Geschichte der Wirtschaftstheorie, 4., durchges. u. erw. Aufl., Göttingen 1969, S. 536.

[52] Ebenda.

[53] J. Dobretsberger, Das Geld im Wandel der Wirtschaft, a. a. O., S. 271.

[54] G. Cassel, Das Geldproblem der Welt. Erste Denkschrift, München 1921; ders., Das Geldproblem der Welt. Zweite Denkschrift, München 1922.

[55] G. Cassel, Die Krise im Weltgeldsystem, Berlin 1933.

seinem Hauptwerk „Theoretische Sozialökonomie“[56] – eine Reihe weiterer diesbezüglicher Ausarbeitungen.[57]

Cassel verkörpert im übrigen mit seinem theoretischen Wirken eine Richtung in der bürgerlichen politischen Ökonomie, die den Bruch mit jeglicher Werttheorie vollzieht und stattdessen die eigentlichen ökonomischen Probleme in einer auf dem Prinzip der Knappheit fußenden funktionellen Theorie des Preises behandelt.[58] So vertrat er unter anderem die Auffassung, „daß die ganze alte sogenannte Wertlehre mit ihren unendlichen Wortstreitereien und ihrer unfruchtbaren Scholastik zu dem auszumusternden Ballast der theoretischen Ökonomie gehört“[59]. Im Grunde zielt Cassels „konsequente Auffassung aller ökonomischen Fragen als Probleme der Preisbildung“[60] nur auf eine präzisere Erfassung und Erklärung von *funktional* bedingten Erscheinungen des Marktes bzw. der Preise, wozu ihm eine auf dem Wert basierende, das heißt *kausal* orientierte Analyse nicht vonnöten erschien.

Cassel wollte – so in der Diktion des bürgerlichen Dogmenhistorikers Kruse – „den inneren Zusammenhang der Preise und damit vor allem das *Verhältnis zwischen den Preisen* der Produkte und denen der Konsumgüter aufdecken“[61]. Verblüffend und zutiefst widersprüchlich in der theoretischen Grundkonzeption von Cassel ist nun, daß er in seiner Preislehre im System der Preisbildung den Geldwert als gegeben voraussetzt – und dies obwohl er kategorisch den Verzicht auf jeden Wert erklärte!

Was ist nun das konzeptionelle Anliegen von Cassel? Es besteht darin, daß er mit seinen theoretischen Arbeiten einen wirkungsvollen Beitrag zur gleichgewichtigen Entwicklung des internationalen Handels und der kapitalistischen Wirtschaft überhaupt leisten

56 G. Cassel, Theoretische Sozialökonomie, a. a. O.

57 G. Cassel, Das Geldwesen nach 1914, Leipzig 1925; ders., Währungsstabilisierung als Weltproblem, Leipzig 1928; ders., Der Zusammenbruch der Goldwährung, Stuttgart 1937.

58 Vgl. dazu: Geschichte der politischen Ökonomie. Grundriß, hg. von H. Meißner, a. a. O., S. 346, 477; W. Krause/G. Rudolph, Grundlinien des ökonomischen Denkens in Deutschland 1848–1945, Berlin 1980, S. 286; F. Behrens, Grundriß der Geschichte der politischen Ökonomie, Bd. 4, a. a. O., S. 77–81.

59 G. Cassel, Theoretische Sozialökonomie, a. a. O., S. III.

60 Ebenda.

61 A. Kruse, Geschichte der volkswirtschaftlichen Theorien, a. a. O., S. 176 (Hervorhebung d. A.).

wollte. Dabei sah er – in vulgärökonomisch-subjektivistischer Überschätzung der Rolle und Möglichkeiten „vernünftiger“ staatlicher Wirtschaftspolitik – in der Geldpolitik des imperialistischen Staates ein entscheidendes Instrument zur Erreichung dieses Zieles. Das „natürliche Ziel“ dieser Geldpolitik sei dabei „zweifellos eine bestimmte Stabilisierung der Kaufkraft des Geldes ... Eine Stabilisierung des Geldwertes auf irgendeiner vernünftigen Basis würde viel besser sein als die vollständige Unstabilität, unter welcher die Erde während der letzten Jahre zu leiden hatte.“[62]

Es ist keine Frage, daß Cassels Ansatz durch die verschärften ökonomischen Konflikte seit der Herausbildung des Imperialismus und nach dem ersten Weltkrieg beeinflußt wurde. Sie äußerten sich auch in krisenhaften Prozessen des internationalen kapitalistischen Währungssystems jener Zeit.

Ausgehend von einer durchaus kritischen Analyse seines Zustandes – insbesondere im Zusammenhang mit dem Zusammenbruch des internationalen Goldstandards im Jahre 1914[63] – gelangt Cassel zu der Erkenntnis, daß die Währungsstabilität, das heißt die Stabilität der Kaufkraft des Geldes, die Kernfrage harmonischer Wirtschaftsentwicklung des Kapitalismus sei. So formuliert er: „Die kapitalistische Wirtschaftsordnung indessen setzt notwendigerweise eine vernünftige Stabilität des Währungssystems voraus, auf dem sie aufgebaut ist.“[64] Und, mit Blick auf die Wahrnehmung der wirtschaftspolitischen Verantwortung des imperialistischen Staates, die „Garantie dieser Stabilität ist die einzige wesentliche Tätigkeit des Staates in der Wirtschaft“[65].

Es ist daher nur folgerichtig, daß sich Cassel intensiv mit der Kaufkraft des Geldes sowie der Kaufkraftpariät beschäftigt. Nach Meinung Samuelsons entwickelte Cassel seine Theorie von der Kaufkraftparität, „um vorauszusagen, um wieviel die Währungen des ersten Weltkrieges an Wert verlören, wenn die Inflationen im Inland ihr Preisniveau um 100 oder noch mehr Prozent hochtrieben“[66].

Für Cassels Argumentation zur Kategorie der Kaufkraft ist von Bedeutung, daß er in preistheoretischen Fragen davon ausgeht, daß

[62] G. Cassel, Die Krise im Weltgeldsystem, a. a. O., S. 22.
[63] Vgl. dazu auch: A. Anikin, Gold, Berlin 1982, S. 140.
[64] G. Cassel, Theoretische Sozialökonomie, a. a. O., S. 63.
[65] Ebenda.
[66] P. A. Samuelson, Volkswirtschaftslehre, Bd. 2, Köln 1975, S. 362.

Veränderungen im allgemeinen Warenpreisniveau nicht primär durch Prozesse in der materiellen Produktion verursacht werden.[67] Vielmehr würden sie im Grunde aus Veränderungen in der Zirkulationssphäre entspringen. Insbesondere der Logik der überkommenen bürgerlichen Quantitätstheorie des Geldes folgend, erklärt Cassel so auch, daß „der ‚primus motor' der Preissteigerung ... immer die Schaffung einer künstlichen Kaufkraft"[68], das heißt die Vermehrung des im Inland zirkulierenden Geldes gewesen sei.[69] Auch bei der Erklärung des Geldwerts tritt uns die Quantitätstheorie entgegen, denn „der Wert einer Währung" wird angeblich „vom Überfluß oder Knappheit der vorhandenen Zahlungsmittel bestimmt"[70].

Den Begriff der Kaufkraft selbst entwickelt Cassel zweideutig. So faßt er einmal darunter das Verhältnis zwischen dem Geldwert[71] in zwei verschiedenen Ländern ($K = P_a : P_b$), wobei P_a und P_b das allgemeine Preisniveau in den beiden Ländern darstellen. Hier wird das Geldwertverhältnis von ihm als „Kaufkraftparität" bezeichnet. Zum anderen finden wir bei Cassel den Begriff „Kaufkraftparität" als Ausdruck für einen bestimmten Währungs- oder Wechselkurs (W). Dieser sei „fixiert durch die Bedingung, daß im Warenaustausch ein Gleichgewicht bestehen soll, so daß das eine Land seine Einfuhr von dem anderen mit seiner Ausfuhr an dasselbe bezahlen kann. Der so fixierte Wechselkurs stellt offenbar die Normallage des Wechselkurses dar und kann als eine genauere Definition der Kaufkraftparität gelten."[72] Damit spricht Cassel den langfristigen Gleichgewichtskurs an, der bei unverändertem Geldwert in beiden Ländern zur Anwendung kommt.

Ausländische Zahlungsmittel, so Cassel, würden im Grunde wegen ihrer Kaufkraft im jeweiligen Herkunftsland nachgefragt: „Unsere Geneigtheit, einen gewissen Preis für ausländisches Geld zu bezahlen, muß letzten Endes und wesentlich auf der Tatsache beruhen, daß

[67] Vgl. G. Cassel, Die Krise im Weltgeldsystem, a. a. O., S. 55.

[68] G. Cassel, Das Geldproblem der Welt. Erste Denkschrift, a. a. O., S. 15.

[69] Vgl. auch: C. Rist, Geschichte der Geld- und Kredittheorien, a. a. O., S. 127; E. Heimann, Geschichte der volkswirtschaftlichen Lehrmeinungen, a. a. O., S. 125.

[70] G. Cassel, Die Krise im Weltgeldsystem, a. a. O., S. 16.

[71] Der Geldwert wird dabei als „reziproker Wert des allgemeinen Preisniveaus" definiert (G. Cassel, Theoretische Sozialökonomie, a. a. O., S. 401).

[72] Ebenda, S. 459.

dieses Geld eine Kaufkraft im Hinblick auf Waren und Leistungen in dem fremden Land besitzt."[73] Dies ist das Grunddogma der Casselschen Theorie von der Kaufkraftparität! Und diese ausländischen Zahlungsmittel werden schließlich mit inländischer Kaufkraft bezahlt. Cassel schreibt: „... wenn zwei Valuten Inflation erlitten haben, ist der normale Wechselkurs gleich dem alten multipliziert mit dem Quotienten zwischen dem Grade der Inflation in dem einen und dem anderen Lande ... Der Kurs, der auf die angegebene Weise berechnet wurde, muß als die neue Parität zwischen den Valuten angesehen werden. Diese Parität kann Kaufkraftparität genannt werden, da sie durch den Quotienten zwischen der Kaufkraft der verschiedenen Valuten bestimmt wird."[74] Die Kaufkraftparität ist daher der „wesentliche Bestimmungsgrund" für den Wechsel- bzw. Währungskurs. Cassels Konzept bringt also zum Ausdruck, daß der Kurs durch die Relation von Inlandspreisniveau (P_J) in Inlandswährung und Auslandspreisniveau (P_A) in Auslandswährung fixiert wird[75]:

$$W = \frac{P_J}{P_A} \,.$$

Doch Kaufkraftparität und Kurs würden nicht übereinstimmen, eine Gleichheit von Wechsel- bzw. Währungskurs und Kaufkraftparität wäre zufällig.

Da die Kaufkraft für Cassel der entscheidende Bestimmungsgrund des Kurses ist, würde er sich in einer Höhe bilden, bei der die Kaufkraft der Geldeinheit im In- und Ausland annähernd gleich ist. Cassels Theorie beinhaltet also, „daß das Austauschverhältnis der Geldeinheiten zweier Länder gleich dem Verhältnis zwischen Kaufkraft jeder beiden Geldarten in ihrem Lande ist bzw. das Verhältnis der Binnenwerte des Geldes seinen Wechselkurs (Außenwert) bestimmt"[76]. Das heißt, je höher das inländische Preisniveau ist, desto weniger Waren kann man mit einer bestimmten Menge des inländischen Geldes kaufen, und daraus folgend, einen um so geringeren Wert hat das inländische Geld für das Ausland. Der langfristige

[73] G. Cassel, Das Geldproblem der Welt. Erste Denkschrift, a. a. O., S. 30.

[74] Ebenda, S. 30–34.

[75] Vgl. auch: G. Stavenhagen, Geschichte der Wirtschaftstheorie, a. a. O., S. 536; R. Hickel, Valuta und Währung, a. a. O., S. XVI.

[76] G. Stavenhagen, Geschichte der Wirtschaftstheorie, a. a. O., S. 520.

Gleichgewichts-Wechselkurs sei schließlich, so Cassel, eine „in der Erfahrung gegebene Kaufkraftparität“[77].

Wie ist nun diese Doktrin von der Kaufkraftparität, „zu deren brillantem Verteidiger nach dem ersten Weltkrieg sich Gustav Cassel aufgeworfen hat“[78], politökonomisch zu werten? Fakt ist, daß es zum Beispiel innerhalb der bürgerlichen politischen Ökonomie, ungeachtet aller Zustimmung und Würdigung, auch durchaus ernstzunehmende kritische Stimmen zu Cassels Theorie gibt. Stavenhagen macht beispielsweise darauf aufmerksam, daß „infolge zu weitgehender Vereinfachung der Zusammenhänge“ durch dieses theoretische Konzept „eine Reihe von Problemen“[79] bleibt. Dobretsberger vermerkt, daß Cassel „mit der Theorie der Kaufkraftparitäten zu einseitig das Preisgefälle zwischen den Währungsbereichen als Bestimmungsgrund der Wechselkurse“[80] ansehen würde, daß sie in Gestalt der Preise „nur einen Faktor der Wechselkurse heraus(greift) und ... daher gewisse Anomalien der Kursbildung nicht erklären“[81] kann. Schließlich seien die Preise „eben nicht der einzige Bestimmungsgrund für die Wechselkurse – hierin dachte Cassel zu eindeutig“[82].

In der marxistisch-leninistischen politischen Ökonomie wird der Wechselkurs im heutigen Imperialismus sowie die Bedeutung der ihn behandelnden bürgerlichen Theorie (inclusive Cassels Kaufkraftparitäten-Theorie) keineswegs immer übereinstimmend gesehen. Während ein erheblicher Teil der marxistisch-leninistischen Ökonomen, zu dem auch wir uns zählen, schon eine Bedeutung dieses Kurses für die Kapitalverwertung im internationalen Maßstab anerkennt, gibt es auch gegenteilige Positionen.

Behrens stellt beispielsweise im Zusammenhang mit Cassels Kaufkraftparitäten-Theorie fest: „Praktisch ist der Wechselkurs für die staatsmonopolistische Wirtschaft von relativ geringer Wichtigkeit. Selbst für die internationalen Kapitalbewegungen ist der Kurs nicht wesentlich.“[83]

[77] G. Cassel, Theoretische Sozialökonomie, a. a. O., S. 613.
[78] C. Rist, Geschichte der Geld- und Kredittheorien, a. a. O., S. 128.
[79] G. Stavenhagen, Geschichte der Wirtschaftstheorie, a. a. O., S. 536.
[80] J. Dobretsberger, Das Geld im Wandel der Wirtschaft, a. a. O., S. 125.
[81] Ebenda, S. 271.
[82] Ebenda, S. 272.
[83] F. Behrens, Grundriß der Geschichte der politischen Ökonomie, Band 4, a. a. O., S. 46.

Wir sind der Auffassung, und hier schließen wir uns der Meinung von Frank Latka an[84], daß Cassel als bürgerlicher Ökonom mit seiner Kaufkraftparitäten-Theorie einen durchaus ernstzunehmenden Beitrag zur Behandlung der Währungskursproblematik liefert. Dies betrifft vor allem drei Problemkreise:

Erstens liefert er eine kritische Analyse des kapitalistischen Weltwährungssystems in der ersten Etappe der allgemeinen Krise des Kapitalismus.

Zweitens werden mit einer eingehenden Behandlung der Modifikationen des Mechanismus des kapitalistischen Weltwährungssystems nach 1914 Fragen angesprochen, die für die politökonomische Durchdringung des Währungsproblems von Gewicht sind. So geht es ihm darum, die *Veränderungen* des Währungskurses im Zeitablauf zu erklären und nicht bei dessen Stand zu verharren.

Drittens ist seine Kaufkraftparitäten-Theorie durchaus eine bestimmte Weiterentwicklung der vorhandenen bürgerlichen Währungskurs- und Zahlungsbilanzkonzeptionen.

Und insbesondere kommt Cassels Theorie „dem allgemeinen Gesetz (Oszillationszentrum, Grundtendenz) des Währungskurses näher als irgendeine andere damalige oder heutige bürgerliche Währungskonzeption“[85]. Es ist immerhin bemerkenswert, daß Cassel – im Unterschied zu vielen seiner Zunftkollegen – den Währungskurs und seine Bewegungen nicht nur aus ökonomischen Oberflächenerscheinungen, den Schwankungen von Angebot und Nachfrage nach Währungen auf dem Devisenmarkt, erklärt. Vielmehr ist er bemüht, durch das Aufgreifen der Kaufkraftparitäten-Problematik dem Währungskurs als objektive ökonomische Kategorie der internationalen Wirtschaftsbeziehungen ein substantielleres Schwankungszentrum zu geben.

Ausgehend davon, daß das Wesen des Wertgesetzes in den internationalen Wirtschaftsbeziehungen der internationale Äquivalenzaustausch ist, bedeutet nun in der praktischen Konsequenz „der Vorschlag Cassels, die Währungskurse entsprechend der *Kaufkraftparität* festzulegen, die *Vermeidung eines durch die Währungskurse*

[84] F. Latka, Zum Wesen des Währungskurses und seiner Bedeutung für die sozialistische Volkswirtschaft sowie zu einigen Problemen bei der Festlegung ökonomisch begründeter Kurse gegenüber kapitalistischen Währungen, Dissertation B, Berlin 1983, S. 2.

[85] Ebenda, S. 3.

(zusätzlich) *verursachten Nichtäquivalenzaustausches im internationalen Handel*"[86]. Was sind nun prinzipielle Haupteinwände gegen Cassels Theorie?

Erstens erweist sich die Ablehnung der objektiven Arbeitswertlehre, die weitgehende Identifizierung von Wert und Preis sowie die Annahme, „daß das allgemeine Warenpreisniveau im Grunde genommen ein monetärer Begriff ist"[87], als theoretisch wenig geeignet, um Grundfragen der Geldwert- und Währungskursproblematik politökonomisch exakt zu klären. Damit verschließt man sich der Erkenntnis, daß Veränderungen im materiellen Produktionsprozeß den Schlüssel zum Verständnis der Prozesse darstellen. So bleibt man im Grunde nur der Zirkulationssphäre verhaftet. Das heißt, es ist daher auch kaum möglich zu erfassen, daß der Währungskurs die relativ differenzierten nationalen Arbeitsaufwendungen zum Erhalt einer bestimmten Quantität internationaler Arbeit bzw. Wert widerspiegelt.

Zweitens vermittelt Cassels Konzept den – freilich illusionären – Glauben, daß die Gegensätze und Konflikte im internationalen kapitalistischen Währungssystem durch eine Fixierung von Währungskursen entsprechend der Kaufkraftparität im Rahmen wirtschaftspolitisch „rationeller" internationaler Übereinkünfte[88] beseitigt werden können. Es entsteht der Eindruck, daß so ein störungsfreies Funktionieren der kapitalistischen Weltwirtschaft, eine gleichgewichtige Entwicklung des internationalen Handels und der Wirtschaft möglich sei. Insofern liegt in seinen gleichgewichtskonzeptionellen Gedanken eine fundamentale Mißdeutung grundlegender ökonomischer Gesetze der kapitalistischen Produktionsweise. Beispielsweise wird negiert, daß die kapitalistischen Länder dem Gesetz der ungleichmäßigen ökonomischen und politischen Entwicklung unterworfen sind und es daher zu ökonomischen Unterschieden und Disproportionen auf allen wirtschaftlichen Gebieten kommt, die direkt oder indirekt auch auf die Währungskurse durchschlagen. Sie untergraben alle paritätsorientierten Kurse und bringen so Labilität im Währungsmechanismus des Kapitalismus hervor. Diese ist kaum auf Dauer durch internationale Abkommen aufzuheben; die praktische Realität des heutigen Imperialismus hat dies im übrigen

[86] Ebenda, S. 17a.

[87] G. Cassel, Die Krise im Weltgeldsystem, a. a. O., S. 54.

[88] Vgl. G. Cassel, Das Geldproblem der Welt. Erste Denkschrift, a. a. O., S. 11.

anhand der vielfältigen Konflikte gerade im Währungskursbereich hinreichend demonstriert!

Drittens negiert Cassel im Prinzip die internationale Wertentfaltung. Die theoretische und methodologische Ursache dafür ist seine Zurückweisung der Arbeitswertlehre. Er erkennt weder den internationalen Äquivalenzaustausch als Grundtendenz des internationalen Handels noch die innere Äquivalenzfunktion des Währungskurses.

Viertens geht Cassels Theorie insofern von falschen ökonomischen Prämissen aus, als sie unterstellt:

„– praktisch die gesamte inländische Güterproduktion kann in den internationalen Handel einbezogen werden;
– Versandkosten spielen keine Rolle;
– hohe, internationale Preiselastizitäten des Güterangebots bzw. der Güternachfrage;
– export- und importunabhängige Devisenvorgänge – wie Spekulationen – sind aus der Bestimmung des Wechselkurses ausgeschlossen“[89].

Doch diese Prämissen sind in der ökonomischen Wirklichkeit des Imperialismus in keiner Weise gegeben. So wird beispielsweise das „Inlandspreisniveau ... auch von Güter- und Dienstleistungen bestimmt, die in den internationalen Handel überhaupt nicht einbezogen werden können (Grundstücke, Wohnungsnutzung etc.)“[90]. Kurzum, die von Cassel unterstellten, jedoch nicht anzutreffenden Voraussetzungen beschränken prinzipiell die Aussagekraft und den Realitätsgehalt seiner Theorie von der Kaufkraftparität.

Wir haben in den letzten drei Kapiteln versucht, jene wesentlichen theorienhistorischen Prozesse in der bürgerlichen politischen Ökonomie aufzuzeigen, die von Bedeutung für die Ausprägung des Neomonetarismus waren.

Wir begannen beim monetaristischen Denken in der Periode der Vorbereitung der Herausbildung des Kapitalismus, verfolgten Hauptetappen der Genesis der Quantitätstheorie des Geldes. Schließlich behandelten wir jene geld- und währungstheoretischen Aspekte der bürgerlichen politischen Ökonomie, die unter den Bedingungen des sich entfaltenden Imperialismus insbesondere zum Ende der 30er bzw. Anfang der 40er Jahre Ansatz- oder Ausgangspunkte

[89] R. Hickel, Valuta und Währung, a. a. O., S. XVI.
[90] Ebenda, S. XVII.

für die Ausarbeitung des Neomonetarismus darstellten. Dabei geht es sowohl um bestimmte politökonomische Dogmen und Doktrinen (Quantitätstheorie, Primat der Geldmenge!) als auch um konzeptionell-methodische Aspekte (Verabsolutierung der Geld- und Zirkulationssphäre!), die in den verschiedenen Perioden ausgearbeitet und dann bis zum Neomonetarismus „weitergereicht“ wurden. Das heißt, sie wurden von ihm aufgegriffen und den ökonomischen, politischen und ideologischen Bedingungen des entwickelten Kapitalismus entsprechend angepaßt und weiterentwickelt. Zugleich erfolgte die Kombination mit neuartigen Überlegungen und Argumentationen, die speziell die Rolle des Staates, seiner Wirtschaftspolitik, der monetären Institutionen und Instrumentarien, den Einfluß bestimmter monetärer Kategorien, die Stabilität des privaten Sektors der Wirtschaft sowie geschichts- und sozialphilosophische Fragen betrafen. So entstand schließlich der *Neo*monetarismus, dessen historische Funktion und Einordnung innerhalb des Kapitalismus gänzlich anders ist als die des Monetarismus; wir verwiesen bereits darauf.

Natürlich wäre durchaus die Frage berechtigt, weshalb wir die Darstellung der theorienhistorischen Entwicklung des Neomonetarismus im Grunde mit der ersten Etappe der allgemeinen Krise des Kapitalismus ausklingen lassen. Ohne Zweifel würde es noch manche ideengeschichtlich interessanten Aspekte zu beleuchten geben. Doch für uns sind das Ende der 30er bzw. der Anfang der 40er Jahre insofern eine Zäsur, weil in diese Zeit entsprechende Ausarbeitungen der „Chicagoer Schule“ zum Geld und zur Quantitätstheorie fallen, Und etwa ab diesem Zeitraum datieren auch die ersten grundlegenden Arbeiten von Milton Friedman als einem Stammhalter des Neomonetarismus. Wenngleich, eine größere, über akademische Fachkreise hinausgehende Ausstrahlung und Öffentlichkeitswirkung vermag der Neomonetarismus erst zum Ende der 50er bzw. zum Beginn der 60er Jahre zu erzielen,[91] um dann auf dem Hintergrund verschärfter Krisenprozesse Ende der 60er, Anfang der 70er Jahre in breiter Front in den imperialistischen Metropolen wirtschaftswissenschaftlichen Einfluß und politische Publizität zu erlangen.

[91] Vgl. auch: G. Vandewalle, Die Entwicklung der amerikanischen ökonomischen Theorie während der letzten zwanzig Jahre (1963–1983), a. a. O., S. 9/10.

Kapitel 6

Neomonetarismus – ein konservatives Glaubensbekenntnis

6.1. Ursachen der Wende zum Konservatismus in der bürgerlichen Ökonomie

Eine der wichtigsten Ursachen für die Verbreitung des Neomonetarismus, das heißt aggressiver wirtschaftsliberaler Ideen zu Beginn der 70er Jahre, war der Sieg konservativer Kräfte in den imperialistischen Hauptländern. Mit den hinter Reagan, Thatcher und Kohl stehenden Monopolkreisen kamen Kräfte an die Macht, die bereits seit langer Zeit die keynesianische Losung einer möglichst hohen Beschäftigung attackierten. Die neomonetaristischen Dogmen wurden zu einem wichtigen Bestandteil der gegenwärtigen Administrationen in den USA, Großbritannien, der BRD und wirkten als Richtschnur bei der Ausarbeitung der Wirtschaftspolitik. Der US-amerikanische Ökonom Tobin charakterisierte zutreffend die neomonetaristische Doktrin als „Hauptbestandteil der konservativen Ideologie".

Die 80er Jahre machten besonders deutlich, daß in der allgemeinen Krise des Kapitalismus Wirtschaftskrisen, vor allem durch die Verschärfung sozialer Konflikte, mit besonderer Vehemenz die politische und ökonomische Reaktion in Gestalt des Neomonetarismus provozierten: Das Monopolkapital verstärkt den Druck auf Politik und Ökonomie, um günstigere Bedingungen zu schaffen, die Krisenlasten auf die Werktätigen abzuwälzen und eine politische Stabilität zu erzwingen, die die Kapitalverwertung sichern hilft. Besonders deutlich wurde das in den USA.

Die Strukturveränderungen in der US-amerikanischen Industrie im Gefolge der wissenschaftlich-technischen Revolution hatten zu Kräfteverschiebungen innerhalb des Monopolkapitals geführt. Entsprechend ihrem gewachsenen ökonomischen Gewicht drängten die in den 50er und 60er Jahren vor allem im Südwesten entstandenen sogenannten neuen Gruppierungen des USA-Monopolkapitals – insbesondere der Elektronik-, Luftfahrt- und Raumfahrtindustrie – nach einer stärkeren Beteiligung an der politischen Macht. Für sie ist die Rüstungsproduktion die Haupt- oder eine der Hauptquellen der Kapitalakkumulation, während sie für die Monopole im Nordosten der USA nur eine ihrer vielfältigen Investitionsrichtungen ist. Das Auftreten neuer Gruppierungen der Finanzoligarchie auf der Bühne des amerikanischen politischen Lebens brachte zusätzliche Elemente der Aggressivität und des Abenteurertums ein, zumal bereits jetzt ein Fünftel der gesamten ökonomischen Tätigkeit der USA von Rüstungsausgaben abhängig ist. Das spiegelt sich auch im bürgerlichen ökonomischen Denken wider.

Verstärkt werden diese Tendenzen durch den Umstand, daß die geschäftlichen Interessen der von der gegenwärtigen Administration vertretenen Kreise vorwiegend auf den inneramerikanischen Markt gerichtet sind. Die sich aus dieser Situation ergebende „nationale Kurzsichtigkeit“, die Mißachtung internationaler Abhängigkeiten der USA und daraus resultierender Zwänge bedingten in gewissem Maße die besondere Rücksichtslosigkeit bei der Jagd nach Maximalprofit. Praktisch befanden sich alle Gruppierungen des USA-Kapitals in einer Situation, die durch die bisherigen, vorwiegend keynesianischen Methoden staatsmonopolistischer Regulierung nicht zu bewältigen war. Es verstärkte sich die Unzufriedenheit breitester Monopolkreise mit dem keynesianischen Wirtschaftskurs.

Auf ähnliche Weise, jedoch kontinuierlicher, wirkten die langfristigen bzw. chronischen oder permanenten ökonomischen Krisenprozesse in allen imperialistischen Hauptländern. Sie verstärken nicht nur die politische Labilität, sondern förderten direkt die konservative politische Neigung. Wie die Wirtschaftskrisen signalisierten auch sie seit Ende der 60er bis Mitte der 70er Jahre bereits das Versagen des vorrangig an der keynesschen Theorie orientierten staatsmonopolistischen Regulierungsmechanismus und forderten zu neuen Konzeptionen im gesamten inneren und internationalen Wirtschaftssystem heraus. Diese Reaktionen auf ökonomische Komplikationen, die zumeist als „Suche nach Auswegen“ gekennzeichnet wurden, beinhalteten vor allem objektive Vorgänge, die sich mit neuen oder erneuerten Konzeptionen verbanden, die insgesamt also sowohl spontane als auch gesteuerte ökonomische, politische und ideologische Anpassungsprozesse an die gegebene Situation waren.

Weiterhin kam es, bedingt durch die Vergesellschaftungsprozesse der Produktion und den weiteren Ausbau des staatsmonopolistischen Herrschaftssystems bis in die 70er Jahre hinein, zu einem schnellen Anwachsen der Zahl der Staatsbeschäftigten und der Staatskosten.[1] Besonders schnell wuchsen die Personalkosten. Die Monopolbourgeosie hat jedoch – neben dem grundlegenden Interesse, ihre Herrschaft mit Hilfe des Staates abzusichern und alle gesellschaftlichen Prozesse in ihrem Interesse zu lenken und zu regulieren – seit jeher ein großes Interesse an einer „wohlfeilen Regierung" und an einem „wohlfeilen Staat". Daher trat nach einer Periode der starken extensiven Ausdehnung der staatlichen Verwaltung zwangsläufig die Frage nach der Intensivierung der Verwaltungstätigkeit im staatlichen Bereich stärker in den Mittelpunkt der Diskussion. Auch in diesem Bereich wurde Effektivität zu einem wichtigen Grundsatz der Herrschenden. Der Grundtenor der Diskussion bestand darin, mehr Herrschaftssicherung mit weniger Staatsbeschäftigten zu erreichen und die in den USA bis heute wirkende Tendenz des Anwachsens der Zahl der Staatsbeschäftigten zu stoppen bzw. sogar umzukehren.

Mit dieser Diskussion war folgende Tatsache verbunden: Nachdem bis zu Beginn der 70er Jahre das staatsmonopolistische Herrschaftssystem insgesamt, der Staat als sein Kern und dessen bürokratischer Verwaltungsapparat relativ reibungsfrei funktioniert hatten, zeigten sich in den 70er Jahren deutliche Krisenerscheinungen, vertiefte sich die politische Labilität des staatsmonopolistischen Herrschaftssystems. Dies betrifft nicht nur die Parteien und die Regierung, sondern auch jenen Bereich, der über lange Zeit als der stabilste des imperialistischen Herrschaftssystems galt – den bürokratischen Verwaltungs- und Unterdrückungsapparat. Die politische Labilität kommt hier vor allem in der zunehmenden Unfähigkeit zum Ausdruck, auf die in Krisenzeiten schnell wachsenden und wechselnden Anforderungen an den Staat (beispielsweise durch sinkende Wachstumsraten, Strukturkrisen, zunehmende Arbeitslosigkeit, Inflation, Kriminalität) entsprechend zu reagieren. Das heißt, die soziale Manövrierfähigkeit des Kapitalismus ist im Verhältnis zu den entstandenen neuen Notwendigkeiten und der Komplexität der herangereiften Fragen der Gesellschaft kleiner geworden.

[1] Vgl. V. Perlo, Die bürgerliche politische Ökonomie gegen die Interessen der Werktätigen, in: Probleme des Friedens und des Sozialismus (Prag), 12/1980, S. 1667; H. Jung, Deformierte Vergesellschaftung, Berlin 1986.

Das führte zum deutlichen Absinken der Effektivität bürokratischer Verwaltung und damit auch der Machtausübung. Angesichts dessen wurde von neomonetaristischen Ökonomen und Politikern die Frage aufgeworfen, wie, auf welchen Wegen und mit welchen Mitteln das staatsmonopolistische Herrschaftssystem und vor allem der Staat (als dessen Kern) den Existenzbedingungen und Zielen der Monopolbourgeoisie in den 80er Jahren besser angepaßt werden können, und wie die derzeit eingeschränkte Funktionsfähigkeit dieses Systems überwunden werden kann.

Ein weiteres Motiv der demagogischen neomonetaristischen Staats- und Bürokratiekritik resultierte aus der abnehmenden Fähigkeit des staatsmonopolistischen Herrschaftssystems, große Teile der Bevölkerung an dieses System zu binden und eine stabile Massenbasis für die Herrschaft der Monopolbourgeoisie zu sichern. Der Aufschwung der Klassenkämpfe seit Ende der 60er Jahre in allen imperialistischen Ländern, die Stärkung demokratischer Bewegungen und das Entstehen neuer demokratischer Bewegungen sind Ausdruck für diese nachlassende Fähigkeit. Neomonetaristische Theoretiker beklagen in diesem Zusammenhang immer wieder eine zunehmende Staats- und Parteienverdrossenheit.

Damit wird deutlich, daß die konservative neomonetaristische Ideologie das Ergebnis komplizierter, oft auch widersprüchlicher Prozesse ist. Sie vollziehen sich im gesellschaftlichen Bewußtsein der USA, Großbritanniens und anderer imperialistischer Länder und sind durch innere Krisenerscheinungen sowie verstärkte Auflösungserscheinungen in der bürgerlichen politischen Ökonomie und der politischen Praxis bedingt. Zugleich haben wir es mit dem Resultat einer bewußten politischen und ökonomischen Taktik bestimmter Kreise der Bourgeoisie zu tun, die auf konservativen Positionen stehen.

6.2. Ursachen und Apologetik der demagogischen neomonetaristischen Kritik an der staatlichen Wirtschaftspolitik

Einflußreiche neomonetaristische Theoretiker wie Milton Friedman in den USA und Wolfram Engels in der BRD verknüpften in ihren Werken aggressiven Wirtschaftsliberalismus mit einer demagogischen Kritik an der Bürokratie und staatlichen Interventionen. Unter der Flagge der Kritik an staatlichen Regulierungen spricht sich der Neomonetarismus gegen die Einmischung des Staates in die Angelegenheiten der privaten Monopole und für die Durchsetzung zweier Prinzipien aus: die Begrenzung und die Dezentralisierung staatlicher Aktivitäten. Diese demagogische Staats- und Bürokratiekritik ist ein wesentlicher theoretischer Pfeiler des Neomonetarismus und zutiefst konservativ.

So schreiben Milton und Rose Friedman: „Doch heutzutage ist der Staat, die Regierung der größte Störfaktor der freien Marktwirtschaft – er beeinflußt sie durch Zölle und andere Beschränkungen des internationalen Handels oder er stoppt oder beeinflußt die Inlandspreise und Löhne oder er erläßt Verordnungen für bestimmte Industriezweige. Er produziert hektische Inflation durch monetäre und fiskalpolitische Eingriffe und stört die Marktwirtschaft durch andere Kanäle."[2]

Diese demagogische Staatskritik ist der politisch-ideologische Kristallisationspunkt, quasi die übergreifende zentrale These, die sowohl den inneren ökonomischen Aspekt (Geldmengenregulierung) als auch den äußeren ökonomischen Aspekt (floatende Währungskurse) des Neomonetarismus durchzieht. Hierauf gehen wir noch ausführlich ein. In der Analyse und Einschätzung der neomonetaristischen Positionen zu diesem Kernproblem der Machtfrage, des Klassenkampfes – nämlich der Rolle und Stellung des Staates im kapitalistischen System – liegt ein wichtiger Schlüssel für die Charakteristik aller weiteren ökonomischen Auffassungen und Handlungen. Die These „Mehr Markt – weniger Staat" ist jedoch irreführend und entspricht nicht den wirklichen Zielen konservativer Theoretiker des Neomonetarismus. Sie dient vielmehr der apologetischen Verteidigung einer Konzeption, die den Abbau staatlicher Sozialausgaben zugunsten des Monopolkapitals und zugunsten der Rüstung bezweckt. Daher geht es nicht um eine globale Verminderung der staatsmonopolistischen Regulierung, sondern um eine Umorientierung staatlicher Wirtschaftsaktivitäten. „Es sollen... jene Bereiche des Staates zurückgedrängt werden, die sich – gemäß der Logik konservativer Wirtschaftstheorie – gegen die Prozeßregeln und Ergebnisse einer ‚gewinngesteuerten Marktwirtschaft'

[2] Vgl. M. und R. Friedman, Chancen, die ich meine, Berlin (West) – Frankfurt a. M. – Wien 1980, S. 29/30.

richten ... Die unmittelbarere Funktionalisierung des imperialistischen Staates zugunsten des privatmonopolistischen Kapitals charakterisiert das Konzept konservativer Wirtschaftstheorie und -politik."[3] „Freies Unternehmertum" und „Eigeninitiative" (Profitstreben) sollen gefördert werden, indem der Staat nicht antizyklisch regulierend eingreift, sondern lediglich langfristig konstante Rahmenbedingungen schafft, innerhalb derer sich das „freie Spiel der Kräfte" durchsetzt. Dies bedeutet nichts anderes, als daß das Großkapital im eigenen Interesse schalten und walten kann, ohne profitmindernden Einschränkungen durch staatliche Sozialpolitik ausgesetzt zu sein. Es sind die mächtigsten Monopole, die den Staat aus ihren Geschäften heraushalten oder ihn lediglich ihren Zwecken dienstbar machen wollen, die hinter der konservativen Konzeption des Neomonetarismus stehen.

Worin zeigt sich nun das konservative Wesen des Neomonetarismus im einzelnen? In welchem Verhältnis stehen Konservatismus und Liberalismus? Es scheint zunächst, daß bei Anwendung der Begriffspaare Konservatismus und Liberalismus sowie Neokeynesianismus und Neomonetarismus bestimmte Schwierigkeiten auftreten.[4] Beispielsweise werden solche Leitsätze des klassischen Liberalismus wie die selbsttätige Regulierung des Marktes und der Preise sowie die Einschränkung der staatlichen Einmischung, die gegenwärtig vom Neomonetarismus aufs Tapet geschrieben werden, heute als konservativ angesehen. Und umgekehrt ist die früher vom konservativen Block vertretene Idee eines starken Staates Bestandteil der Ideologie der heutigen US-amerikanischen Liberalen und findet in der staatsmonopolistischen Regulierungskonzeption der Neokeynesianer ihren Niederschlag.

Viele dieser hier angesprochenen Schwierigkeiten und Meinungsverschiedenheiten über die Zuordnung einzelner Strömungen bürgerlicher politischer Ökonomie zum Konservatismus erklären sich aus der inneren Heterogenität der bürgerlichen politischen Ökonomie. Durchforstet man beispielsweise die neomonetaristische

[3] G. Krause, Zum Zusammenhang zwischen Krise der staatsmonopolistischen Regulierung und verstärkter Aktivierung konservativer Wirtschaftstheorie und -politik, in: Konservatismus heute, Teil III, 16/1982, S. 11 (Berichte der Humboldt-Universität zu Berlin).

[4] Vgl. H. Meißner, Konservatismus und bürgerliche politische Ökonomie, in: Konservatismus als politische Strömung und politische Ideologie, Berlin 1978, S. 52–54 (Abhandlungen der AdW der DDR, Nr. W4).

Literatur, so wird deutlich, daß auch der Neomonetarismus sehr heterogener Natur ist.[5] Darauf verweisen selbst die konservativen Vertreter, wenn sie über den Neomonetarismus sprechen. Der bekannte amerikanische Ökonom Herbert Stein schrieb in der Zeitschrift „Fortune“: „Die konservativen Ökonomen haben ihr Lehrbuch noch nicht geschrieben, auf alle Fälle haben sie kein solches Lehrbuch geschrieben, mit dem alle einverstanden sein können.“[6]

Was diese unterschiedlichen Spielarten konservativer bürgerlicher Ökonomie vereinigt, ist die gemeinsame Aufgabe der politisch-ideologischen und ökonomischen Rechtfertigung und Stabilisierung historisch überlebter politischer und ökonomischer Strukturen.

Listet man die pauschale und demagogische neomonetaristische Staats- und Bürokratiekritik auf, so sind es vor allem folgende Aspekte staatlicher Tätigkeit, die von den Neomonetaristen kritisiert werden und die das konservative Wesen des Neomonetarismus deutlich hervortreten lassen:

Erstens kritisieren neomonetaristische Ökonomen das Ausmaß, mit dem der kapitalistische Staat heute in die Wirtschaft eingreift. Sie erklären, der Staat mische sich zu weitgehend in die Wirtschaft ein, die Wirtschaft werde schleichend verstaatlicht, die Marktwirtschaft sei bürokratisch überfrachtet. Im Verständnis der Neomonetaristen sind staatliche Eingriffe aber nur zum Schutz der Bürger gegen die „Feinde der Freiheit“ im In- und Ausland gerechtfertigt. Die Wirtschaftspolitik sollte daher von einer nachhaltigen Aufwertung des Privateigentums als des Grundpfeilers des Wirtschaftens getragen sein. Das würde bedeuten, daß der Staat sich in seiner Wirtschaftspolitik immer mehr und unmittelbar auf profitwirksame Maßnahmen und Rahmenbedingungen (Durchsetzung privater Verträge, Förderung des Wettbewerbs auf den Märkten) konzentriert.[7] Die Verwertungsbedingungen kapitalistischer Monopole sollten vom Staat radikaler, ungehemmter und vorbehaltloser gefördert werden. Errichtete Begrenzungen für die Monopole,

[5] So kann beispielsweise vom „neoquantitätstheoretischen“ Neomonetarismus, wie er unter Führung M. Friedmans entwickelt wurde und dem Neomonetarismus der „relativen Preise“, wie er von K. Brunner und A. Meltzer vertreten wird, gesprochen werden.

[6] H. Stein, 8 Questions for Conservatives, in: Fortune (Chicago), 11. 1. 1982, S. 43.

[7] Vgl. M. Friedman, An Essay in Petito Puncipii, in: The American Economic Reviews, Bd. VII, Nashville 1962, S. 295 bis 297.

die vom Staat im Interesse des Gesamtsystems geschaffen wurden, sind fallenzulassen. Der Staat soll seine Potenzen in umfangreicherem Maße für steuerliche Erleichterungen, für ein besseres Investitionsklima der privaten Monopole mobilisieren.[8] Dazu gehöre auch der Abbau von gesetzlichen Bestimmungen, die die private Investitionstätigkeit unnötig verzögern und belasten, zum Beispiel die staatlichen Investitionsauflagen für den Umweltschutz und die angeblich überhöhten Sicherheitsbestimmungen für den Bau von Kernkraftwerken. Wenn aber der Staat intervenieren müsse, dann gebe es ihrer Meinung nach zwei Möglichkeiten oder Methoden.

Bei der ersten Methode beschränkt sich die Regierung darauf, gesetzliche Regeln zu erlassen, in denen die Bedingungen festgelegt sind, innerhalb derer die verfügbaren Ressourcen genutzt werden dürfen. Es bleibt den Individuen überlassen, wie und für welche Ziele sie die Mittel einsetzen.[9] Es müssen langfristig konzipierte, allgemeine, abstrakte, auf jedermann anwendbare Regeln sein.[10] Davon unterschieden wird die zweite Methode, bei der staatliche Institutionen den Einsatz der Produktionsmittel direkt steuern und bestimmten Zwecken zuführen.[11] Neomonetaristen plädieren für die erste Methode. Sie bindet staatliche Institutionen an bestimmte Regeln und ermöglicht ihrer Meinung nach somit eine Kontrolle ihrer Aktivitäten. Solche Forderungen, die vor allem auf dem Hintergrund der Krise der derzeitigen Wirtschaftsregulierung des staatsmonopolistischen Kapitalismus erhoben werden, sind heute aber, angesichts des Entwicklungsstandes der Produktivkräfte, anachronistisch. Und darin zeigt sich auch keinesfalls, daß die Neomonetaristen den bürgerlichen Staat schwächen wollen. Worum geht es also bei der neomonetaristischen Staats- und Freiheitsdemagogie? Freiheit ist für die neomonetaristischen Interessenvertreter des Kapitals jener Grad an sozialer Selbständigkeit, dessen man, abhängig von der eigenen Leistung, fähig ist. Indem Freiheit mit dem Privateigentum an den Produktionsmitteln unmittelbar verknüpft und gefordert wird, daß diese Art von Freiheit durch einen starken Staat geschützt werden soll, wird der monopolkapitalistische Klassencharakter des Neomonetarismus überdeutlich.

[8] Vgl. M. und R. Friedman, Chancen, die ich meine, a. a. O., S. 135—138.
[9] Vgl. F. A. v. Hayek, The Road to Serfdom, London 1944, S. 54/55.
[10] Vgl. F. A. v. Hayek, The Constitution of Liberty, London 1960, S. 154.
[11] Vgl. F. A. v. Hayek, The Road to Serfdom, a. a. O., S. 55.

Entgegen dem konservativen neomonetaristischen Gerede von einem Rückzug des Staates spielt jedoch gerade der imperialistische Staat als Hauptinstrument der Klassenherrschaft der Monopole bei der Verwirklichung dieser Politik eine zentrale Rolle.

Als blanke Demagogie erweist sich die Formel „weniger Staat" schon dann, wenn man einen Blick auf die Rolle des Staates im Monopolisierungsprozeß wirft. Mit 68 registrierten Konzerneingliederungen und -zusammenschlüssen, bei denen fast 120 Milliarden US-Dollar Umsatz und nahezu eine Million Beschäftigte zentralisiert wurden, ist 1984 der bisherige Höchststand des Jahres 1981 bei weitem übertroffen worden. Im Durchschnitt hatten die eingegliederten Unternehmen jeweils 1,8 Milliarden US-Dollar Jahresumsatz und 13800 Beschäftigte. Der Anstieg auf ein vorher nicht erreichtes Niveau ist hauptsächlich darauf zurückzuführen, daß die Großaufkäufe im Primärenergie- und Rohstoffbereich noch extrem hochschnellten. Fast zwei Drittel des enormen Anstiegs resultieren aus Aufkäufen im Ölsektor der USA. Darunter befand sich die bisher größte und teuerste kapitalistische Firmeneingliederung, die Übernahme der zu den „sieben Schwestern" des internationalen Erdölkartells gehörenden riesigen Ölgesellschaft Oil of California für 13,5 Milliarden US-Dollar. Von ähnlich herausragendem Gewicht war die Übernahme des USA-Ölkonzerns Getty Oil durch den Rivalen Texaco für 10,1 Milliarden US-Dollar.[12]

Im Kampf um die Behauptung internationaler Konkurrenzpositionen wird auch in der BRD gegenwärtig unverhüllt ein Kurs auf monopolistische Konzentration sowie auf hohe Monopolprofite verfolgt. Dazu gehört auch, daß der Staat – selbst im Rahmen der bestehenden Gesetze – keinerlei Versuche zur Einschränkung der Monopolmacht unternimmt.[13] In diesen Prozessen kommt ein Widerspruch zum Ausdruck, in dem sich die Monopolbourgeoisie heute befindet: Einerseits kann sie ohne die aktive ökonomische Tätigkeit des Staates nicht mehr auskommen. Das ist vor allem Ausdruck der Vergesellschaftungsprozesse und der damit verbundenen Notwendigkeit, Wirtschaftsprozesse zunehmend zentral zu leiten und zu planen. Das heißt, der staatsmonopolistische Kapi-

[12] Vgl. M. Heyn/R. Weiß, Monopolkapitalistische Zentralisationsprozesse, in: IPW-Berichte, 12/1985, S. 54.

[13] Vgl. H. Grünert/R. Weiß, Grundzüge des gegenwärtigen Monopolisierungsprozesses in der BRD, in: IPW-Berichte, 11/1985, S. 22.

talismus ist für die Monopolbourgeoisie unter den heutigen Bedingungen objektiv notwendig. Andererseits muß es auch im staatsmonopolistischen Kapitalismus zu Widersprüchen zwischen einzelnen Monopolen und Monopolgruppen bzw. zwischen diesen und dem Staat kommen, so daß sich einzelne Monopole und Monopolgruppen durch die ökonomische Tätigkeit des Staates in ihrer Entscheidungsfreiheit beeinträchtigt fühlen.

Lenin zählte den wirtschaftslenkenden Apparat zu den materiellen Elementen, die sich im Schoße des Kapitalismus entwickeln und die die Arbeiterklasse in der Revolution um keinen Preis zerstören dürfe, sondern übernehmen und umgestalten müsse.[14] Besonders in Zeiten zugespitzter Krisenhaftigkeit wird das Verhältnis von Staat und Monopolen, wird die Frage nach dem Ausmaß der Tätigkeit des Staates in der Wirtschaft selbst zum Feld der Auseinandersetzung, werden vielfältige Versuche unternommen, dieses Maß neu zu bestimmen.[15] Die Frage nach mehr oder weniger Staat in der Wirtschaft ist jedoch keine von der Monopolbourgeoisie frei zu entscheidende Frage, auch wenn von neomonetaristischen Theoretikern dieser Eindruck hervorgerufen wird. In den die neomonetaristische Wirtschaftspolitik betreibenden imperialistischen Ländern wird nicht Rückkehr zum „freien Markt“, sondern weitere Ausprägung des staatsmonopolistischen Kapitalismus, ganz besonders im Interesse der reaktionärsten und aggressivsten Kreise der Monopolbourgeoisie, praktiziert. Rüstungsausgaben in Milliardenhöhe, bisher nie dagewesene Rüstungsprogramme korrespondieren mit dem schnellen Anwachsen des militärischen Bereichs im Staatsapparat. Obwohl bereits gegenwärtig große Teile der Beschäftigten des zentralen Staatsapparates dieser Länder in den Kriegsministerien tätig sind, soll deren Zahl weiter erhöht werden.[16]

Zweitens zielt die demagogische neomonetaristische Staatskritik auf den Teil des Staates, der zur Realisierung seiner sozialpolitischen Funktion geschaffen wurde. Wenn Neomonetaristen „weniger Staat“, „weniger Bürokratie“, „Kampf gegen Wohlfahrtsschwindler“

[14] Vgl. W. I. Lenin, Werden die Bolschewiki die Staatsmacht behaupten, in: Werke, Bd. 26, Berlin 1961, S. 89.

[15] Vgl. L. Maier, Aktuelle Probleme des staatsmonopolistischen Kapitalismus, in: IPW-Berichte, 7/1980, S. 9.

[16] Vgl. F. Lieberam/K. H. Röder, Autoritäre Tendenzen des imperialistischen Marktmechanismus, in: Einheit, 3/1982, S. 303.

fordern, dann meinen sie in allererster Linie Abbau der staatlichen Sozialpolitik und der dafür vorgesehenen staatlichen Apparate.

Mit der neomonetaristischen Kritik am „bürokratischen Sozialstaat" wird heute der Anschein erweckt, als seien die von den Werktätigen erkämpften und gesetzlich garantierten Regelungen auf sozialem Gebiet eine, wenn nicht gar die hauptsächliche, Ursache der staatsmonopolistischen Bürokratisierung der Gegenwart und zugleich Hauptursache der Krise. Die Friedmans behaupten: „Die Liste der Wohlfahrtempfänger wächst trotz steigendem Wohlstand. Eine riesige Bürokratie widmet sich hauptsächlich der Tätigkeit des Hin- und Herschiebens von Formularen, statt sich um die Menschen zu kümmern und ihnen zu dienen ... Das Land teilt sich immer mehr in zwei Klassen von Staatsbürgern auf, in eine Klasse, die Unterstützung erhält, und in die andere, die dafür bezahlt. Diejenigen, die Fürsorgeunterstützung beziehen, haben wenig Anreiz, selbst Geld zu verdienen." [17]

Der Hintergrund für diese ausgesprochen demagogische Linie – in Verfälschung des Klassenwesens des derzeitigen monopolkapitalistischen Staates wird behauptet, der imperialistische Staat sei ein „Wohlfahrtsstaat" – besteht in folgendem: Unter den Bedingungen der intensiv erweiterten Reproduktion der Arbeitskraft haben sich neue Bedürfnisse der Arbeiterklasse herausgebildet (zum Beispiel erhöhtes Bedürfnis nach sozialer Sicherheit, nach Qualifikation, nach Erholung, das Bedürfnis nach allseitiger Persönlichkeitsentwicklung), die nur noch durch staatliche Regelungen befriedigt werden können. Die Monopolbourgeoisie hat zu keinem Zeitpunkt die Bedingungen dafür in erforderlichem Maße geschaffen. Sie war und ist immer nur zu den sozialen Zugeständnissen bereit, die die Arbeiterklasse im Kampf durchsetzt. Gegenwärtig ist sie jedoch auch zu dem bisher erreichten Ausmaß staatlicher Sozialleistungen nicht mehr bereit. Unter den Bedingungen der ökonomischen Krise und geschrumpfter Zuwachsraten trachtet sie danach, den Anteil staatlicher Sozialleistungen zu stoppen und möglichst zu reduzieren.

Dieser Angriff auf die sozialen Rechte und Errungenschaften der Werktätigen mit dem Ziel, die bestehenden Verteilungsverhältnisse nachhaltig zugunsten der Monopolbourgeoisie zu verändern, wurde

17 M. und R. Friedman, Chancen, die ich meine, a. a. O., S. 122.

in den vergangenen Jahren von neomonetaristischer Seite häufig unter dem Deckmantel des Antibürokratismus vorgetragen. Auf die im Alltagsbewußtsein verbreitete Abneigung gegen die Bürokratie spekulierend, bedienen sich Neomonetaristen bei ihrer Kritik der Sozialleistungen des Staates eines vordergründigen Angriffs auf die Funktionsweise der staatlichen Apparate, die zur Befriedigung der neuen Bedürfnisse geschaffen wurden. Sie behaupten, weniger „bürokratische Bevormundung“ und „Gängelei“, weniger „bürokratische Kontrolle“ des einzelnen durch den Staat und mehr „Freiheit der Persönlichkeit“, mehr Durchschaubarkeit des Staates seien nur dann möglich, wenn der soziale Bereich des Staates abgebaut werde. So formulierten die Friedmans: „Ein Zurückschrauben der Sozialversicherung würde die derzeitige entmutigende Auswirkung auf die Beschäftigung beenden und das würde ein höheres Nationaleinkommen bedeuten. Die private Spartätigkeit würde wieder steigen und damit die Kapitalbildung und zugleich würden die Einkommen schneller steigen. Diese Entwicklung würde die private Altersversorgung ankurbeln und zur Sicherheit der Arbeitnehmer beitragen.“ [18]

Mit einer solchen Art von neomonetaristischen Argumentationen und politischen Maximen versuchen die Herrschenden in den imperialistischen Hauptländern nicht nur, ihren bereits eingeschlagenen Kurs des Sozialabbaus und der verstärkten Förderung und Absicherung der Profitinteressen des Monopol- und Rüstungskapitals zu begründen. Auf solche Weise soll Krisenbewußtsein produziert und ideologisch der Boden für die Durchsetzung reaktionärer Politik auf Dauer bereitet werden. Dem dient auch die vordergründige Orientierung der neomonetaristischen Kräfte auf das sogenannte Subsidiaritätsprinzip. Friedman schreibt: „Es ist sicher, daß nichts über die Jahre hinaus soviel dazu beigetragen hat, den Sinn für menschliche Gemeinschaft zu zerstören, die Verantwortung des einzelnen, den weniger Glückhaften beizustehen, wie die Bürokratisierung der Wohltätigkeit. Die Opfer sind und bleiben genauso betroffen. Die Hilfe, die ihnen auf einer persönlichen Basis zuteil wird, würde ein gegenseitiges Gefühl der Verpflichtung anregen. Es würde ihr Selbstvertrauen stärken. Hilfe, die von der Regierung verordnet wird, erzeugt Ressentiments und schwächt

[18] Ebenda, S. 140.

das Selbstvertrauen. Krasser Individualismus war immer der Motor für den Fortschritt."[19]

Subsidiarität bedeutet bei den Neomonetaristen den prinzipiellen Rückzug des imperialistischen Staates aus der sozialen Sicherung. Im Namen von Recht und Freiheit, womit das Recht und die Freiheit der Monopole zur Sicherung von Maximalprofit gemeint sind, wird für eine Einschränkung der sozialen Leistungen des imperialistischen Staates (als Aufgabe von untergeordneter Bedeutung) zugunsten eines Ausbaus seiner Unterdrückungsfunktion plädiert. Die soziale Sicherung der Ausgebeuteten wird zugleich in deren eigene Verantwortung übertragen. Selbsthilfe und krasser Individualismus sollen angeblich geeignet sein, die sich verstärkenden negativen Konsequenzen, welche sich aus der kapitalistischen Profitwirtschaft und deren Krisen ergeben, zu mildern. Letztlich verbirgt sich dahinter nichts anderes, als daß die Werktätigen bereitwillig die Krisenlasten auf ihre Schultern zu nehmen haben, damit die Monopole auch in Zeiten des wirtschaftlichen Niedergangs möglichst ungeschmälerte Profite einstecken können.

Drittens zielt die neomonetaristische Bürokratiekritik auf die Funktionsweise bürokratischer Apparate des Staates. Sie artikuliert das Interesse der Monopolbourgeoisie an „billigerer" und „effektiverer" Machtausübung. Ihre Vertreter klagen über das „Wuchern der Bürokratie" und stimmen in der Beurteilung ihrer Effektivität außerordentlich pessimistische Töne an.

Im neomonetaristischen Klagen über mangelnde Effektivität der Bürokratie reflektiert sich das Anwachsen pessimistischer Stimmungen in der Monopolbourgeoisie im Zusammenhang mit der Vertiefung der allgemeinen Krise des Kapitalismus. In ihnen kommt die tiefe Sorge zum Ausdruck, daß die in der Vergangenheit geschaffenen Organe und Instrumente zur Machtausübung den neuen Anforderungen nicht gerecht werden.

Zur Charakterisierung neomonetaristischer Positionen zur Bürokratie sind aber nicht nur jene Bereiche der staatlichen Tätigkeit von Bedeutung, die zum Gegenstand der Kritik erhoben werden, sondern ebenso jene, die aus der Kritik ausgeklammert werden.

Für monetaristische Bürokratiekritik grundsätzlich tabu ist der gesamte Bereich der Konzernbürokratie, der Bürokratie in den

[19] M. Friedman, Es gibt nichts umsonst. Warum in einer Volkswirtschaft jede Mark verdient werden muß, München 1979, S. 201.

Monopolen und Monopolverbänden. Desweiteren gelten die neomonetaristischen Attacken nicht der staatlichen Bürokratie insgesamt, sondern den „neuen" Bereichen des monopolkapitalistischen Staates und unter diesen in ganz besonderer Weise dem Bereich, der für die Realisierung imperialistischer Sozialpolitik geschaffen wurde. Der gesamte Repressivapparat, einer der Kernbereiche der staatlichen Bürokratie, der in jüngster Vergangenheit in den USA, der BRD und anderen imperialistischen Ländern besonders schnell ausgebaut und modernisiert wurde, findet in der neomonetaristischen Bürokratiekritik nicht einmal Erwähnung. Mehr noch, während einerseits „Entbürokratisierung" im wirtschaftslenkenden und im sozialen Bereich des Staates gefordert wird, steht dem andererseits die Forderung nach einem „starken und wehrhaften Staat" und nach einer „Stärkung der staatlichen Ordnungsfunktion" gegenüber. Die Forderung nach einem „starken Staat" gehört seit jeher zu den Grundelementen des Neomonetarismus. Kategorien wie „Ordnung", „Autorität", „Disziplin" und andere sind im konservativen Staatsverständnis von zentraler Bedeutung.[20]

Beide Forderungen, die nach „Entbürokratisierung" und die nach einem „starken Staat" werden von Neomonetaristen getrennt und in der Regel arbeitsteilig vorgebracht und begründet.

Hier wird ein zutiefst praktisches Bedürfnis der reaktionärsten Kreise der Monopolbourgeoisie sichtbar. Für diese Kräfte ist „Entbürokratisierung" in den „neuen" Bereichen des Staates ohne Stärkung des Repressivapparates heute geradezu undenkbar. Die Verwirklichung der Forderungen nach „weniger Staat im sozialen Bereich", „weniger Gesetzesbarrieren" und „mehr Markt", das heißt noch mehr Handlungsfreiheit der Monopole, führt zur Verstärkung des Widerstandes der Arbeiterklasse. Das wurde zum Beispiel an den Aktionen der Gewerkschaften in den imperialistischen Ländern in der jüngsten Vergangenheit deutlich. Mit der Realisierung einer solchen Politik nimmt auch der Widerstand anderer demokratischer Bewegungen zu. Der autoritäre Staat soll für die zu erwartenden Klassenauseinandersetzungen unter den Bedingungen einer „härteren Gangart" der Monopole gegenüber den Werktätigen die entsprechenden Gegengewichte schaffen. Monopolinteressen sollen nach dem Willen der Neomonetaristen künftig, wenn nötig, auch stärker mit Mitteln der Gewalt durchgesetzt werden.

[20] Vgl. M. und R. Friedman, Chancen, die ich meine, a. a. O., S. 40, 46, 313–319.

KAPITEL 7

Geldmengentheorie – Neuauflage der Quantitätstheorie

7.1. Das neomonetaristische geldpolitische Konzept

Was den Neomonetarismus bzw. seine Vertreter in einflußreichen Kreisen des Monopolkapitals recht attraktiv macht, ist der Anspruch, ein absolut sicheres Mittel gegen die Inflation in der Hand zu haben, das von der Zentralbank eines kapitalistischen Landes in die Praxis umgesetzt werden könne. So behaupten die Neomonetaristen beispielsweise, daß die Bewegung des Nationaleinkommens, Veränderungen bei Beschäftigung und Preisen, der Zustand der Zahlungs- und Handelsbilanz im wesentlichen durch Geld- und Kreditfaktoren bestimmt werden. In ihrer monetär determinierten Wachstumskonzeption sprechen sie sich gegen Einmischung durch Regierungen in die Geld- und Währungssphäre aus, plädieren für die spontan regulierenden Marktkräfte.

Überproduktionskrisen, Inflation und strukturelle Disproportionen treten nach Ansicht der Neomonetaristen nicht gesetzmäßig auf, sondern ergeben sich in der Regel aus chaotischen, durch staatliche Aktivitäten der Konjunktursteuerung verursachten Schwankungen der Geldmenge. Milton und Rose Friedman schreiben: „Heute, wo die allgemeingültigen Tauschmittel keine Beziehung zu irgendeiner Ware haben, wird die Geldmenge in den meisten mächtigen Staaten durch die Regierung bestimmt. Der Staat und allein der Staat ist verantwortlich für jede rasche Steigerung der Geldmenge."[1]

Nach Meinung der Neomonetaristen muß ein leistungsfähiger Wirtschaftsmechanismus ein funktionierendes Geldsystem mit einigermaßen stabilem Geldwert haben.[2] Preissteigerungen erheb-

[1] M. und R. Friedman, Chancen, die ich meine, a. a. O., S. 270.

[2] „Die Währungspolitik besitzt daher für die Wettbewerbsordnung ein Primat"

lichen Ausmaßes könnten die Koordinierung wirtschaftlicher Aktivitäten stark beeinträchtigen. Auch hätten sie nicht selten als Vorwand für direkte staatliche Eingriffe in den Wirtschaftsprozeß gedient.[3] So schreibt Friedrich August von Hayek: „Aus diesem Grunde setzen sich jene, die einem weiteren Vordringen staatlicher Kontrollen Einhalt gebieten möchten, laut und vernehmlich dafür ein, die konzentrierte Aufmerksamkeit der Geldpolitik zu widmen.“[4]

Gegenüber der Fiskalpolitik hat die Geldpolitik bei der Steuerung der Gesamtnachfrage für die Neomonetaristen ganz entscheidende Vorteile aufzuweisen. Sie sehen sie systemkonform: „Geldpolitik ist oder kann zumindest unpersönlich und umfassend wirksam sein. Sie beeinflußt den Marktmechanismus allgemein, ohne in die einzelnen Austauschbedingungen im Detail einzugreifen. Sie ist daher ein geeignetes Instrument, in einer Gesellschaft freier Unternehmer die Gesamtnachfrage zu stabilisieren.“[5]

Aus diesen Gründen heraus begrüßte Friedman Ende der 50er Jahre die zunehmenden neomonetaristischen Tendenzen, die seiner Meinung nach entscheidend zur Aufrechterhaltung und Stärkung einer „freien Marktordnung“ beitrügen.[6]

Friedman lehnt sich hier stark an die theoretischen Gedanken Henry C. Simons an. Simons war der Auffassung, die konjunkturellen Schwierigkeiten des kapitalistischen Systems seien sowohl durch die Erstarrung der Preisstruktur im industriellen Bereich verursacht, was zu Schwankungen von Produktion und Beschäftigung statt von Löhnen und Preisen führt, als auch durch eine unerwünschte Flexibilität des Gesamtumsatzes (Menge und Umlaufgeschwindigkeit) des wirksamen Geldes.[7] Dies führte Simons auf ein Fehlverhalten des Staates zurück, der sich dort, wo es nicht erwünscht ist, in den Wirtschaftsprozeß einschaltet (beispielsweise indem er aus politischen Gründen die relativen Preise beeinflußt), gleichzeitig aber wichtige ihm zufallende Aufgaben vernachlässigt,

(W. Eucken, Grundsätze der Wirtschaftspolitik, 3. Aufl., Tübingen — Zürich 1960, S. 256).

[3] Vgl. M. Friedman, Strengthening Competitive Private Enterprise, in: S. M. Mark (Hrsg.), Economics in Action, 3. Aufl., Belmont 1965, S. 44/45.

[4] F. A. v. Hayek, The Constitution of Liberty, a. a. O., S. 338/339.

[5] M. Friedman, Strengthening Cometitive Private Enterprise, a. a. O., S. 43.

[6] Vgl. ebenda.

[7] Vgl. H. C. Simons, Rules versus Authorities in Monetary Policy, in: ders., Economic Policy for a Free Society, Chicago — London 1948, S. 165.

zum Beispiel eine wirksame Kontrolle der Währungskurse.[8] Um diesen Zustand zu beseitigen, forderte er einen Rahmen stabiler Regeln, durch den eine klare Trennung zwischen staatlicher Kontrolle und der Kontrolle durch den Markt bewirkt werden sollte. Dabei hielt Simons die Errichtung einer dauerhaften Geldordnung für vordringlich. Sie sollte seiner Meinung nach aus langfristig konzipierten Regeln bestehen, die – einmal aufgestellt – vollkommen automatisch, ohne zusätzliche Eingriffe, funktionieren. Simons schreibt: „Lassen Sie mich das Problem als Paradoxon formulieren: wir müssen ein so gutes Geldsystem entwerfen und durchsetzen, an dem wir nach seiner Einführung so überzeugt festhalten wie an einer Religion."[9] Simons gelangte bei seiner Formulierung eines Geldsystems aber zu einem anderen Vorschlag als später Friedman.[10]

Friedmans Arbeiten können also als Fortsetzung dieses von Simons formulierten Programms interpretiert werden[11]: Gemeinsam ist beiden, ein Regelsystem entwickeln zu wollen, das ohne Interventionen von seiten der Regierung funktioniert. Hieraus schlußfolgern die Neomonetaristen dann, es sei notwendig und möglich, solche Institutionen zu entwickeln und durchzusetzen, die es der jeweiligen Regierung ermöglichen, die Verantwortung für das

[8] Vgl. H. C. Simons, A Positive Program for Laissez Faire. Some Proposals for a Liberal Economic Policy, in: ders., Economic Policy for a Free Society, 5. Aufl., Chicago – London 1964, S. 42.

[9] H. C. Simons, Rules versus Authorities in Monetary Policy, a. a. O., S. 169.

[10] Simons schwankte zwischen einer Geldmengenregel (a fixed-quantity rule) und einer Regel, mit der den Währungsbehörden vorgeschrieben werden sollte, einen bestimmten Preisindex zu stabilisieren (price-index-rule) (vgl. ebenda, S. 172–178). Die Geldmengenregel hielt er – wenn überhaupt – erst nach erheblicher Umgestaltung des gesamten Finanzsystems, insbesondere des Bereichs privater Kreditgewährung, für nützlich. Er glaubte, ohne eine solche Modifikation des Finanzsystems sei der Nutzen einer Geldmengenregel wegen der starken Fluktuation der Umlaufgeschwindigkeit des Geldes gering. Für die nähere Zukunft befürwortete er daher die „price-index-rule" (vgl. ebenda, S. 331).

[11] Hierauf wird auch in bürgerlichen Arbeiten verwiesen (vgl. K. H. Ketterer/D. B. Simmert, Moderne Quantitätstheorie und Laissez-faire-Liberalismus, in: C. Köhler [Hrsg.], Geldpolitik – kontrovers, Köln 1973, S. 79–93; M. Neldner, Zum Verhältnis von Ideologie und Theorie bei Milton Friedman, in: Jahrbuch für Nationalökonomie und Statistik, Bd. 189, Stuttgart 1975, S. 366).

Geldwesen auszuüben, sie gleichzeitig aber daran hindern, die ihr übertragene Macht in einer Weise zu gebrauchen, die eine „freie" Gesellschaft gefährdet.[12]

Um dem Mißbrauch des geldpolitischen Instrumentarismus vorzubeugen, wird häufig vorgeschlagen, die Verantwortung für das Geldwesen nicht den politischen Instanzen des Staates, sondern einer unabhängigen Zentralbank anzuvertrauen. Diese Lösung entspricht der demagogischen Forderung nach „weniger Staat"[13]. Friedman sieht die Vorteile einer solchen Lösung darin, „daß dadurch verhindert wird, die Geldpolitik zum Spielball der Tagespolitik und der Launen der jeweiligen politischen Autoritäten zu machen"[14].

Hier treibt Friedman Apologetik in Reinkultur, denn das Geldwesen im heutigen staatsmonopolistischen Kapitalismus beruht auf spezifischen Formen der Verschmelzung von Monopol- und Staatsmacht und treibt den Monopolisierungsprozeß und die Entwicklung des Finanzkapitals voran. Eine unabhängige Zentralbank kann es im staatsmonopolistischen Kapitalismus aber nicht geben, da ihre Politik in einen unlösbaren, dauerhaften Konflikt gerät.

Diese Politik gerät erstens in Konflikt mit den Monopolen, weil sich ein ständiger Widerspruch zwischen den Erfordernissen der Systemstabilisierung und den Einzelinteressen des Monopolkapitals ergibt, ein Widerspruch, der unter anderem auch seinen Ausdruck in Interessenkonflikten zwischen den Monopolbanken und der Zentralbank findet. Zweitens kommt es zu Konflikten mit der staatlichen Haushaltspolitik, weil der kapitalistische Staat kein homogenes Gebilde ist, und drittens mit den währungspolitischen Maßnahmen ausländischer Zentralbanken bzw. internationaler Währungsinstitutionen, weil es ständige Widersprüche zwischen den einzelnen kapitalistischen Hauptländern gibt, die ihren Ausdruck auch in der Währungspolitik finden müssen.

Die Stellung der Zentralbank ist zwiespältig. Einerseits arbeitet sie wirtschaftspolitisch in wichtigen Fragen mit der Regierung zusammen, andererseits kann es zwischen Zentralbank und Regierung

[12] Vgl. M. Friedman, Kapitalismus und Freiheit, München 1962, S. 39.

[13] Vgl. Ausführungen im Kapital 4 des Buches.

[14] M. Friedman, Should There be an Independent Monetary Authority?, in: L. B. Yeager (Hrsg.), In Search of a Monetary Constitution, New York 1968, S. 224.

in taktischen Fragen der Wirtschaftspolitik zeitweilig prinzipiell andere Auffassungen geben. Auch unterliegen die geldpolitischen Entscheidungen der Zentralbank einer permanenten Beeinflussung der verschiedenen monopolistischen Gruppierungen, der verschiedenen Wirtschaftszweige, des Staates und der Gewerkschaften. So treten beispielsweise in den meisten Fällen die exportorientierten Gruppen für eine Abwertung der eigenen Währung und damit für eine Offensive ihres Exports ein. Das Leihkapital ist wiederum mehr an einer Stabilisierung der Kaufkraft des Geldes interessiert. Das Industriekapital spricht sich dagegen für eine Politik des billigen Geldes aus, da dadurch die Investitionsaufnahme durch billige Kredite erleichtert wird. Die Gewerkschaften plädieren für eine Geldpolitik, die Vollbeschäftigung garantiert, und der Staat ist an einer Politik interessiert, die dazu beiträgt, Zahlungsbilanzdefizite zu beseitigen.[15] Alle diese Widersprüche spiegeln sich in der monetären Politik der Zentralbanken wider, wobei die geldpolitischen Beschlüsse mal diese und mal jene Interessen stärker widerspiegeln, ohne damit die entscheidenden Widersprüche des kapitalistischen Reproduktionsprozesses lösen zu können. Was mit der monetären Politik der Zentralbank jedoch erreicht werden kann, ist, daß die zyklischen Schwankungen in der Produktion und bei der Realisierung der Monopolprofite vermindert werden. Insofern hat die Geldpolitik im System staatsmonopolistischer Regulierung eine nicht zu unterschätzende Bedeutung und ist objektiv notwendig. Der klassische Krisenzyklus wird dadurch abgeflacht, und die Krisenerscheinungen werden stärker auf die Distribution verlagert.

Die Bestimmung und die Wirkungen der Zentralbankpolitik, ihr Eingebundensein in den staatsmonopolistischen Regulierungsmechanismus werden im 9. Kapitel ausführlich behandelt. Dort wird unter anderem der Frage nachgegangen, ob die Zentralbank die Geldmenge tatsächlich steuern kann, und ob sie in der Lage ist, ihre geldpolitischen Ziele zu erreichen.

Die Neomonetaristen sind der Ansicht, daß das Gleichgewicht im Reproduktionsprozeß von der Nachfrageseite her nur durch einen stabil gehaltenen Bestand an primären Zahlungsmitteln gesichert werden kann, der dem fortschreitenden Bedarf der Volks-

[15] Vgl. K. Kolloch, Inflationäre Geld- und Währungspolitik im Dienste der Monopole, in: IPW-Forschungshefte, 3/1975, S. 72; E. Rohde, Banken, Börsen, Währungen, a. a. O., S. 24/25.

wirtschaft angepaßt ist. So stellt Friedman fest: „Ich und die meisten anderen Monetaristen haben schon lange eine Politik einer gleichmäßigen und gemäßigten Wachstumsrate der Geldmenge favorisiert."[16] Friedman schlägt nun vor, die von anderen neomonetaristischen Autoren immer wieder aufgestellte Forderung, staatliche Aktionen nur im Rahmen allgemeiner und abstrakter Regeln zuzulassen, auch auf die Geldpolitik zu übertragen.[17] Nur so, behauptet er, kann die Öffentlichkeit die Währungs- und Geldinstitutionen wirksam kontrollieren, nur so kann die Geldpolitik den ständig wechselnden Bestimmungen politischer Behörden entzogen werden.[18]

Friedman selbst hat zwei Vorschläge veröffentlicht, in denen er beschreibt, wie solche Regeln beschaffen sein müßten und welche organisatorischen Umgestaltungen notwendig wären, um ihre erfolgreiche Anwendung zu gewährleisten. Sein erster Vorschlag, das „Monetary and Fiscal Framework for Economic Stability"[19] erschien 1948 und ist durch das 1959 veröffentlichte „Program for Monetary Stability"[20] teilweise überholt. Mit diesem „Programm" legte Friedman einen umfassenden Entwurf zur Reorganisation des Geld- und Bankwesens der USA vor.

Nachfolgend seien die wichtigsten Elemente dieses Vorschlags skizziert, da sie das neomonetaristische Denken maßgeblich beeinflußten:

Zunächst schlägt Friedman die Beschränkung der Instrumentarien der Zentralbank vor. Dazu sollen die Instrumente, die der Zentralbank eine Beeinflussung der Kreditallokation und der Zinsstruktur ermöglichen, eliminiert werden. Zugleich soll die Rediskontpolitik eingestellt werden. Dieses Instrument ist nach Friedman zur Steuerung der Geldmenge wenig geeignet, weil die Initiative nicht von der Zentralbank ausgeht. Will sie den Umfang der Rediskontierung bestimmen, so muß sie entweder zu administrativen Maßnahmen

[16] M. Friedman, Es gibt nichts umsonst. Warum in einer Volkswirtschaft jede Mark verdient werden muß, a. a. O., S. 74.

[17] Ein Überblick über die wichtigsten bis zu dieser Zeit vorgeschlagenen Regelbestimmungen findet sich bei: M. Bronfenbrenner, Monetary Rules: A New Look, in: The Journal of Law and Economics, Bd. VIII, New York 1965, S. 173–194.

[18] Vgl. M. Friedman, Kapitalismus und Freiheit, a. a. O., S. 51.

[19] M. Friedman, A Monetary and Fiscal Framework for Economic Stability, in: The American Economic Review, Bd. XXXVIII, Nahville 1948, S. 245–264.

[20] M. Friedman, A Program for Monetary Stability, New York 1959.

greifen und für einzelne Banken bestimmte Kontingente festsetzen oder den Diskontsatz ständig ändern. Da Variationen des Diskontsatzes öffentlich verkündet werden müssen, löst jede Maßnahme Spekulationen über die Bedeutung dieser speziellen Aktion aus. Es treten also erhebliche Ankündigungseffekte auf. Außerdem ist für Friedman die Beziehung zwischen dem Diskontsatz und der Geldmenge – die er für die entscheidende geldpolitische Zielgröße hält – nicht eng genug. Mit einer ähnlichen Begründung tritt er dafür ein, auch die Veränderung der Mindestreservesätze zu unterlassen.

Es verbleibt als einziges Instrument die Offenmarktpolitik. Bei allen Schwächen scheint sie Friedman die beste Alternative, eine stetige Geldmengenpolitik durchzuführen: Offenmarktoperationen können jeden Tag durchgeführt werden, sie müssen nicht öffentlich angekündigt werden, weshalb keine Ankündigungseffekte zu erwarten sind. Die Zentralbank kann den Umfang der Transaktionen und damit die Menge des Zentralbankgeldes genau bestimmen.

Richtig ist, daß die Geld- und Kreditbeziehungen zwischen der Zentralbank und den Geschäftsbanken mit Hilfe der sogenannten Lenkungsinstrumentarien, wie Diskontpolitik, Offenmarktpolitik und Mindestreservepolitik, reguliert werden. Deren Handhabung und Einsatz sind von prinzipieller Bedeutung für die Möglichkeiten der Ausdehnung des Geldvolumens, um den Inflationsprozeß geldmäßig abzusichern. Die Lenkungsinstrumentarien sind so ausgestattet, daß theoretisch sowohl eine Reduzierung als auch eine Erweiterung der Geldmenge möglich ist. Von praktisch ausschlaggebender Bedeutung ist aber die permanente Ausweitung des Geldvolumens, denn trotz aller zur Verfügung stehenden „Lenkungsinstrumentarien" ist die Grundlage der gesamten Geldemission nicht regulierbar, da der Reproduktionsprozeß als Basis für die Emission des Kreditgeldes den spontanen Prozessen der kapitalistischen Produktionsweise unterliegt. Im Kapitel 9 werden dazu nähere Ausführungen gemacht.

Die Banken setzen zuvor das Geld in Umlauf und versuchen, die Geldmenge zu beeinflussen; aber letztlich wird die Geldemission vom Verhalten der Monopole bestimmt. Die Zentralbankpolitik soll demzufolge allein auf die Geldmenge ausgerichtet, also eindimensional sein. Allgemeine Ziele wie „ökonomische Stabilität", „Vollbeschäftigung", „Preisniveaustabilität" oder „Wachstum" sind nach Friedmans Auffassung als Richtschnur für die Geldpolitik wenig geeignet, weil die Beziehungen zwischen monetären Änderungen und diesen allgemeinen ökonomischen Größen nicht direkt, nicht starr und, wie Friedman behauptet, kaum bekannt sind. Eine adäquate Zielgröße für die Geldpolitik sollte in engerer Beziehung zu den der Zentralbank verfügbaren Instrumenten stehen. Es müssen Aggregate sein, die sie wirksam kontrollieren und für deren Verhalten sie demzufolge auch verantwortlich gemacht werden kann. Die wichtigste Größe, die diese Ansprüche nach Auffassung der Neomonetaristen erfüllt, ist die Geldmenge.

Dabei ist die Zentralbank so zu instruieren, daß sie die Geldmenge mit einer konstanten Rate expandieren läßt. Das Ausmaß des Wachstums der Geldmenge ist so zu wählen, daß es langfristig mit einem stabilen Preisniveau für Endprodukte korrespondiert. In seinem Programm empfiehlt Friedman daher, die Geldmengenexpansion am Produktions- und Bevölkerungswachstum zu orientieren, wobei langfristige Änderungen in den Kassenhaltungsgewohnheiten des Publikums zu berücksichtigen seien. Da nach Friedman für die Zeit von 1870–1960, gemessen an den vorstehenden Kriterien, in den USA ein jährliches Anwachsen der Geldmenge um durchschnittlich 4 % (3 % wegen des Wachstums der Produktion und 1 %, um die säkulare Abnahme der Umlaufgeschwindigkeit zu kompensieren) notwendig gewesen wäre, schlägt er diesen Satz[21] auch für die Zukunft als jährliche Wachstumsrate vor (vgl. Tabelle 9).

Inzwischen hält Friedman eine Steigerungsrate von jährlich 2 % für erstrebenswert. Dies hätte fallende Preise für Endprodukte und ein konstantes Faktorenpreisniveau zur Folge.[22] Entscheidend ist für Friedman, daß die Geldmenge mit einer bekannten Rate stetig expandiert.

Durch die Einführung eines solchen Programms könnten nach Friedman wesentliche wirtschaftliche Probleme gelöst werden. Größere monetär verursachte Störungen und tiefgreifende wirtschaftliche Krisen, wie zum Beispiel die Weltwirtschaftskrise, würden vereitelt. Kurzfristig auftretende Unsicherheiten und Instabilitäten würden fühlbar verringert.

[21] Vgl. M. Friedman, Die optimale Geldmenge und andere Essays, Frankfurt a. M. 1976, S. 42–47. – Diese Zahlen gelten nur für die USA. In anderen Ländern können erheblich abweichende Wachstumsraten angemessen sein.

[22] Vgl. M. Friedman, Money and Economic Development, New York – Washington – London 1973, S. 50/51.

Tabelle 9: Wachstum der Geldmenge in den USA im Vergleich zu den Zielvorgaben des FED von 1975 bis 1984 – jährlicher Zuwachs in Prozent –

Steuer-aggregat		1975	1976	1977	1978	1979	1980	1981	1982	1983	1984
M 1	Z	5–7,5	4,5–6,5	4–6,5	1,5–4,5	4–6,5	6–8,5	2,5–5,5	4–5,5	4–8	4–8
	E	5,0	5,7	7,9	7,2	5,5	7,2	5,1	8,5	7,0	
M 2	Z	8,5–10,5	7,5–10,5	7–10	6,5–9	5–8	6–9	6–9	6–9	7–10	6–9
	E	9,6	10,9	9,8	8,7	8,3	9,0	9,4	9,2	8,6	
M 3	Z	10–12	9–12	8,5–11,5	8,5–11,5	6–9	6,5–9,5	6,5–9,5	6,5–9,5	6,5–9,5	6–9
	E	12,3	12,8	11,7	11,7	8,1	9,8	11,7	10,1	6,1	
CR[a)]	Z	6,5–9,5	6–9	7–10	7–10	7,5–10,5	6–9	6–9	6–9	8,5–11,5	
	E	3,4	4,1	7,6	13,3	12,6	8,0	8,3	6,1		

Z = Zielvorgabe; E = tatsächliche Entwicklung;
a) CR = „credit proxy“ = Näherungswert für den Kreditrahmen

Quelle: Jahresbericht der BIZ 1982/83, S. 80. Ziele 1984: Frankfurter Allgemeine Zeitung (FAZ), Frankfurt/Main, 8. 2. 1984.

Ein kontinuierlicher und gemäßigter Geldmengenzuwachs schaffe den monetären Rahmen für die ungehinderte Entfaltung der Kräfte des „freien Unternehmertums“, so daß sich mit der Beseitigung der monetären Instabilität ein kontinuierlicher Produktionszuwachs und ein „stabiles“ Beschäftigungsniveau einstellen würden. Bezüglich der vom Neokeynesianismus stärker in den Mittelpunkt gerichteten Zielgröße Vollbeschäftigung vertritt der Neomonetarismus folgenden sozialreaktionären Standpunkt: Die Auffassung des Neokeynesianismus vom „trade-off“ zwischen Inflation und Arbeitslosigkeit, welche angeblich die Möglichkeit einschließt, mittels inflationistischer Geld- und Fiskalpolitik die Arbeitslosenrate zu senken, lehnen die Neomonetaristen ab. Die Phillipps-Kurven-Beziehung[23] sei nur innerhalb einer kurzen Zeitspanne wirksam, also von nicht dauerhafter Natur. Die Leugnung der negativen Beziehung zwischen Inflation und Arbeitslosigkeit trägt zwar zunächst der realen Entwicklung des gleichzeitigen tendenziellen Anstiegs beider Raten Rechnung. Hier wird jedoch folgendes verkannt. Das Niveau der Beschäftigung hängt in erster Linie von den Absatz-, Produktions- und Akkumulationsmöglichkeiten ab und nicht von der Lohn- und Inflationsentwicklung. Sie wird weitgehend davon bestimmt, inwieweit das verwertete Kapital auf dem Markt realisiert werden kann. Existiert diese Möglichkeit nicht oder ist sie ungewiß, kommt es zu Produktionseinschränkungen, Unterauslastung von Kapa-

[23] Allgemein von der bürgerlich politischen Ökonomie behaupteter Zielkonflikt zwischen Geldwertstabilität und Vollbeschäftigung (trade off). Dieser Zielkonflikt wird darin gesehen, daß Geldwertstabilität und Vollbeschäftigung nicht ohne gegenseitige Beeinträchtigung zu realisieren sind. Die Diskussion um den skizzierten Zielkonflikt wurde durch eine vom englischen bürgerlichen Ökonomen A. W. Phillips im Jahre 1958 vorgelegte empirische Untersuchung über den Zusammenhang zwischen der Lohnentwicklung und dem Beschäftigungsgrad in England in der Zeit von 1861 bis 1957 entfacht und spielte in den 60er Jahren eine große Rolle in der bürgerlichen makroökonomischen Literatur. Die grundlegende Aussage von Philipps ist, daß sich Änderungen der Löhne aus der Situation auf dem Arbeitsmarkt erklären lassen. Phillips versuchte statistisch nachzuweisen, daß eine geringe Arbeitslosigkeit systematisch mit einem hohen Zuwachs an Löhnen einherging. Die Relation zwischen Inflationsrate und der Arbeitslosenquote ist seither unter dem Begriff Phillipskurve bekannt. Danach hilft gegen Inflation eine Verlangsamung der Wirtschaftstätigkeit, jedoch auf Kosten steigender Arbeitslosigkeit. Als Mittel gegen die Arbeitslosigkeit fördert der Staat durch entsprechende Anreize die Belebung der Wirtschaft, aber mit den Folgen der Inflation.

zitäten und absoluter Freisetzung von Arbeitskräften. Sind die zahlungsfähige Nachfrage und damit die Absatz- und Verwertungsmöglichkeiten gering, hat der Kapitalist keine Veranlassung, neue Arbeitskräfte einzustellen, selbst wenn die Löhne relativ niedrig sind oder aber eine inflationistische Geldentwicklung vorliegt. Bereits Marx hat den Zusammenhang von Lohn und Beschäftigung so gezeigt, wie er wirklich existiert: „Im großen und ganzen sind die allgemeinen Bewegungen des Arbeitslohnes ausschließlich reguliert durch die Expansion und Kontraktion der industriellen Reservearmee, welche dem Periodenwechsel des industriellen Zyklus entsprechen."[24]

Dem Theorem des Neokeynesianismus, welches die Anerkennung einer „unfreiwilligen Arbeitslosigkeit" beinhaltet und somit einen gewissen Realitätssinn zeigt, wird jedoch die These entgegengesetzt, daß es eine „natürliche Arbeitslosenrate" gebe. Unter Rückgriff auf die „neoklassische" Theorie wird diese neben der Erklärung einer „strukturellen" und „friktionalen Arbeitslosigkeit" vor allem auf die angeblich „freiwillige Arbeitslosigkeit" zurückgeführt. Das heißt, es wird den Arbeitslosen, die die negativen Folgen des kapitalistischen Akkumulations- und Profitsystems zu tragen haben, selbst die Schuld an ihrer Lage zugeschrieben. Da sie zu hohe Lohnforderungen stellten und nicht bereit seien, für geringere Löhne zu arbeiten, seien sie ohne Beschäftigung.[25] Des weiteren würden die sozialpolitischen Maßnahmen des Staates, die es nach neomonetaristischer Auffassung „für gewisse Leute attraktiver machen, arbeitslos zu sein, und weniger, beschäftigt zu sein"[26], zur Unterbeschäftigung führen. Die Sozialpolitik vermindere die Stimuli zur Arbeit und untergrabe den „freien Wettbewerb" auf dem Arbeitsmarkt. Unter dem Vorwand, die Wettbewerbsfähigkeit zu stärken, werden der Abbau des Sozialleistungssystems und die Beseitigung von Mindestlohnvorschriften gefordert. Die Beschwörung des „freien Spiels der Kräfte" auf dem Arbeitsmarkt bedeutet nichts anderes als die Forderung nach ungehinderter Ausbeutung der Werktätigen durch das Monopolkapital. Völlig übersehen wird dabei, daß der

[24] K. Marx, Das Kapital. Erster Band, a. a. O., S. 666.

[25] Vgl. K. Eveslage, Darstellung und Kritik der Hauptrichtungen der bürgerlichen Theorie der Geldmengenregulierung im staatsmonopolistischen Kapitalismus, a. a. O., S. 169–171.

[26] M. Friedman, Interview in der Wirtschaftswoche (Düsseldorf), 46/1980, S. 58.

Widerspruch zwischen Produktion und Markt durch diese Maßnahmen besonders stark gefördert wird.

Nach Ansicht der Neomonetaristen sei eine expansive Geld- und Fiskalpolitik nicht in der Lage, den Beschäftigungsgrad auf Dauer zu erhöhen. Friedman behauptet, daß sich Unternehmer und Gewerkschaften bei Tarifverhandlungen entscheidend nach der „erwarteten Inflationsrate" richten, das heißt, daß die Nominallohnentwicklung durch diese „erwartete Inflationsrate" determiniert wird. Eine expansive Geldpolitik könne dabei nur den Grad der Beschäftigung erhöhen, wenn die tatsächliche Inflationsrate über der erwarteten und somit über der Nominallohnsteigerungsrate liege. In diesem Fall würde eine Reallohnminderung stattfinden, welche die Unternehmer veranlassen würde, mehr Arbeitskräfte einzustellen. Dieser Effekt sei jedoch nur von kurzer Dauer, da in dem Maße der tatsächlichen Preissteigerung auch das Lohnniveau angehoben würde. Daher müsse die keynesianische Methode, mittels der Inflation die Beschäftigung zu verbessern, scheitern. Eine derartige Geldpolitik könne nur eine fortschreitende Preisniveausteigerung induzieren, jedoch keine langfristige Erhöhung des Beschäftigungsgrades. Die „Phillipskurve" könne demzufolge nur vertikal verlaufen. Es bestehe keine Alternative zwischen Inflation und Arbeitslosigkeit, sondern nur die Wahl zwischen viel oder wenig Inflation. Die Geldmengenregulierung könne daher nur „nominale" Größen beeinflussen, das heißt das Preisniveau, nicht aber die „reale" Größe Arbeitslosigkeit. Daher müsse man von dem „Fetisch" der Keynesianer, der Vollbeschäftigung, abgehen und die Geldpolitik auf die Erzielung der Preisniveaustabilität ausrichten.

Mit dieser theoretischen Position steht der Neomonetarismus voll auf dem Boden der neoklassischen Quantitätstheorie des Geldes, welche eine direkt proportionale Beziehung zwischen der Geldmengenentwicklung und der Höhe des Preisniveaus unterstellt. Aus dieser Annahme resultiert die Erklärung der Inflation als Folgeerscheinung einer übermäßigen Geldmengenausweitung. Daher kann das Ziel der Geldmengenregulierung des Neomonetarismus nur in einer langfristig konstanten Geldvolumensentwicklung, gemessen am Zuwachs des Bruttosozialproduktes, bestehen.

Die dann noch verbleibenden Ungewißheiten und Instabilitäten, die Schwankungen, müßten, so Friedman, als unvermeidbar akzeptiert werden. Eine Marktwirtschaft sei einer so großen Zahl von Impulsen des öffentlichen und privaten Sektors sowie des Außenhandels ausgesetzt, daß selbst bei einer Verbesserung des stabilitätspolitischen Instrumentariums ein Rest an Unsicherheit und Instabilität verbleiben würde. „Letztlich bleiben Ungewißheit und Instabilität unvermeidliche Begleitumstände jeden Wandels und Fortschritts. Sie sind die eine Seite der Medaille, deren andere die Freiheit ist."[27]

Bei der Begründung seines Vorschlages geht Friedman außerdem von der Annahme aus, die Regelbindung würde per se stabilisierend auf das Verhalten der Wirtschaftssubjekte einwirken. „Eine im voraus verkündete und danach auch beibehaltene Politik der stetigen Geldausweitung schafft der Geschäftswelt eine feste Basis des Vertrauens in die Geldstabilität, die eine unumschränkte Politik selbst dann nicht gewährleisten könnte, wenn sie einen Kurs stetigen Geldwachstums verfolgen sollte."[28]

Die neomonetaristischen Vorschläge zur Geldmengensteuerung können jedoch weder zu einer dauerhaften Geldordnung noch zu stabilen und langfristig konzipierten Regeln führen. Vielmehr sind der Geldpolitik der Zentralbanken der kapitalistischen Länder enge Schranken gesetzt, so daß sie nicht die Proportionalität der Geldbeziehungen entsprechend den Wertrelationen sichern kann.

Folgende Merkmale kennzeichnen die Geldpolitik des imperialistischen Staates:

Erstens ist sie Kreditpolitik, orientiert am zinstragenden Kapital. Das zeigen auch ihre Instrumente, wie bereits gesagt wurde, unter denen insbesondere die Diskontpolitik, die Offenmarktpolitik und die Festlegung von Mindestreserven der Geschäftsbanken, die diese auf Konten bei der Notenbank stillegen müssen, eine Rolle spielen.

Zweitens ist sie staatsmonopolistische Politik, das heißt, sie kann nur im widersprüchlichen Wechselverhältnis von Monopolbanken und Zentralbank Wirklichkeit werden. Diese Politik enthält damit die für den staatsmonopolistischen Kapitalismus typischen Zielkonflikte. Ihre Wirksamkeit hängt voll und ganz davon ab, wie weit in konkreten Einzelfragen Ziele der Zentralbank und der Monopolbanken übereinstimmen.

Drittens kann keinesfalls garantiert werden, selbst wenn es der Zentralbank gelänge, den geplanten jährlichen Geldmengenzuwachs zu verifizieren, daß dadurch der jährliche Zuwachs des realen

[27] M. Friedman, A Program for Monetary Stability, a. a. O., S. 99.
[28] M. Friedman, An Economist Protest, 2. Aufl., New York 1975, S. 78.

Bruttosozialproduktes bestimmt wäre und damit auch die Entwicklung des volkswirtschaftlichen Preisniveaus und des Realeinkommens. Das ist aber keineswegs der Fall, denn der Zuwachs des Bruttosozialprodukts wird nicht primär vom Zuwachs der Geldmenge bestimmt, sondern von den Profiterwartungen und der realen Akkumulation des Kapitals sowie von der Effektivität der Produktion. Hinzu kommt, daß die Entwicklung des Preisniveaus und damit des nominalen Bruttosozialprodukts zwar von der monetären Nachfrage beeinflußt werden, diese wird jedoch nicht nur vom Geldmengenwachstum, sondern entscheidend von den Schwankungen der Umschlagsgeschwindigkeit des Geldes im kapitalistischen Krisenzyklus bestimmt.

7.2. Die Geldnachfrage- und Geldangebotshypothese der Neomonetaristen

Das oben beschriebene grundsätzliche Herangehen der Neomonetaristen an die Lösung der ökonomischen Probleme des Kapitalismus über die Geldmengenregulierung findet in den beiden Kategorien „Geldnachfrage" und „Geldangebot" seine theoretische Widerspiegelung. Hierbei steht die Geldnachfrage im Mittelpunkt der theoretischen Überlegungen. Das wird in folgenden Worten Friedmans deutlich: „Die Quantitätstheorie ist in erster Linie eine Theorie der Nachfrage nach Geld."[29]

Bei den Ausgangsüberlegungen der Neomonetaristen spielen solche theoretischen Fragen eine Rolle, wie: Sind die geldpolitischen Instanzen (Staat und Zentralbank) in der Lage, die Geldmenge zu kontrollieren und stabil zu halten? Was erreicht die Geldpolitik? Ist Geld knapp oder im Überfluß vorhanden? Wie wird die Geldmenge bestimmt? Auf welche Weise und mit welchem Ergebnis schlägt eine Veränderung der Geldversorgung auf die Preisrelation und somit auf die ökonomische Aktivität und auf das Preisniveau allgemein durch? Die Neomonetaristen knüpfen an die Gelddefinition der Cambridge-Variante der quantitativen Geldtheorie an und folgen damit zunächst einmal der keynesianischen Auffassung von der Liquiditätspräferenz. Heretik schreibt aus marxistisch-leninisti-

[29] M. Friedman, Die optimale Geldmenge und andere Essays, a. a. O., S. 78.

scher Sicht in diesem Zusammenhang: „Dabei handelt es sich um den Hang zum Thesaurieren, um den Drang nach Ersparnissen wie auch nach anderen Vermögenswerten in Gestalt des Geldes. Das Geld erscheint hier nicht als Transaktionsvermittler, sondern als eine Vermögenskomponente, die sich von den übrigen Vermögenswerten dadurch unterscheidet, daß sie die größere Liquidität aufweist, denn das Geld läßt sich ohne weiteres und nahezu kostenlos in eine andere Vermögensform umwandeln."[30]

Dieses Vorgehen bestimmt auch das neomonetaristische Herangehen an die Bestimmung der Geldnachfrage. Deutlich wird das in den Worten: „Wir müssen also, wenn wir von der Geldnachfrage sprechen, darunter die Nachfrage nach realer Kassenhaltung im Sinne einer Verfügungsgewalt über Güter und Dienste verstehen."[31]

Hier wird der von Arthur C. Pigou entwickelte Gedanke der Nachfrage nach Geld aufgegriffen. Um die Geldnachfrage zu ermitteln, gehen die Neomonetaristen von zwei Hypothesen aus. Zum einen stellen sie fest, daß für die letzte Wirtschaftseinheit Geld nur eine Vermögensart, das heißt nur eine Möglichkeit der Vermögenshaltung ist. Zum anderen sagen sie, daß die einzelnen Wirtschaftssubjekte ihr Vermögen so aufteilen, daß sich für sie der Gesamtnutzen maximiert.

Mit anderen Worten: Ihr preistheoretisches Paradigma wird anwendbar. Die Nachfrage nach Geld hängt ab von der Präferenzstruktur der Vermögen haltenden Wirtschaftseinheiten, dem Preis und Ertrag des Geldes und aller alternativen Formen der Vermögenshaltung sowie dem Umfang des Gesamtvermögens.

Den eigentlichen Ausgangspunkt für die unterstellten Kausalitätsbeziehungen erhalten die Neomonetaristen also aus empirischem Material. Empirisch wird eine Verzögerung *(lag)* nachgewiesen. Anhand der durchgeführten Untersuchungen zwischen der Geldmengenentwicklung und dem Wirtschaftsverlauf in den USA über einen fast 100jährigen Zeitraum ermittelten beispielsweise Friedman und Schwartz einen hohen statistischen Zusammenhang zwischen beiden Größen.[32]

Abgesehen von dem Problem, daß relative und absolute Extrem-

[30] S. Heretik, Theoretische Grundlagen der gegenwärtigen bürgerlichen Ökonomie, a. a. O., S. 217.

[31] M. Friedman, Die optimale Geldmenge und andere Essays, a. a. O., S. 107.

[32] Vgl. M. Friedman/A. J. Schwartz, A Monetary History of the United States 1867—1960, Princeton 1963.

werte aufeinander bezogen werden, transformieren die Neomonetaristen diese empirische Beobachtung dann aber in einen Kausalitätssatz, der von der aktiven Rolle des Geldes ausgeht. Diese Einbahnstraße der Kausalität, die in das empirische Material gezogen wird, blendet Interdependenzen und Rückkopplungen bzw. umgekehrte Kausalitäten aus.

Indem die Neomonetaristen die Stabilität des Geldmengenwachstums fordern und kurzfristige Veränderungen der Geldmenge ablehnen, reduzieren sie den *time lag*, wie sie ihn verstehen,[33] auf eine formal statistisch zu ermittelnde Durchschnittsgröße, die von der Differenziertheit des *time lag* weitgehend abstrahiert und sein Wesen bewußt verschleiert.

Hinter dem *time lag* steckt folgendes: Mit einer gewissen Verzögerung wirkt das staatsmonopolistische Regulierungsinstrumentarium auf die Konjunktur ein, denn es vergeht immer eine gewisse Zeit zwischen dem Erkennen der veränderten konjunkturellen Lage durch die dafür verantwortlichen Wirtschaftspolitiker, der Bestimmung und dann des Greifens des angewandten wirtschaftspolitischen Instrumentariums. Durch die formale Zusammenfassung der einzelnen *lag*-Bestandteile werden die detaillierten Ursachen ihres Entstehens verschleiert und die Dauer des *lag* zu einem formalen Problem degradiert.

Zwei weitere Überlegungen spielen dann im Theoriengebäude der Neomonetaristen eine wichtige Rolle:

Zum einen sind nach ihrer Ansicht die Nachfrage nach Geld und die Geldeinkommensverhältnisse stabil. Die neomonetaristische Geldmengentheorie ist eine Spielart der Theorie von Angebot und Nachfrage, bezogen auf das Geld. Die Nachfrage nach Geld wird in dieser Version durch die Verwertungsbedingungen des Kapitals in den verschiedenen Anlagensphären bestimmt.[34] Gemäß ihrer gesellschaftspolitischen und übergreifenden theoretischen Zielsetzung ist die Nachfrage nach Geld um so stabiler, je weniger

33 Friedman schreibt: „Wenn wir dabei von ‚dem' Lag sprechen, so verstehen wir darunter so etwas wie den gewogenen Durchschnitt des Intervalls zwischen einer Maßnahme und ihren Auswirkungen ..." Der Lag erfaßt „die zeitliche Beziehung zwischen der resultierenden monetären Zeitreihe und der resultierenden Reihe von Auswirkungen ..." (M. Friedman, Die optimale Geldmenge und andere Essays, a. a. O., S. 251).

34 Vgl. M. Friedman, Die optimale Geldmenge und andere Essays, a. a. O., S. 77–81.

einschränkende Bedingungen für die freie Entfaltung der „Kräfte des Marktes" vorhanden sind.

Um die „außerordentliche Stabilität" des Geldeinkommensverhältnisses zu beweisen, bezogen sich die Neomonetaristen bei ihren Berechnungen der Einkommensgrößen auf Angaben über das „beständige Einkommen", das sie aus dem gewogenen Mittel der Einkommensgrößen über einen langen Zeitraum hinweg errechneten. Auf diese Weise verloren die instabilsten Faktoren, zum Beispiel der Zinssatz, in der Nachfragegleichung jedwede statistische Bedeutung, so daß die Nachfrage nach realen Geldmitteln nur noch von einem einzigen Faktor funktionell abgeleitet wurde, nämlich von der konstanten, von Preisveränderungen bereinigten Höhe des Prokopfeinkommens der Bevölkerung.[35]

Die Einkommenskreislaufgeschwindigkeit wird dabei als eine von anderen ökonomischen Faktoren abhängige Größe dargestellt. Damit aber die Grundaussage der Quantitätstheorie, das heißt die Proportionalitätsbeziehung zwischen der Geldmenge und dem Preisniveau (bzw. zwischen der Geldmenge und dem nominalen Sozialprodukt), erhalten bleibt, darf die Umschlagsgeschwindigkeit des Geldes nicht in einem solchen Maße schwanken, daß Variationen der Geldmenge in ihrer Wirkung auf das nominale Sozialprodukt kompensiert werden. Da die geldpolitische Konsequenz der neomonetaristischen Theorie einen konstanten gemäßigten Geldmengenzuwachs beinhaltet, würde das Problem darin bestehen, daß, sofern eine solche Geldvolumenentwicklung überhaupt durchsetzbar wäre, diese durch die Instabilität der Geschwindigkeit des Geldumschlags potenziert bzw. teilweise eliminiert werden könnte.

Beispielsweise haben Friedman und Schwartz in „A Monetary History of the United States" Berechnungen über die Einkommenskreislaufgeschwindigkeit[36] angestellt und Schwankungen festgestellt, deren Bedeutung für die Geldzirkulation sie offensichtlich

[35] Vgl. ebenda, S. 157–161.

[36] Diese Kennziffer ist bei den Neomonetaristen stark mit der Problematik der Akkumulation von Geldeinkommen aus der Realisierung von Mehrwert und deren nicht exakt trennbarer Erfassung von Geld und den langfristigen Geldkapitalanlageformen verbunden. Sie ist deshalb in keiner Weise mit dem marxistisch-leninistischen Begriff der Geldumlaufgeschwindigkeit zu vergleichen (vgl. W. Ussoskin, Der Monetarismus von heute und seine Bedeutung für die Wirtschaftspolitik, in: Sowjetwissenschaft, Gesellschaftswissenschaftliche Beiträge, 3/1982).

ignorieren, denn ihre Schlußfolgerung besteht in folgender Aussage: Da die jährlichen Schwankungen der Kreislaufgeschwindigkeit in 78 von 91 untersuchten Fällen unter 10 % liegen, sei die Geldumschlagsgeschwindigkeit ein Beispiel für die Stabilität monetärer Relationen. Somit seien diese Schwankungen nicht relevant.

Hinsichtlich der theoretischen Problematik der Konstanz bzw. der Instabilität der Geldnachfrage oder Umschlagsgeschwindigkeit des Geldvolumens, welche von ausschlaggebender Relevanz für die Wirksamkeit der Geldmengenregulierung ist, muß darüber hinaus noch folgendes bemerkt werden: Die wirtschaftliche Realität beweist eindeutig, daß die ökonomische Größe Umschlagsgeschwindigkeit des Geldes weder langfristig noch im Verlauf des Krisenzyklus als konstanter Faktor angesehen werden kann. Nach Angaben sowjetischer Ökonomen liegen sogar kurzfristige Abweichungen der Umschlagszahl des Geldvolumens (innerhalb eines Quartals) verschiedentlich bei über 10 %.[37] Dabei ist der neomonetaristische Standpunkt, daß Schwankungen von 10 % oder etwas weniger keine große Bedeutung hätten, in keiner Weise gerechtfertigt. Beispielsweise kann bei konstantem Geldvolumen und unveränderten Verflechtungsbeziehungen innerhalb der Volkswirtschaft immerhin ein 10 % höheres Sozialprodukt realisiert werden, wenn sich die Geschwindigkeit des Geldumschlages um 10 % erhöht. Die Steigerung des umgesetzten Sozialproduktes kann dabei lediglich nomineller Natur sein, das heißt bedingt durch ein gestiegenes Preisniveau. Sollte ein gemäßigter Geldmengenzuwachs, entsprechend der Entwicklung des Bruttosozialprodukts, möglich sein, so muß demzufolge noch gar nichts hinsichtlich der angestrebten Inflationsdämmung erreicht sein, da die Variation der Geldumschlagsgeschwindigkeit de facto einem erhöhten Geldvolumen gleichkommt. In diesem Sinne kann die vom Neomonetarismus postulierte Geldmengenregulierungstheorie auch so gedeutet werden, daß der angestrebte angenäherte Zuwachs von Geldmenge und Bruttosozialprodukt tatsächlich der apologetischen Verschleierung der Tatsache dient, daß dennoch monopolistische Preissteigerungen möglich sind, da ihre monetäre Realisierbarkeit auch bei gemäßigtem Geldmengenzuwachs durch die erhöhte Umschlagsgeschwindigkeit des Geldvolumens gesichert ist.

[37] Vgl. Autorenkollektiv, Währungsprobleme des heutigen Kapitalismus, a. a. O., S. 23, 29, 40.

Die Realität beweist, daß die Veränderungen der Geschwindigkeit des Geldumschlags einen zusätzlich wirkenden Faktor bilden, der die ohnehin schon hohe Geldmengenausweitung noch potenziert. Die für den Zeitraum 1960–1982 ermittelte Umschlagszahl des Geldvolumens in den USA (auf der Basis gesellschaftliches Gesamtprodukt und Geldaggregat M 1-B; vgl. Anm. 21) erhöhte sich von 3,57 im Jahre 1960 auf 6,43 im Jahre 1982, das heißt auf das 1,8fache innerhalb dieses relativ kurzen Zeitraums.

Ermittelt man die Geldmenge, die bei einer gegenüber 1960 unveränderten Umschlagszahl des Geldvolumens 1982 notwendig gewesen wäre, um das gesellschaftliche Gesamtprodukt in Höhe von 3074,3 Milliarden Dollar zu realisieren, so ergibt sich ein Betrag in Höhe von rund 862 Milliarden Dollar. Das tatsächliche Geldvolumen betrug 1982 jedoch 478 Milliarden Dollar. Daraus resultiert, daß die Beschleunigung des Geldumschlags einer zusätzlichen Geldemission von etwa 384 Milliarden Dollar gleichzusetzen ist. Demgegenüber beträgt die tatsächliche nominale Ausdehnung des Geldumlaufes nur 336 Milliarden Dollar.

Die jährlichen Schwankungen der Umschlagszahl liegen teilweise bei 6–7 %. Zum Beispiel erhöhte sie sich 1962 gegenüber 1961 um 6,46 % und 1966 gegenüber 1965 um 6,9 %. Das prozyklische Verhalten der Geldumschlagsgeschwindigkeit wird ebenfalls erkennbar, da in der Krise und Depression gegenüber der Aufschwungphase entweder ein leichter Rückgang der Umschlagszahl zu beobachten ist bzw. die Umschlagszahl infolge der Überlagerung durch den tendenziellen Anstieg zwar gegenüber dem Vorjahr steigt, aber in geringerem Maße (vgl. beispielsweise die Jahre 1970, 1971, 1972 bzw. 1974, 1975 und 1980).

Veränderungen des Faktors Geldumschlagsgeschwindigkeit (oder Einkommenskreislaufgeschwindigkeit) können zwar in der Theorie geleugnet und durch die Art und Weise der Ermittlung dieser Größe kompensiert werden (auch durch indifferenzierte Einbeziehung von verschiedenen Geldaggregaten), um ein unwissenschaftliches Konzept der Geldmengenregulierung zu untermauern. Diese Veränderungen sind aber dennoch real vorhanden. Sie resultieren zunächst aus dem Zustand des Reproduktionsprozesses, das heißt aus dem Zyklusverlauf. Die Umschlagsgeschwindigkeit verhält sich prozyklisch. Sie steigt im Aufschwung und ist gering in der Depression.

Unter den Bedingungen des staatsmonopolistischen Kapitalismus ist eine allgemein steigende Tendenz der Geschwindigkeit des Geldumschlages festzustellen, welche insbesondere mit wesentlichen Veränderungen in der Geld- und Kreditsphäre verbunden ist. Im Zusammenhang mit der Konzentration und Zentralisation des Kapitals, speziell auch der Monopolisierung des Bankkapitals, kommt die Funktion der Banken zur Ökonomisierung des Geldumlaufs noch bedeutend stärker zum Tragen. Die schnelle Entwicklung und die Anwendung moderner Technik der Informationsübertragung und -verarbeitung, der EDV, für die die Konzentration des Bankkapitals eine wichtige Voraussetzung ist, trägt entscheidend dazu bei, das System des Zahlungsverkehrs zu vervollkommnen. Dies beinhaltet, daß die Kommunikations- und Verflechtungsbeziehungen zwischen den Struktureinheiten der Banken sich enger gestalten. Auch die Verrechnung zwischen den Banken wird in wesentlich kürzerer Zeit möglich. „Der Spielraum für die Erweiterung der gegenseitigen Verrechnungen wurde mit den veränderten Formen des Geldumlaufs immer größer. Hierbei sind insbesondere die Scheck- und Depositenoperationen von Bedeutung, über die gegenwärtig etwa neun Zehntel aller Geldzahlungen in den USA abgewickelt werden ... Auch das Kreditkartensystem trug zur Beschleunigung der Umlaufgeschwindigkeit bei.“[38]

Diese und andere Formen der Nutzung des wissenschaftlich-technischen Fortschritts im Bankwesen des staatsmonopolistischen Kapitalismus führen dazu, daß ein gegebener Umfang von Transaktionen mit einem geringeren Geldvolumen realisiert werden kann bzw. daß eine gegebene Geldmenge eine wachsende Zahl von Warenumsätzen und Finanzoperationen bewältigen kann. Der Geldumlauf wird beschleunigt. Damit nehmen die Banken auch Einfluß auf die Erhöhung der Geschwindigkeit des Geldumschlages. Das Geldkapital wird schneller der erneuten Kreditausreichung bzw. anderen Finanzinvestitionen, das heißt der Profitrealisierung, zugeführt.

Die Beschleunigung des Geldumschlags ist auch mit Prozessen im Bereich des fungierenden Kapitals verbunden, die auf eine Intensivierung der Ausnutzung des Kapitals der Unternehmen, auch des Geldkapitals, hinauslaufen. „Zu den wichtigsten Aufgaben der innerbetrieblichen Planung gehört jetzt die Verkürzung des Zeitabstandes zwischen eingehenden Zahlungen und Verbindlich-

[38] Ebenda, S. 34.

keiten nach außen. Die Finanzabteilungen der großen Unternehmen verfolgen peinlich genau alle Kontenbewegungen, um Geldmittel mit niedriger Verzinsung auf ein Minimum zu reduzieren. Die für fällige Steuerzahlungen vorgesehenen Mittel setzen die Firmen oft für den Erwerb sehr kurzfristiger staatlicher Wertpapiere ein."[39] Dies trägt dazu bei, die Geldhaltung (Geldnachfrage) zu verringern bzw. die Umschlagsgeschwindigkeit des Geldes zu erhöhen.

An dieser Stelle setzt dann die andere Überlegung der Neomonetaristen an. Zum anderen, so behaupten sie, bestehen dauerhafte Beziehungen von gesetzmäßigem Charakter zwischen den Faktoren Geldmenge, Summe der in den Wirtschaftskreislauf einfließenden Einkommen und der Umlaufgeschwindigkeit des Geldes.

Wenn durch geldpolitische Maßnahmen das Geldangebot größer als die nachgefragte Geldmenge wird, so führt das nach der neomonetaristischen Konzeption zur Senkung des Zinsniveaus und in der Folge auch zur Erhöhung der Nachfrage nach Investitions- und Konsumgütern, bis durch den damit ausgelösten Preisanstieg ein neues Gleichgewicht zwischen Geldangebot und nachgefragter Geldmenge entsteht. Die konsequente Herstellung des Gleichgewichts zwischen Geldangebot und nachgefragter Geldmenge ist das neomonetaristische Rezept für ein stabiles Wirtschaftswachstum. So stellt Friedman fest, daß es „ganz klar eine Relation zwischen dem Wachstum der Geldmenge und dem Verhalten der Produktion und der Preise (gibt). Jeder Periode von langsamerem monetärem Wachstum folgt eine Periode von langsamerem Wachstum der Industrieproduktion. Jeder Periode schnellen monetären Wachstums folgt eine Periode von schnellem Wachstum der Produktion."[40]

Das neomonetaristische Antikrisenrezept besteht demzufolge darin, Wirtschaftswachstum durch ein stabiles, stetiges Geldmengenwachstum bei gesicherten und günstigen Bedingungen zur Erzielung von Maximalprofit zu erreichen. Indem die Grundthese der klassischen bürgerlichen Geldmengentheorie dahingehend modifiziert wird, daß die strenge Proportionalität zwischen Geldmenge und Preisniveau in eine Abhängigkeit des Preisniveaus und des realen Nationaleinkommens von der Geldmenge verwandelt wird, versuchen die Neomonetaristen nachzuweisen, daß durch kontrol-

39 Ebenda.
40 M. Friedman, Es gibt nichts umsonst, a. a. O., S. 62/63.

liertes stetiges Geldmengenwachstum auch ein höheres reales Wirtschaftswachstum erreicht werden kann.

Da die neomonetaristische Proportionalität zwischen der Geldmenge auf der einen Seite, dem Preisniveau und dem Realwachstum auf der anderen Seite die Inflation einschließt, reduziert sich Inflation auf ein technisches Problem, auf die Begrenzung des Wachstums der Geldmenge. Beispielsweise stellt Friedman in einem der bürgerlichen „Wirtschaftswoche" gegebenen Interview fest: „Langfristig ist die sinkende Inflation eine Folge der restriktiven Geldpolitik. Die gegenwärtige Konjunkturschwäche hat den Trend nach unten nur verstärkt. Aber auf lange Sicht ist Inflation immer ein monetäres Problem. Es hat noch nie Inflation gegeben ohne einen deutlichen Anstieg des Geldmengenwachstums. Und es hat noch nie sinkende Inflationsraten ohne restriktive Geldpolitik gegeben."[41]

Soweit die Friedmansche neomonetaristische Konzeption. Die Frage ist nur, ob die Monopole, deren Aktivitäten in Verbindung mit ihrem besonderen Verhältnis zum Staat letztlich den Goldstandard und das Bretton-Woods-System durchbrochen haben, um eine ihren Bedürfnissen angepaßte elastische Geldversorgung zu erzwingen, nun bereit sind, ein stabiles Preisniveau anzustreben.[42]

Die Apologetik dieses theoretischen Herangehens zeigt sich darin, daß der Eindruck erweckt wird, als könnte neomonetaristische Wirtschaftspolitik gegen die Interessen des Monopolkapitals durchgesetzt werden. Die Erfahrungen beweisen aber, daß die Preise bei restriktiver Geldpolitik in den nichtmonopolisierten Wirtschafts-

[41] Wirtschaftswoche (Düsseldorf), 38/1982, S. 12.

[42] Der Goldstandard wurde gerade in einer solchen Epoche aufgegeben, in der sich marktbeherrschende Unternehmen herausbildeten. War der Goldstandard zunächst noch in der Lage, ein Kreditvolumen zu sichern, das den allgemeinen Kreditbedürfnissen noch genügte und zugleich ein solches Geldvolumen bereitstellte, daß die gestiegene Arbeitsproduktivität nicht durch sinkende Preise weitergegeben werden mußte. Der weiter steigende Kreditbedarf und das monopolistische Verlangen, die Preise zu steigern, ließen den historisch überkommenen Geld- und Finanzrahmen zu eng werden. Auch der wesentlich flexiblere Bretton-Woods-Mechanismus genügte allmählich den monopolistischen Bedürfnissen nicht mehr. Die Einlösungspflicht in US-Dollar fiel (vgl. hierzu auch: M. Braun/H. Dietrich/W. Thümmler, Zum Währungskurs im Kapitalismus und zur Kritik der monetaristischen Theorie floatender Währungskurse, in: Wirtschaftswissenschaft, 8/1981, S. 965–967).

bereichen zum Sinken tendieren bzw. nicht in dem Maße steigen, wie das bei den Monopolen der Fall ist. Damit werden die Profite der nichtmonopolisierten Bereiche relativ zu den monopolisierten fallen. Die mit der restriktiven Geldpolitik verbundene restriktive Kreditpolitik veranlaßt die Banken, Kredite vorrangig an „beste Kunden" mit vermindertem Risiko zu vergeben, das heißt vorzugsweise an die Monopole. Das schon deshalb, weil eine Insolvenz von Großunternehmern in der Regel nicht zum Bankrott, sondern zu staatlichen Hilfsmaßnahmen führt. Kleine Unternehmer werden dagegen wegen sinkender Verkaufspreise (während zum großen Teil die Preise für Primärprodukte steigen, die von den Monopolen bezogen werden), wegen Kreditrestriktionen, wegen der schwächeren Finanzkraft und kostenungünstigerer Produktionstechnik vermehrt in Schwierigkeiten geraten. Die zunehmenden Konkurse und Vergleiche fördern die Monopolisierung und tragen zur Kapitalvernichtung bei. Durch weitere Erhöhung der Preise im Monopolbereich und durch sinkende Lohnkosten dürften die Monopolprofite nicht fühlbar beeinträchtigt werden.

Der Inflationsprozeß, als eine der Strategien der Monopole, in anderen Bereichen erzeugten Mehrwert an sich zu ziehen, um Monopolprofite zu erzielen, wird jetzt planvoll betrieben. Störende Begleiterscheinungen, wie schwankende Inflationsraten und ungleichmäßiges Geldmengenwachstum, werden im Zuge der weiteren Durchdringung der Wirtschaftspolitik mit neomonetaristischen Thesen ausgeschaltet. Daß die angekündigte und erhoffte Stabilisierung des Preisniveaus nicht eintritt, wird mit dem Hinweis auf die zu hohe Arbeitslosigkeit und die dafür aufgewandten finanziellen Mittel erklärt. In der neomonetaristischen vulgärwissenschaftlichen Sprache hört sich das so an: „In der Vergangenheit wurden die Leute dafür bezahlt nicht zu arbeiten, und sie wurden besteuert, wenn sie arbeiteten ... Aber um die Arbeitslosigkeit langfristig abzubauen und nicht nur die zyklischen Schranken zu beseitigen, muß der Arbeitsmarkt wieder funktionsfähig gemacht werden. Der Weg dazu besteht darin, Arbeit attraktiver und Arbeitslosigkeit unattraktiver zu machen."[43]

Die von den Neomonetaristen aufgestellte Gleichung der Geldnachfrage soll deutlich machen, daß durch kontrolliertes stetiges

[43] Zwang zur Entscheidung. Interview mit Milton Friedman, in: Wirtschaftswoche (Düsseldorf), 38/1982, S. 13.

Geldmengenwachstum Realwachstum gefördert wird. Während in den theoretischen Ansätzen zur Quantitätstheorie bis zum Beginn unseres Jahrhunderts ein Zusammenhang zwischen der Geldmengenveränderung und dem realen Wachstum ausgeschlossen wurde, wird er durch die Einbeziehung der physischen Warenmasse als Variable bei der Geldmengenbestimmung unterstellt. Friedman schreibt: „Das Geld ist in der Tat nur ein Mechanismus, allerdings ein außerordentlich effizienter. Ohne ihn hätten wir nicht im Traum daran denken können, das erstaunliche Wachstum von Output und Lebensstandard der letzten beiden Jahrhunderte zu erzielen – viel mehr als wir je ohne jene erstaunlichen Maschinen hätten erreichen können, die unsere Umgebung ‚verzieren' und die uns in den meisten Fällen in die Lage versetzen, jene Dinge effizienter zu erledigen, die ohne sie nur zu viel höheren Lohnkosten hätten bewältigt werden können."[44]

Von marxistisch-leninistischer Seite aus läßt sich eine Reihe kritischer Einwände gegen diese neomonetaristische Konzeption erheben:

Erstens werden in diesem Schema der „wirtschaftlichen Korrekturen" die realen kausalen Zusammenhänge im System der kapitalistischen Reproduktion extrem vereinfacht und verzerrt wiedergegeben. Die Geldsphäre ist doch trotz der großen Bedeutung der sich darin abspielenden Prozesse kein autonomer, von den anderen Sphären der Wirtschaft unabhängiger Sektor. Sie ist dem Wirken der allgemeinen Gesetze der Produktion und Zirkulation des gesellschaftlichen Produkts untergeordnet. Diese Gesetze wiederum sind vom Charakter der Produktionsverhältnisse geprägt. Deshalb ist es völlig abwegig, in der Geldzirkulation das ausschlaggebende, bestimmende Glied des Reproduktionsmechanismus zu sehen. Umgekehrt, wie im 9. Kapitel noch begründet wird, sind Geldpolitik und Geldzirkulation nach wie vor von zyklischen Abläufen des Reproduktionsprozesses abhängig.

Zweitens trägt das neomonetaristische Theoriengebäude entscheidend zur Verschleierung der objektiven Prozesse im Kapitalismus bei. Mit seinem Kategoriensystem, das wissenschaftlichen Ansprüchen nicht genügt, trägt er mehr zur Begriffsverwirrung als zur Aufhellung bei. Besonders deutlich wird das bei Friedmans Verwendung des Vermögensbegriffs. Bargeld, Kapitalbestandteile,

[44] M. Friedman, Die optimale Geldmenge und andere Essays, a. a. O., S. 149.

das physische Volumen aus Produktionsmitteln und die Arbeitskraft werden von ihm gleichrangig nebeneinander gestellt und an ihrem Ertrag gemessen. Damit wird eine Analyse von Erscheinungen zum Ausgangspunkt weiterer theoretischer Untersuchungen genommen. Ihre Ursachenseite bleibt aber außerhalb der Betrachtung. Das ist charakteristisch für die Geldmengentheoretiker alter und neuer Prägung.[45]

Drittens birgt die neomonetaristische Annahme, die Geldmengenpolitik sei das Kernproblem der heutigen Wirtschaftspolitik, eine Überschätzung der Möglichkeiten der Zentralbank und ihrer Wirkungen auf die Produktion in sich. Die geldpolitischen Instanzen werden als exogene Faktoren im ökonomischen Prozeß interpretiert. Sie werden abstrakt und isoliert begriffen. Zwar sind die Zentralbanken offiziell für die Geld- und Währungspolitik verantwortlich und nach dem Gesetz autonom, sie können aber die Preisentwicklung kaum beeinflussen, weil diese in erster Linie von den Monopolunternehmen bestimmt wird. Die Zentralbanken müssen, den Gesetzen der kapitalistischen Ökonomie folgend, mit ihrer Geld- und Kreditpolitik dem Monopolkapital Bedingungen verschaffen, die die Erzielung hoher Profite ermöglichen. Die durch die monopolistische Preisbildung verursachte Erhöhung der Warenpreise verlangt objektiv eine Erhöhung der Geldmenge, die durch das Bankensystem gesichert werden muß.[46]

Die Zentralbank muß also eine expansive Geldpolitik betreiben und die Geldmenge vermehren, wenn es im Interesse der Unternehmen liegt. Auf einer internationalen wissenschaftlichen Tagung des Instituts für Marxistische Studien und Forschungen (IMSF), die der Krise der kapitalistischen Wirtschaftspolitik gewidmet war, wurde in diesem Zusammenhang auf folgendes aufmerksam gemacht: In der neomonetaristischen Geldmengentheorie „kommen einige Erscheinungen praktischerweise gar nicht vor oder spielen keine Rolle wie z. B. die monopolistische Preisbildung auf nicht wettbewerblich organisierten Bereichen, die Rüstungspolitik und ihr Einfluß auf die Preise, oder die Existenz von lediglich Speku-

45 Vgl. V. Ussoskin, Die monetaristische Schule in der bürgerlichen politischen Ökonomie. Quelle, Evolution, Perspektiven, in: MEMO (Moskau), 6/1982, S. 78 (russ.).

46 Vgl. A. Bönisch, Die theoretischen Grundlagen der Wirtschaftspolitik der Reagan-Regierung, in: Deutsche Außenpolitik, 8/1981, S. 95.

lationszwecken dienenden Geldmärkten, die nicht der Kontrolle nationaler Währungsbehörden unterliegen".[47]

Viertens ignorieren die Neomonetaristen bis zu einem gewissen Grade auch die Tatsache, daß sich in den letzten Jahrzehnten im Kapitalismus die Formen der Geldkapitalbildung verändert haben. Das zeigt vor allem die gewaltige Zunahme der Kredittätigkeit der Großbanken. Diese Banken sind in der Lage, ein Mehrfaches ihrer Einlagen als Kredit zu gewähren. Die Kredittätigkeit der Großbanken ist die wichtigste Quelle zur Erhöhung des Geldvolumens. Das bedeutet, daß eine Politik des knappen Geldes einem großen Unternehmen kaum schadet, wohl aber einem kleinen. Wenn ein großer Konzern Geld braucht, ist er bei der Bank zumeist ein geschätzter Kunde.

Restriktive Maßnahmen der Zentralbanken haben somit nur eine relative, oft überhaupt keine Bedeutung. Von den Monopolen können sie in vielfältiger Weise unterlaufen werden, zum Beispiel durch Aufnahme von Krediten bei ausländischen Banken. Die Instrumente der Zentralbank geben zwar theoretisch die Möglichkeit, Einfluß darauf zu nehmen, „daß der Geldumlauf nicht nur erweitert, sondern auch eingeschränkt werden kann. Praktisch erfolgt die Entwicklung jedoch nur einseitig im Sinne der ständigen Ausdehnung der Geldmenge. In Zeiten des Wirtschaftsaufschwungs, der wirtschaftlichen Expansion, werden hohe Kredite benötigt, um das inflationistisch determinierte monopolistische Preisniveau zu realisieren. Stocken Produktion und Absatz, versucht man ebenfalls – vor allem unter Einbeziehung des Staates – die Geldmenge zu erweitern, um die Konjunktur anzukurbeln. Die Geschäftsbanken müssen kreditpolitisch ‚aktionsfähig' sein und die Zentralbank muß ‚jede beliebige Geldmenge direkt oder über die Geschäftsbanken produzieren können'."[48]

[47] B. Cohen, Theorie und Praxis der „Reaganomics", in: Marxistische Blätter (Frankfurt a. M.), 5/1982, S. 14.

[48] K. Kolloch, Inflationäre Geld- und Währungspolitik im Dienste der Monopole, in: IPW-Forschungshefte, 3/1976, S. 71.

Einmal zustande gekommen, bleibt die Geldmenge nicht ohne Effekt auf die reale ökonomische Aktivität der kapitalistischen Wirtschaft. Dies wird im 9. Kapitel vom marxistischen Standpunkt noch näher untersucht. An dieser Stelle soll zunächst die bürgerliche Version kritisch dargestellt werden.

Die von den neomonetaristischen Theoretikern diskutierte Frage – unter dem Einfluß des parallelen Wachstums von Inflation und Arbeitslosigkeit in den 70er Jahren nur noch verstärkt – war, auf welche Art und Weise die Veränderungen der Geldmenge auf die Preise und auf die realen ökonomischen Größen, besonders auf das Produktionsvolumen und den Beschäftigungsgrad, übertragen werden. Dieses Problem wird beispielsweise von Friedman ganz im Sinne der Quantitätstheorie des Geldes aufgeworfen. So läßt sich die Geldnachfragefunktion bei Friedman auf die Quantitätsgleichung von Fisher $M \cdot V = P \cdot T$ zurückführen. Die bereits durch die neoklassische Quantitätstheorie vorgenommene Auslegung dieser Gleichung wird im wesentlichen durch den Neomonetarismus beibehalten. Neben der modifizierten Erklärung der weitgehenden Konstanz der Geldumschlagsgeschwindigkeit besteht eine weitere Veränderung gegenüber der traditionellen Quantitätstheorie darin, daß der Einfluß von Geldmengenänderungen nicht mehr nur das Preisniveau tangieren soll, sondern auch das reale volkswirtschaftliche Einkommen bzw. die reale Produktion. Eine Erhöhung des Geldvolumens bewirke somit Steigerungen des nominalen Sozialprodukts, wobei Friedman keine definitive Aussage darüber trifft, zu welchen Anteilen das Preisniveau und die reale Produktionsentwicklung beeinflußt werden. Indem die Wirkung von Geldmengenänderungen auf die sogenannten realen Faktoren (Produktionsvolumen, Beschäftigungsgrad) anerkannt wird, soll die Auffassung von der „Neutralität des Geldes“, die die Neoklassik vertritt, überwunden werden.

Neomonetaristen gelangen dann zu der Schlußfolgerung, daß Veränderungen des Geldangebots langfristig und dauerhaft das Preisniveau determinieren, der Beschäftigungsgrad jedoch nur kurzfristig, das heißt vorübergehend, erhöht werden könne. In diesem Sinne ist auch folgende Aussage zu verstehen: „Es gibt vielleicht keine andere empirische Relation in der Ökonomie, die sich nach den Beobachtungen so gleichförmig unter äußerst verschiedenartigen Bedingungen wiederholt, wie die Beziehungen zwischen entscheidenden Geldmengenveränderungen über kurze Zeiträume und Preisveränderungen, die eine Variable ist unabänderlich mit der anderen verbunden und beide sind gleichgerichtet Diese Gleichförmigkeit ist, so vermute ich, von der gleichen Art wie viele der Regelmäßigkeiten, die die Grundlage der Physik bilden."[49] In diesen Worten wird sowohl der metaphysische Charakter des Neomonetarismus deutlich als auch seine quantitätstheoretische Herangehensweise.

Die Beschreibung und Begründung des Zusammenhangs zwischen Geldmengenveränderungen und Realwachstum erfolgt in der neomonetaristischen Theorie durch die Portfoliotheorie[50], genauer durch die Theorie der relativen Preise. Die Neomonetaristen gehen

[49] Die optimale Geldmenge und andere Essays, a. a. O., S. 98/99.

[50] Die bürgerliche Theorie der Portfoliowahl wird heute hauptsächlich in zwei Versionen angeboten. Die eine wird von denjenigen Theoretikern vertreten, die auf quantitätstheoretischen Positionen stehen, den Neomonetaristen. Sie interpretieren ihre Analyse als eine „Theorie der relativen Preise". Die andere Ausprägung vertreten solche Theoretiker, die auf neokeynesianischen Positionen stehen. Ihr Ansatz ist eine „makroökonomische Portfoliotheorie". Obwohl die Analysemethode bei beiden Richtungen bürgerlicher politischer Ökonomie im Ansatz dieselbe ist, kommen sie zu substantiell verschiedenen Ergebnissen. Das hauptsächliche Charakteristikum ist, daß die Theorie der Portfoliowahl eine Abkehr von einer stromorientierten Betrachtungsweise (wie zum Beispiel im keynesianischen Einkommen-Ausgabe-Modell) hin zu einer bestandsorientierten Betrachtungsweise vollzog. Es werden Vermögensbestandsanpassungsprozesse als entscheidendes Vehikel für die Übertragung monetärer Impulse auf die reale Wirtschaft angesehen und keine Stromgrößen. Es wird angenommen, daß die Vermögen haltenden Wirtschaftssubjekte eine optimale Struktur ihres Vermögens herzustellen suchen, wobei die Kriterien der Optimalität sowohl die Ertragsmaximierung (von den Neomonetaristen betont) als auch die Risikominimierung (von den Neokeynesianern betont) sein können. Monetäre Impulse wirken nur dadurch, daß sie die optimale Vermögensstruktur stören und die Höhe des Gesamtvermögens verändern. Es kommt zu Bestandsanpassungsprozessen, in deren Verlauf auch die gesamtwirtschaftlichen Zielgrößen der Geldpolitik beeinflußt werden. In beiden bestandstheoretischen Ansätzen besteht die typische Wirkungskette der monetären Impulse in Veränderungen der folgenden Größen: Zentralbankgeld – Geldmenge – finanzielle Vermögensbestände („Finanzaktiva") – realwirtschaftliche Vermögensbestände („Sachaktiva") – Investitions- und Konsumtionsausgaben – Preisniveau und Beschäftigung.

davon aus, daß in der ökonomischen Realität neben dem Geld eine Vielzahl von Vermögensanlagen existiert. Der Vermögensbegriff wird extrem weit gefaßt. Vermögen ist, was „im allgemeinsten Sinne als Quelle eines Einkommens" dient.[51]

Es werden von den Neomonetaristen fünf verschiedene Vermögensformen unterschieden (Geld, Obligationen, Anteilswerte, physisches nichtmenschliches Kapital und menschliches Kapital), auf die das Gesamtvermögen so aufgeteilt wird, daß eine weitere Substitution keinen zusätzlichen Ertrag ergibt (Optimum). Nachdem Friedman beispielsweise die Erträge, die aus den verschiedenen Formen der Vermögenshaltung fließen, untersucht sowie eine Reihe von mathematischen Vereinfachungen vorgenommen hat, kommt er zu dem Schluß, die reale Geldnachfrage hänge ab:

- von den erwarteten Ertragsraten des Geldes (*rm*), der Obligationen (*rb*) und der Anteilspapiere (*re*);
- von der erwarteten Änderungsrate des Preisniveaus $\frac{l}{p}\frac{dt}{dt}$;
- vom Verhältnis des Einkommens aus nichtmenschlichem, zum Einkommen aus menschlichem Vermögen (*w*);
- vom Umfang des Gesamtvermögens (Budgetbeschränkung), als dessen Index das Realeinkommen angesehen werden kann;
- von den Präferenzen der Vermögen besitzenden Wirtschaftssubjekte (*u*).

Zusammengefaßt ergibt das folgende Funktion:

$$\frac{M}{P}=f\left(rm, rb, re, \frac{l}{p}\frac{dp}{dt};\, w;\, \frac{y}{p};\, u\right). \qquad (1)$$

Mit einigen Einschränkungen, glaubt Friedman, könne (1) auch für Unternehmen gelten und bei entsprechender Uminterpretation der Variablen M, $\frac{y}{p}$ und w als aggregierte makroökonomische Geldnachfragefunktion gesetzt werden. Durch Umformung von (1) erhält man dann

$$Y=V\left(rm, rb, re;\, \frac{l}{p}\frac{dp}{dt};\, w;\, \frac{Y}{P};\, u\right) M\,, \qquad (2)$$

die quantitätstheoretische Grundgleichung, bei der die Einkommenskreislaufgeschwindigkeit V nicht mehr konstant ist, sondern von einer Vielzahl von Variablen abhängt. Die neomonetaristische

[51] M. Friedman, Die optimale Geldmenge und andere Essays, a. a. O., S. 79.

Grundposition ist nun, daß diese funktionale Beziehung auf einige wenige Variable reduziert werden kann und stabil in dem Sinne ist, daß sie sich im Zeitablauf nur langsam ändert.

Einerseits soll dafür ein geldlicher bzw. nichtgeldlicher Ertrag angebbar sein, und andererseits sollen zwischen allen Vermögensobjekten ertragsabhängige Substitutionsmöglichkeiten bestehen. Erhöht beispielsweise die Zentralbank das Geldangebot, dann kommen für die Nichtbanken prinzipiell alle diese Anlagemöglichkeiten in Betracht, um das „zuviel" vorhandene Geld umzuschichten. In dieser Theorie der Entscheidungen der Wirtschaftssubjekte über die Höhe und Struktur ihres Vermögens sollen die Wechselbeziehungen zwischen der Geldpolitik und den Waren- und Finanzmärkten analysiert werden.

Die Theorie der relativen Preise basiert auf der bereits von Léon Walras ausgearbeiteten preistheoretischen Gleichgewichtsanalyse. Die Grundannahmen der Theorie der relativen Preise sind vor allem folgende:

Erstens handeln alle privaten Wirtschaftssubjekte rational und verhalten sich bei ihren Vermögensentscheidungen preis- bzw. zinselastisch.

Zweitens ist Kriterium für rationales Verhalten der Gesamtertrag des Portefeuille. Die Wirtschaftssubjekte versuchen diejenige Zusammensetzung des Gesamtvermögens herzustellen, die einen maximalen Vermögensertrag garantiert. Das ist dann die optimale Vermögensstruktur.

Drittens fallen Durchschnittsertrag und Grenzertrag der Vermögensobjekte auseinander. Mit zunehmender (abnehmender) Menge eines im Portefeuille gehaltenen Vermögensobjektes sinkt (steigt) dessen Grenzertrag. Das optimale Portefeuille ist dann hergestellt, wenn die einzelnen Vermögensobjekte in solchen Mengen gehalten werden, daß die Grenzerträge überall gleich hoch sind. Dann gelingt es nicht mehr, durch Umtausch eines Vermögensobjektes gegen eines oder mehrere andere den Gesamtertrag des Portefeuilles zu erhöhen.

Die transmissionstheoretischen Vorstellungen der neomonetaristischen Theoretiker lassen sich demzufolge im Prinzip aus der zugrunde liegenden Geldnachfragetheorie herleiten.

Ausgehend von der Vorstellung, daß die reale Geldnachfrage eine Funktion des „beständigen Einkommens", des Vermögensbestandes, des Zinssatzes der einzelnen Vermögensarten und der erwarteten Inflationsrate ist, unterstellt die neomonetaristische Geldnachfragetheorie, daß die reale Kassenhaltung und damit die Umlaufgeschwindigkeit des Geldes zwar kurzfristigen Schwankungen unterworfen sein kann, langfristig dagegen in einer stabilen Beziehung zu den genannten Variablen steht. Diese Vorstellung von der stabilen Beziehung zwischen der von den Wirtschaftssubjekten gewünschten Kassenhaltung und ihrem Einkommen bzw. Vermögen bilden den eigentlichen Ausgangspunkt des neomonetaristischen Transmissionsprozesses. Ausgehend von einer Störung des anfänglichen Vermögensgleichgewichts durch eine Erhöhung der Geldmenge würde zum Abbau der überschüssigen Kassenhaltung eine Umstrukturierung des Vermögensbestandes einsetzen. Wird zum Beispiel eine Ausweitung der Geldmenge bewirkt, indem die Banken nach einer Senkung der Mindestreserven oder einer anderen Ausweitung ihrer unverzinslichen Liquiditätsreserven Wertpapiere beim Publikum erwerben, so werden die privaten Wirtschaftssubjekte im Rahmen ihrer Vermögensumstrukturierung ihre Nachfrage nach vorhandenem und später auch nach neuem Sachkapital verstärken. Hier ergeben sich also erste Berührungspunkte zum realen Sektor der Volkswirtschaft, wenn die Produktion dieser Erzeugnisse ausgeweitet wird und ihr Preis steigt.

Um die wirtschaftspolitische Bedeutung des Neomonetarismus anzuheben, wurde in jüngster Zeit die Rolle der Erwartungen in den Vordergrund gerückt. (Hierzu und zur marxistischen Kritik der Phillips-Kurven-Diskussion werden im 9. Kapitel weiterführende Aussagen getroffen.) So stellte William J. Fellner fest: „Der Neomonetarismus ist ohne eine Erwartungstheorie, die ihn an Kosten- und damit Preisentwicklungen bindet, eine Theorie von geringer Bedeutung. Denn eine sinnvolle Analyse muß über die Geldmenge und das Nominaleinkommen hinaus zum Realeinkommen führen. In der freien Marktwirtschaft hängt die Wirkung von Änderungen des Nominaleinkommens auf die Kosten- und Preisentwicklung und damit auf das Realeinkommen von den Erwartungen der Marktteilnehmer ab, und diese Erwartungen werden von der wirtschaftspolitischen Linie stark beeinflußt."[52]

Milton Friedman und Edmund S. Phelps[53] kamen in den 60er Jahren fast gleichzeitig zu einer neuen Darstellung der Phillips-Kurve, die

[52] W. A. Fellner, Politik ohne Inflation, in: Wirtschaftswoche (Düsseldorf), 48/1982, S. 80/81.

[53] Vgl. E. S. Phelps, Phillips Curves. Inflations Expectations and Optimal Emöoy-

die sogenannte „Inflationserwartung“ in den Mittelpunkt der Untersuchungen rückte, der zufolge die Wirtschaftssubjekte „im Durchschnitt“ die zukünftigen Inflationsraten auf der Basis einer korrekten Theorie richtig voraussehen würden.[54] Im Lichte dieser Hypothese unterstellt die These von den adaptiven Erwartungen bei ständig steigenden Inflationsraten den Wirtschaftssubjekten „irrationales“ Verhalten, weil sie voraussetzt, daß sie mit ihren Erwartungen immer hinter der inflationären Entwicklung hinterherhinken.

Entsprechend dieser Darstellung der Phillips-Kurve ist sie nur innerhalb einer kurzen Zeitspanne wirksam; dann nämlich, wenn die inflationären Erwartungen von den tatsächlichen Inflationsausmaßen abweichen. Infolge dieser Nichtübereinstimmung – so die Neomonetaristen – können sowohl die Fiskal- als auch die Geldpolitik auf die Größe der Arbeitslosigkeit und die der Produktion Einfluß gewinnen, wenn auch nur zeitweise und kurzfristig. Wenn die Arbeiter entdecken, daß infolge des Preisanstiegs ihr Realeinkommen niedriger als angenommen ist, werden sich die Reihen der „freiwilligen“ Arbeitslosen wiederum vergrößern. Es wird davon ausgegangen, daß alle Vermögensbesitzer ihre Aktiva optimal assoziieren. Unter Optimum muß nichts anderes als das *zweite Gossensche Gesetz* vom „Ausgleich der gewogenen Grenzerträge“ gelten. Dieses Gesetz – auch als Genußausgleichsgesetz bezeichnet – besagt, daß die Güter so lange auf die verschiedenen Möglichkeiten zur Bedürfnisbefriedigung verteilt werden, bis die verschiedenen Grenznutzen ausgeglichen sind. Das gehe so vor sich, daß der Mensch zwischen verschiedenen Genüssen wählt. Da er nicht die Zeit habe, sich alle Genüsse maximal zu bereiten, bereite er sich die Genüsse teilweise. Von Bedeutung sei die Tatsache, daß die Werte der Genußbefriedigung mit zunehmender Masse der konsumierten Güter abnehmen und auf Null sinken würden, wenn eine Sättigung einträte. Der Grenznutzen wird nach Hermann H. Gossen durch den Nutzen der letzten Einheit bestimmt, der im Maße der Sättigung abnehme und ganz verschwinde, wenn sie erreicht sei.[55]

ment over Time, in: Economics, New York, 34/1967; M. Friedman, The Role of Monetary Policy, in: American Economic Review, Nashville, March 1968.

[54] Dies ist eine spezielle Interpretation der These rationaler Erwartungsbildung (vgl. R. Entov, Die Höhen und Tiefen der Phillips-Kurve, in: MEMO [Moskau], 3/1983, S. 63ff. russ.).

[55] Vgl. Geschichte der politischen Ökonomie, Grundriß, Hrsg. von H. Meißner, a. a. O., S. 329–331.

Damit wird die Gültigkeit der Theorie der relativen Preise auf teilweise unsinnig definierte Vermögensobjekte ausgeweitet. Deutlich erkennbar wird, daß die Neomonetaristen im Profitmechanismus, ausgedrückt im neutralen Begriff der „relativen Preise", das entscheidende Element bei der Realisierung ihrer Wachstumskonzeption sehen. Der Mechanismus der relativen Preise widerspiegelt die Anwendung von Elementen der Grenznutzentheorie im Gewande des Neomonetarisms. „Die Theorie der relativen Preise", schreibt K. O. W. Müller, „ist im Grunde eine mit Dogmen aus der Grenznutzenschule verkleidete Umschreibung des kapitalistischen Profitstrebens. Kapital wird nur dort investiert, wo es den höchsten Profit verspricht, also dort, wo der ‚interne Zinssatz' am größten ist ... Das Ziel der Theorie der relativen Preise besteht nun neben der Profitapologetik offenbar auch darin, der Geldmengenpolitik formal eine ökonomisch-theoretische Fundierung zu geben."[56] Und umgekehrt, in einer langfristigen Periode überwögen immer gleichmäßige „natürliche" Größen von Arbeitslosigkeit und Produktion. Deshalb sei in einer langfristigen Periode die Phillips-Kurve nicht wirksam. Sie hat eine vertikale Form, so daß ein „Kompromiß" zwischen Arbeitslosigkeit und Inflation unmöglich sei.

Aus diesem theoretischen Herangehen wird dann gefolgert, daß jede beliebige langfristige Wirtschaftspolitik – und damit auch die monetären Eingriffe – zur Wirkungslosigkeit verurteilt seien, weil die „Märkte" die erwünschten Ergebnisse dieser Maßnahmen kennen und sie unterlaufen bzw. durchkreuzen würden. Tatsächlich laufen viele privatkapitalistische Handlungen den staatlichen entgegen. Trotzdem ist die Einbeziehung des Staates in den monopolistischen Verwertungsprozeß objektiv notwendig. Die Widersprüchlichkeit und weitgehende Erfolgslosigkeit der staatlichen Wirtschaftsaktivitäten resultiert eben aus der Rücksichtnahme auf die unmittelbaren Verwertungsinteressen der Monopole und deren Kampf gegen die Tendenz zur Senkung ihrer Profitrate.[57]

Die Neomonetaristen beschränken sich bei dieser Frage auf die

[56] K. O. W. Müller, Eine neue Variante staatsmonopolistischer Regulierungskonzeption – die Neoquantitätstheoretiker, in: Wirtschaftswissenschaft 11/1973, S. 1702.

[57] Vgl. K. Müller, Zu den Grundfunktionen der bürgerlichen politischen Ökonomie, in: Wirtschaftswissenschaft, 5/1984, S. 697; R. Entov, Die Höhen und Tiefen der Phillips-Kurve, a. a. O., S. 67ff (russ.).

formale Darlegung bestimmter subjektiver und psychologischer Momente. Die objektiven ökonomischen und sozialen Faktoren, die die Gestaltung solcher Erwartungen prägen, sowie die strukturellen Veränderungen im Mechanismus des Informationsprozesses bleiben im Hintergrund. Die im Privateigentum an Produktionsmitteln und damit im sozialökonomischen Bereich wurzelnden Ursachen, sowohl für die ständigen Konflikte einer dem Wesen nach gesellschaftlichen Produktion als auch für die prinzipielle Begrenztheit der Möglichkeiten, sie zu regulieren, werden nicht freigelegt. Daher erfüllt die Theorie der rationalen Erwartungen nur die Funktion, von der Analyse der brennenden sozialen Probleme abzulenken. So zeigen doch gerade die Erfahrungen der USA bei der antiinflationären Regulierung in den 70er und 80er Jahren die geringen Möglichkeiten, mit Hilfe von Geld- und Kreditrestriktionen auf die Preisbewegungen einzuwirken. Den Maßnahmen der USA zur Verlangsamung des Geldmengenwachstums ging eine offiziell erklärte Verringerung der Zielstellungen voraus. In einer solchen Situation müßten die am Wirtschaftsprozeß Beteiligten, entsprechend der Theorie der rationalen Erwartungen, die Aktivseiten der Zentralbank einfach überlisten, indem sie die Preiserhöhungen bremsen, während die Prozesse, die sich im realen Sektor der Wirtschaft vollziehen, von der Deflationspolitik unberührt blieben. Die Krise von 1980–1982 (und auch die von 1974/75) zeigt aber, daß das Produktionsvolumen und insbesondere der Beschäftigungsgrad auf die Einschränkungen weit intensiver reagierten als die Inflationsprozesse.

Auf der Suche nach weiteren Auswegen beziehen die Neomonetaristen nicht nur die individuellen Erwartungen, sondern auch den Faktor der „Glaubwürdigkeit" der von den Regierungen ausgehenden Informationen in ihre zum Teil sehr abstrakten Überlegungen ein. Nach dieser Auffassung bringt die Deflationspolitik deshalb nicht die erwarteten Ergebnisse, weil die Teilnehmer am Wirtschaftsprozeß den Beteuerungen der Regierung hinsichtlich des konsequenten Kampfes gegen die Inflation keinen Glauben schenken. Fellner schreibt in diesem Zusammenhang: „Mit einer solchen Politik wird der Übertragungseffekt früherer Zusagen oder Verpflichtungen durch zeitliche Steuerung reduziert, aber nicht aufgehoben. Damit der neue Kurs glaubwürdig und die Politik des Gradualismus erfolgreich ist, müssen die Marktteilnehmer davon überzeugt werden, daß die restriktive Geldpolitik in einer Rezessionsphase nicht aufgegeben wird, um dadurch einen Aufschwung bei immer noch hohen Inflationsraten zu erreichen."[58]

Das heißt, der Glaubwürdigkeitseffekt soll die rationalen Erwartungen auf dem Gebiet der Regierungspolitik unterstützen. Gerade die vergangenen Jahre zeigen jedoch, daß bereits die Formulierung der Wirtschaftspolitik zur Auswahl der Methoden bei der Antiinflationspolitik die Interessen verschiedener Klassen und Schichten tangiert. Diese Formulierungen sind zumeist eine Zusammenstellung „beruhigender Formeln". So ist beispielsweise bemerkenswert, daß das Federal Reserve System darauf verzichtet, die Ziele der Geld- und Kreditpolitik in Form von Kennziffern zu formulieren, die das „notwendige Niveau" der Arbeitslosigkeit, der Einkommen und Preise charakterisieren. Auch werden nicht die „wünschenswerten" Zinssätze genannt, es wird lediglich das vorgesehene Tempo der Geldmengensteigerung vermindert. Die Ursachen sind klar. Entgegen aller skurrilen Gedankenkonstruktionen der Neomonetaristen hinkt diese Wirtschaftstherapie schon hinsichtlich ihrer Voraussetzungen, unter denen sie angeblich angebracht und wirksam ist, denn es kommt nicht schlechthin auf Durchschaubarkeit und Erkennen an, sondern auf den wirklichen Inhalt und die Ziele der wirtschaftspolitischen Maßnahmen. Nicht jene versuchen der offiziellen Wirtschaftspolitik entgegenzusteuern, die sie „durchschauen", sondern jene, die erkennen, daß sie von ihr Nachteile haben. Umgekehrt werden jene sie unterstützen, die sich von ihr Vorteile versprechen. Das Interessenproblem, das in der Auffassung dieser Theoretiker – allerdings arg verstümmelt – reflektiert wird, ist in Wirklichkeit komplizierter und differenzierter. Denn, wie sollen offenkundig widersinnige, nicht auf einen durchschaubaren Zweck gerichtete Maßnahmen bewirken, was zuvor scheinbar logisch begründete Maßnahmen auch nicht erreichten.[59]

58 W. A. Fellner, Politik ohne Inflation, a. a. O., S. 84.

59 Vgl. K. Müller, Zu den Grundfunktionen der bürgerlichen politischen Ökonomie, a. a. O., S. 702/703.

Theorie floatender Währungskurse. Zwiespältige neomonetaristische Regulierungskonzeption

8.1. Bürgerliche Kurstheorien im Wandel

Das Schwergewicht der folgenden Ausführungen liegt auf dem Nachvollziehen des Wandels, der sich in der Praxis und Politik staatsmonopolistischer Währungskurse vollzog. Kritisch einzuschätzen sind dabei währungspolitische Absichten und ihre theoretische Begründung durch die neomonetaristische Schule. Ergänzt werden diese Aussagen im 10. Kapitel, in dem wir Grundgedanken der marxistischen Währungskurstheorie vorstellen wollen.

Der Verlauf der internationalen Währungsbeziehungen des gegenwärtigen Kapitalismus ist charakteristisch durch Labilitätserscheinungen und Disproportionen. Diese Zerrüttung des kapitalistischen Währungssystems findet im Rahmen der sich vertiefenden allgemeinen Krise des Kapitalismus statt. Die Währungskrise ist letztlich der monetäre Ausdruck jenes allgemeinen Verfalls- und Niedergangsprozesses, der den monopolistischen Kapitalismus in der derzeitigen Etappe seiner allgemeinen Krise prägt. Verursacht wurde die Deformation der internationalen kapitalistischen Geldbeziehungen und ihrer Mechanismen durch die Entfaltung einer Reihe von Grundprozessen, die für die allgemeine Krise des Kapitalismus typisch sind, und durch ihr gleichzeitiges Zusammentreffen vor allem in den internationalen Beziehungen.

Gerade unter den gegenwärtigen Bedingungen der Verflechtung von allgemeiner Krise und den Prozessen struktureller und zyklischer Krisen werden in zunehmendem Maße währungspolitische Mittel im Macht- und Konkurrenzkampf eingesetzt. Sowjetische Autoren stellen hierzu fest: „Währungsregulierungen zeigen sich im Komplex von Maßnahmen mit dem Ziel der Einflußnahme auf die Zahlungsbilanz, den Währungskurs, Gold- und Devisenreserven und letztlich auf die Wirtschaft des Landes."[1]

Die Krisenhaftigkeit der kapitalistischen Währungsbeziehungen hat viele Erscheinungsformen, zu nennen wäre dabei zum Beispiel die Inflation. Sie resultiert aus der Entfaltung des staatsmonopolistischen Kapitalismus, der durch privatmonopolistische und staatliche Regulierungsmaßnahmen die Geldmenge – vor allem auf dem Wege des Kredits – erheblich schneller aufbläht, als das Nationaleinkommen wächst und als der Kreislauf seiner Bestandteile es erfordert. Der einzelnen Geldeinheit stehen damit immer geringere reale Werte gegenüber. Dieser Prozeß kann als Tendenz an der unterschiedlichen Entwicklung von Bruttosozialprodukt einerseits und Geldmenge andererseits abgelesen werden. Das Steigen der monopolistisch bestimmten Preise ist die wichtigste Erscheinungsform der Inflation.

Auch die außenwirtschaftlichen Disproportionen, die ihren sichtbarsten Ausdruck in einer ungleichmäßigen Entwicklung der Zahlungsbilanz finden, gehören zu den Hauptsymptomen der Währungskrise. So haben weltwirtschaftliche Strukturveränderungen und Weltmarktpreistendenzen zu einer Polarisierung der Handelsbilanzdefizite und -überschüsse bei den einzelnen Ländergruppen geführt. So wuchs der kapitalistische Welthandel 1983 gegenüber 1982 real um etwa 2 %. Etwas schneller war die reale Zunahme des Außenhandels der imperialistischen Länder, während der Außenhandel der Entwicklungsländer nochmals schrumpfte.[2]

Diese weiter anwachsenden Bilanzungleichgewichte im Außenhandel sind vor allem für die nichterdölexportierenden Entwicklungsländer eine wesentliche Quelle für Zahlungsbilanzkrisen. Der Abfluß von Profiten des Auslandskapitals, Zahlungen für Zinsen und Tilgungen der zu hohen Beträgen aufgelaufenen Zahlungsverpflichtungen sind weitere Hauptursachen dieser Bilanzierungsprobleme.

Ihren sichtbarsten Ausdruck findet die kapitalistische Währungskrise in der Entwicklung der Währungskurse. Zum einen ist das Kurssystem mit allen anderen Krisensymptomen ursächlich verknüpft, zum anderen reagieren die Währungskurse am empfind-

[1] L. N. Krassavina, Geldzirkulation und Kredit kapitalistischer Länder, Moskau 1983, S. 161 (russ.).

[2] Vgl. Neue Tendenzen in der Entwicklung der kapitalistischen Weltwirtschaft, in: IPW-Berichte, 8/1984, S. 38.

lichsten auf alle Erschütterungen des kapitalistischen Währungssystems, ja auf nahezu alle Vorgänge in und zwischen den kapitalistischen Staaten, mögen sie ökonomisch oder politisch bedingt sein. In seiner zentralen Stellung innerhalb des kapitalistischen internationalen Währungssystems signalisiert das Kurssystem sowohl hinsichtlich der Kursentwicklung der einzelnen Währungen als auch der Veränderungen des Kursmechanismus selbst am deutlichsten Tiefe und Heftigkeit der Währungskrise. (Zu Wesen und Bestimmungsfaktoren des Währungskurses aus marxistischer Sicht vgl. das 10. Kapitel. Dort wird der Versuch einer werttheoretischen Begründung des Kurses unternommen, indem nach der Vereinbarkeit der Kaufkraftargumentation mit der Theorie der internationalen Werte gefragt wird.)

Die Bedeutung des Währungskurses ergibt sich daraus, daß in den internationalen ökonomischen Beziehungen Landeswährungen aufeinandertreffen, die jeweils eine unterschiedliche Kaufkraft repräsentieren. Die Verschiedenheit der Kaufkraft erklärt sich aus den unterschiedlichen Preismaßstäben in den einzelnen Staaten, aber auch aus der ungleichmäßigen Entwicklung solcher bedeutenden Prozesse wie Arbeitsproduktivitätsentwicklung und Geldmengenzuwachs und den daraus resultierenden Auswirkungen auf das nationale Preisniveau. Primäre Aufgabe des Währungskurses ist es daher, dieses unterschiedliche Kaufkraftniveau zwischen den einzelnen kapitalistischen Währungen sichtbar zu machen. Der Währungskurs erscheint als Preis, der in einer bestimmten Währung für andere Währungen zu zahlen ist. Damit ist zugleich seine immense Bedeutung für die zwischenstaatlichen Wirtschaftsbeziehungen im Kapitalismus angesprochen. Niveau und Entwicklung des Währungskurses beeinflussen die Profitrealisierung bei Export- und Importoperationen sowie bei zwischenstaatlichen Dienstleistungen, nicht zuletzt auch auf dem Gebiet des Kapitaltransfers in den verschiedensten Formen, erheblich. Dabei dient der Kurs als Instrument sowohl bei der Berechnung der Profiterwartung, insbesondere bei der Kalkulation des Preises für Export- und für Importwaren in fremder Währung, als auch bei den realen Umtauschoperationen der verschiedenen Währungen an den kapitalistischen Devisenmärkten. Generell gilt es dabei immer folgendes im Auge zu behalten:

Unter den Bedingungen des staatsmonopolistischen Kapitalismus kann der Währungskurs nicht die realen Wertrelationen widerspiegeln, weil auch die Regulierungsmaßnahmen widersprüchlichen

Wirkungsfeldern unterliegen. Bei der Regulierung sind sowohl Bewegungen des Warenkapitals als auch des Leihkapitals zu berücksichtigen. Die Zentralbanken müssen bei ihren Eingriffen in die Währungskursrelationen sowohl die Verwertungsbedingungen des Kapitals im inneren nationalen Reproduktionsprozeß als auch die äußeren, internationalen Erfordernisse in Rechnung stellen.[3] Die akuten Erschütterungen im kapitalistischen Währungssystem in den 70er Jahren riefen ein Umdenken bei den bürgerlichen Währungstheoretikern hervor. So bedeutete der Übergang zu floatenden Währungskursen nicht nur den Verzicht auf eines der Grundprinzipien des Bretton-Woods-Systems, sondern auch eine Verstärkung des Einflusses neomonetaristischer Konzeptionen der Marktregulierung auf die bürgerlichen Währungstheorien.

In dem Maße, wie die Labilitätserscheinungen des internationalen kapitalistischen Währungsgefüges immer augenfälliger wurden, fanden die neomonetaristischen Vorschläge, die das Grundproblem der internationalen Währungspolitik in der Sicherung des Freihandels sehen,[4] immer mehr Anklang.

Die weitere Argumentation der Neomonetaristen sieht dann folgendermaßen aus: Da es in der kapitalistischen Weltwirtschaft ständig zu Schwankungen des internationalen Warenaustausches kommen wird – sei es, weil sich die Verbrauchergewohnheiten ändern, sei es, weil sich die Produktionsbedingungen in den verschiedenen Ländern unterschiedlich entwickeln –, entsteht durch dieses ständige Element der Labilität die Gefahr, daß staatliche Institutionen im Namen von Sicherheit und Stabilität versuchen werden, die Ursache dieser Unsicherheit, nämlich die von den Neomonetaristen geforderte dynamische Entwicklung des Verbrauchs und der Produktion einzuschränken, statt eine Währungsordnung zu schaffen, die eine reibungslose Anpassung an die unvermeidbar auftretende Fluktuation gewährleistet. Die Kontrolle auswärtiger Zahlungsmittel ist für Friedman und andere Neomonetaristen nur ein erster Schritt auf einem Weg, der unvermeidbar zu immer schwer-

[3] Vgl. Autorenkollektiv, Währungsprobleme des heutigen Kapitalismus, a. a. O., S. 124; K. Kolloch, Gold, Dollar, Währungskrise, Berlin 1981, S. 71–73.

[4] Vgl. M. Friedman, The Case for Flexible Exchange Rates, in: Essays in Positive Economics, Chicago – London 1953, S. 201/202; M. Friedman, The Political Economy of International Monetary Arrangements, in: ders., Dollars and Deficits, New York 1968, S. 276.

wiegenderen staatlichen Eingriffen in den Wirtschaftsprozeß führt. Zwangsläufig werden dann nach Meinung der Neomonetaristen folgen: die Kontingentierung von Importen, die Kontrolle heimischer Produktionszweige, die importierte Güter verwenden oder Substitutionsgüter für ausgefallene Importe herstellen usw.[5] Friedman verneint aber, daß durch direkte Kontrollen das gewünschte Maß an Stabilität und Sicherheit in den internationalen Währungsbeziehungen verwirklicht werden kann.

Früher verworfene Ideen der bürgerlichen politischen Ökonomie, wie die der floatenden Währungskurse, wurden reaktiviert.[6] Die auf neomonetaristischen Positionen stehenden Ökonomen glauben, mit ihnen bedeutend besser als mit einem System fester Paritäten die Zahlungs- und Handelsbilanzgleichgewichte wiederherstellen zu können. Einen großen Einfluß auf die Theoriediskussionen um ein den neuen Kapitalverwertungsbedingungen angepaßtes Währungssystem übt Friedman aus.[7]

Bei ihrer Analyse und Darstellung des Einflusses floatender Währungskurse auf die Kapitalbewegungen, auf die Zahlungs- und Handelsbilanz und auf die Inflation stellen die Neomonetaristen die apologetische Behauptung auf, daß mit der Einführung so gestalteter Währungskurse der Kapitalismus gesunden und die angeblich eigene Harmonie und Fähigkeit zur Selbstregulierung wiederhergestellt werden können.

Was wollen die bürgerlichen Theoretiker mit den floatenden Währungskursen erreichen? Wie funktionieren floatende Währungskurse nach Meinung der Neomonetaristen? Welche Vorteile haben floatende Währungskurse gegenüber festen Währungskursen?

In den theoretischen Erörterungen spielen vor allem drei generelle Problemkreise eine besondere Rolle. Das betrifft zum einen die Argumentation, daß das Floating wesentlich zu einem Ausgleich der Zahlungsbilanzen beitragen könnte, da ein im großen und ganzen ungehindertes Einpendeln der Währungskursrelationen auf die

[5] Vgl. M. Friedman, Kapitalismus und Freiheit, a. a. O., S. 94.

[6] Vgl. O. S. Bogdanov, Das Währungssystem des gegenwärtigen Kapitalismus, Moskau 1976, S. 151–169 (russ.).

[7] Friedman war einer der ersten bekannten bürgerlichen Ökonomen, der für floatende Währungskurse plädierte (vgl. dazu die bibliographischen Angaben bei F. Machlup, Plans for Reform of the International Monetary System, Princeton University 1964).

realen Kaufkraftverhältnisse Exportüberschüsse auf der einen und Importüberschüsse auf der anderen Seite abbauen müßte.[8] Das war, wie sich alsbald herausstellte, eine Fehleinschätzung der praktischen Wirkungen des Neomonetarismus.

Zum anderen erhoffen sich die Neomonetaristen von floatenden Währungskursen inflationsdämpfende Wirkungen durch eine Beseitigung der sogenannten importierten Inflation. Der Strom von schwachen Währungen, vornehmlich der Hauptwährung US-Dollar, sollte nach den theoretischen Überlegungen durch eine ständige Reaktion auf die unterschiedlichen Inflationsraten eingedämmt werden.[9]

Und schließlich stellen die Neomonetaristen die Behauptung von einem „produktiven" Effekt der stabilisierenden Spekulation auf.[10]

Neomonetaristen glauben, diese drei Probleme über floatende Währungskurse lösen zu können. Sie argumentieren dabei folgendermaßen: Versucht zum Beispiel eine Zentralbank bei festen Währungskursen die Aufwertung einer Währung durch Aufkauf von Devisen zu verhindern, so steht für Spekulanten kaum die Frage, in welche Richtung der Währungskurs sich verändern wird, sofern er sich überhaupt ändert. Sie gehen folglich kaum ein Risiko ein, wenn sie die aufwertungsverdächtige Währung kaufen und damit den Druck auf die Zentralbank noch erhöhen.[11]

Bei festen Währungskursen bleibt ihrer Meinung nach immer offen, durch welche Maßnahmen die Zentralbank die Währungskurse zwischenzeitlich stabilisiert, beispielsweise dadurch, daß sie direkte Kontrollen einführt. Da die Zentralbanken im Rahmen des Bretton-Woods-Abkommens davon in einem Ausmaß Gebrauch gemacht haben, das Friedman nicht mehr gutheißt, fordert er die Aufhebung der Kursfixierung: „Es gibt nur eine befriedigende Lösung: Aufhebung der staatlichen Preisfestsetzung. Machen wir die Währungskurse zu freien Marktpreisen, die hauptsächlich durch Privatgeschäfte bestimmt werden."[12] Der von den Neomonetaristen vorge-

[8] Vgl. G. N. Halm, Probleme der internationalen Geldreform, Berlin (West) 1975, S. 70/71.

[9] Vgl. H. G. Johnson, Have Floating Rates Worked so Blackly?, in: Bulletin de L'Institut Economique de Paris, Paris, Juli–August 1975.

[10] Vgl. R. Mundell, Geld- und Währungstheorie, München 1975.

[11] Vgl. ebenda, S. 164.

[12] M. Friedman/A. C. Kosta, The Balance of Payments. Free Versus Fixed Exchange Rates, Washinton 1967, S. 14.

schlagene Mechanismus zum Zahlungsbilanzausgleich besteht in der Einführung floatender Währungskurse.

Der Mechanismus der Beseitigung des Zahlungsbilanzungleichgewichts mit Hilfe floatender Währungskurse, der von den Neomonetaristen vorgeschlagen wird, ist im Prinzip der gleiche wie bei den sprunghaften Paritätsveränderungen, bei den Auf- und Abwertungen. Ein Absinken des Währungskurses, das durch ein wachsendes Angebot einer Währung infolge eines Zahlungsbilanzdefizits entsteht, muß zum Preisanstieg von Importwaren und zum Preisfall von Exportwaren führen. Als Folge dessen würde nach Meinung des bürgerlichen Ökonomen Erich Schneider die Zahlungsbilanz ausgeglichen werden: „Unter der Voraussetzung normaler Reaktion der Nachfrage- und Angebotskurse auf dem Devisenmarkt – oder kurz: der Zahlungsbilanz (im Marktsinn) – bewirken frei flexible Wechselkurse durch automatische Abwertung bzw. Aufwertung der heimischen Währung eine Beseitigung eines Defizits bzw. eines Überschusses."[13] Und Friedman schreibt: „Der Preis mag schwanken. Aber es kann kein Defizit oder Überschuß entstehen, die eine bedrohliche Währungskrise ermöglichen."[14]

Trotz dieses grundsätzlichen Verständnisses gibt es unter bürgerlichen, auf neomonetaristischen Positionen stehenden Währungstheoretikern die unterschiedlichsten Ansichten darüber, wie das floatende Währungskursregime im einzelnen auszusehen hat. Einige Währungstheoretiker und -praktiker schlagen floatende Währungskurse ohne jegliche staatliche Einmischung, nur von Angebot und Nachfrage bestimmt, vor. Andere Wirtschaftswissenschaftler sprechen sich für ein manipuliertes, schmutziges Floating aus. Eine dritte Gruppe bürgerlicher Währungsexperten schlägt schließlich eine Kompromißvariante vor: die Steigerung der Flexibilität der Währungskurse bei Beibehaltung fester Paritäten. Das bedeutet, die Grenzen zulässiger Kursschwankungen im Bereich der Parität zu erhöhen oder durch häufige bzw. geringfügige Paritätsänderungen zu erreichen.

Die Vertreter der Methode gleitender Paritätsanpassungen möchten diese an eine automatische Formel binden, das heißt, die Parität, ausgehend vom Mittelpunkt der Währungskursschwankungen auf dem Markt, soll im Laufe einer bestimmten Ausgangsperiode oder

[13] E. Schneider, Zahlungsbilanz und Wechselkurs, Tübingen 1968, S. 128.

[14] M. Friedman, The Balance of Payments, a. a. O., S. 15.

in Abhängigkeit von den Veränderungen der Devisenreserven geändert werden. So schreibt der bürgerliche Währungstheoretiker Ekkehard Bechler: „Die offizielle Parität soll nach diesem Konzept in regelmäßigen kleinen Schritten der Marktentwicklung angepaßt werden, wobei allerdings innerhalb eines begrenzten Zeitraums eine vorher festgelegte Abweichung vom ursprünglichen Kurs nicht überschritten werden darf. Die Anpassung der offiziellen Parität kann dabei entweder den (wirtschafts)politischen Entscheidungsgremien in der jeweiligen Volkswirtschaft oder aber einem System von Indikatoren und Anpassungsregeln übertragen werden, die dann die Kursanpassung quasi automatisch herbeiführen."[15]

Dieser Gedanke faßte in den 70er Jahren in den kapitalistischen Ländern immer mehr Fuß, denn die USA unterbreiteten Ende 1972 bei Reformverhandlungen im Rahmen des Internationalen Währungsfonds (IWF) den Vorschlag, die Währungsreserven als Indikator für kleine Währungskursanpassungen zu nennen.

Friedman kritisiert in diesem Zusammenhang unter anderem die Gleichsetzung von „floatenden" und „instabilen" Währungskursen. Er unterscheidet zwischen „fixed" und „pegged exchange rate". Da floatende Währungskurse ohne diskretionäre staatliche Eingriffe funktionieren sollen, spricht er sich für diese Art von Währungskursen aus. Ganz anders beurteilt er dagegen die Kurse, die durch die Zentralbanken mehr oder weniger willkürlich auf einem bestimmten Niveau festgehalten werden: „Es gibt keine Rechtfertigung für starre Kurse."[16]

Da Friedman das Ausmaß staatlicher Aktivitäten als Dreh- und Angelpunkt für seine ökonomische Theorie nimmt, sind nicht „fixe" oder „stabile", sondern „pegged rates" das Gegenteil floatender Währungskurse. Diese floatenden Währungskurse würden nach Auffassung der Neomonetaristen unter normalen Bedingungen relativ stabil sein. Schwankten sie dennoch in großem Umfang, so sei dies nur ein Symptom für zeitweilige Verschiebungen im internationalen Handel. Die mit solchen Verschiebungen verbundenen Instabilitäten würden auch durch einen festen Währungskurs nicht beseitigt, sondern sogar noch verstärkt werden.[17]

[15] E. Bechler, Geld und Währung, Bd. 2: Zahlungsbilanz und Währungspolitik, München 1981, S. 376.

[16] M. Friedman, The Balance of Payments, a. a. O., S. 121.

[17] Vgl. M. Friedman, The Case for Flexible Exchange Rates, a. a. O., S. 173/174.

Von marxistisch-leninistischer Seite aus läßt sich eine Reihe genereller kritischer Einwände gegen diese Konzeption erheben, von denen folgende die wichtigsten sind:

Erstens gründen sich die Hoffnungen der Neomonetaristen auf die stabilisierende Spekulation auf ein sehr wackliges Fundament und finden in den bisher gesammelten Erfahrungen keine Bestätigung. Vielmehr zeigt sich, daß die Spekulation unter den Bedingungen floatender Währungskurse destabilisierenden Charakter tragen muß.

So verweist der sowjetische Ökonom Sergeij Gorbunov darauf, daß das größere Risiko für die Verlierer zwar größere Verluste bescheren könne, gleichzeitig aber die möglichen Gewinne wüchsen, was zur Spekulation anreize.[18] Hinzu kommt, daß Währungsspekulationen nach wie vor als Waffe im ökonomischen Kampf zwischen imperialistischen Ländern benutzt werden. Ein Beispiel aus den 70er Jahren soll das illustrieren. So ließen die USA 1977 durch ihren Finanzminister erklären, „daß eine Abwertung des US-Dollar gegenüber der DM und dem japanischen Yen eine Möglichkeit wäre, die Ungleichgewichte in den Handelsbilanzen der drei Länder in bestimmtem Maße zu verringern... Diese offizielle Verlautbarung löste innerhalb weniger Tage eine Spekulation um den US-Dollar aus, ohne daß die Staatsbank der USA entsprechend den bestehenden Vereinbarungen den Kurs ihrer Währung stützte. Internationale Monopole und Großbanken verkauften Hunderte Millionen US-Dollar gegen DM, teilweise auch gegen japanische Yen und tilgten vorzeitig ihre Verbindlichkeiten in DM, während die Zahlung von Dollar-Verbindlichkeiten hinausgezögert wurde."[19]

Die Schwierigkeit besteht darin, im Kapitalismus „normales Geschäft" und „Spekulation" voneinander zu unterscheiden. Schon Lenin schrieb dazu: „Es ist aber unmöglich, die Spekulation vom ‚regulären' Handel zu unterscheiden, wenn man Spekulation im politisch-ökonomischen Sinn auffaßt. Freiheit des Handels ist Kapitalismus, Kapitalismus ist Spekulation. Davor die Augen zu verschließen wäre lächerlich."[20]

[18] Vgl. S. V. Gorbunov, Währungskurse im Kapitalismus. Probleme und Widersprüche, Moskau 1979, S. 133 (russ.).

[19] DDR-Außenwirtschaft, 37/1977, S. 9.

[20] W. I. Lenin, Über die Naturalsteuer, in: Werke, Bd. 32, Berlin 1973, S. 372.

Allerdings kann nicht bestritten werden, daß zum Beispiel Preissicherungsoperationen an der Börse, die immer auch gewisse spekulative Momente einschließen, erfolgreich sein können und dann stabilisierend wirken.

Zweitens ist die von den Neomonetaristen erhobene Forderung nach Verzicht auf staatliche Einmischung in die Währungskursgestaltung unreal. Damit werden die objektiven Entwicklungstendenzen der staatsmonopolistischen Wirtschaft kapitalistischer Länder, vor allem aber die Vertiefung der Prozesse der Währungsregulierung, entstellt.

Die kapitalistischen Staaten werden immer wieder dazu gezwungen, umfassende Währungsinterventionen durchzuführen, da es praktisch unmöglich ist, die internationalen Zahlungsbilanzungleichgewichte mit Hilfe von floatenden Währungskursen zu beseitigen und die unerwünschten Abweichungen von den vorherrschenden Tendenzen auf dem Gebiet der Preisbildung in den Griff zu bekommen.

8.2. Floatende Währungskurse. Untaugliche Konzeption zur Krisenbekämpfung in weltwirtschaftlichen Prozessen

Die ökonomischen und politischen Funktionen der Zahlungsbilanz und deren zunehmende Ungleichgewichte haben in den vergangenen Jahren für die Entwicklung der internationalen Währungsbeziehungen im Kapitalismus an Bedeutung gewonnen. So gibt die Analyse der Zahlungsbilanzentwicklung (vgl. Tabelle 10) Aufschluß über die Währungssituation und die Bedingungen der Währungskursbewegungen, da die auftretenden Salden mit den Angebots- und Nachfrageverhältnissen auf dem Devisenmarkt eng verbunden sind. Zugleich gestattet die Untersuchung von Zahlungsbilanzveränderungen Aussagen zu treffen zu den Ursachen und Zielsetzungen handels- und währungspolitischer Aktivitäten einzelner Länder und Ländergruppen.

Dieses Problem wird auch von den Neomonetaristen in ihren Untersuchungen aufgegriffen. So muß beispielsweise ein Zahlungsbilanzdefizit nach neomonetaristischer Meinung zu einem wachsenden

Tabelle 10: Leistungsbilanzsalden in Mrd. Dollar

	1970	1975	1980	1985	1986
USA	2,32	18,19	1,86	−117,8	−138
Japan	2,00	− 0,69	−10,75	49,2	81,7
BRD	0,85	4,09	−16,00	13,2	32,5
Frankreich	0,06	2,74	− 4,21	− 0,2	3,7
Großbrit.	1,98	− 3,48	8,69	4,6	− 0,5

Quelle: International Financial Statistics, IMF, lfd. Supplement on Output Statistics; Supplement Series No 8 (IMF) 1984, S. 18, 19; Supplement on international reserves; Supplement Series No 6 (IMF) 1983.

Angebot an nationaler Währung auf den Außenmärkten und zu einem Sinken ihres Währungskurses führen. Da sich unter diesen Bedingungen die Exportwaren auf den ausländischen Märkten – ausgedrückt in fremder Währung – verbilligen, verbessert sich die Konkurrenzfähigkeit der Exporteure und damit die Möglichkeit einer Exportsteigerung, die zur Verringerung des Zahlungsbilanzdefizits beitragen wird. In den Ländern mit einer aktiven Zahlungsbilanz müssen die Prozesse in entgegengesetzter Richtung verlaufen.

Bei einem der exponiertesten Vertreter des Neomonetarismus, Milton Friedman, liest sich das so: „Wir müssen das Zahlungsbilanzproblem lösen, indem wir einen Mechanismus anwenden, der die Kräfte des freien Marktes befähigt, eine prompte, wirksame und automatische Antwort zu geben, wenn eine sich ändernde Lage den internationalen Markt in Mitleidenschaft zieht."[21] Seiner Meinung nach ist dieser Mechanismus „ein System von freien Wechselkursen, die auf dem Devisenmarkt durch private Transaktionen ohne Regulierungsinterventionen bestimmt werden. Das ist das richtige Gegenstück in einer freien Marktwirtschaft zu den monetären Regelungen ... Wenn wir nicht danach handeln, werden wir unausweichlich bei der Ausweitung des freien Handels versagen und früher oder später dazu kommen, ausgedehnte direkte Kontrollen über den Handel einzuführen."[22]

In der bürgerlichen Währungsliteratur wird von den neomone-

21 M. Friedman, Kapitalismus und Freiheit, a. a. O., S. 95.

22 Ebenda, S. 94.

taristischen Verfechtern floatender Währungskurse der Standpunkt vertreten, daß so gestaltete Währungskurse dazu beitragen, die Zahlungs- und damit die Handelsbilanzen durch Veränderungen innerhalb des Landes und auf den Außenmärkten auszugleichen. So heißt es in einem den internationalen Währungsproblemen gewidmeten Buch: „Bei flexiblen Wechselkursen ist die Übereinstimmung von Devisenzu- und -abflüssen dank der marktmäßigen Anpassung von Devisenangebot und -nachfrage zu jeder Zeit gewährleistet, und man spricht zuweilen auch von einem automatischen Zahlungsbilanzausgleich bei flexiblen Kursen.“[23]

Floatende Währungskurse bewirken nach Ansicht der Neomonetaristen also eine schnelle, automatische und kontinuierliche Anpassung an veränderte Gegebenheiten und lösen korrigierende Bewegungen aus, bevor kleinere Ungleichgewichte sie zu einer Krise ausweiten können. Diese Eigenschaften, die Neomonetaristen floatenden Währungskursen zuschreiben, sind auch unter bürgerlichen Ökonomen nicht unbestritten geblieben. Mit deren Einwänden setzt sich Friedman daher in seinen Arbeiten wiederholt auseinander. In keinem Fall hält er die Vorbehalte für berechtigt. Insbesondere tritt er gegen die Gleichsetzung von „floatenden“ und „instabilen“ Währungskursen auf. Floatende Währungskurse werden seiner Auffassung nach unter normalen Bedingungen relativ stabil sein.

Friedman widerspricht auch der Behauptung, floatende Währungskurse würden es Exporteuren und Importeuren unmöglich machen, zukünftig zu zahlende Preise zu kalkulieren und somit den internationalen Handel eher beeinträchtigen als fördern. Er stellt vielmehr die These auf, daß – wenn erst einmal floatende Währungskurse eingeführt seien – freie Märkte in ausreichendem Maße entstehen würden, auf denen sich die Händler durch „hedging“ gegen Kursschwankungen versichern könnten. Im übrigen hält Friedman bei Vertragsabschlüssen, die erst in der Zukunft abgewickelt werden, ein gewisses Maß an Unsicherheit für unvermeidbar. Es ist nur die Frage, wie diese Unsicherheit auftritt. So bestehe in einem System staatlich manipulierter, fixer Währungskurse zwar kein Kursrisiko, dafür aber ein Risiko der Devisenverfügbarkeit.[24]

[23] E. Bechler, Geld und Währung, Zahlungsbilanz und Währungspolitik, Bd. 2, a. a. O., S. 196.

[24] Vgl. M. Friedman, The Case for Flexible Exchange Rates, a. a. O., S. 174.

Private Devisenspekulationen, die unter der von den Neomonetaristen geforderten Regelung entstehen würden, hält Friedman eher für stabilisierend als für destabilisierend. Wie er schreibt, haben ihn umfangreiche Studien im Laufe der Zeit in dieser Auffassung bestärkt: „Keine dieser Spekulationen führte zu einer Destabilisierung nennenswerten Umfangs."[25]

Erneut wird hier der Hauptmangel im Herangehen der Neomonetaristen deutlich. Sie reduzieren sämtliche Veränderungen im Außenhandel auf Veränderungen in den Währungsbeziehungen, das heißt auf Veränderungen in der Zirkulationssphäre. Die tatsächlichen Ursachen für das Entstehen eines Handelsbilanzdefizits oder -aktivs müssen aber in den inneren Prozessen der Produktionssphäre gesucht werden, weil gerade von diesen Prozessen die Arbeitsproduktivität, die Höhe der Produktionskosten, die technisch-ökonomischen Kennziffern der Produktion und über diese auch die Konkurrenzfähigkeit der Waren des Exportlandes auf den Außenmärkten abhängen.

Natürlich kann es so sein – wie das zum Beispiel gegenwärtig der Fall ist –, daß unter dem Einfluß hoher Zinsen (worauf im 9. Kapitel ausführlich eingegangen wird) und spekulativer Kapitaltransaktionen die verzerrten Währungskursrelationen entscheidend mitverantwortlich für die Zuspitzung des imperialistischen Konkurrenzkampfes auf dem Weltmarkt sind. Diese Prozesse können auch zeitweilig die in der Produktionssphäre liegenden Hauptursachen der Handelsbilanzdefizite überlagern. So verschlechterten sich auf Grund der hohen Dollarkurse und der damit verbundenen Verteuerung der US-amerikanischen Waren auf dem Weltmarkt die außenwirtschaftlichen Konkurrenzpositionen der USA. Die Außenhandelsbilanz wies 1983 ein Rekorddefizit von 69,4 Milliarden US-Dollar auf, das sich 1984 auf nahezu 100 Milliarden erhöht hatte (vgl. Tabelle 11). Nach Angaben des USA-Handelsministeriums verringerte sich die Ausfuhr des Landes von 1981–1983 um insgesamt 17 %.

[25] M. Friedman, The Balance of Payments, a. a. O., S. 20. – Eine Studie, in der Aliber destabilisierende private Spekulationen in Frankreich und Belgien nach dem ersten Weltkrieg festgestellt haben will, findet Friedman nicht überzeugend. Nach seiner Auffassung sind andere Interpretationen des empirischen Materials wahrscheinlicher (vgl. dazu: R. Z. Aliber, Speculation in the Foreign Exchanges: The European Experience, 1919–1926, in: Yale Economic Essays, New York 1962, S. 171–245; M. Friedman, The Balance of Payments, a. a. O., S. 106/107).

Tabelle 11: Daten zur Außenwirtschaft imperialistischer Hauptländer

	USA	Japan	BRD[a)]	Frankreich	Großbrit.	Italien
Warenexport, Mrd. US-Dollar						
1983	200,5	147,0	168,7	91,2	91,8	72,8
1984	218,7	169,8	171,0	93,1	94,2	73,4
1985	212,7	177,2	183,3	97,0	101,5	78,3
Warenimport, Mrd. US-Dollar						
1983	269,9	126,4	151,9	105,1	100,1	80,3
1984	346,4	136,1	152,0	103,4	105,2	84,3
1985	357,3	131,3	157,6	107,1	109,9	90,4
Handelsbilanz, Mrd. US-Dollar						
1983	– 69,4	+ 20,6	+ 16,8	– 13,9	– 8,3	– 7,5
1984	–127,7	+ 33,7	+ 19,0	– 10,3	– 11,0	–10,9
1985	–144,6	+ 45,9	+ 25,7	– 10,1	– 8,4	–12,1
Exportpreise (auf Dollarbasis), Veränderung gegenüber dem Vorjahr, v. H.						
1983	+ 2	– 6	– 1	+ 10	+ 9	+ 7
1984	+ 1	0	+ 4	+ 12	+ 7	+10
1985	0	– 1	+ 4	+ 4	+ 5	+ 8
Importpreise (auf Dollarbasis), Veränderung gegenüber dem Vorjahr, v. H.						
1983	+ 4	– 10	– 1	+ 8	+ 9	+ 5
1984	+ 1	– 2	+ 6	+ 10	+ 8	+11
1985	– 2	– 4	+ 2	+ 2	+ 4	+ 7
Warenexport (real), Veränderung gegenüber dem Vorjahr, v. H.						
1983	– 7	+ 9	0	+ 3	+ 1	+ 3
1984	+ 7	+ 15	+ 9	+ 6	+ 8	+ 7
1985	– 2	+ 4	+ 6	+ 3	+ 6	+ 7
Warenimport (real), Veränderung gegenüber dem Vorjahr, v. H.						
1983	+ 11	+ 2	+ 4	– 2	+ 8	0
1984	+ 23	+ 10	+ 5	+ 2	+ 11	+10
1985	+ 9	+ 1	+ 5	+ 5	+ 3	+ 9,8
Leistungsbilanz, Mrd. US-Dollar						
1983	– 46,6	+ 20,8	+ 4,1	– 4,4	+ 4,8	+ 0,8
1984	–107,4	+ 35,0	+ 6,2	– 0,8	+ 1,2	– 2,9
1985	+117,7	+ 49,3	+ 13,1	+ 0,3	+ 3,8	– 5,8
dar.: Bilanz der Dienstleistungen und Übertragungen, Mrd. US-Dollar						
1983	+ 27,8	+ 0,2	– 12,7	+ 9,5	+ 13,1	+ 8,3
1984	+ 20,3	– 1,3	– 12,8	+ 9,5	+ 12,2	+ 8,0
1985	+ 26,9	+ 3,4	– 12,6	+ 10,4	+ 12,2	+ 6,3

Fortsetzung Tabelle 11

	USA	Japan	BRD[a)]	Frankreich	Großbrit.	Italien
Jahresdurchschnittliche Veränderung der Währungskurse gegenüber dem US-Dollar[b)], v. H.						
1983		+ 4,8	− 5,0	− 13,8	− 13,2	−10,9
1984		− 0,1	− 10,2	− 12,9	− 12,1	−13,6
1985		− 0,4	− 3,3	− 2,7	− 3,3	− 8,1

a) Ohne den Handel der BRD mit der DDR.

b) „+" bedeutet Aufwertung, „−" bedeutet Abwertung gegenüber dem US-Dollar.

Quelle: Statistics of Foreign Trade, Serie A (Hrsg. OECD), Paris, lfd.

Trotzdem kann festgestellt werden, daß Friedman, Egon Sohmen, Albert Halm und andere Neomonetaristen die Zirkulationssphäre überbewerten und die aus der kapitalistischen Reproduktion resultierenden Widersprüche vernachlässigen. Die im Außenhandel und im kapitalistischen Welthandel zirkulierenden Teile des Warenkapitals sind, wie bereits Marx nachwies, so wie die Reproduktion des gesamten Warenkapitals nur in der Einheit mit den Kreisläufen des Geld- und produktiven Kapitals existent. Sie stellen nur einzelne Seiten des „wirklichen Kreislaufes des industriellen Kapitals" dar. Da der Grundwiderspruch in der kapitalistischen Produktion letztlich auch die der Reproduktion immanenten Gegensätze bedingt, ist das Primat der Produktion über die Zirkulation entscheidend. Bei Einhaltung der Grundproportionen von Wert- und Stoffersatz sei zwar theoretisch die Reproduktion des gesamten Warenkapitals möglich, so Marx, aber durch die spezifische Form der Kapitalverwertung müssen objektiv periodische Störungen zur Einhaltung dieser Reproduktionsbedingungen in der kapitalistischen Realität auftreten.[26]

Auf Grund der sich entfaltenden Widersprüche bei der Reproduktion des Gesamtkapitals eines Landes muß der Außenhandel zeitweilig dazu beitragen, wertmäßige und in natura vorhandene Disproportionen und Ungleichgewichte in den volkswirtschaftlichen Reproduktionsbedingungen zu überwinden. Die Internationalisierung des Wirtschaftslebens, strukturelle internationale Produktions- und Kapitalverflechtungen und die ungleichmäßige allgemein wachsende Außenhandelsintensität machen den Außenhandel

26 Vgl. K. Marx, Das Kapital. Zweiter Band, a. a. O., S. 466ff.

für fast alle Länder unerläßlich, um Störungen im Reproduktionsprozeß relativ und zeitweilig zu beheben. Dabei werden aber die Gegensätze und Disproportionen auf eine ausgedehnte Sphäre verlagert, wo sie sich stets neu entfalten. Aktueller denn je ist in diesem Zusammenhang die Schlußfolgerung von Engels: „So wird der Übergang von inländischem zum Ausfuhrhandel eine Lebensfrage für alle diese Industriezweige."[27]

In diesem Zusammenhang muß der auch bei vielen Neomonetaristen vorherrschenden und hier vom Mitglied des Vorstandes der Dresdener Bank AG Manfred Meier-Preschany geäußerten Meinung, daß „frei schwankende Wechselkurse den internationalen Handel fördern"[28], widersprochen werden.

Floatende Währungskurse können nur bestimmte Wirkungen verstärken oder mildern. Mit Hilfe floatender Währungskurse können weder die außenwirtschaftlichen Ungleichgewichte noch die ungleichmäßige Entwicklung der Weltmarktpositionen beseitigt werden, die durch objektive krisenhafte Wirtschaftsprozesse und weltwirtschaftliche strukturelle Veränderungen hervorgerufen werden. Kursänderungen und -regulierungen haben auch nur dann Einfluß auf die Exporte, die Handelsströme und Konkurrenzbedingungen – mit einem time lag von zwei bis drei Jahren –, wenn nicht andere Faktoren ihre Wirkungen auf die Kosten- und Preiskonkurrenzlage kompensieren oder ausschalten.

Vielmehr ist es doch so, daß in letzter Zeit die Rolle des Währungskurses als Regulator des Welthandels teilweise zugunsten von innovativen Prozessen abgenommen hat. Die Veränderungen des Währungskurses wirken nur bei der Preiskonkurrenz beträchtlich auf die Konkurrenzfähigkeit der Waren ein. Dies ist gegenwärtig jedoch nur auf Märkten mit relativ gleichartigen Waren der Fall, wie zum Beispiel bei Rohstoffen, Halbfabrikaten und langlebigen Konsumgütern. Der sowjetische Ökonom Oleg Bogdanov verwies auf diesen Umstand bereits Mitte der 70er Jahre: „Die Preiskonkurrenz bleibt ein ernsthafter Faktor im Kampf um die Außenmärkte, obgleich sich ihre Wirkung mit einer bestimmten Verspätung, zeitlichen Verzögerung äußert."[29]

27 F. Engels, Schutzzoll und Freihandel, in: MEW, Bd. 21, Berlin 1973, S. 368.

28 N. Kloten/W. Krelle/M. Meier-Preschany, Beiträge zur Geldtheorie und Geldpolitik, Königsheim (Taunus) 1980, S. 35.

29 O. Bogdanov, Währungsbeziehungen in der kapitalistischen Weltwirtschaft, in: MEMO (Moskau), 11/1974, S. 44 (russ.).

Dagegen verlagert sich im Verlaufe der wissenschaftlich-technischen Revolution die Konkurrenz auf Märkten von Maschinen, Ausrüstungen, Geräten und chemischen Erzeugnissen immer mehr auf das Gebiet der Qualität und der Serviceleistungen, wo technische Kennwerte, Neuheit und Originalität entscheidende Bedeutung für den Käufer erlangen und die Preisfragen häufig auf den zweiten Platz verdrängen.

Weiterhin ist zu berücksichtigen, daß Währungskursveränderungen nur unbedeutend auf den Import einer Reihe von Rohstoffen und Energieträgern einwirken, deren Anteil sich am Außenhandelsumsatz relativ erhöht hat. Das Fehlen alternativer Möglichkeiten beim Erwerb notwendiger Rohstoffe und Energieressourcen führt dazu, diese Waren, ausgehend von den Bedürfnissen der nationalen Wirtschaft und unabhängig vom Niveau der Währungskurse, einzuführen.

Wenigstens fünf Aspekte sollen darüber hinaus genannt werden, die der von den Neomonetaristen unterstellten automatischen Regulierung der Zahlungs- und Handelsbilanzen mit Hilfe floatender Währungskurse entgegenstehen:

Erstens ist das kapitalistische Währungssystem eingebettet in das Gesamtsystem staatsmonopolistischer Regulierung. Daher wird der Einfluß floatender Währungskurse auf die Außenhandelsbeziehungen von den vielseitigen staatsmonopolistischen Maßnahmen durchkreuzt. So ist jedes imperialistische Land bestrebt, die Bedingungen für seinen Außenhandel in für ihn günstige Richtungen zu lenken. Das kann beispielsweise über die Zollpolitik und über verschiedene Finanzvergünstigungen für die Exporteure geschehen. Diese staatsmonopolistische Regulierung mit dem Ziel, den Export zu erweitern, um die anhaltenden Krisenerscheinungen abzuschwächen, führt letzten Endes zu einem weiteren Anwachsen der zwischenimperialistischen Widersprüche.

Die staatsmonopolistische Regulierung kann aber auch bei den Währungskursen nicht den Wertmechanismus außer Kraft setzen. Vielmehr werden die bestehenden Widersprüche durch die Regulierungsmaßnahmen verschärft, und neue Widersprüche entstehen. Heute sind Währungskurse ein Hauptfeld der Auseinandersetzungen zwischen den kapitalistischen Ländern auf monetärem Gebiet. Sie werden zielgerichtet und in verstärktem Maße als Waffe im Wirtschafts- und Handelskrieg eingesetzt. Die ständig schwankenden äußeren Werte der Währungen spiegeln dabei auch in bestimmtem Umfang die Ungleichmäßigkeit in der Entwicklung der Konkurrenzposition wider. Sie wurden zu einer dem imperialistischen Konkurrenzkampf entsprechenden Form der internationalen Entwertung und Umverteilung von Kapital. Damit stehen die jeweils gültigen Währungskurse in einem direkten Zusammenhang mit der Profitwirtschaft der kapitalistischen Unternehmen und Monopole.[30]

Darüber hinaus sind die in den letzten Jahren aufgetretenen teilweise extremen Preisveränderungen und Kursschwankungen das Ergebnis eines zunehmenden Einflusses wirtschaftspolitischer Maßnahmen und politischer Faktoren. Die dadurch bewirkte anhaltende Instabilität des Kursmechanismus bildet einen bedeutenden Unsicherheitsfaktor für die Entwicklung der kapitalistischen Außenwirtschaftsbeziehungen insgesamt. Zahlreiche Versuche einer stärkeren Abstimmung und gegenseitigen Koordinierung „glättender" Interventionen an den Devisenmärkten zeigten bisher keine wirksamen Ergebnisse.

Zweitens hat die Energiekrise in der kapitalistischen Welt die Regulierung der Zahlungsbilanzen über den „klassischen Mechanismus" noch realistischer gemacht, „weil unter den Verhältnissen der Energiekrise Zahlungsschwierigkeiten dieses oder jenes Landes oft nichts mehr direkt mit den nationalen Währungskursen zu tun haben"[31]. Sowjetische Ökonomen kommen deshalb zu dem Schluß, daß für die Herstellung des Zahlungsbilanzgleichgewichts, „den Wechselkursänderungen heute eine begrenztere Rolle zugewiesen (wird). Erheblich gestiegen aber ist bei den Versuchen, die infolge der verteuerten Importe von Rohstoffen, vor allem von Erdöl, entstandenen Ungleichgewichte im Zahlungsverkehr zu regeln, die Rolle der verschiedenen Kredit- und Reserveinstrumente."[32]

Drittens ist die Währungsstrategie internationaler Monopole ein weiterer wichtiger Faktor, der die von den Neomonetaristen beschriebene Möglichkeit der automatischen Handelsbilanzregulierung mit Hilfe floatender Währungskurse unreal erscheinen läßt. Da

30 Vgl. Autorenkollektiv, Währungsprobleme des heutigen Kapitalismus, a. a. O., S. 125; E. Kolloch, Kapitalistische Währungs- und Finanzbeziehungen unter dem Druck der USA-Hegemonialpolitik, in: IPW-Berichte, 5/1984, S. 10.

31 Autorenkollektiv, Die Energiekrise in der kapitalistischen Welt, Berlin 1978, S. 310.

32 Ebenda.

die Mehrzahl der internationalen Monopole an die Probleme des Währungsrisikos komplex herangeht und alle zur Verfügung stehenden Instrumente einer Regulierung der einzelnen Bilanzbestandteile ausnutzt, werden die spontanen Marktschwankungen der Währungskurse keine entscheidende Rolle spielen. Ein internationales Autorenkollektiv verwies in diesem Zusammenhang auf eines der taktischen Hauptprinzipien der internationalen Monopole bei der Sicherung vor möglichen Verlusten, die im Ergebnis von Währungskursveränderungen eintreten können, das darin besteht, „das Risiko möglichst auf die Auftraggeber, die Lieferanten oder die Konsumenten des Kapitalanlagelandes zu verlagern. Diesem Ziel dienen Manipulationen mit den Transferpreisen, die Verlangsamung oder Beschleunigung von Zahlungen usw., worüber in den Direktiven der Muttergesellschaften an die Auslandsfilialen offen gesprochen wird."[33]

Damit wird deutlich, daß sowohl die neomonetaristische Theorie floatender Währungskurse als auch die praktischen Versuche, mit ihrer Hilfe die Handelsbilanzen automatisch zu regulieren, nicht haltbar sind. Langfristig gesehen wirft die Einführung frei schwankender Währungskurse im internationalen Handel Probleme auf, die den Warenaustausch beträchtlich komplizieren und nicht den grundlegenden Interessen der Entwicklung der internationalen wirtschaftlichen Zusammenarbeit entsprechen. Es ist eine Tatsache, daß floatende Währungskurse die Kalkulation bei Außenhandelsgeschäften erschweren, denn sowohl den Exporteuren als auch den Importeuren wird die sichere Kalkulationsgrundlage entzogen. In einem Artikel der „Wirtschaftswoche" kommen diese Intentionen gerade bei den Westeuropäern zum Ausdruck. Gaston E. Thorn, ehemaliger Präsident der EG-Kommission, stellte fest: „Die gegenwärtige Wechselkursunsicherheit in der Welt stellt zweifellos ein Problem für den Welthandel dar und ist ein Risikofaktor für die zukünftige Entwicklung der Weltwirtschaft. Die Ausweitung des Welthandels in den sechziger Jahren beruhte nicht zuletzt auf einem funktionierenden, die Stabilität sichernden Weltwährungssystem."[34]

Viertens ist bei der US-amerikanischen Außenwirtschafts- und Währungspolitik für absehbare Zeit eine strategische Linie erkenn-

[33] Autorenkollektiv, Internationale Monopole, Berlin 1978, S. 159/160.
[34] Wirtschaftswoche (Düsseldorf), 23/1982.

bar, die an einer „Politik der Stärke" orientiert ist. Es werden wirtschaftspolitische Maßnahmen ergriffen, die nicht vorrangig dem wirtschaftlichen Niedergang, der Überproduktionskrise, der zunehmenden Massenarbeitslosigkeit und hohen Preissteigerungsraten entgegenwirken, sondern die, mit sozialem Abbau verbunden, nur den großen Monopolen und Banken sowie den Rüstungskonzernen Höchstprofite einbringen.

Vom Konzept der „Wiedererlangung der Stärke als Führungsmacht" ist auch die Politik zur Stärkung der Rolle der USA im internationalen Handels- und Kapitalverkehr und des US-Dollars in den internationalen Währungsbeziehungen abgeleitet.

Auf dem Gebiet der Außenwirtschaft wird versucht, mit der Aufrechterhaltung von Importrestriktionen, Mindestpreisfestlegungen für Stahlimporte und andere Waren auch dem Druck ausländischer Konkurrenten auf den amerikanischen Markt dadurch zu begegnen, daß diese im Rahmen von „Selbstbeschränkungsabkommen" (sogenannter Marketing Orderly Arrangements) ihre Exporte in die USA begrenzen. Zugleich wird ein umfangreiches Exportförderungsprogramm realisiert. Erklärtes Ziel war es, den Anteil des Exports aller Waren und Leistungen am Bruttosozialprodukt von 12 % (Ende 1980) auf 20 % (Ende 1984/1985) zu erhöhen. Eckpfeiler dieser Außenwirtschaftsexpansion sind unter anderem die Erhöhung der Kreditplafonds der „Export-Import-Bank" und anderer Institutionen sowie die staatliche Förderung des USA-Dienstleistungsexports. Alle gesetzlichen Vorschriften, die dem Export der Monopole hinderlich waren, wurden aufgehoben.

Es ist aber nur eine Frage der Zeit, bis sich das Rezept des Dollarimperialismus als untauglich erweist. Die Gesetzmäßigkeiten der krisenhaften und ungleichmäßigen ökonomischen und politischen Entwicklung werden sich auch im internationalen Kräfteverhältnis und in den valutapolitischen Positionen so durchsetzen, daß die von den USA mit der „Politik der Stärke" zeitweilig erreichte Überbewertung des US-Dollars wieder beseitigt wird.

Fünftens ist der Einfluß floatender Währungskurse auf die innerzweiglichen Proportionen der Volkswirtschaft in den einzelnen Ländern zu sehen. Bekanntlich hängen die einzelnen Industriezweige nicht in gleichem Maße vom Außenmarkt ab. So gibt es einige Exportzweige, auf die vor allem Veränderungen der internationalen Zirkulationssphäre einwirken. Die Verteuerung der Währung führt unweigerlich zu einer Verringerung des Wachstumstempos, zur Einschränkung der Profite in diesen Zweigen und letztlich zu einer Verringerung des Produktionsumfanges, weil die meisten dieser Zweige nicht in der Lage sind, den notwendigen Umfang ihrer Produktion auf den Inlandsmarktbedarf umzuorientieren.

Die Umgestaltung der entstandenen zwischenzweiglichen Proportionen der Volkswirtschaft, die in einer Reihe von Fällen durch ernsthafte Probleme der regionalen Entwicklung erschwert wird, vollzieht sich unter kapitalistischen Bedingungen sehr schmerzhaft und bringt der Wirtschaft des Landes spürbare Verluste, so auch der US-amerikanischen. Darüber hinaus sind auch die ernsthaften sozialen Folgen einer solchen Kapitalwanderung zu berücksichtigen. Selbst auf monetaristischen Positionen stehende Ökonomen kommen nicht umhin, dies einzugestehen. Wie E. Sohmen schreibt, „ist es wenig wahrscheinlich, daß die Ressourcenverlagerung alle paar Jahre von den Arbeitern mit Wohlwollen aufgenommen wird, auch wenn die Möglichkeit der Erhöhung der Beschäftigung in anderen Zweigen besteht“[35].

Ungeachtet der Tatsache, daß andere Zweige, in die das Kapital fließt, zusätzliche Arbeitskräfte erfordern, entsteht die reale Möglichkeit der Erhöhung der Arbeitslosenzahl, weil die Überführung und die Umqualifizierung der Arbeitskräfte für die Arbeit in den neuen Zweigen unter den Bedingungen des Kapitalismus sehr kompliziert ist.

Noch schwerere Folgen entstehen bei der Konzentration der Exportproduktion in bestimmten Gebieten des Landes. In diesem Fall kann die Verringerung der Produktion begleitet sein von einer Übertragung der materiellen und finanziellen Mittel in andere Gebiete, die eine bessere Perspektive für die Anlage des Kapitals bieten. Ungeachtet der im ganzen ungünstigen Entwicklung der Wirtschaft ist in diesem Fall ein starker Verfall einzelner Gebiete zu beobachten, der von einer Arbeitskräfteemigration begleitet wird.

Ebenso schwere Folgen für die einzelnen Zweige des Landes, dessen Währung verteuert wurde, kann nicht nur der Verlust eines Teiles der Exportmärkte, sondern auch die Verstärkung der Konkurrenz ausländischer Erzeugnisse auf dem Markt des jeweiligen Landes haben.

Wegen dieser verbesserten Exportmöglichkeiten der anderen kapitalistischen Länder in den Dollarraum und des hohen Außen-

[35] E. Sohmen, Flexible Exchange Rates, Chicago 1969, S. 209/210.

handelsdefizits werden von großen Teilen der US-amerikanischen Monopolbourgeoisie Exportförderungsmaßnahmen seitens der Regierung und der Einsatz des protektionistischen Instrumentariums (Einfuhrquoten, Sonderzölle) gegenüber ausländischen preisgünstigeren Konkurrenzerzeugnissen gefordert. Diese Forderungen gingen vor allem von der US-amerikanischen Stahl- und Automobilindustrie, der Textilbranche und dem Agrarsektor aus. Beispielsweise mußte sich die EG in einem entsprechenden Abkommen zu einem um 30 % verminderten Lieferumfang der Exporte in die USA verpflichten. Anfang 1984 forderte dann der zweitgrößte Produzent von Massenstahl in den USA, die Bethlehem Steel Corp., zusätzliche Einfuhrbegrenzungen für unlegierten Stahl über einen Zeitraum von fünf Jahren auf 15 % des amerikanischen Verbrauchs.

Die ganze Komplexität der Widersprüche, mit denen der Imperialismus gegenwärtig konfrontiert ist, wird an diesen Beispielen deutlich. Die verschärften inneren Widersprüche und die akut zutage tretenden Grenzen des kapitalistischen Regulierungsmechanismus bilden den entscheidenden Faktor für die in diesen Beispielen zum Ausdruck kommende Verschlechterung der wirtschaftlichen Gesamtlage des US-amerikanischen Kapitalismus.

Da den notwendigen Proportionalitätsbedingungen entsprechende Strukturen sich unter kapitalistischen Produktionsverhältnissen immer über die Akkumulation von Kapital herausbilden müssen, schließt dieser Regulierungsmechanismus auch immer den Mechanismus und die Formen der Beseitigung des über die gegebenen Verwertungsmöglichkeiten hinaus akkumulierten, überschüssigen Kapitals in sich ein. Die gegenwärtigen staatsmonopolistischen Mechanismen und Formen der Regulierung können die in Gestalt vielfältiger Krisenerscheinungen an die Oberfläche drängende Überakkumulation nicht mehr im Rahmen einer einzigen zyklischen Krise soweit reduzieren, daß danach die Verwertungsbedingungen des produktiven Gesamtkapitals wieder zu einem Grade hergestellt werden, der ein den Größenordnungen früherer Jahrzehnte angenähertes Wachstum von Akkumulation, Produktion und anderen Wirtschaftsaktivitäten ermöglicht. Und dazu können auch die floatenden Währungskurse nicht beitragen.

Das Dilemma der derzeitigen, sich an neomonetaristische Konzeptionen eng anlehnenden imperialistischen Währungspolitik kommt darin zum Ausdruck, daß einerseits (unter den heutigen Bedingungen zunehmender Internationalisierung der Produktion und der Vertiefung der internationalen Arbeitsteilung im staatsmonopolistischen Kapitalismus) das Bedürfnis nach stabileren Währungs- und damit Kursverhältnissen objektiv wächst, dem aber andererseits gleichzeitig Tendenzen einer sich verstärkenden ungleichmäßigen Entwicklung der kapitalistischen Länder diametral entgegenwirkt. Die Folge dieses antagonistischen Widerspruchs ist eine zunehmende Unbestimmtheit in bezug auf die Perspektive der Entwicklung der Währungskurse mit mehrfach negativen Auswirkungen. Sie führt zum erhöhten Risiko von Devisenverlusten; sie bewirkt die Notwendigkeit, für die Volkswirtschaft belastende Operationen im Rahmen von Kurssicherungsgeschäften auf Terminmärkten, über Kursrisikoversicherung und anderes, durchzuführen, um Verluste bei Währungskursschwankungen zu vermeiden; sie erschwert den internationalen Effektivitätsvergleich.

In diesem Zusammenhang ist auch folgendes zu berücksichtigen: Es ist sehr kompliziert, aus der Gesamtheit der Faktoren den Anteil der Währungskurse herauszufiltern, der Veränderungen des Außenhandels (Export/Import) dieses oder jenes Landes bewirkt. Das bezieht sich gerade auf Perioden wesentlicher Währungsschwankungen, da nicht selten gleichzeitig verstärkt eine Reihe anderer Faktoren ebenfalls auf die Außenhandelstätigkeit des betreffenden Landes einwirkt. Möglich ist es aber, mit ausreichender Zuverlässigkeit Umfang und Richtung der Veränderungen zu bestimmen, auf die der Währungskurs den überwiegenden Einfluß ausübt.

Gerade unter den gegenwärtigen Bedingungen des Floating sind die Währungskurse in stärkerem Maße als früher ein Mittel des Konkurrenzkampfes, zumal es weder hinsichtlich des Zeitpunktes noch der Höhe des Auf- und Abwertungssatzes einen internationalen Kodex sowie IWF-Regelungen gibt. Der mit einer De- oder Revalvation neu festgelegte „Preismaßstab" für die weitere Kursbewegung bringt für die Konkurrenzsituation generelle Veränderungen. Während der Abwertungstrend einer anderen Währung beim Floating nur einen begrenzten Einfluß auf die Konkurrenzbedingungen in einem bestimmten Weltmarktbereich oder einem Land hat, wird durch de jure Abwertungen eine neue Grundlage zum Beispiel für das gleichlautende Floaten mit Hauptwährungen gegeben.

Die Abwertung einer kapitalistischen Währung bringt für die Monopole des jeweiligen Landes nicht nur Exportförderungen und Importdrosselungen, sondern auch zusätzliche Profitmöglichkeiten. Exporteure brauchen durch die preissenkende Wirkung der Abwertung – wie beim Abwertungstrend im Floating insgesamt – oft nicht in vollem Umfang den Abwertungssatz zu nutzen, sondern können in ihrer Währung sogar die Angebotspreise noch etwas anheben, ohne an Konkurrenzfähigkeit einzubüßen.

8.3. Inflation trotz floatender Währungskurse

Während in einigen kapitalistischen Ländern und in mit ihnen durch ökonomische Bindungen und Abhängigkeiten verknüpften Entwicklungsländern ein hohes Tempo inflationärer Preissteigerungen festzustellen ist, zeigt das imperialistische Hauptland bis Mitte der 80er Jahre ein Bild langsamerer Geldentwertung. In den USA, aber auch in Großbritannien und der BRD, sind trotz der erheblich gestiegenen Rüstungsausgaben, hoher Staatsverschuldung und Hochzins die Preissteigerungen meist niedriger als in den Vorjahren. Das läßt jedoch keineswegs den Schluß zu, daß dies in erster Linie Ergebnis neomonetaristischer Geld- und Währungspolitik ist. Das ist nur zum Teil der Fall. Inflationäre Tendenzen vollziehen sich in den USA vielmehr mit zeitlichen Verzögerungen (vgl. Tabelle 12), was im wesentlichen auf folgenden Ursachenkomplexen beruht:

Tabelle 12: Inflationsrate (jährlicher Verbraucherpreise, Verbraucherpreisentwicklung, jährliche Veränderung)

	USA %	Japan	BRD	Großbrit.
1970	5,9	7,7	3,4	6,4
1971	4,3	6,1	5,3	9,4
1972	3,3	4,5	5,5	7,1
1973	6,2	11,7	6,9	8,3
1974	11,0	23,3	7,0	16,0
1975	9,2	11,7	5,9	24,2
1976	5,8	9,4	4,5	15,8
1977	6,4	8,1	3,7	16,0
1978	7,6	4,2	2,6	9,0
1979	11,3	3,7	4,3	13,4
1980	11,5	7,9	5,5	18,0
1981	10,4	4,9	5,9	11,9
1982	6,0	2,7	5,3	8,5

(Fortsetzung Tabelle 12)

	USA %	Japan	BRD	Großbrit.
1983	3,2	1,9	3,0	4,6
1984	4,2	2,2	2,4	5,0
1985	3,5	1,8	2,2	6,1
1986	1,9	0,6	–0,3	3,4

Quelle: OECD

Erstens kommt es zu zeitlichen Verzögerungen durch die Spezifik des staatsmonopolistischen Regulierungsmechanismus und die konkrete ökonomische und politische Machtkonstellation in den USA, die dazu geführt haben, daß ein Anwachsen des Inflationspotentials – das vor allem an der Diskrepanz zwischen Wachstumstempo der Geldmenge und Wachstumstempo des Bruttosozialprodukts zu erkennen ist – erst langsam auch im Steigen der Warenpreise zum Ausdruck kommt. Konkret heißt das, daß für die Monopolpreisstrategie der Konzerne in den USA wie für die Notenbankpolitik im Hinblick auf die Inflation die Präsidentschaftswahlen eine Rolle spielten. Konzerne und Federal Reserve Board betrieben bis zum Spätherbst 1984 eine Politik, die eine Wiederwahl von Reagan förderte und ihm wenigstens das Image eines erfolgreichen Inflationsbekämpfers geben sollte. Das Federal Reserve Board scheute sich dabei nicht, die künstliche Verknappung und Verteuerung der Kredite trotz drastisch gestiegener Geldmenge soweit zu treiben, daß davon, verbunden mit nachfrage- und preishemmenden Wirkungen, auch starke, das Wirtschaftswachstum hemmende Effekte ausgingen.

Zweitens beruht die Verlangsamung inflationärer Tendenzen auf der Fähigkeit der USA, ihre politische, militärische und ökonomische Macht zu nutzen, um inflationäre Effekte zumindest teilweise auf schwächere Länder zu übertragen, das heißt, Inflation sozusagen zu „exportieren". Die floatenden Währungskurse sind dafür ein wichtiges Instrument.

Ungeachtet der Tatsache, daß die Gründe für die Inflation in der kapitalistischen Welt vielfältig sind und nicht primär von floatenden Währungskursen abhängen, schufen diese günstige Bedingungen für die inflationäre Entwicklung,[36] und das besonders

[36] Vgl. S. Nikitin, Inflation und Monetarismus, in: MEMO (Moskau), 8/1982, S. 98 (russ.).

in Ländern mit „schwacher“ Währung. Diese Länder, in denen es prinzipiell eine starke Inflation gibt, suchen – anstatt andere Maßnahmen zur Erhöhung der Konkurrenzfähigkeit ihrer Waren zu ergreifen – dies durch eine Senkung ihrer Währungskurse zu erreichen, was praktisch einer Abwertung gleichkommt. Die Senkung der Währungskurse führt zu einer Verteuerung der Importe und zu einem inflationären Anwachsen der Binnenpreise, was seinerseits zu einem Fallen der Währungskurse führt. Es entsteht ein Circulus vitiosus. Diese Wechselbeziehung zwischen der Verteuerung fremder Währungen, dem Ansteigen der Import- und Binnenpreise und der neuen Abwertung der nationalen Währung ist die Hauptgefahr, die von floatenden Währungskursen ausgeht. Demzufolge verstärken floatende Währungskurse die Inflation in den Ländern, in denen sie ohnehin sehr stark auftritt (zum Beispiel Italien und Frankreich), während sie gleichzeitig als Bremsmittel wirken für die Inflation in den Ländern, in denen die Inflationsrate noch relativ niedrig ist (wie zum Beispiel USA und BRD). Auf diese Weise verstärkt das System der floatenden Währungskurse die Unterschiede im Tempo der inflationären Entwertung der Währungen der einzelnen kapitalistischen Länder.

Auf diese Wechselbeziehungen verweist auch der sowjetische Ökonom Oleg Bogdanov. Mit zunehmender Verstärkung des internationalen Charakters der Inflationsprozesse hängen die Besonderheiten ihrer Herausbildung immer stärker von Faktoren auf dem Währungssektor ab, insbesondere von den Währungskursen. Er trifft die Feststellung, daß „die Instabilität der Währungskurse und die Tätigkeit der internationalen Monopole, die große Kapitale von einem Land in das andere übertragen, das Währungssystem in einen Überträger der Inflationsseuche verwandeln“[37]. Und umgekehrt besteht der andere Aspekt in diesem Wechselverhältnis von Währungskurs und Inflation darin, daß die über einen längeren Zeitraum wirkenden Inflationsraten in den einzelnen kapitalistischen Ländern die äußere Ursache für die Veränderungen der Währungskurse untereinander sind.

Seit Beginn der 80er Jahre ist spürbar festzustellen, daß auch die Finanz- und Währungspolitik der USA darauf gerichtet ist, verlorengegangene Positionen des Landes in den kapitalistischen

37 O. S. Bogdanov, Das Währungssystem des heutigen Kapitalismus, a. a. O., S. 101 (russ.).

Weltwirtschafts- und Währungsbeziehungen wiederzugewinnen. Hierfür ist zunächst der durch die USA-Zentralbank nachdrücklich geforderte hohe Außenwert des US-Dollars kennzeichnend. Sein Außenwert, also der Währungskurs des US-Dollars zu einer anderen Währung, kann aber nur steigen, wenn der innere Geldwert des US-Dollars weniger sinkt als der der anderen Währung. Floatende Währungskurse können demzufolge eine zunehmende asynchrone Entwicklung von innerem und äußerem Geldwert einer Währung verhindern, die durch einen relativ ungehinderten Umtausch überbewerteter Währungen in unterbewertete und die damit verbundene Übertragung von Währungen mit stärkeren Inflationstendenzen in solche mit relativ geringeren hervorgerufen wird. Da die Zentralbank des eigenen Landes verpflichtet ist, den irrealen Außenwert der ausländischen Währungen zu stützen, wäre das Resultat dieser Prozesse die inflationäre Aufblähung der bislang weniger inflationären Währungen auf Grund einer starken Ausdehnung der Geldmenge.

Die Folge ist, daß die einzelnen nationalen Zentralbanken bei floatenden Währungskursen mit Stützungskäufen bzw. -verkäufen die Kursentwicklung ihrer Währungen beeinflussen. Von den im Zeitraum 1981 bis 1983 vorgenommenen Kursinterventionen der kapitalistischen Länder im Umfang von etwa 300 Milliarden US-Dollar – zum Beispiel umfangreiche Dollarverkäufe durch die BRD-Bundesbank, um ein noch stärkeres Steigen des US-Dollars zu verhindern – entfiel beispielsweise nur ein sehr geringer Teil auf die USA. Bereits hieran wird deutlich, daß es unmöglich ist, die dabei wirkenden unterschiedlichen Interessen zwischen den einzelnen nationalen Monopolkapitalen unter dem Aspekt der bestehenden widersprüchlichen Tendenzen von internationaler Konkurrenz und Integration zu vereinbaren. Die vom USA-Imperialismus offensichtlich als eine längerfristige Tendenz angestrebte Renaissance der uneingeschränkten Hegemoniestellung des US-Dollars wird in den kommenden Jahren ein Hauptkonfliktfeld der kapitalistischen Währungs- und Finanzbeziehungen bleiben.

Wie kam es zu dieser Wende in der Dollarpolitik? Was sind die Hintergründe für den neuen Dollarimperialismus? Ende der 60er, Anfang der 70er Jahre führte die Politik der Beibehaltung fester Währungskurse unter den Bedingungen eines unterschiedlichen Inflationstempos in den einzelnen kapitalistischen Ländern zu einem massenhaften Transfer von liquiden Geldern in solche Länder, deren Währungen für Aufwertungskandidaten gehalten wurden. Diese

Erscheinung führte zusammen mit dem Anwachsen der Eingänge an ausländischer Währung aus dem Außenhandel zu einer wesentlich verstärkten Abhängigkeit des Zustandes der Geldzirkulation einzelner kapitalistischer Länder von äußeren Faktoren, da die Veränderung der Geldmasse entscheidend durch den Umfang an ausländischer Währung, die in nationale Währung umgetauscht wird, bestimmt wurde. Siegfried Wenger und Lothar Myritz schreiben hierzu: „Eine unterschiedliche Intensität der inflationistischen Geldentwertung kapitalistischer Währungen ... führt bei Bestehen fester Devisenkurse zu strukturellen Verschiebungen in den außenwirtschaftlichen Beziehungen. Diese Verschiebungen (chronisch passive oder aktive Ergebnisse im Außenhandel, in den Dienstleistungen und in den Kapitalbeziehungen) bedeuten letzten Endes Unausgeglichenheit in den internationalen Beziehungen, Ungleichgewichte in den Zahlungsbilanzen der kapitalistischen Länder, so daß nach kürzerer oder längerer Zeit eine Korrektur auch der festen Kurse notwendig wird."[38]

Die Inflation und ihre ungleichmäßige Entwicklung in den einzelnen Ländern trugen entscheidend dazu bei, daß das System fester Währungskurse untergraben wurde. Andererseits führten die Instabilität der Währungskurse, insbesondere die Aushöhlung der beiden Leitwährungen in jenen Jahren – des Dollars und des Pfundes –, und die wachsende Diskrepanz zwischen dem offiziellen Goldpreis in Dollar und dem freien Preis am Goldmarkt während der verstärkten ungleichmäßigen Entwicklung und der fortschreitenden internationalen Monopolisierung zu einer gewaltigen Masse überschüssiger internationaler Liquidität. Das System fester Währungskurse geriet immer mehr in Widerspruch zu den sich ungleichmäßig verändernden Kaufkraftparitäten der einzelnen Währungen, insbesondere des US-Dollars zu den übrigen kapitalistischen Währungen, sowie zu den sich verändernden Kräfteverhältnissen im kapitalistischen Welthandel. Es entstanden große strukturelle Zahlungsbilanzungleichgewichte. Aus diesen Disproportionalitäten resultierte ein wachsender Bedarf der Zentralbanken an Devisenreserven zur Verteidigung der fixen Paritäten, insbesondere zur Stützung des überhöhten Dollarkurses.[39]

38 S. Wenger/L. Myritz, Internationale Valutabeziehungen im Kapitalismus, a. a. O., S. 19.

39 Vgl. K. Nehls, Inflation und monopolistische Internationalisierung, in: IPW-

Die Bedeutung dieses Prozesses ist im Ergebnis der Entwicklung des Eurodollarmarktes noch gewachsen. Marxistische Ökonomen wie Gorbunov, Nehls und Nikitin verweisen in diesem Zusammenhang auf folgende interessante Tatsachen[40]: Die Profite, die die Banken am Eurodollarmarkt durch die verschiedenen Formen der Kredit- und Depositengeschäfte sowie durch geldschöpfende Operationen realisieren, sind letztlich die Triebkraft für die Entstehung gewaltiger Summen überschüssiger internationaler Liquidität am Eurodollarmarkt, die weit über die Masse internationaler Zahlungsmittel, die für die Erfordernisse des internationalen Handels mit Waren und Dienstleistungen benötigt wird, hinausgeht. Eine Vorstellung vom Ausmaß dieses Überschusses erhält man, wenn das Wachstumstempo des kapitalistischen Weltimports mit dem Entwicklungstempo des Eurodollarmarktes verglichen wird.

Ausgehend von der Tauschkonzeption und der Quantitätstheorie stellt sich für die Anhänger der neomonetaristischen Konzeption die Inflation immer als ein rein geldliches Phänomen dar. Die Wurzel allen Übels sei die zu starke Erweiterung des Geldumlaufs und damit die Geldentwertung. So erklärte Friedman, „daß dem Gelde Bedeutung beizumessen ist, und zwar eine außerordentliche Bedeutung. Veränderungen der Geldmenge haben wichtige und weitgehende vorhersehbare ökonomische Wirkungen. Langfristige Veränderungen der Geldmenge im Verhältnis zum Output bestimmen das säkulare Verhalten der Preise. Umfangreiche kurzfristige Vergrößerungen der Geldmenge waren stets eine erste wichtige Ursache der sie begleitenden Preisinflation.“[41]

Aus seinen umfangreichen empirischen Untersuchungen, zusammen mit Anna Schwartz und David Meiselman, zieht Friedman folgende Schlußfolgerung: „Es gibt vielleicht keine andere empirische Relation in der Ökonomie, die sich nach den Beobachtungen so gleichförmig unter äußerst verschiedenartigen Bedingungen wiederholt, wie die Beziehung zwischen den entscheidenden Geld-

Forschungshefte, 3/1976, S. 103/104; Autorenkollektiv, Krisenprozesse in der kapitalistischen Weltwirtschaft, Berlin 1981, S. 275.

[40] Vgl. S. V. Gorbunov, Währungskurse im Kapitalismus. Probleme und Widersprüche, a. a. O., S. 1979, S. 35 (russ.); K. Nehls, Inflation und monopolistische Internationalisierung, a. a. O., S. 111; S. Nikitin, Inflation und Monetarismus, a. a. O., S. 97 (russ.).

[41] M. Friedman, Die optimale Geldmenge und andere Essays, a. a. O., S. 294.

mengenveränderungen über kurze Zeiträume und Preisveränderungen, die eine Variable ist unabänderlich mit der anderen verbunden, und beide sind gleichgewichtig. Diese Gleichförmigkeit ist, so vermute ich, von der gleichen Art wie viele der Regelmäßigkeiten, die die Grundlage der Physik bilden."[42]

Die gegenwärtige Inflation ist aber nicht nur und nicht in allererster Linie durch eine außerordentliche Geldemission bedingt. Die tiefergehenden Ursachen des inflationären Preisanstiegs sind heute Disproportionen im Reproduktionsprozeß. Bei der gegenwärtigen Inflation finden die antagonistischen Widersprüche, die während des Umschlages des gesellschaftlichen Kapitals ständig reproduziert werden, in der Geldsphäre ihren Ausdruck. Die Inflation trägt dann zur weiteren Zuspitzung dieser Konflikte bei.

Worin bestehen die wichtigsten Einwände gegenüber der monetaristischen Inflationstheorie und -politik?

In der monetaristischen Theorie erscheint die Inflation *erstens* nur als Produkt einer fehlerhaften Wirtschaftspolitik, weil die Geldmengenentwicklung prinzipiell durch bewußtes Handeln der Menschen gesteuert werden könne. Tatsächlich sind dieser positiven Steuerung enge Grenzen gesetzt. Sie bewegt sich in dem Rahmen, der durch die ökonomischen Gesetze des Kapitalismus vorgezeichnet wird. Die ökonomischen Gesetze richten sich nicht danach, ob der Staat mehr oder weniger Geld ausgibt, sondern der Staat verringert oder vergrößert das Geldwachstum, weil die ökonomischen Gesetze des Kapitalismus das erfordern.

Die gegenwärtige Inflationsentwicklung im staatsmonopolistischen Kapitalismus trägt den Charakter einer Geld- bzw. Nachfrageinflation, da sie unter anderem dazu dienen soll, die sich aus dem ökonomischen Grundgesetz des Kapitalismus, dem Mehrwertgesetz und dem Gesetz der kapitalistischen Akkumulation von Kapital ergebende Überproduktion von produktivem und Warenkapital monetär zu realisieren. Diese Sicherung des wertmäßigen Umschlages ist ein entscheidendes Erfordernis der Reproduktion des Kapitals und seiner monopolistischen Verwertungsbedingungen.

Mit der Gewährleistung eines schnellen wertmäßigen Umschlags des Kapitals über monopolistisch bestimmte oder beeinflußte Preise und eine hohe Kredit- und Geldemission in der Volkswirtschaft

[42] Ebenda, S. 98/99.

wird gleichzeitig der Preis der Ware Arbeitskraft als Anspruch auf einen bestimmten Teil des gesellschaftlichen Gesamtprodukts fortlaufend reduziert. Das geschieht mittels der Geldentwertung über die Umverteilung der zahlungsfähigen Nachfrage auf Kosten der Reproduktion der lebendigen Arbeit und zugunsten der hohen Reproduktion des Kapitals und der sie bestimmenden ökonomischen Gesetze. Die Größen „gesellschaftlicher Bedarf" und „gesellschaftlich notwendiger Arbeitsaufwand", worauf der Preis der Waren im Prozeß ihrer Realisierung (gesellschaftliche Anerkennung) zurückgeführt wird, sind in hohem Grade verzerrt. Dies deshalb, weil die Distributionsverhältnisse in bisher nie dagewesenem Grade von den Reproduktions- und Verwertungsbedürfnissen des Kapitals bestimmt werden und demzufolge die Struktur der zahlungsfähigen Nachfrage auf Grund der staatsmonopolistischen Regulierung über die Finanz-, Geld- und Kreditpolitik diesen Erfordernissen unterzuordnen ist. Dies ist ein Ausdruck der weiteren Verschärfung des Grundwiderspruchs des Kapitalismus zwischen dem gesellschaftlichen Charakter der Produktion und der privatkapitalistischen Aneignung. Die Schwankungen im Grad der Verwertung des Kapitals werden über die inflationistische Entwicklung weitgehend abgefangen.

Wesentlich ist auch die Tatsache des Auseinanderfallens von materiellem und wertmäßigem Umschlag des Kapitals auf der Basis von Monopolpreisen und deren Realisierung über die Schaffung der entsprechenden zahlungsfähigen Nachfrage, das heißt durch Inflation. Der Vernichtung der Gebrauchswerte der Anlagen, beispielsweise durch Brachlegung, bzw. der Waren steht ihre Reproduktion als Werte, als sich verwertende Werte, also als Kapital, gegenüber. Dies kann sich auf Grund bestehender Monopolpreise und Inflation vollziehen und unterstellt das System der staatsmonopolistischen Regulierung.

Die Inflation im staatsmonopolistischen Kapitalismus wird *zweitens* von der neomonetaristischen Theorie auf ein technisches Problem reduziert. Die eigentlichen ökonomischen Ursachen, die in der allseitigen und umfassenden Monopolisierung der kapitalistischen Wirtschaft zu suchen sind, bleiben von Neomonetaristen dem objektiven Klasseninteresse der Bourgeoisie folgend, unerwähnt.

So verschleiert die neomonetaristische Währungstheorie (Zahlungsbilanzausgleich und Verhinderung des ‚Inflationsimports' durch floatende Währungskurse) zum Beispiel die Tatsache, daß Auf- und Abwertungsverluste von den Monopolen über die Preise abgewälzt werden. Je nach Lage der Dinge können davon die Binnenpreise oder die Exportpreise betroffen sein. Das hängt wiederum von verschiedenen, komplexen Faktoren ab, zum Beispiel von den Konkurrenzverhältnissen auf dem Weltmarkt, aber auch vom innenpolitischen Kräfteverhältnis.

Die Forcierung inflationärer Preissteigerungen geht jedoch vor allem von der Hochrüstung aus. Die vom Staat garantierte „volle Kostendeckung“ für die Rüstungserzeugnisse veranlaßt die Monopole, Preistreiberei auch bei anderen Waren und Leistungen vorzunehmen.

In diesen Zusammenhang ist auch die Tatsache der monopolistischen Preistreiberei auf dem Rohstoffsektor einzuordnen. Auch Anlagen, Technologien und Entwicklungsergebnisse, die voll aus dem Staatshaushalt im Zusammenhang mit Rüstungsaufträgen finanziert wurden, gehen zum Teil in zivile Produkte ein und werden dort zum zweiten Mal der Preiskalkulation zugrundegelegt und so doppelt bezahlt.[43]

Damit bleiben auch die sozialökonomischen Aspekte der Währungskrise weitgehend unberücksichtigt. Die Versuche des kapitalistischen Staats, die Zahlungsbilanz durch Drosselung der Nachfrage (bei passiver Bilanz) oder durch deren Stimulierung (bei aktiver Bilanz) auszugleichen, haben natürlich Auswirkungen auf die Lage der Werktätigen. So bremst die Nachfragedrosselung, die Importeinschränkungen nach sich zieht, letztlich das allgemeine Wirtschaftswachstum. Das birgt die Gefahr des Anwachsens der Arbeitslosigkeit in sich. Hingegen beschleunigt eine Politik der Nachfragestimulierung, unter anderem durch Erweiterung der Geldzirkulation und Vergrößerung des Kreditvolumens im Lande, die eine Erhöhung des Imports nach sich ziehen kann, die Inflation.

Über die Geld- und Währungspolitik kann aber nur die zahlungsfähige Nachfrage beeinflußt werden. Das heißt, das dadurch die materiellen Ursachen der zyklischen Krisen des Kapitals nicht beseitigt werden. Das Gegenteil ist der Fall. Sie werden permanent auf jene Bereiche abgewälzt, deren Reproduktion von der des Kapitals abhängig ist, also auf die arbeitende Bevölkerung und teilweise auf

43 Vgl. Autorenkollektiv, Die Rolle der Rüstung in der Wirtschaft des heutigen Kapitalismus, in: IPW-Forschungshefte, 4/1984, S. 86/87.

die nichtmonopolistische Bourgeoisie. Das kommt darin zum Ausdruck, daß in Verbindung mit einer permanent hohen Monopolprofitrate der wertmäßige Umschlag (im Gegensatz zum materiellen Umschlag) des Kapitals um jeden Preis gesichert wird. Das bedeutet, je geringer die wesentlich staatsmonopolistisch gesteuerte Nachfrage nach Produktionsmitteln bzw. die Nachfrage nach Konsumgütern seitens der Verbraucher ist, desto höher sind bei zumindest relativ gleichbleibender Monopolprofitrate die individuellen Kosten (nicht die gesellschaftlich notwendigen) der absetzbaren Produktenmasse (mit einem zunehmenden Anteil von Überproduktion) und demzufolge auch die Monopolpreise. Das gilt auch unter Berücksichtigung einer prognostischen Einschätzung der künftigen Nachfrage. Entscheidend ist hierbei die zahlungsfähige Nachfrage. Mit einer relativ begrenzten Voraussicht des Nachfrageverlaufs kann indes die Überproduktion von Kapital nicht beseitigt werden. Nach Marx ist das ein Zwangsgesetz des Kapitalismus.

Aus der Notwendigkeit, den wertmäßigen Umschlag zu sichern und eine hohe Verwertung des Kapitals zu garantieren, resultiert auch, daß selbst in Stadien eines niedrigen realen Wachstums Preissteigerungen und Inflation auftreten, sofern ein bestimmtes minimales Nachfrageniveau gesichert wird. Das ermöglicht auch, die keinen gesellschaftlichen Bedarf verkörpernde Überproduktion preismäßig zu realisieren, trotz einer geringen realen Akkumulationsrate des Kapitals. Da stagnierendes Wachstum und sinkende Investitionsraten in der Wirtschaft Ausdruck des Bestehens einer hohen Überproduktion von Kapital sind, ohne daß die Preissteigerungen und die Inflation gebremst werden können, entwickelt sich eine zunehmende Arbeitslosigkeit im Produktionsprozeß (vgl. Tabelle 13).

Die Regierung muß nun bestrebt sein, diesen Prozeß zunehmender Arbeitslosigkeit in Grenzen zu halten. Das heißt, sie muß über die Schaffung von zahlungsfähiger Nachfrage ein Absinken der Investitionsrate verhindern.

Zu denselben Ergebnissen führen auch die Versuche der Regierung, die Inflation durch Manipulationen im Währungsbereich auszugleichen. Zur Beseitigung des Defizits kann ein Staat seine Währung abwerten und zum Abbau eines übermäßig hohen Aktivsaldos diese aufwerten. Im ersten Fall steigen jedoch die in der nationalen Währung ausgedrückten Preise für Importwaren, was einen allgemeinen Preisanstieg und die Inflation begünstigt. Bei

Tabelle 13: Arbeitslosigkeit in kapitalistischen Hauptländern

	USA	Japan	BRD[a)]	Frankr.	Großbr.	Italien
Arbeitslose, 1000						
1950	3351[b)]	436	1869[c)]	152	290	1615
1960	3851	750	271	130	368	1215
1970	4093	590	149	262	602	1107
1973	4365	670	274	394	591	1305
1975	7928	1000	1074	840	902	1230
1979	6138	1170	876	1350	1227	1698
1980	7637	1140	889	1451	1561	1580
1981	8273	1260	1272	1773	2420	1790
1982	10678	1360	1833	2008	2792	2163
1983	10717	1560	2258	2041	3047	2475
1984	8539	1610	2266	2312	3160	2719
1985	8312	1563	2304	2415	3179	2960
Arbeitslosenrate gesamt, v. H.[d)]						
1950	5,3	1,2	11,0		1,6	8,3
1960	5,5	1,6	1,3	0,7	1,6	5,6
1970	4,9	1,1	0,7	1,7	2,6	5,4
1973	4,9	1,3	1,3	2,1	2,6	6,4
1975	8,5	1,9	4,7	3,7	3,9	5,9
1979	5,8	2,1	3,8	5,9	5,1	7,7
1980	7,1	2,0	3,8	6,0	6,4	7,6
1981	7,6	2,2	5,5	7,3	9,5	8,4
1982	9,7	2,4	7,5	8,2	11,0	9,1
1983	9,6	2,7	9,1	8,5	12,1	9,9
1984	7,9	2,7	9,1	10,0	12,6	10,4
1985	7,2	2,6	9,3	10,1	13,1	10,6
Arbeitslosenrate Männer, v. H.						
1950			10,8			
1960		0,9	1,3			
1970	3,5	1,2	0,8	1,3	2,9	4,3
1973	3,2	1,3	0,9	1,5	3,0	3,0
1975	6,8	2,0	3,8	2,7	5,1	2,8
1980	5,9	2,0	2,6	3,9	7,5	5,8
1981	7,2	2,3	4,1	4,8	12,0	6,3
1982	9,7	2,4	6,3	5,8	14,1	7,5
1983	8,9	2,7	7,8	6,2	13,7	8,7
1984	7,3	2,7	7,8	9,0	13,9	9,5
1985	6,9	2,6	7,9	9,2	14,2	10,4

(Fortsetzung Tabelle 13)

	USA	Japan	BRD[a]	Frankr.	Großbr.	Italien
Arbeitslosenrate Frauen, v. H.						
1950			11,5			
1960		1,4	1,3			
1970	4,8	1,1	0,8	2,4	0,8	4,5
1973	4,8	1,2	1,3	3,1	0,9	4,7
1975	8,0	1,8	4,6	5,4	2,1	4,6
1980	6,4	2,0	4,5	9,8	5,1	9,8
1981	6,8	2,1	6,0	9,7	6,7	11,3
1982	8,3	2,3	7,8	10,4	7,5	13,7
1983	8,1	2,6	9,4	11,1	8,5	16,0
1984	7,6	2,8	9,4	12,6	8,9	17,0
1985	7,4	2,7	9,6	12,8	9,4	17,2
Arbeitslosenrate Jugendliche, v. H.[e]						
1960	10,0	1,4	0,7	1,6	1,1	3,3
1970	9,9	1,9	0,4	3,2	2,8	10,2
1973	9,9	2,3	0,9	4,0	3,1	12,6
1975	19,9	3,0	5,2	7,9	8,6	12,8
1980	13,3	3,6	3,9	15,0	14,1	25,2
1981	14,3	4,0	6,5	17,0	18,1	27,4
1982	17,0	4,4	9,6	19,0	23,1	29,7
1983	16,4	4,5	10,8	19,7	23,2	32,0
1984	13,3	4,9	9,9	23,4	21,8	33,4
1985	13,0	4,8	9,5	25,6	21,5	33,7

a) Einschl. Berlin (West).

b) Ohne Alaska und Hawaii.

c) Ohne Saarland.

d) Prozent der „unselbständigen Erwerbspersonen" (d. h. Arbeiter und Angestellte einschl. Arbeitslose).

e) Jugendliche bis 24 Jahre.

Quelle: Die Wirtschaft kapitalistischer Länder in Zahlen, in IPW-Forschungshefte 1/1987, S. 141/142.

einer Aufwertung hingegen sinken die in nationaler Währung ausgedrückten Preise für Importwaren, und die Exporteure erhalten (bei unveränderten Preisen in einer ausländischen Währung) für jede Wareneinheit eine geringere Summe in nationaler Währung, so daß ihr Profit je Wareneinheit abnimmt. Da aber eine Aufwertung den Import fördert und den Export drosselt, wirkt sie sich negativ auf den Beschäftigungsgrad in exportorientierten Betrieben oder in

Betrieben aus, deren Erzeugnisse mit den importierten Erzeugnissen konkurrieren. Das heißt, sie birgt die Gefahr des Wachstums der Arbeitslosigkeit in einer Reihe von Zweigen in sich.[44]

Friedmans Erkenntnisse und die der anderen Neomonetaristen basieren im wesentlichen auf der Gegenüberstellung zweier gesellschaftlicher Erscheinungen, die nur zum Teil als eine Ursache-Folge-Kette interpretiert werden können. Ein hohes Bestimmtheitsmaß der funktionalen Beziehung ist kein Beweis für ihren ursächlichen Zusammenhang.

Charakteristisch für Friedman ist die „empirisch-statistische Beweisführung von Ursache und Wirkung“[45]. Daß unter den Bedingungen des minderwertigen Geldes durch eine Aufblähung des Geldvolumens der Maßstab der Preise, das Preisniveau, erhöht wird, hat Marx bereits nachgewiesen. Die Reduzierung der Preisniveauveränderungen auf die ausschließliche Veränderung der Geldmenge lenkt von den wesentlichen ökonomischen Prozessen im Kapitalismus, von ihrer Verursachung ab. Durch das Vorgehen Friedmans bleibt die objektive ökonomische Kategorie des Monopolpreises, das Monopolpreisdiktat, im Dunkeln. Die durch die monopolistischen Preistreibereien hervorgerufene verstärkte inflationäre Entwicklung, die notwendigerweise zu einem höheren Geldumlauf führt, wird umgangen.

Drittens ist die Hochrüstung zu einem entscheidenden inflationstreibenden Faktor geworden. Sie verringert den realen Wertzuwachs des Nationaleinkommens und forciert zugleich die Aufblähung der Geldmenge. Die Rüstungsausgaben wirken als Faktor der inflationären Aufblähung der Geldmenge. So wird die Inflation vor allem durch die hochrüstungsbedingte Staatsverschuldung und die Monopolpreisentwicklung vorangetrieben.

Die Diskrepanz zwischen der Entwicklung der Geldmenge und dem Zuwachs des Nationaleinkommens wächst. Bei der rüstungsbedingten Staatsverschuldung ist das der Fall

„– weil die Schulden nicht für produktive Zwecke, das heißt nicht

[44] Vgl. Anatomie der Währungswidersprüche (Rundtischgespräch), in: Probleme des Friedens und des Sozialismus (Prag), 7/1981, S. 964/965; Autorenkollektiv, Krisenprozesse in der kapitalistischen Weltwirtschaft, a. a. O., S. 235–236.

[45] Vgl. V. Perlo, Die bürgerliche politische Ökonomie gegen die Interessen der Werktätigen, in: Probleme des Friedens und des Sozialismus (Prag), 12/1980, S. 1668–1671.

für ein Wachstum des Nationaleinkommens aufgenommen werden;

– weil mit schnell wachsender Staatsverschuldung der (vor allem von den Monopolbanken ausgehende) Zwang zur kurzfristigen Verschuldung zunimmt;

– weil die vom Staat aufzubringenden Schuldzinsen schneller wachsen, als die regulären Staatseinnahmen zunehmen"[46].

Für die Neomonetaristen gilt *viertens*, wie der sowjetische Ökonom Ussoskin einschätzt, daß „die wissenschaftliche Analyse der ökonomischen Prozesse ... durch äußere Analogien, oberflächliche statistische Verbindungen ersetzt (wird). Eine solche Analysemethode ist für die Apologetik des Kapitalismus außerordentlich bequem. Sie ermöglicht es, den Problemen der Klassendifferenzierung und der sozialen Ungleichheit auszuweichen, den kapitalistischen Formen der Ausbeutung, Unterjochung und den anderen für die regierenden Klassen ‚gefährlichen' Problemen aus dem Wege zu gehen."[47]

Indem die Neomonetaristen die Oberflächenerscheinungen verabsolutieren – nämlich die Tatsache, daß Inflation immer als Aufblähung des Geldumlaufs in Erscheinung tritt –, lenken sie gewollt oder ungewollt von den Ursachen und vom Wesen der Inflation ab. Der grundlegende Fehler der Neomonetaristen besteht darin, daß sie den Anstieg des Preisniveaus als unmittelbare Folge des Zusammentreffens von Waren und vergrößerter Geldmenge im Zirkulationsprozeß ableiten. Sie ignorieren dabei die aus der ökonomischen Basis, aus dem monopolkapitalistischen Produktionsprozeß entspringenden Tendenzen zur Anhebung der Preise. Monopolistisch bzw. staatsmonopolistisch verursachter Preisauftrieb aber erfordert und zieht nach sich eine entsprechende Vergrößerung der Geldmenge, nicht umgekehrt. Es handelt sich im Grunde um den Versuch, diese Inflation rein mechanisch unter Umgehung jeglicher sozialökonomischer Berührungspunkte zu erklären und auch entsprechende Lösungswege zu zeigen, so zum Beispiel durch Vorschläge, die Geldmenge jährlich nur um einen bestimmten, möglichst niedrigen Prozentsatz wachsen zu lassen, was eine wirksame „Stabilitätsgarantie" sei.

46 Autorenkollektiv, Die Rolle der Rüstung in der Wirtschaft des heutigen Kapitalismus, a. a. O., S. 86.

47 V. Ussoskin, Theorie des Geldes, a. a. O., S. 189 (russ.).

Schätzt man die Möglichkeiten real ein, die bestehen, um die Inflation unter den Bedingungen floatender Währungskurse einzudämmen, so darf nicht übersehen werden, daß diese neomonetaristische Annahme einen offen apologetischen Charakter trägt. Selbst im Falle einer angenommenen Beseitigung der Einwirkung äußerer Faktoren auf die inflationären Prozesse innerhalb eines Landes „öffnen" die floatenden Währungskurse Tür und Tor für eine Verstärkung der vom Charakter und von den Zielen der Wirtschaftspolitik des Staates abhängenden inneren Inflationsprozesse, indem sie den Regierungen der kapitalistischen Länder die Möglichkeit geben, eine Wirtschaftspolitik zu betreiben, die in gewisser Weise unabhängig von der Zahlungsbilanz ist. So werden einige Regierungen an der Durchführung einer Politik des „billigen Geldes" interessiert sein, wie beispielsweise die britische Regierung in den Jahren 1972 bis 1975, um eine relative Ausdehnung der Binnenproduktion und Nachfrage zu stimulieren. Sie dulden dabei eine beträchtliche Entwertung der nationalen Währung, um die Konkurrenzfähigkeit der eigenen Waren auf den Außenmärkten zu erhalten. Ergebnis werden eine Verstärkung der Inflation und die erneute Verschärfung der zwischenimperialistischen Widersprüche sein.

Die DDR-Ökonomin Nehls schreibt deshalb völlig zu Recht: „Die die Inflation in den kapitalistischen Ländern stimulierende überschüssige internationale Liquidität kann durch floatende Kurse nicht eingedämmt werden, weil sie das Ergebnis längerfristiger Prozesse in der kapitalistischen Weltwirtschaft ist. Sie ergibt sich aus der ungleichmäßigen Entwicklung, der sprunghaften Veränderung der Kräfteverhältnisse zwischen den imperialistischen Hauptrivalen, der zunehmenden Konkurrenz und Rivalität sowie aus der Verstärkung der Krisenprozesse und der Anarchie in der kapitalistischen Weltwirtschaft durch die höhere Stufe der internationalen Monopolisierung. Sie ist Ausdruck des sich vertiefenden Widerspruchs zwischen dem immer stärker werdenden Zwang zur währungspolitischen Koordinierung der Währungsbeziehungen einerseits und der Verstärkung der spontanen Prozesse in den Währungs- und Finanzbeziehungen durch die Expansion der internationalen Bank- und Industriekonzerne andererseits."[48]

[48] K. Nehls, Inflation und monopolistische Internationalisierung, a. a. O., S. 104/105.

Bestimmte die marxistisch-leninistische Kritik der wirtschaftstheoretischen Grundauffasungen des Neomonetarismus sowie seiner wirtschaftspolitischen Zielsetzung und Ansprüche den wesentlichen Inhalt der letzten Kapitel, so ist es das Anliegen der nun folgenden Seiten, aus der Sicht der marxistischen politischen Ökonomie eine Reihe der in der Auseinandersetzung mit dem Neomonetarismus behandelten theoretischen und praktischen Fragen und Probleme des Geldes im heutigen Kapitalismus wissenschaftlich-konstruktiv zu diskutieren.

Kapitel 9

Inhalt und Wirksamkeit staatsmonopolistischer Geldpolitik

9.1. Steuerbarkeit von Geldmenge und Zins

Im 5. Kapitel wurden ausführlich Inhalt, Voraussetzungen und angestrebte Ziele neomonetaristischer Geldpolitik beschrieben. Hier soll es nun um die Frage gehen, was eine bürgerliche Geldpolitik – gleich welcher Coleur – tatsächlich bewirken kann und wie sie in den staatsmonopolistischen Reproduktionsprozeß eingeordnet ist.

Über den Einsatz diverser geldpolitischer Instrumente, die Beeinflussung von monetären Indikatoren wie Geldmenge und Zinssatz, die Erreichung von geldpolitischen „Zwischenzielen" wie Geldbasis und Liquiditätsreserven versucht die Zentralbank Wirkungen auszulösen und Bedingungen zu schaffen, die die Erfüllung des Grundanliegens staatsmonopolistischer Wirtschaftspolitik unter jeweils konkreten wirtschaftlichen Situationen unterstützen sollen. Keynesianer favorisieren dabei die Steuerung des Zinssatzes über den Versuch, die Liquiditätsreserven zu bestimmen (oder „freie Reserven"=Überschußreserven minus Zentralbankkredite in den angelsächsischen Ländern). Die neomonetaristische Geldpolitik bevorzugt dagegen die Geldbasis (Zentralbankbargeldumlauf+Reserven in Form von Zentralbankguthaben der Banken) als Zwischenspiel, über dessen Erreichung die „Geldmenge" als „Indikator" gesteuert werden soll. Wirtschaftspolitisch endogene, dennoch aber, so meint oder hofft man steuerbare Größen wie Geldmenge (Neomonetaristen), Zinsniveau und Zinsstruktur (Neokeynesianer) sollen die erwünschten Ausgabeentscheidungen der Wirtschaftssubjekte und damit die für notwendig erachteten Effekte im „realwirtschaftlichen" Bereich herbeiführen. Die Abgrenzung zwischen neokeynesianischer und neomonetaristischer Geldpolitik ist, sieht man von ihrer unterschiedlichen Wertung und Einordnung in das

Gesamtkonzept der Wirtschaftspolitik ab, wirtschaftspolitisch de facto keineswegs so eindeutig, wie zunächst durch die Lektüre der selektiv wertenden theoretischen Ökonomie-Literatur angenommen werden kann.

Erstens gibt es objektive Wechselbeziehungen zwischen Geldmenge und Zins und zweitens versuchen die Neokeynesianer deshalb über die Geldmengenbeeinflussung die erwünschte Zinsdynamik herbeizusteuern. Andererseits räumen die Neomonetaristen auch der Zinspolitik für die Erreichung der „richtigen" Geldmenge zumindest eine gewisse Bedeutung ein, so daß sich die Dialektik ungewollt durchsetzt, da sie keiner der an der Durchsetzung Beteiligten begreift. Hinsichtlich des Einsatzes der geldpolitischen Instrumente unterscheiden sich neomonetaristische und neokeynesianische Geldpolitik kaum voneinander, weil man diese Instrumente zwar unterschiedlich bewerten kann, sie aber eben nutzen muß, solange es keine anderen gibt.[1] Bei diesen Instrumenten handelt es sich um Diskontsatzvariationen, Lombardpolitik, Mindestreservepolitik, Offenmarktpolitik, die Variation der Rediskontkontingente, Einlagenpolitik, Wertpapier- oder Wechselpensionsgeschäfte, Devisenwap- oder Devisenpensionsgeschäfte. Dabei sind die „Pensionsgeschäfte" für die kurzfristige und „Feinsteuerung" der Geldmenge, die anderen geldpolitischen Instrumente mehr für die mittel- und langfristige Grobsteuerung gedacht.[2] Inhalt und Unterschiede dieser Instrumente sollen hier nicht im einzelnen diskutiert werden. Zu beurteilen ist allein die Frage, inwieweit die Annahme, durch ihre Anwendung könnten die Dimensionen von Geldmenge und Zins herbeigeführt werden, die – aus welchen Gründen auch immer – für angemessen oder wünschenswert betrachtet werden, realistisch ist.

Der empirische Befund ist zunächst eindeutig. Weder in der BRD[3]

[1] Jedoch favorisieren die Neomonetaristen, wie bereits gezeigt (vgl. S. 189ff.) die Offenmarktpolitik.

[2] Zum Inhalt dieser Instrumente vgl.: E. Rohde, Banken, Börsen, Währungen, a. a. O., S. 24–55. – „Pensionsgeschäfte", die dort nicht beschrieben sind, basieren auf Kaufverträgen, in denen sich der Verkäufer des Wertpapiers verpflichtet, dieses zu einem von vornherein fixierten Preis und Zeitpunkt zurückzukaufen. Auf diese Weise soll Zentralbankgeld nur befristet zugeführt bzw. umgekehrt abgezogen werden.

[3] Vgl. K. Müller, Zu einigen Aspekten der Entwicklung des Zinsniveaus im staatsmonopolistischen Kapitalismus, a. a. O., S. 69–71.

noch in den USA[4] oder anderen kapitalistischen Ländern entsprachen die tatsächlichen Wachstumsraten der Zentralbankgeldmenge denjenigen, die angekündigt bzw. angestrebt worden waren. Im Gegenteil: Es existierten zum Teil erhebliche Divergenzen zwischen Absicht und Wirklichkeit (vgl. Tabelle 14).

Tabelle 14: Geldmengenziel und ihre Erfüllung

	Zielperioden Anzahl	Zielrealisierung	Unterschreitung	Überschreitung	Zielverfehlung in % der Zielperioden
BRD (Zentralbankgeld)	10	4	2	4	60,0
Frankreich M_3	7	0	2	5	100,0
Großbritannien M_3	8	3	1	4	62,5
M_1	2	0	0	2	100,0
Italien	9	1	0	8	88,9
Japan M_2	6	1	3	2	83,3
USA M_1	8	4	0	4	50,0
M_2	9	5	0	4	44,4
M_3	9	2	0	7	77,8
Schweiz	9	0	5	4	100,0

Quelle: G. Mussel, Erfahrungen mit Geldmengenzielen, Stuttgart 1985, S. 34.

Wenn aber offensichtlich noch nicht einmal die Zentralbankgeldmenge als Geldbasis steuerbar ist, wie soll es dann die Geldmenge insgesamt sein, abgesehen davon, daß deren Bestimmung unsicher und vage, die Unterscheidung von Geld und Nichtgeld, wie bereits gezeigt, unklar bleibt? Warum, so entsteht die Frage, läßt sich durch die Zentralbankpolitik die Geldbasis nicht autonom bestimmen, obwohl durch Devisengeschäfte, Offenmarktoperationen, Variationen der Mindestreservesätze und Rediskontkontingente und andere geldpolitische Maßnahmen andererseits Geldzuführungs- wie auch Geldentzugseffekte entstehen können? Der Grund für das Unver-

[4] Vgl. E. Kolloch, Kapitalistische Währungs- und Finanzbeziehungen unter dem Druck der USA-Hegemonialpolitik, a. a. O.

mögen der Zentralbank, völlig frei und selbständig die Geldbasis zu beherrschen, besteht darin, daß die Geldbasis keine exogen gestaltbare Variable, sondern eine Größe ist, auf die neben zentralbankpolitischen Entscheidungen auch andere, vor allem die Nachfrage der Banken nach Refinanzierungskrediten Einfluß ausüben.

Dieser Refinanzierungsbedarf aber wird außer vom Kreditbedarf des Publikums auch von den Einlagen und Reserven der Banken sowie damit letztlich von Angbot und Nachfrage nach Kreditgeld und Zentralbankgeld abhängen, die selbst wiederum Resultate zyklischer und struktureller Prozesse des wirtschaftlichen Geschehens sind. Zentralbankpolitik ist dem Wesen nach also abhängig und bestimmt durch von ihr unabhängig ablaufende wirtschaftliche Prozesse, für die sie Bedingungen schafft, indem sie sich den Notwendigkeiten des ökonomischen Geschehens anpaßt. Mindestreservevorschriften können zwar gelockert oder verschärft werden, aber sie können sich immer nur auf tatsächlich vorhandene Sichteinlagen bei den Banken beziehen. Rediskontkontingente, Diskont- und Lombardsätze können variiert werden, aber letztlich entscheidet über den Spielraum ihrer Wirkungen die Menge der existierenden Handelswechsel, die diskontierbar sind. Und das wird noch immer in erster Linie durch die wirtschaftliche Lage und nicht durch die Zentralbank bestimmt. Die im Reproduktionsprozeß entstehende Nachfrage nach Geld und Geldkapital und deren Dynamik erzwingen über den Zentralbankgeldmechanismus eine entsprechende Veränderung der Geldbasis.

Zentralbanken reagieren damit, ob gewollt oder ungewollt, letztlich auf Tempo, Zyklizität und Struktur des Produktionswachstums und der Monopolpreissteigerungen. Nicht nur das Kreditgeld der „Geschäftsbanken", auch Zentralbankgeld entsteht auf diese Weise zum überwiegenden Teil auf Initiative des privaten Sektors. Es ist völlig verfehlt anzunehmen, die Zentralbank könne die Geldmenge regeln und dies *gegen* die Absichten von Banken und Nichtbanken. Die Abweichungen von ursprünglich gewollter und tatsächlich eingetretener Geldmengenentwicklung wie bei Pohl als bewußte Korrektur zu interpretieren ist dann wohl nur eine beschönigende Umschreibung für eine Politik, die den Anspruch nicht einzulösen vermag, mit dem sie vordergründig auftritt.[5]

[5] Vgl. R. Pohl, Soll das Zentralbankgeldziel abgeschafft werden?, in: Wirtschaftsdienst (Hamburg), 6/1983, S. 306–308.

Das betrifft analog den Zins. Zwar können Zentralbanken Diskontsätze festlegen (und damit für eine gewisse Zeit die Zinssumme fixieren), zu denen sie bereit sind, von den Geschäftsbanken Wechsel anzukaufen und ihnen damit Geld zur Verfügung zu stellen. Das aber ist, ganz abgesehen von dessen Wirkungen, die noch zu diskutieren wären, nur die eine Seite des dialektischen Wechselspiels. Selbst wenn man diesen zentralbankpolitischen Fixpunkt akzeptiert, zeigt die dynamische Betrachtungsweise, daß er nicht exo-, sondern gleichfalls endogen bestimmt werden muß. Nicht die Zentralbank „verordnet" wirtschaftliche Gesamtsituationen, sondern sie paßt sich diesen an. Veränderungen von Angebot und Nachfrage auf dem Geldkapitalmarkt sind primär eine Funktion der zyklischen Entwicklung kapitalistischer Reproduktion. Sie sind der Grund, daß die Tageszinssätze variieren.

Durch eine hohe Nachfrage nach Leihkapital oder nach Zahlungsmitteln steigen die durchschnittlichen Marktzinssätze. Ein Anstieg der Marktzinsen, der seinen letztlichen Grund im Reproduktionsprozeß hat, veranlaßt die Geschäftsbanken bei gegebenen Refinanzierungskosten (Diskont- und Lombardsatz) sich stärker zu refinanzieren, um damit ihr Kreditangebot auszuweiten. Eine höhere Nachfrage der Geschäftsbanken nach Refinanzierungsmitteln bei der Zentralnotenbank veranlaßt diese, ihre Zinsen gleichfalls zu erhöhen. Die Zentralbank muß sich auf diese Weise dem auf dem privaten Leihkapitalmarkt entstandenen Zinsniveau anpassen. Auch der Zins ist offensichtlich ebensowenig geldpolitisches Instrument, Ziel oder Resultat wie die Geldbasis, die autonom von der Zentralbank variiert werden könnten. Diese Kategorien sind primär endogene Resultate von wirtschaftlichen Prozessen, deren Verlauf und Richtung von objektiven ökonomischen Gesetzen bestimmt werden. Sie sind damit Resultate, die Staat und Zentralbank auf arteigene Weise sanktionieren müssen, wobei sie laufend darüber sinnieren, ob sie es sind, die etwas veranlassen, oder ob sie selbst nur durch die wirtschaftliche Situation veranlaßt werden zu handeln und sich ihr anzupassen. Offensichtlich beeinflußt die Zentralbank Prozesse auf dem Geld- und Leihkapitalmarkt nicht als „neutrale" Institution von außen, sondern als ihr Element und Bestandteil. Das zu erkennen aber heißt, auch einsehen zu müssen, daß die Zentralbankpolitik den dort wirkenden ökonomischen Gesetzen unterliegt.

Wenn schon die „Geldbasis" nicht gesteuert werden kann, dann erst recht nicht die Geldmenge, und zwar unabhängig davon, ob der „Multiplikator“, dessen Produkt mit der Geldbasis die Geldmenge ergeben soll, in der Regel oder langfristig als konstant betrachtet werden kann, oder aber, und das ist beinahe noch phantastischer, seine Entwicklung mit hinreichender Genauigkeit vorausgesehen werden könnte. Weder die eine noch die andere Annahme ist allerdings haltbar, so daß ein zweiter Defekt des Geldmengenkonzepts erkennbar wird. Der Multiplikator als Quotient zwischen Geldmenge und Geldbasis widerspiegelt Entscheidungen der Banken und Nichtbanken über die Anlagen ihrer Geldkapitale und Geldmittel,[6] auf die die Zentralbank keinen Einfluß hat. Die Unterschiede zwischen Zentralbankgeld und Kreditgeldmenge, die dem Multiplikator zugrunde liegen, widerspiegeln die Umlaufgeschwindigkeit des Zentralbankgeldes, und diese ist wiederum vom zyklischen Ablauf des Reproduktionsgeschehens abhängig. Sie variiert also im Zyklus, weil die Quoten der Bargeldhaltung, Einlagen, die Einlagenstruktur (Sicht-, Termin-, Spareinlagen) durch nachfragebedingte Dispositionen der Unternehmen gleichfalls variieren. Wenn die Zyklizität des wirtschaftlichen Geschehens aber nicht im voraus bestimmt werden kann, dann auch nicht ihre Wirkung auf Nachfrage und Umschlagsgeschwindigkeit des Geldes. Ausgangspunkt können auch Monopolpreissteigerungen sein, die über die Zunahme des Kredits eine Erhöhung der Umlaufgeschwindigkeit des Geldes bewirken, wenn das zu ihrer Realisierung zusätzliche Zentralbankgeld nicht sofort bereitgestellt werden kann. Durch die größere Anzahl der der Zentralbank zur Refinanzierung vorgelegten Kreditscheine (bzw. auf höhere Beträge lautende Kreditscheine) kann sich dann die Umlaufmenge zeitverzögert den höheren Preisen anpassen.

Nur wenn man wie die Neomonetaristen in heroischer Verkennung der Realität von der „Stabilität des privaten Sektors“ und der Konstanz dort getroffener Entscheidung ausgeht, kann man das alles ignorieren und an der kühnen These von der wirtschaftspolitischen Determination der Geldmenge festhalten. Schließlich, aber auch darauf wurde bereits hingewiesen, haben Banken und Nichtbanken stets die Möglichkeit, wenn sie das für zweckmäßig halten, durch Schöpfung und Vernichtung von Wertpapieren (fiktiven Kapitaltiteln), den sogenannten *near monies*, Geld zu substituieren und auf diese Weise geldmengenpolitische Ambitionen zu unterlaufen.

6 Vgl. Kapitel 2 und Kapitel 7, S. 30 ff. und 199 ff. des Bandes.

Folgt man den vordergründigen Zielen staatsmonopolistischer Geldpolitik, entsteht der Eindruck,[7] es handele sich um einen Komplex von Maßnahmen, mit denen Wirtschaftswachstum und Beschäftigung gefördert, die Inflation bekämpft und Leistungsbilanzausgleich herbeigeführt werden sollen. Natürlich steht es schlecht um dieses anspruchsvolle Vorhaben, wenn – wie oben gezeigt – akzeptiert werden muß, daß die Geldmenge, über deren Steuerung das alles geschehen soll, selbst nicht steuerbar ist. Räumen wir dennoch die theoretische Möglichkeit dazu ein, ohne freilich zu wissen, wie sie zu begründen wäre, ließe sich immerhin die Frage nach den Wirkungen der gesteuerten Geldmenge auf wirtschaftspolitische Globalziele stellen, eine Frage, die ansonsten nicht recht plausibel erscheinen müßte. Auch wenn dazu bereits an verschiedenen Stellen dieses Buches Aussagen getroffen wurden und der Leser inzwischen auch weiß, daß man selbst die vordergründig genannten Zielangaben zu relativieren hat und aus ihrer Nichterreichung logischerweise noch nicht auf ein Scheitern staatsmonopolistischer Wirtschaftsregulierung schließen darf, so ist doch die Frage nach Rückwirkungen der Geldmenge auf sie bestimmende und andere wirtschaftliche Größen, wie Produktions- und Preisentwicklung, eine durchaus legitime Fragestellung. Sie ist es gerade deshalb, weil sie einen Zusammenhang betrifft, der nicht nur ein wirtschaftspolitisches, ein Steuerungsproblem ist, sondern auch ohne diese Gestaltungskomponente in der objektiven ökonomischen Realität existiert. Und dies um so mehr, als bei der Reflexion des Zusammenhangs zwischen Geldmenge und anderen sie beeinflussenden ökonomischen Größen keine monokausalen Deutungen, in welche Richtung auch immer, möglich sind; derart könnte die Vielfalt dialektischer Wechselbeziehungen nicht erfaßt werden.

Wenn folglich in der marxistischen Wirtschaftstheorie die Wirkungen der Geldmenge oder der Geldmengenveränderungen diskutiert werden, so geschieht das aus der theoretisch und empirisch gesicherten Einsicht, daß die Geldmenge eben nicht durch wirtschaftspolitische Institutionen exogen bestimmt, sondern zum erheblichen Teil nur Resultat dessen ist, worauf sie selbst zurückwirkt.

[7] Zum Beispiel beim Stabilitätsgesetz von 1967.

Gerade um das Verständnis für „Rückwirkungen", Wechselbeziehungen, gegenseitige Beeinflußbarkeit tut sich die bürgerliche Ökonomie schwer. In ihren Grundrichtungen dominiert der Hang, entweder das eine oder nur das andere gelten zu lassen, beides aber nicht als dialektische Einheit zu begreifen. Theoretisch sind zumindest vier Wirkungseffekte vorstellbar: Die Geldmenge beeinflußt a) nur die Preise, b) nur die Produktionsmengen (einschließlich Beschäftigungsmengen), c) Preise und Mengen in gewissen Proportionen oder d) weder Preise noch Produktionsmengen, wenn sie als Bestand in den Kassen „versickert".[8] Schon im Zusammenhang mit dem Transmissionskonzept war angedeutet worden, daß eine formalisierbare Geldmengenwirkungslehre nicht konstruierbar ist. Dennoch sind mit einer gewissen Wahrscheinlichkeit Wirkungsabläufe vorstellbar, weil objektive ökonomische Gesetze bei aller Variabilität ihrer Verwirklichung Handlungsspielräume der Wirtschaftssubjekte bestimmen.

9.2.1. Produktion und Beschäftigung unter Beachtung der Preise

Gelingt es, über fiskal- und zentralbankpolitische Maßnahmen (Erhöhung staatlicher Ausgaben, Senkung von Steuern, Diskont- und Lombardsätzen, Lockerung der Mindestreservevorschriften, Erhöhung der Rediskontkontingente, Käufe von „Offenmarkt-

[8] Die bürgerliche politische Ökonomie ist auch in dieser Frage arg zerstritten. Die neoklassische und neomonetaristische Theorie erkennt nur einen Einfluß von Geldmengenänderungen auf das Preisniveau an, nicht aber auf den Reallohnsatz, von der die Beschäftigungsgröße abhinge. Wenn ein niedriger Zins zu einer hohen Bargeldnachfrage führe, die Investitionen zinsunelastisch und die Nominallöhne nach unten starr seien, gibt es auch nach Meinung von Keynes keine oder nur begrenzte Möglichkeiten, „stabile Unterbeschäftigungsgleichgewichte" zu überwinden, Produktion und Beschäftigung also zu erhöhen. Dazu bedürfe es einer deutlichen Preissteigerung und damit Reallohnsenkung. Nach Pigou seien in Situationen mit Unterbeschäftigung Preissenkungen typisch. Bestimmen sie das Preisniveau, steige der „Realwert" der Geldmenge und folglich die Realkasse privater Haushalte, wodurch diese mehr Konsumtionsmittel nachfragten, Produktion und Beschäftigung wachsen könnten (Pigou-Effekt). Die Neokeynesianer glauben, daß Geldmengenänderungen über den Zins expansive und kontraktive Wirkungen auf Produktion und Beschäftigung auslösen könnten; die Neomonetaristen akzeptieren das nur für kurze Zeit, langfristig trete nur eine Erhöhung des Preisniveaus ein.

papieren") die private Wirtschaft zur Annahme von zusätzlichem Geld zu bewegen, so folgt zwar nicht zwangsläufig, ist immerhin aber denkbar, daß dieser Geldmengenzuwachs als Erhöhung der zahlungsfähigen Nachfrage nach Produktions- und Konsumtionsmitteln auftreten kann. Mit hoher Wahrscheinlichkeit kommt es dann zur Erhöhung der Produktionsmenge, die, wenn sie über produktivitätserhöhende Maßnahmen bewirkt wird, allerdings nicht mit einer Erhöhung des Beschäftigungsgrades gekoppelt sein muß.

Dieser mögliche Mengeneffekt wird aber zugleich mit einem Preiserhöhungseffekt verbunden sein, denn die Erhöhung der Zentralbankgeldmenge gestattet die Realisierung von steigenden Preisen, die sich kein privater Warenproduzent entgehen läßt. Ein bloßer Mengen-Effekt ist theoretisch für eine Situation vorstellbar, bei der Defizit der zahlungsfähigen Nachfrage, gemessen am vorliegenden Produktionsangebot, ausgeglichen wird. Das wäre dann aber nur Bedingung für die Realisierung einer bereits produzierten, nicht einer zusätzlich produzierbaren Menge. Es ist freilich nicht der Geldmengenimpuls, dem diese Effekte zuzuschreiben sind, sondern das Wirken ökonomischer Gesetze. Preissteigerungen widerspiegeln eine Angebot-Nachfrage-Konstellation, über die und deren Veränderung sich das Wertgesetz durchsetzt.

Auf der Grundlage des Mehrwertgesetzes kann die durch eine Geldmengenerhöhung veränderte Verwertungsbedingung die kapitalistischen Warenproduzenten veranlassen, die Mengen-Preis-Relation ihrer Erzeugnisse neu zu bstimmen, und zwar so, daß der Verwertungsgrad möglichst groß wird. Unter extremen Bedingungen ist es dabei auch möglich, daß die Erhöhung der zahlungsfähigen Nachfrage ausschließlich in Preisniveausteigerungen verpufft oder weder zu Mengen- noch zu Preiseffekten führt, sondern einfach nur „angestaut" wird.

Ob nun Preiserhöhungen die Erhöhung der Geldmenge erzwingen oder die Erhöhung der Geldmenge Preissteigerungen gestattet, fest steht, daß beide Prozesse – kommt einer von ihnen in Gang – proportional miteinander gekoppelt sind, obgleich Preissteigerungen auch durch die Erhöhung der Geldumlaufzahl möglich sind. Auch wenn somit inflationäre Preissteigerungen mit Wachstumsimpulsen positiv korrelieren können, heißt das keineswegs, daß die in der neokeynesianischen „Phillips-Kurve" begründete Austauschbeziehung zwischen Arbeitslosigkeit und Inflation existieren müßte. Wachstum bedeutet schon lange nicht mehr, daß die Arbeitslosigkeit verschwindet. Außerdem ist tatsächlich eine Unterscheidung zwischen Sofort- und Fernwirkungen erforderlich, weil eintretende Kurzzeitwirkungen Handlungskorrekturen des privaten Sektors auslösen, die zu Folgeeffekten führen. Selbst dann, wenn man akzeptieren muß, daß kurzfristige durch langfristige Wirkungen wieder aufgehoben werden, kann man die neomonetaristische Erklärung für dieses Phänomen nicht akzeptieren.

Der Widerspruch zwischen Kurz- und Langzeitwirkungen ergibt sich bekanntlich in der neomonetaristischen Konzeption aus den permanenten „Täuschungen" der Lohnempfänger über die künftige Preis- und damit Reallohnentwicklung.[9] Liegen die tatsächlichen über den erwarteten Preissteigerungen (tritt also Reallohnabbau ein), könnte ein Beschäftigungszuwachs erreicht werden. Der Kampf um Reallohnsteigerungen führe die Beschäftigungsmenge auf ihre „natürliche" Größe zurück. Diese Modellkonstruktion, derzufolge relativ dauerhafter Beschäftigungszuwachs nicht oder nur über ständig unerwartet hohe und sich damit beschleunigende Preissteigerungsraten erkauft werden könne, krankt an einer vereinfachten Darstellung des Lohn- und Beschäftigungszusammenhangs, läßt aber andererseits die bürgerliche Parteilichkeit offen erkennen, weil der Lohn als scheinbarer Ausgangspunkt wesentlicher ökonomischer Mißstände dargestellt wird.

Die Aufhebung von Nah- durch Fernwirkungen als Resultat einer Korrektur falscher Erwartungen zu interpretieren ist aus mehreren Gründen unrichtig: *Erstens* unterstellt diese These die Permanenz eines gleichen Irrtums, *zweitens* die Fähigkeit oder Möglichkeit der Korrektur, abstrahiert dabei von der sozialökonomischen Beschaffenheit des Systems, das Notwendiges sich nur im Kampf der Interessen und Klassen durchzusetzen gestattet und – das ist entscheidend – interpretiert wirtschaftliche Veränderung subjektivistisch.

In einer ökonomischen Welt, die nicht frei ist von Unsicherheiten und Überraschungen, müssen sich unvermeidlich Erwartungen bilden, die durch die Entwicklung widerlegt oder bestätigt werden können. Der Fehler, den die Verfechter der „Theorie der *rationalen* Erwartungen" begehen,[10] besteht deshalb auch nicht darin, daß sie

[9] Zur neomonetaristischen Erklärung vgl. Kapitel 5.

[10] Der Amerikaner Mark H. Willes feiert diese Theorie überschwenglich und völlig unangemessen als eine „Gegenrevolution" in der ökonomischen Wissen-

den Zusammenhang zwischen ökonomischen Entscheidungen und Erwartungen der Entscheidungsträger reflektieren, bestenfalls – was natürlich kein Vorwurf gegen *bürgerliche* Ökonomen sein kann – daß sie dies eben auf bürgerliche Art und Weise tun. Ihr Fehler besteht vielmehr darin, fehlerfreies Verhalten der Wirtschaftsteilnehmer, vollkommene Sicherheit und Antizipierbarkeit ökonomischer Vorgänge zu unterstellen, menschliche Fehlbarkeit aber zu bestreiten.

Diese groteske Entstellung der Wirklichkeit ist erforderlich, um in der Lage zu sein, eine bürgerliche (gegen die Arbeiterklasse gerichtete) Scheinerklärung für den Zusammenfall von Inflation und Arbeitslosigkeit und für die angebliche Wirkungslosigkeit keynesianischer (nachfrageorientierter) Beschäftigungspolitik geben zu können. Obgleich der Einbau einer derart wirklichkeitsfremden Prämisse selbst Anhänger dieser Theorie zu dem Eingeständnis zwang, daß ihre Modelle „naiv", „willkürlich" und „inkonsistent" seien,[11] erhält die Wirtschaftspolitik eine „angebotstheoretisch" begründete Aufforderung zu einer Beschränkung der Nominallöhne. Dies geschieht im angeblichen Interesse einer Bekämpfung von Inflation und Arbeitslosigkeit, in Wirklichkeit aber, um das Verteilungs- und Verwertungsziel der Monopolbourgeoisie erreichen zu helfen.

Akzeptiert man, daß Zuwachs an Geldmenge und zahlungsfähiger Nachfrage die Möglichkeiten für Preissteigerungen verbessern und unter „normalen" Bedingungen für das private Kapital kein Anlaß besteht, sie ungenutzt zu lassen, entsteht dennoch die Frage, welche weiteren Wirkungen von einem gestiegenen Preisniveau, mag es nun mit Wachstumseffekten verbunden oder nicht verbunden gewesen sein, ausgehen. Zugang zur Antwort auf diese Frage ermöglichen wiederum die Gesetze kapitalistischer Warenproduktion. Wird durch zunächst national isolierte Preisniveauanhebungen ein internationales Preisniveaugefälle erzeugt (was natürlich nicht sein muß), sind Importzuwachs und Exporterschwernisse die Folge, wenn der

schaft. Ihre Implikationen wären „pures Dynamit": „Beinahe alles, was wir über mikroökonomische Politik zu wissen glaubten, stellt sich nun anders dar" (M. H. Willes, Rationale Erwartungen als eine Gegenrevolution, in: D. Bell/ I. Kristol [Hrsg.], Die Krise in der Wirtschaftstheorie, Berlin [West] – Heidelberg – New York – Tokyo 1984, S. 115).

11 Vgl. P. Davidson, Die Postkeynesianische Wirtschaftswissenschaft, in: D. Bell/I. Kristol (Hrsg.), Die Krise in der Wirtschaftstheorie, a. a. O., S. 202.

Kurs nicht sofort die entstehenden Preisunterschiede abfängt, von Gebrauchswertstrukturen, Qualitätsmerkmalen und sonstigen Faktoren abgesehen. Die verstärkte Konkurrenz auf dem Binnenmarkt, ausgelöst durch steigende Preise, wird früher oder später zu einem Überangebot führen, Produktions-, Wachstums- und Investitionseinschränkungen sind die zwangsläufige Folge und das selbst dann, wenn von einem Geldmengenzuwachs zunächst positive Effekte auf sie ausgingen.

Möglicherweise hat die Exportschwemme westeuropäischer und japanischer Waren 1984/85 zum schnellen Rückgang des vorübergehenden Aufschwungs beigetragen. Ob das alles als Wirkung der Geldmengenregulierung interpretiert werden kann, ist freilich problematisch. Was sich hier abspielt, ist nichts anderes als der Vorgang, über den sich das Wertgesetz, verbunden mit den anderen ökonomischen Gesetzen des Systems, in der privaten Warenproduktion durchsetzt. Und auch hier darf nicht vergessen werden, daß die beschriebenen Prozesse in der Wirklichkeit durch andere überlagert, modifiziert, abgeschwächt oder gar durchkreuzt werden können.[12] In den USA war es nicht nur das Preisgefälle schlechthin, sondern jenes, das sich bei Beachtung der Währungskursentwicklung ergibt (vgl. auch Tabelle 15 und Kapitel 6), welches zur negativen Handelsbilanz (siehe Tabelle 10) führte. Zinsen, Geldkapitalbewegung, Leistungsbilanz und Kursentwicklung, die selbst in engstem Zusammenhang stehen, gehören damit zu den weiteren Bedingungen von denen die Wirkungen eines unterstellten „Geldmengenimpulses" abhängen.

[12] Auch daraus resultiert die Tatsache, daß richtige theoretische Einsichten oft nur mit Mühe durch empirische Untersuchungen bestätigt werden können. Insbesondere, wenn man den theoretisch begründeten Zusammenhang in der objektiven Realität zu finden glaubt, ohne ihn in seiner dort vorhandenen komplexen Einordnung und Wechselwirkung mit anderen Zusammenhängen zu suchen, ist die Gefahr vorhanden, an der Gültigkeit einer theoretischen Aussage nur deshalb zu zweifeln, weil sich für diese anscheinend keine praktischen Belege ermitteln lassen. Nicht selten wird dann eine richtige These mit der Begründung mangelnder „wissenschaftlicher Exaktheit" (worunter nicht die logische Geschlossenheit und Eindeutigkeit, sondern eine vereinfachte, oberflächliche empirische „Überprüfbarkeit" verstanden wird) verworfen. „Wissenschaftliche" und „empirische" Exaktheit sind aber zwei verschiedene Dinge.

9.2.2. Die Beeinflussung der Preise unter Beachtung von Produktion und Beschäftigung

Analoge Zusammenhänge sind bei dem Versuch nachweisbar, die „relative Preisstabilität" zu sichern. Nach bürgerlichem Verständnis müßte dazu eine restriktive Geldpolitik, das heißt eine Geldpolitik, die auf eine Verknappung des Geldangebots hinausläuft, installiert werden. Unter der – wie bereits gezeigt, wohlwollenden – Annahme, daß dies gelänge und damit die zahlungsfähige Nachfrage sänke, ergäbe sich auf der Grundlage des Durchsetzungsmechanismus des Wertgesetzes im Durchschnitt der Volkswirtschaft in der Tat eine solche Angebot-Nachfrage-Situation, die Preissenkungen nicht nur möglich machen, sondern sogar erzwingen müßte. Gleichwohl wären dann aber auch Wachstumseinschränkungen die Folge.

In der „Boomphase" wäre ein derartiger Doppeleffekt sicher nicht unerwünscht, nicht nur durch das Ansteigen der Geldumlaufzahl, sondern auch durch den von der privaten Wirtschaft ausgehenden Drang zur verstärkten Zentralbankgeldemission; er ist aber kaum realistisch. Hohe Zinsen veranlassen die Banken ja gerade, mehr Kredite zu gewähren. Es erhöht sich vor allem der Anteil kurzfristiger Kredite, die an die Unternehmen zur Finanzierung ihrer Investitionstätigkeit ausgereicht werden. Zahlungstermine und Tilgungsfristen werden kürzer, es vergrößert sich de facto die Umlaufgeschwindigkeit des Geldes, allerdings nicht in Phasen, in denen das wünschenswert wäre, in der Krise, sondern dann, wenn es möglichst zu vermeiden ist, im Aufschwung, von kreditzinspolitisch bewirkten ausländischen Kapitalzuflüssen, die eine restriktive Geldpolitik durchkreuzen können, ganz abgesehen. Mit Hilfe einer restriktiven Geldpolitik in Krisen- und Depressionszeiten gegen inflationäre Preissteigerungen zu steuern, dürfte dagegen auf Grund der negativen Wachstumsimpulse kaum populär oder durchsetzbar sein. Eine expansive Geldpolitik stößt dagegen in der Krise deshalb auf ihre Grenzen, weil ihr vorstellbarer Geldmengeneffekt durch ein Absinken der Geldumlaufzahl gleichnamiger Geldstücke durchkreuzt wird. Geld ist genug da, aber es wird nicht als Geldkapital für produktive Zwecke verwendet. Noch mehr Geld kann dieses Dilemma nicht lösen.

Soll eine restriktive Geldmenge dennoch die Preise zurückgehen lassen oder – das ist ja in der Regel schon der angestrebte Erfolg –

die Preissteigerungsraten dämpfen, so müßte unter der Voraussetzung, daß dadurch ein negatives Preisgefälle zum Ausland zustande kommt (Preisniveau oder Preissteigerungsraten sind dort höher) und bei Vernachlässigung aller anderen die Leistungsbilanz beeinflussenden Faktoren, früher oder später ein Aktivsaldo dieser Bilanz entstehen. Wenn die Handelsbilanz der USA aber trotz seit Jahren niedrigerer Preissteigerungsraten gegenüber Italien, Frankreich und Großbritannien (gegenüber Japan und der BRD sind sie höher) dennoch negativ ist, so liegt das an zusätzlichen Faktoren. Eine besondere Rolle spielt dabei der relativ hohe Dollarkurs, der bekanntlich Exporte erschwert, und der auf der Grundlage einer von hohen Zinsen herrührenden großen Nachfrage nach US-Währung – von Schwankungen abgesehen – auf diesem Niveau verweilt und nicht, wie das andernfalls erwartet werden könnte, über die Begünstigung der Importe im Vergleich zu den Exporten zur Überwindung der Passivität der Handelsbilanz beiträgt.

Dennoch ändert das nichts daran, daß die oben getroffene Aussage über den Zusammenhang von Preisen und Leistungsbilanz richtig ist. Sie wird freilich, wie hier am konkreten Beispiel gezeigt, durch vielfältige noch wirkende Einflüsse in der ökonomischen Realität überlagert. Würde es also nicht diese und andere Gegenfaktoren geben, müßten sich durch die eingetretene Preisberuhigung mildere Konkurrenzbedingungen auf dem Binnenmarkt einstellen. Dies sowie Handels- und Leistungsbilanzüberschüsse des betreffenden Landes werden entsprechend den ökonomischen Gesetzen früher oder später die Preise wieder zum Auftrieb drängen lassen.

Das alles ist nur Ausdruck dafür, wie sich durch das subjektive Handeln der privaten Warenproduzenten die Proportionalität über die permanente Verletzung von Proportionen gerade ihren Weg bahnt, ohne jemals dauerhaft erreicht zu werden. Was aber vor allem betont werden sollte: Nur wer die wirklichen Bestimmungsfaktoren von Geldmenge und Preisniveau in ihrer dialektischen Wechselwirkung begreift, wird sich vor Fehlurteilen, wie dem, daß der Rückgang der Inflationsrate in den 80er Jahren „bemerkenswertes" Ergebnis der „Geldpolitik" der US-amerikanischen Zentralbank sei,[13] hüten.

[13] Vgl. G. Gebhardt/R. Mock/K. Trautmann, Reagonomics – Anspruch und Wirklichkeit. Eine Bilanz der bisherigen Wirtschaftspolitik unter der Reagan-Administration, in: Wirtschaftswissenschaft, 3/1985, S. 410. Wenige Seiten

Entscheidend für den Rückgang der US-amerikanischen Preissteigerungsraten zu Beginn der 80er Jahre war die Krise. Dabei kann es zu zeitlichen Wirkungsverzögerungen kommen. In der BRD sanken die Preissteigerungsraten von 1974 bis 1978, obgleich die Zuwachsraten der Nettoproduktion bereits seit 1976 wieder positiv waren (1975 gab es noch absolute Einschränkungen). Auch in der Krise 1980 begann es mit Rückgang der Produktion, bevor dies auf die Preisentwicklung durchschlug. Die Verringerung der Preissteigerung hielt zunächst auch nach Überwindung der Krise an. Bereits 1985 aber gab es Anzeichen dafür, daß diese Entwicklung zu Ende ging.

Dabei hatte der Rückgang der Preissteigerungsraten gerade in dieser Zeit noch eine Reihe anderer Gründe. Dazu gehören die Tendenz zur langfristigen Verlangsamung des Wirtschaftswachstums und die durch anhaltende Massenarbeitslosigkeit und Lohndruck der Monopole erfolgende Begrenzung der Massenkaufkraft. Die nur schwache Zunahme der Inlandsnachfrage, vor allem des privaten Verbrauchs, nicht zuletzt eine Folge sinkender Reallöhne (die in der BRD von 1980–1985 um 9,3 % zurückgingen)[14], hat die Preiserhöhungsspielräume der Unternehmen eingeengt und zugleich mitbewirkt, daß der wirtschaftliche Aufschwung seit 1983 insgesamt nur sehr schleppend erfolgte. Andererseits konnte eine Verbesserung der Kapialverwertung durch eine relative Verbilligung beträchtlicher Teile des fungierenden Kapitals erreicht werden. Die Kapazitätsauslastung in der BRD war im vierten Quartal 1984 mit 85,2 % um 14 % höher als Ende 1982. Besonders ist der Rückgang der Rohstoffpreise zu nennen, die, ausgedrückt in US-Dollar, Mitte der 80er Jahre auf den niedrigsten Stand im letzten Vierteljahrhundert fielen und dazu beitrugen, daß die Preissteigerungsraten insgesamt kleiner wurden.[15] Auch die Erdölpreise sanken durch energische Sparmaßnahmen, durch eine generelle Reduzierung des Energieverbrauchs, durch die Substitution des Öls durch Kohle, Erdgas,

zuvor hatten die Autoren diesen Standpunkt, den sie dann selbst einnehmen, zu Recht als „konservatives Gedankengut" bezeichnet.

14 Vgl. K.-D. Hantelmann, Zur Lage der BRD-Wirtschaft 1985/Anfang 1986, in: IPW-Berichte, 3/1986, S. 38ff.

15 Vgl. auch: W. A. Martynow, Die gegenwärtige Etappe der wissenschaftlich-technischen Revolution und die Verschärfung der Widersprüche des Kapitalismus, in: IPW-Forschungshefte, 1/1986, S. 84.

Kern- und Wasserkraft, durch Erschließung von zusätzlichen Öl-vorkommen in der Nordsee und in Alaska. Es ist also nach wie vor das „eherne“ und schlichte Gesetz von Angebot und Nachfrage, das, wenn auch staatsmonopolistisch modifiziert, die Preisentwicklung bestimmt und nicht die Politik des staatsmonopolistischen Bankensystems, die als ein Faktor unter vielen auftritt und letztlich selbst durch die zyklische Entwicklung bestimmt bleibt.

Verringerte Möglichkeiten für Preiserhöhungen oder gar notwendige Preisreduzierungen deuten stets auf eine besonders intensiv ausgetragene Konkurrenz in weiten Bereichen der Wirtschaft hin. Hinzu kommen die seit Jahren vorhandene Überbewertung des US-Dollars und Aufwertungstendenzen der D-Mark, die zur Verringerung der Importpreise, ausgedrückt in diesen Währungen, führen.

Kapitel 10

Internationale Geldbewegungen und Wechselkurstheorie

10.1. Bestimmungsfaktoren des Währungskurses

Wenn unter Währung oder Währungssystem „die staatliche Form des Geldsystems zu verstehen (ist), die durch den Währungstyp (Gold-, Silber-, Papier- und Kreditgeld) und die Festlegung einer Währungseinheit (Mark und Pfennig, Dollar und Cent usw.) charakterisiert ist“[1], so entsteht daraus die Frage nach den Beziehungen unterschiedlicher staatlicher Währungssysteme und Währungen zueinander. Zu gestalten versuchte man diese Probleme im Rahmen internationaler Währungsordnungen bzw. -systeme, die freilich selbst im Zuge der Entwicklung der kapitalistischen Produktion einer ununterbrochenen Dynamik unterlagen.

Die Entwicklung seit der für den vormonopolistischen Kapitalismus typischen internationalen Währungsordnung, dem Goldstandard (Goldumlauf- oder Goldkernwährung), der in den 20er Jahren dieses Jahrhunderts durch den Gold-Devisen-Standard abgelöst wurde, der sich wiederum nach dem zweiten Weltkrieg in Form des Gold-Dollar-Standards erhielt (Währungssystem von Bretton Woods), zu Beginn der 70er Jahre aber zusammenbrach und seitdem frei oder begrenzt schwankenden Währungskursen zwischen Ländern oder Ländergruppen Platz machen mußte (Floating, Blockfloating), ist in der marxistischen Literatur ausführlich besprochen worden.[2] Interpretation und Beschreibung dieser Entwicklung können deshalb hier

[1] Politische Ökonomie des Kapitalismus. Lehrbuch, a. a. O., S. 332.

[2] Vgl. u. a.: J. V. Smysbov, Die Krise des kapitalistischen Währungskurses und die bürgerliche politische Ökonomie, Moskau 1979; S. V. Gorbunov, Währungskurse im Kapitalismus – Probleme und Widersprüche, Moskau 1979; T. I. Vylčev, Das Ende des Gold-Dollar-Standards, Sofia 1980; K. Kolloch,

entfallen. Angesichts wachsender Bedeutung weltwirtschaftlicher Verflechtungen aber soll auf zwei Fragen eingegangen werden: Wodurch wird der Wechselkurs bestimmt, und welche Wirkungen gehen vom Wechselkurs aus?

Im Kapitel 6 wurden bürgerliche Auffassungen über Gestaltung und Gestaltbarkeit verschiedener Typen von Währungskursen (floatende, fixe, stufenflexible) kritisch besprochen. Diese Ausführungen sollen nun ergänzt werden, indem die Grundlagen der marxistischen Kurstheorie erörtert werden.

Unter Wechselkurs wird in der bürgerlichen Ökonomie der Preis einer ausländischen Währungseinheit in inländischer Währung verstanden, während das reziproke Verhältnis, der Preis einer Einheit Inlandswährung, ausgedrückt in fremder Währung, als Devisenkurs oder Preisnotierung bezeichnet wird. Da uns diese definitorische Unterscheidung im weiteren nicht interessiert, sprechen wir im folgenden vom Währungskurs und verstehen darunter das Austauschverhältnis von zwei Währungen, wobei aus der Sicht jeweils einer Währung der Kurs tatsächlich als ihr in der anderen Währung ausgedrückter Preis erscheint, in der bürgerlichen Ökonomie fälschlicherweise als „Außenwert" des Geldes bezeichnet. Dort wird auch der Mangel an einer Währungskurstheorie beklagt, die die Höhe und Dynamik der Währungskurse ausreichend erklären könnte. Ständige und zum Teil recht beträchtliche Abweichungen der tatsächlichen Kursentwicklung vom theoretischen Modellverhalten machen das Dilemma einer Theorie deutlich, die sich die Richtigkeit ihrer Aussagen in der empirischen Wirklichkeit, und zwar dort ganz konkret, bestätigen lassen muß, weil sie nicht zwischen Wesen und Erscheinung zu unterscheiden vermag, die Erscheinung vielmehr mit dem Wesen identifiziert.

Gold-Dollar-Währungskrise, Berlin 1981, insbes. S. 32—94; Autorenkollektiv Währungsprobleme des heutigen Kapitalismus, Berlin 1982, S. 271; E. Rohde, Banken, Börsen, Währungen im gegenwärtigen Kapitalismus, a. a. O., S. 318, bis 348. — Dabei wird der neueste, insbesondere mit dem 2. Änderungsabkommen zum Internationalen Währungsfonds im Jahre 1976 konstituierte, Währungsmechanismus auch als „Multi-Devisen-Kredit-Standard" bezeichnet. Künstliche Währungseinheiten (Sonderziehungsrechte, ECÖ), schwankende Währungskurse, Wegfall der Leitwährungsfunktion sind Kennzeichen dieser neuen „Ordnung".

10.1.1. Die werttheoretische Begründung des Währungskurses und die Kaufkraftparitätentheorie

Währungskurse sind praktisch ununterbrochen in Bewegung. Manchmal nehmen die Schwankungen hektische Ausmaße an, meist durch umfangreiche kurzfristige Kapitalzuflüsse oder -abflüsse hervorgerufen. Aber auch langfristig gibt es oft beträchtliche Veränderungen (vgl. Tabelle 15).

Wenn der Währungskurs eine Preiskategorie ist, die zwei Preisebenen vergleicht, der Preis aber nichts anderes als der Geldausdruck des Wertes, ergibt sich, daß über den Währungskurs auch Wertrelationen zum Ausdruck gebracht werden müßten. Grundlage für die Höhe der Währungskurse sind die Werte und ihre Entwicklung, die durch die jeweiligen nationalen Preisniveaus widergespiegelt werden. Da aber Werte in reziproker Weise durch das jeweilige Produktivitätsniveau bestimmt sind, gibt es vermittelt über das Preisniveau auch eine kausale Beziehung zwischen

Tabelle 15: Währungskurse kapitalistischer Hauptländer, im Jahresdurchschnitt[a])

	US$ je Sonder-ziehungs-recht (SZR)	SZR je US$ 1970 = 100	DM je US$ Währungskurs	US$ 1970 = 100	Yen je US$ Währungskurs	US$ 1970 = 100	Pfd. St. je US$ Währungskurs	US$ 1970 = 100
1960	1,000		4,200	87,1	360,0	100,0	0,357	116,8
1965	1,000		4,000	91,5	360,0	100,0	0,357	116,8
1970	1,000	100,0	3,660	100,0	360,0	100,0	0,417	100,0
1973	1,192	83,9	2,673	136,9	271,7	132,5	0,408	102,2
1975	1,214	82,4	2,460	148,8	296,8	121,3	0,450	92,7
1976	1,155	86,6	2,518	145,4	296,5	121,4	0,554	75,3
1977	1,168	85,6	2,322	157,6	268,5	134,1	0,573	72,8
1978	1,252	79,9	2,009	182,2	210,4	171,1	0,521	80,0
1979	1,292	74,4	1,833	199,7	219,7	164,3	0,471	88,5
1980	1,302	76,8	1,818	201,3	226,7	158,8	0,430	97,0
1981	1,179	84,8	2,260	161,9	220,5	163,3	0,493	84,6
1982	1,104	90,6	2,427	150,8	249,1	144,5	0,571	73,0
1983	1,069	93,5	2,553	143,4	237,5	151,6	0,659	63,3
1984	1,025	97,6	2,846	128,6	237,5	151,6	0,749	55,7
1985	1,015	98,5	2,942	124,4	238,5	150,9	0,777	53,7

	FF je US$ Währungskurs	FF je US$ US$ 1970 = 100	Lira je US$ Währungskurs	Lira je US$ US$ 1970 = 100	FF je DM Währungskurs	FF je DM US$ 1970 = 100	Pfd. St. je DM Währungskurs	Pfd. St. je DM US$ 1970 = 100
1960	4,937	112,5	624,0	100,2	1,175	129,1	0,085	134,1
1965	4,937	112,5	625,0	100,0	1,234	122,9	0,089	128,1
1970	5,554	100,0	625,0	100,0	1,517	100,0	0,114	100,0
1973	4,458	124,6	583,0	107,2	1,668	90,9	0,153	74,5
1975	4,286	129,6	652,8	95,7	1,742	87,1	0,183	62,3
1976	4,779	116,2	832,3	75,1	1,898	79,9	0,220	51,8
1977	4,914	113,0	882,4	70,8	2,116	71,7	0,247	46,2
1978	4,513	123,1	848,7	73,6	2,246	67,5	0,259	44,0
1979	4,254	130,6	830,9	75,2	2,320	65,4	0,257	44,4
1980	4,226	131,4	856,4	73,0	2,325	65,2	0,237	48,1
1981	5,435	102,2	1136,8	55,0	2,405	63,1	0,218	52,3
1982	6,572	84,5	1352,5	46,2	2,708	56,0	0,235	48,5
1983	7,621	72,9	1518,8	41,2	2,985	50,8	0,258	44,2
1984	8,739	63,6	1757,0	35,6	3,071	49,4	0,263	43,3
1985	8,918	61,8	1911,4	32,7	3,053	49,7	0,264	43,2

[a] Steigende Indexzahlen bedeuten Aufwertung der betreffenden Währung gegenüber dem US-Dollar, sinkende Indexzahlen bedeuten Abwertung gegenüber dem US-Dollar.

Quelle: Die Wirtschaft kapitalistischer Länder in Zahlen, in: IPW-Forschungshefte 1/1987, S. 114.

Produktivität und Währungskurs. Der Einfluß der relativen Produktivität (Produktivitätsunterschied zweier Länder bzw. eines Landes zum Weltmarktdurchschnitt) auf Preisniveau und Kurs wird dabei überlagert (geschwächt oder verstärkt) durch einen zweiten Faktor, das Repräsentationsverhältnis der zu vergleichenden Währungszeichen zur jeweiligen gesellschaftlich notwendigen Arbeitszeitmenge.

Eine Erklärungsmöglichkeit besteht auf dieser Basis *erstens* darin, den Währungskurs als Verhältnis zu betrachten, das Geldausdrücke verschiedener nationaler Werte in eine Relation bringt, die Parität nationaler Werte widerspiegelt. Tauschen sich zum Beispiel 100 Einheiten der Währung *A* mit 250 Einheiten der Währung *B*, so könnte man der Meinung sein, dies geschehe nur deshalb, weil im Land *A* und im Land *B* im Durchschnitt eine Warengesamtheit realisiert werden kann, zu deren Herstellung die gleichen gesellschaftlich notwendigen Arbeitszeitaufwendungen erforderlich waren. Am einfachsten läßt sich der Kurs zweier Goldwährungsländer erklären, die einige Ökonomen aber, unabhängig davon ob ein „Goldgehalt" (Repräsentationsverhältnis) „staatlich abgesegnet ist oder nicht", generell als Grundlage der Währungskursrelationen ansehen.[3] Der Kurs von Papier- oder Kreditgeldwährungen drückt dabei die Goldparität aus: Zwei Währungen sind einander gleich, wenn die Anzahl ihrer Einheiten die gleiche Goldmenge ausdrückt. Der so bestimmte Währungskurs kann nur zwischen oberem und unterem Goldpunkt oszillieren, bei dem sich entweder die Ausfuhr oder die Einfuhr von Gold zu lohnen beginnt, solange die Konvertibilität zwischen Geldzeichen und Geldware besteht. Dieser Kurs ist relativ stabil.

„Entwertet" sich eine Papiergeldwährung schneller als die andere, so sinkt ihr „Goldgehalt" stärker als der der Vergleichswährung. Der Kurs dieser Währung muß sinken (abgewertet werden), damit die Goldparität gewahrt wird. Steigt bei gleichstarker inflationärer Preissteigerung in den Vergleichsländern die Arbeitsproduktivität in einem Land schneller als in dem anderen, dann sinkt entgegen der Behauptung von Erhart Sanio[4] der Goldgehalt gleichfalls schneller als in den anderen Ländern und die Währung müßte ebenfalls abgewertet werden. Dabei sind jedoch weitere Aspekte zu beachten. Unter der Annahme, daß der Währungskurs sowohl von der relativen Produktivität als auch vom Repräsentationsverhältnis bestimmt wird, könnte er das Wert- bzw. Produktivitätsgefälle nur dann direkt widerspiegeln, wenn das Repräsentationsverhältnis der zu vergleichenden Währungen identisch ist. Oder aber er wäre bei quantitativ gleichen nationalen Wertquanten identisch mit den Unterschieden im Repräsentationsverhältnis nationaler Währungszeichen zur Geldware Gold. Beide Annahmen sind aber kaum realistisch.

Da die Wirkungen beider Faktoren auf den Währungskurs sich durchkreuzen können, ist es nicht unproblematisch, Kausalzusammenhänge zwischen differenzierter Produktivitätsentwicklung

[3] Vgl. E. Sanio, Geld und Währung, a. a. O., S. 107/108.
[4] Ebenda, S. 107.

und Währungskursen empirisch belegen zu wollen.[5] Erhöht sich nämlich die Produktivität im Land *A* gegenüber jener im Land *B* und folgt die Preisentwicklung der Wertsenkung pro Gebrauchswert, kann (bei Vernachlässigung der Umlaufgeschwindigkeit des Geldes) die Preis- und Geldmenge unverändert bleiben. Sie repräsentiert zwar ein höheres Gebrauchswertvolumen, aber eine konstant gebliebene Wertsumme. Der Währungskurs bliebe dann trotz Verschiebung der Produktivitätsrelation zwischen beiden Ländern konstant. Anders dagegen: Wenn Wertsenkungen nicht in Geld ausgedrückt werden, Preise die Wertbewegung nicht widerspiegeln, sondern sich von ihr abheben, so daß ein Wertquantum einen höheren Geldausdruck erhält. Dann ändert sich der wertbezogene Währungskurs: Die inflationierende Währung wird abgewertet. Das nun ist auch logisch: Wenn der Währungskurs zwei nationale Preisebenen vergleicht, muß er zwangsläufig im Maße einer Veränderung dieser Preisebenen wechseln, es sei denn, die Wirkungen in der Veränderung der zu vergleichenden Preisniveaus auf den Währungskurs höben sich auf (gleiches Inflations- bzw. Deflationstempo).[6]

Eine oberflächliche Bestimmung des Währungskurses argumentiert jedoch nicht auf Basis der Goldmengen- oder Wertparität, sondern bezieht sich *zweitens* auf die Kaufkraftparität zweier Währungen. Es ist zu fragen, ob es einen rationalen Kern dieser mit dem Namen Gustav Cassel verbundenen Kurstheorie,[7] die in Wirklichkeit viel älter ist, gibt, und wenn ja, welche von der bürgerlichen Ökonomie nicht entdeckten Wesenszusammenhänge in ihr oberflächlich widergespiegelt werden. Dies ist um so dringlicher, als vor allem im bürgerlichen Lager vorgenommene empirische Kurs-Kaufkraft-Vergleiche, die logischerweise Abweichungen erkennen lassen, als (voreiliger) „Beweis“ für die grundsätzlich falsche Aussage der Kaufkraftparitätentheorie beansprucht werden.

[5] Vgl. dazu den Versuch von Friedemann (E. Friedemann, Zum Wirken des Wertgesetzes auf die Währungskurse imperialistischer Hauptländer nach dem Übergang zum Floating, in: Wirtschaftswissenschaft, 2/1982, S. 220).

[6] Auf die bekannten Schwierigkeiten bei der Bestimmung der Preisniveaus verschiedener Länder (unterschiedliche Preisebenen, Zusammensetzung der „Warenkörbe“, Vergleichbarkeit der darin enthaltenen Waren u. a.) wird hier nicht eingegangen.

[7] Vgl. Kapitel 3.

Die Kategorie der Kaufkraft gebe an, wie viele Mengeneinheiten mit einer Geldeinheit gekauft werden können. Internationale Kaufkraft zeige dann, welche Gebrauchswertmengen eine inländische Geldeinheit im Ausland zu kaufen vermag. Weil aber in der Regel im Ausland nur mit ausländischer Währung bezahlt werden könne, müsse durch den Währungskurs die Kaufkraftparität ermittelt werden. Sie biete eine Information über die Kaufkraft der inländischen Währung im Ausland, weil sie angibt, wieviel ausländische Geldeinheiten erforderlich sind, um die gleiche Warenmenge im Ausland zu erwerben, die man im Inland für eine inländische Geldeinheit erhält. Oder die Kaufkraftparität gibt an, wieviel ausländische Geldeinheiten angeeignet werden können, wenn im Ausland eine Warenmenge verkauft wird, für die man im Inland eine inländische Geldeinheit erhält. Hans-Peter Krüger schreibt: „Eine bestimmte Menge nationaler Währungseinheiten entspricht einer bestimmten Menge gesellschaftlich notwendiger Arbeit dieses Landes und damit einem ganz bestimmten Warenkorb. Wird diese Menge Währungseinheiten zum Kurs in Währungseinheiten eines anderen Landes konvertiert, so muß die Menge ausländischen Geldes den Anspruch auf den gleichen Warenkorb sichern.“[8] Über die Bedeutung dieser Aussage ist er sich klar: „Wenn der Kurs sichert, daß die ineinander konvertierbaren Währungen Anspruch auf gleiche Mengen Gebrauchswerte darstellen, so stellen sie den Anspruch auf unterschiedliche Mengen nationaler Arbeit verschiedener Länder dar.“[9] Wert- und Kaufkrafttheorie des Währungskurses scheinen also zunächst Erklärungen zu bieten, die miteinander unvereinbar sind, auch wenn sich ihre Aussagen in einigen Fällen decken mögen, wie aus Tabelle 16 abgelesen werden kann.

Zwei Länder (*A* und *B*) stellen jeweils einen einheitlichen Warenkorb (100 Gebrauchswerte) her, der wiederum jeweils 100 nationale Arbeitsstunden verkörpern soll. Wenn jeweils Wert und Preis pro Gebrauchswerteinheit 1 betragen, dann ist in beiden Ländern eine Preissumme bzw. Geldmenge in Höhe von 100 erforderlich. Die Kaufkraft einer Geldeinheit beträgt in beiden Ländern 1, ebenso die Wertrepräsentanz (I). Verdoppelt sich die Produktivität im Land *A*, wird in der gleichen Arbeitszeit die doppelte Anzahl

[8] H.-P. Krüger, Werte und Weltmarkt. Zur Bildung und Realisierung internationaler Werte, Berlin 1984, S. 89.

[9] Ebenda.

Tabelle 16: Währungskurs auf Basis nationaler Wert- und Kaufkraftparität

	Land A							Land B							Währungskurs (1 Geldeinh. A = . . . Geldeinh. B) auf Basis	
	Gebr.-wertmenge	Ges. notw. Arb.-zeit (Std.)	Wert je Gebr.-wert (Std.)	Preis je Gebr.-wert	Preissumme (Geldmenge)	Kaufkraft einer Geldeinh. (Gebr.-werte)	Wert. repr. einer Geldeinh. (Std.)	Gebr.-wertmenge	Ges. notw. Arb.-zeit (Std.)	Wert je Gebr.-wert (Std.)	Preis	Preissumme (Geldmenge)	Kaufkraft einer Geldeinh.	Wert-repr. einer Geldeinh.	nat. Wertparität	Kaufkraftparität
I	100	100	1	1	100	1	1	100	100	1	1	100	1	1	1 : 1	1 : 1
II	200	100	0,5	0,5	100	2	1	100	100	1	1	100	1	1	1 : 1	1 : 2
III	200	100	0,5	1	200	1	0,5	100	100	1	1	100	1	1	1 : 0,5	1 : 1
IV	200	100	0,5	1	200	1	0,5	200	100	0,5	1	200	1	0,5	1 : 1	1 : 1
V	200	100	0,5	0,5	100	2	1	200	100	0,5	0,5	100	2	1	1 : 1	1 : 1
VI	200	100	0,5	1	200	1	0,5	200	100	0,5	0,5	100	2	1	1 : 0,5	1 : 0,5
VII	100	200	2	1	100	1	2	100	200	2	2	200	0,5	1	1 : 2	1 : 2
VIII	100	100	1	1	100	1	1	100	200	2	1	100	1	2	1 : 0,5	1 : 1
IX	100	100	1	1	100	1	1	100	200	2	2	200	0,5	1	1 : 1	1 : 2

Quelle: eigene Berechnungen.

von Gebrauchswerten entstehen. Der Wert pro Gebrauchswert sinkt um die Hälfte. Für die Preisentwicklung gibt es zwei Möglichkeiten. Folgt die Preisentwicklung pro Gebrauchswert der Wertentwicklung, kostet eine Gebrauchswerteinheit nur noch 0,5 Geldeinheiten, die Preissumme des verdoppelten Gebrauchswertvolumens bliebe unverändert, ebenso die Geldmenge zu dessen Realisierung. Die Kaufkraft einer Geldeinheit würde sich unter diesen Bedingungen ebenfalls verdoppeln. Mit einer Einheit der Währung *A* könnten jetzt zwei Gebrauchswerte gekauft werden, mit einer Einheit der Währung *B* immer noch nur eine Gebrauchswerteinheit. Der Kurs müßte nach der Theorie der Kaufkraftparität: 1 Einheit Währung *A*=2 Einheiten der Währung *B* lauten. Tatsache aber ist, daß zwei Gebrauchswerteinheiten des Landes *A* den gleichen Wert verkörpern wie eine Gebrauchswerteinheit des Landes *B*, so daß nach der werttheoretischen Begründung der Kurs nach wie vor unverändert 1 : 1 bleiben müßte (II). Für die Produzenten des Landes *A* wäre das zwar kein Vorteil, immerhin aber eine werttheoretisch mögliche Konsequenz. Wer würde schon, abgesehen von komparativen Vorteilen, dort kaufen, wo die Waren weniger wohlfeil hergestellt werden? Anders, wenn trotz Produktivitätserhöhung und Wertsenkung pro Gebrauchswert sein Preis konstant bliebe. Eine Gebrauchswerteinheit kostet dann im Land *A* noch immer eine Geldeinheit, die Preissumme des Gebrauchswertvolumens erhöhte sich, ebenso die Geldmenge zu dessen Realisierung. Damit bliebe die Kaufkraft einer Geldeinheit unverändert. Mit einer Einheit der Währung *A* ließe sich trotz Produktivitätssteigerung nur eine Gebrauchswerteinheit erstehen, ebenso wie mit einer Einheit der Währung *B*. Nach der Theorie der Kaufkraftparität dürfte sich der Kurs von 1 : 1 nicht ändern. Tatsache aber ist, daß eine Gebrauchswerteinheit des Landes *A* weniger Wert verkörpert als sie vor der Produktivitätssteigerung besaß. Anders ausgedrückt: Ein unverändert gebliebenes Wertquantum wird jetzt durch einen größeren Geldausdruck als vor der Produktivitätssteigerung widergespiegelt. In unserem Fall verkörpern 200 Einheiten der Währung *A* ebensoviel Wert wie 100 Einheiten der Währung *B*. Der werttheoretisch begründete Währungskurs fiel auf 1 : 0,5, obwohl die beiden Währungen noch die gleiche Kaufkraft aufweisen (III). Wert- und kaufkrafttheoretische Begründung des Währungskurses führen nur dann zum gleichen Ergebnis, wenn die Produktivitätsentwicklungen in den Vergleichsländern identisch sind. Ist die Veränderung der Arbeitsproduktivität in beiden Ländern gleich, und wird in beiden Ländern diese Entwicklung nicht in sinkenden Preisen reflektiert, bleiben Währungskurse sowohl auf Basis der Wertrepräsentanz als auch der Kaufkraftparität gleich (IV). Das gilt natürlich auch, wenn Produktivitäts- und Wertentwicklung in beiden Ländern eine entsprechende Widerspiegelung in der Preisentwicklung finden (V).

Wird dagegen die gleiche Produktivitätsentwicklung nur in einem Land in der Preisbewegung sichtbar (zum Beispiel in *B*), während sie im Land *A* nicht bis zur Preisbewegung durchwirken soll, dann ändern sich die Währungskurse sowohl auf der Basis der Wertrepräsentanz als auch auf der Basis der Kaufkraftparität, und zwar in gleicher Weise (VI). Das analoge Ergebnis tritt ein, wenn in einem Land die Werterhöhung zu steigenden Preisen, in anderen Ländern nicht zu steigenden Preisen führt (VII). Wert- und Kauftkrafttheorie des Währungskurses fallen offensichtlich nur bei Produktivitätsgleichheit zwischen den Vergleichsländern zusammen. Da das aber empirisch die Ausnahme ist, scheint damit die Auffassung bestätigt zu sein, daß beide Erklärungen für die Widerspiegelung objektiver Vorgänge prinzipiell nicht vereinbar sind. Nach der Kaufkraftparitätentheorie haben die Arbeitsmenge und die Produktivität scheinbar keinen Einfluß auf den Währungskurs. Dieser bringe nur Gebrauchswertmengenäquivalenz, nicht aber Wertäquivalenz zum Ausdruck. Es entsteht deshalb die Frage, ob der kaufkraftparitätisch begründete Währungskurs ein Faktor ist, der das Wirken des Wertgesetzes im internationalen Rahmen stört, oder ob die kaufkraftparitätische Lösung werttheoretisch erklärt werden kann.

Krüger schreibt: „Angenommen im Land E entspräche eine Währungseinheit einer Stunde gesellschaftlich notwendiger Arbeit. Im Land P sei eine Währungseinheit gleich 2 Stunden gesellschaftlich notwendiger Arbeit. Um die gleiche Menge Gebrauchswerte herzustellen, benötigt man im Land E eine Stunde und im Land P zwei Stunden. Die Erhaltung der Kaufkraft bei Konvertierung von einer Währungseinheit E in die Währung des Landes P wäre nur beim Kurs 1 : 1 gewährleistet."[10] Eine unterstellte Wertrepräsentanz von 2 im Land P bedeutet, daß die Preissumme bzw. Geldmenge (abstrahiert vom Einfluß der Umlaufgeschwindigkeit) genauso groß

[10] Ebenda, S. 90.

sein muß wie im doppelt produktiveren Land, wenn dort die Wertrepräsentanz eine Stunde beträgt (verglichen wird das Verhältnis zwischen Geldmenge und dem nationalen Aufwand zur Produktion einer gleichen Gebrauchswertmenge). Das aber bedeutet de facto, daß selbstverständlich in beiden Ländern mit einer Geldeinheit je ein Gebrauchswert gekauft werden kann, die Kaufkraft also in beiden Ländern trotz unterschiedlicher Produktivität gleich bleibt (VIII). Dieser Zustand wird von Krüger nicht erklärt, sondern unterstellt. Er ist nur denkbar, wenn trotz unterschiedlicher Produktivität die Preisrelationen zwischen den Vergleichsländern konstant bleiben, der Produktivitätsvorsprung des einen Landes sich also nicht in der Preisentwicklung zeigt, das heißt, entweder die Produktivitätserhöhung nicht zu sinkenden Preisen führt (III) oder die Produktivitätsverschlechterung keine steigenden Preise nach sich zieht (VII). Andernfalls müßte im letzten Beispiel die Geldmenge ebenfalls steigen, wodurch die Wertrepräsentanz einer Geldeinheit nicht über die des produktiveren Landes steigen könnte (IX). Der Kurs auf der Basis der Kaufkraftparität betrüge dann 1 : 2. Im ersten Fall (Produktivitätserhöhung) würde ein Preisnachvollzug der Wertentwicklung die Konstanz der Geldmenge bewirken, so daß die Wertrepräsentanz nicht sinken könnte und gleich jener des weniger produktiven Landes wäre (I). Der Kurs, der Kaufkraftparität sichert, wäre dann ebenfalls 1 : 2. Krügers Kaufkraftparitäten-Kurs unterstellt damit Preis-Wert-Abweichungen oder genauer eine Veränderung der Relation zwischen Geldausdruck des Wertes und des Wertes selbst.

Es versteht sich, daß dies alles werttheoretisch nur zu vertreten ist, wenn, wie Krüger übrigens nachweist, unterschiedliche nationale Arbeiten ungleicher Qualität gleichen Arbeitsmengen international gleicher Qualität entsprechen. Tauschen sich die Währungen entsprechend der Kaufkraftparitätentheorie und nicht auf Basis der Parität nationaler Werte, so müßte geprüft werden, ob die Kaufkraft-These mit der Theorie der internationalen Werte vereinbar ist. Anders ausgedrückt: Während die Wertrepräsentanztheorie in ihrer einfachen Form nationale Arbeitszeitaufwendungen ohne Beachtung der Tatsache einander gleichstellt, daß sich der auswärtige Handel auf Basis internationaler Werte vollzieht, erfährt dies möglicherweise gerade durch die Kaufkraftparitätentheorie Anerkennung.

Es ist deshalb zu testen, ob die Kaufkraftparitätentheorie und die Theorie der internationalen modifizierten Werte miteinander vereinbar oder gar identisch in bezug auf ihre Ergebnisse sind. Ließe sich diese Frage begründet bejahen, wäre der Nachweis erbracht, daß ein auch von der bürgerlichen Ökonomie akzeptierter Oberflächenzusammenhang erst durch die marxistische Theorie seine wissenschaftliche Begründung erhält, indem durch sie das ihm zugrundeliegende Wesen enthüllt wird. Die offenkundige Tatsache, daß die Wechselkurse von der Kaufkraftparität in der Regel abweichen, ist dabei genausowenig ein Beweis gegen sie, wie vom Wert abweichende Preise belegen können, daß das Wertgesetz ein Irrtum ist. Dabei soll in zwei Stufen vorgegangen werden.

Zunächst wäre nachzuweisen, daß die Kaufkraftparitätentheorie mit dem Grundsatz vereinbar ist, daß produktive Arbeit als intensivere gilt, wenn auch weniger produktive Arbeit wertbeeinflussend ist. Danach ist zu testen, ob die Kaufkraftparitätentheorie und die Theorie der internationalen Werte zu gleichen oder unterschiedlichen Austauschrelationen von Währungen führen.

Zum ersten Aspekt: Unter der Annahme, daß mit einer Währungseinheit des Landes *A* so viel Gebrauchswerte wie mit zwei Einheiten fremder Währung gekauft werden können, beträgt der Kurs 1 : 2. Wird im Land *A* aber dafür auf Grund höherer Produktivität weniger gesellschaftlich notwendige Arbeitszeit notwendig sein als international, um diese gleiche Gebrauchswertmenge zu produzieren, wird es bei deren Absatz auf dem „Weltmarkt" über den Währungskurs einen höheren gesellschaftlich notwendigen Arbeitsaufwand anerkannt bekommen. Produktivere Arbeit gilt als intensivere. Umgekehrt, soll Land *A* die internationale Wertentwicklung ausdrücken, heißt das, daß ein weniger produktives Land beim Absatz seiner Gebrauchswertmenge über den Währungskurs einen niedrigeren gesellschaftlich notwendigen Arbeitszeitaufwand anerkannt erhält, als es national dafür aufwenden mußte. Weniger produktive gilt als weniger intensive Arbeit, realisiert weniger Wert. Beträgt der Kurs 1 : 1, kann die gleiche Gebrauchswertmenge also mit der gleichen Anzahl unterschiedlicher Währungseinheiten erworben werden, und ist der gesellschaftlich notwendige Arbeitsaufwand zur Herstellung dieser Gebrauchswertmenge in den Vergleichsländern unterschiedlich, erhält gleichfalls das produktivere Land seine Arbeit als intensivere, höheren Wert bildende Arbeit anerkannt. Damit kann gesagt werden, daß die Kaufkraftparitätentheorie mit dem Grundsatz vereinbar ist, daß auch auf dem Weltmarkt produktivere als intensivere Arbeit gilt.

Zum zweiten Aspekt: Tabelle 17 zeigt am Beispiel einer Ware, die im Land *A* und auf dem Weltmarkt produziert wird, daß die Währungskurse auf der Basis der Kaufkraftparität und auf der Grundlage internationaler Werte übereinstimmen.

Dabei stimmen die Kurse auf der Basis der Kaufkraftparität und der internationaler Werte nicht nur dann überein, wenn der Kurs die relative Produktivität zeigt, weil eine nationale Geldeinheit ein nationales Arbeitszeitquantum repräsentiert, das quantitativ gleich dem internationalen Arbeitszeitquantum ist, und das von einer internationalen Geldeinheit repräsentiert wird (II, IV, V, IX). Auch wenn nur eine der beiden Währungen inflationiert (oder die eine stärker als die andere) und der Kurs nicht mehr die relative Produktivität zum Ausdruck bringen kann (III), stimmen die beiden Kurse überein. Das gilt auch, wenn eine Währung inflationiert und auf dem Weltmarkt Produktivitätsfortschritte zu Preissenkungen und Kaufkrafterhöhungen führen. In diesem Fall wird der Kurs der inflationierenden Währung sowohl auf der Basis der Kaufkraftparität als auch der internationaler Werte sinken, obwohl die relative Produktivität sich nicht geändert haben muß (VI). Insgesamt läßt sich sagen: Die Währungskurstheorie der Kaufkraftparität erfaßt den Oberflächenzusammenhang, daß in- und ausländische Geldeinheiten langfristig zu einer Relation drängen, die die Realisierung gleicher Warenmengen ermöglicht, kann ihn aber nicht hinreichend erklären. Erst die marxistische Theorie zeigt, daß dies nur möglich ist, weil der internationale Austausch auf der Basis internationaler Werte erfolgt, während die bürgerliche Ökonomie wie stets Wesen und Erscheinung identifiziert.

10.1.2. Angebot und Nachfrage nach fremden Währungen

Der Kurs kann nur dann der Kaufparität entsprechen, wenn das aus Export–Import–Beziehungen resultierende Angebot und die Nachfrage nach fremder Währung identisch sind. Andernfalls werden Abweichungen der Kurse von der Kaufkraftparität oder genauer von der Parität auf der Basis internationaler Werte eintreten. Es versteht sich von selbst, daß der Geltungsbereich der Kaufkraftparitätentheorie nur den internationalen Warenaustausch betreffen kann. Der Währungskurs widerspiegelt aber aus der Sicht einer Währung das Verhältnis von Nachfrage nach und An-

Tabelle 17: Kaufkraft und internationale Werte

	Land A					Weltmarkt					
	Wert je Gebrauchswert	Preis je Gebrauchswert	Kaufkraft einer Geldeinheit A	Nat. Wertrepräsent. einer Geldeinheit A	Intern. Wertrepräsent. der Geldeinheit A	Internat. Wert je Gebr.-wert	Intern. Preis je Gebr.-wert	Kaufkraft einer Fremdwährungseinheit	Intern. Wertrepräsent. der Fremdwährungseinheit	Währungskurs auf Basis Kaufkraftparität	internat. Wertäqui.
I	1	1	1	1	1	1	1	1	1	1 : 1	1 : 1
II	0,5	0,5	2	1	1	1	1	1	1	1 : 2	1 : 2
III	0,5	1	1	0,5	0,5	1	1	1	1	1 : 1	1 : 1
IV	0,5	1	1	0,5	0,5	0,5	1	1	0,5	1 : 1	1 : 1
V	0,5	0,5	2	1	1	0,5	0,5	2	1	1 : 1	1 : 1
VI	0,5	1	1	0,5	0,5	0,5	0,5	2	1	1 : 0,5	1 : 0,5
VII	2	1	1	2	2	2	2	0,5	1	1 : 2	1 : 2
VIII	1	1	1	1	2	2	1	1	2	1 : 1	1 : 1
IX	1	1	1	1	2	2	2	0,5	1	1 : 2	1 : 2

Quelle: eigene Berechnungen.

gebot an fremden Währungen,[11] das keineswegs nur von Ex- und Import-Beziehungen bestimmt wird. Die durch die Berücksichtigung der Gesamtheit der Faktoren zustandekommenden Kurse werden deshalb bestenfalls nur zufällig mit der Kaufkraftparität übereinstimmen. Ihre Differenzen zu dieser widerlegen allerdings nicht die partielle Richtigkeit dieser Theorie für einen Kurs, der nur die gegenseitigen Zahlungen aus dem Warentausch zur Grundlage hat. Aber selbst da ist der letztlich auf internationalen Werten basierende Kurs nur Widerspiegelung des inneren Gesetzes, von dem „empirische Abweichungen“ möglich sind. Denn dieses Gesetz wird sich in den verschiedenen Phasen des Zyklus auf unterschiedliche Art und Weise durchsetzen. Außerdem müssen Preisänderungen nicht in jedem Fall proportionale Währungskursänderungen bewirken.

Steigen beispielsweise die Preise der Waren, die nicht international gehandelt werden vorrangig und handelt es sich um Werte, nach denen die Nachfrage nicht oder kaum zurückgehen kann, selbst wenn sie zu einem höheren Preis angeboten werden, so ist vorstellbar, daß bei gegebenem Einkommen die Nachfrage nach Waren des „Weltmarkts“ rückläufig sein wird. Nicht wie erwartet ein Drang zur Abwertung der Inlandswährung, sondern eine Tendenz zu deren Aufwertung wäre dann die Folge. Das Verhältnis zwischen Angebot und Nachfrage von Währungen widerspiegelt jenes, das zwischen Zahlungsverpflichtungen und Zahlungsforderungen des Inlands an das Ausland besteht. Dies wiederum wird durch eine Vielzahl von Faktoren bestimmt, die ihren Niederschlag in Leistungs-, Grund-, Kapital- und Devisenbilanzen finden,[12] sich gegenseitig verstärken und abschwächen können. Ein sinkendes Angebot an Fremdwährung kann durch geringe Exporte bedingt sein (Leistungsbilanzüberschuß des Fremdwährungslandes), die ihrerseits hohen Konkurrenzdruck auf dem Weltmarkt, Marktsättigungstendenzen, Qualitätsnachteile, Kundendienstrückstände, aber auch tarifäre und nicht-tarifäre Hemmnisse widerspiegeln. Eine

[11] Vgl. E. Friedemann, Zum Einfluß von Angebot und Nachfrage auf die Währungskurse imperialistischer Hauptländer, in: Wirtschaftswissenschaft, 6/1982, S. 853–873.

[12] Die Leistungsbilanz faßt die Ergebnisse aus Handels-, Dienstleistungs- und Übertragungsbilanz zusammen. Erweitert durch die Bilanz des langfristigen Kapitalverkehrs ergibt sie die Grundbilanz, die wiederum durch Berücksichtigung der Bilanz des kurzfristigen Kapitalverkehrs und der Gold- und Devisenbilanzen zur Zahlungsbilanz wird.

hohe Nachfrage nach Fremdwährung kann dagegen aus hohen Importwünschen resultieren, die einerseits wirtschaftliche Abhängigkeiten signalisieren (für die Volkswirtschaft unentbehrlicher Roh- und Brennstoffbedarf), andererseits durch ein tatsächliches oder durch Reklame nur vorgetäuschtes attraktives Warenangebot des Fremdwährungslandes geweckt worden sind oder eine hohe Nachfrage nach touristischen Leistungen der Fremdwährungsländer anzeigen. Es ist vielleicht nicht ganz unwichtig zu wissen, daß diese Nachfrage nach Waren und Leistungen anderer Länder durchaus nicht immer einem tatsächlichen Gebrauchswertrückstand geschuldet ist. Oft reicht es, diesen Rückstand nur zu suggerieren, die Täuschung für Wirklichkeit zu nehmen, um die Nachfrage nach Fremdwährung steigen zu lassen.

Daß die Währungskurse nicht nur diesen von der Leistungsbilanz erfaßten Faktoren folgen, zeigt am deutlichsten die extrem gegensätzliche Bewegung des Dollarkurses und der USA-Leistungsbilanz zu Beginn der 80er Jahre. Während sich von 1981 bis Mitte 1984 die Bilanz um 5 Milliarden US-Dollar auf ein Negativsaldo von 50 Milliarden US-Dollar verschlechterte, kam es zur gleichen Zeit zu einer spektakulären Aufwertung des nominalen Dollarkurses um 30 %, obwohl aus der Leistungsbilanzentwicklung das Gegenteil, eine Abwertung, zu erwarten gewesen wäre. Der nur lockere Zusammenhang zwischen Leistungsbilanz und Währungskurs ist vor allem Ausdruck dafür, daß auch internationale Geldkapitalbewegungen den Kurs beeinflussen. Die Bestimmungsgründe für internationale Kapitalströme sind selbst komplex. Ein sinkendes Angebot an Fremdwährung kann sich aus der Sicht der internationalen Kapitalbewegung für ein Land daraus ergeben, daß es selbst nur wenig lukrative Kapitalanlagemöglichkeiten offeriert oder deren Nutzung politisch riskant ist, niedrige Zinsen auf dem Leihkapitalmarkt dieses Landes existieren oder seine Währung unter Abwertungsdruck steht. Eine hohe Nachfrage nach Fremdwährung kann dagegen aus einem hohen Zinsniveau auf dem Leihkapitalmarkt des Fremdwährungslandes oder daraus resultieren, daß mit einer weiteren Aufwertung dieser Währung gerechnet wird.

Internationale Zinsdifferenzen, Erwartungen über wahrscheinliche Währungskursänderungen und die Bewertung der Risiken, die aus dem Besitz ausländischer Wertpapiere resultieren, bestimmen somit die Nachfrage nach Fremdwährung. So hat die hohe Leihkapitalnachfrage in den USA das Zinsniveau des Landes über das der ausländischen Konkurrenzländer steigen lassen. Das Einfließen ausländischen Kapitals in das Hochzinsland bewirkt, daß Nachfrage und Kurs der Hochzinswährung gleichfalls steigen (vgl. Tabelle 18).[13]

Tabelle 18: Effektive kurzfristige Realzinsen[a)]

	USA	Japan	BRD	RF	Italien	Kan.	Großbrit.
1981	6,62	4,48	6,28	1,96	3,87	7,26	3,18
1982	7,03	4,76	4,90	5,64	3,85	6,72	7,38
1983	4,20	4,22	2,92	3,91	6,14	4,38	5,06
1984	5,99	4,34	3,68	5,41	6,96	7,54	4,54
1985	4,42	5,04	4,72	6,45	6,45	5,39	7,36
1986	3,75	5,83	5,12	4,50	7,69	5,18	7,04

a) durchschnittlicher monatlicher Zinssatz für 3-Monatsgeld abzüglich der aus Jahresrate hochgerechneten prozentualen Veränderungen des Index der Verbraucherpreise während der nächsten 3 Monate

Quelle: Bank für Internationale Beziehungen (BIZ), 57. Jb., 7.

Die Auswirkungen eines „starken" US-Dollars auf die Handelsbilanz sind negativ, so daß einerseits ein weiterer Druck zur Zinssteigerung entsteht, andererseits versucht wird, die Fehlentwicklung mit protektionistischen Maßnahmen gewaltsam aufzuhalten. Der Kapitalzufluß in die USA wurde nicht nur durch das Zinsniveaugefälle ausgelöst, sondern auch durch den nicht zuletzt daraus resultierenden Aufwärtstrend der US-Währung. Der Tausch von einheimischer Währung in Dollar (Geldkapitalexport) geschieht um so eher, je mehr mit einer Aufwertung der amerikanischen Währung gerechnet wird, weil dann beim Rücktausch ein Differenzgewinn realisiert werden kann. Die Dialektik besteht allerdings darin, wie sich gegen Mitte der 80er Jahre abzuzeichnen begann, daß ein hoher Kurs zunehmend Abwertungserwartungen auslöst. Wenn aber ein erwartetes künftiges Kursrisiko (zum Beispiel die

[13] Vgl. dazu auch: H. D. Kühne, Weltwirtschaftliche Ursachen und Wirkungen der Dollarkursentwicklung in den 80er Jahren, in: Wissenschaftliche Zeitschrift der Martin-Luther-Universität, Halle–Wittenberg, XXXIV/1985, G. Heft 2, S. 39/40.

Abwertung des Dollars) beim Rücktausch den Zinsvorteil von Kapitalexporten überkompensiert, können trotz des negativen Zinsabstandes zum Ausland (Auslandszins ist höher als der Inlandszins) Kapitalexporte nicht nur unterbleiben, sondern sogar Kapitalimporte angeregt werden, die dann das durch den steigenden Währungskurs der einheimischen Währung bedingte Leistungsbilanzdefizit finanzieren.

Das Verhältnis von Angebot und Nachfrage nach Währungen bestimmen neben politischen Faktoren auch Spekulationen auf den Devisenmärkten, staatliche Interventionen auf diesen Märkten, geldpolitische Maßnahmen imperialistischer Staaten und Banken, die Verschuldung der Entwicklungsländer, wobei die Wirkung auch vom Anteil einzelner Währungen an den internationalen Zahlungen abhängt.[14] Höhe und Bewegung des Währungskurses werden also durch ein Geflecht sich wechselseitig bedingender Faktoren bestimmt, die wie Preisniveau- und Zinsniveaugefälle, Export und Import von Waren, Leistungen, Geldkapital und Wertpapieren sowie Erwartungen über die künftige Kursentwicklung sich sowohl gegenseitig hervorrufen und verstärken, aber auch abschwächen und durchkreuzen können.

Da der nicht staatlich fixierte Währungskurs einer Vielzahl solcher Faktoren ausgesetzt ist, deren Ausprägungsgrad und relatives Gewicht sich praktisch laufend ändern, wird verständlich, weshalb auch er sich permanent in gewissen Grenzen ändern muß. Insofern ist die Befürwortung floatender Kurse für den Kapitalismus realistischer als das vergebliche Bemühen, mit fixen Währungskursen Stabilität in die internationalen Beziehungen hineinbringen zu wollen.

Diese Zusammenhänge erklären aber auch, daß internationale Wert- und Kaufkraftparität nur dann eine Begründung für das konkrete Verhältnis zweier Währungen sein können, wenn Angebot an und Nachfrage nach fremder Währung sich entsprechen und ihre Rolle für die inhaltliche Bestimmung eines konkreten Kurses damit praktisch ausgespielt haben.[15] Und schließlich wird klar,

[14] Vgl. J. Klose, Zur hektischen Devisenkursbewegung kapitalistischer Hauptwährungen, in: Wirtschaftswissenschaft, 11/1985, S. 1690.

[15] Latka hält nur diesen für einen „ökonomisch begründeten" Kurs (vgl. F. Latka, Zur Konzeption der spezifischen Austauscheffekte des Außenhandels, in: Wirtschaftswissenschaft, 5/1983, S. 712). — Aber natürlich ist auch ein durch Angebot und Nachfrage bestimmter Kurs ökonomisch begründet.

daß ein für längere Zeit juristisch festgelegter Kurs in der Regel in Widerspruch geraten muß zu den Faktoren, die seine Größe objektiv bestimmen. Aus der Tatsache, daß aus diesen Gründen die Währungskurse von der Kaufkraftparität und den internationalen Werten abweichen, ergeben sich volkswirtschaftlich bedeutsame Konsequenzen. Ist beispielsweise die Nachfrage nach fremder Währung größer als deren Angebot, sinkt der Kurs der nationalen Währung unter jene Relation, die die Kaufkraftparität (und damit internationale Wertparität) widerspiegelt. Gemessen an der Kaufkraftparität wird geschätzt, daß Ende 1983 die Überbewertung des Dollars bei 20 bis 25 % lag.[16] Für den überbewerteten Dollar bedeutet das, daß bei seinem Erwerb mehr inländische Geldeinheiten aufgebracht (bei seinem Verkauf angeeignet) werden können als man benötigt, um die gleiche Warenmenge im Inland zu erwerben, die mit eben dieser Fremdwährung im Ausland gekauft werden kann. Anders ausgedrückt: Ist der Betrag an ausländischer Währung, den man benötigt, um im Ausland eine gleiche Warenmenge wie im Inland kaufen zu können, geringer als derjenige, den man beim Umtausch zu offiziellen Währungskursen erhält, so ergibt sich ein Kaufkraftgewinn: Im Ausland kann man nach Umtausch der eigenen in die ausländische Währung im Durchschnitt mehr Waren kaufen als im eigenen Land. So betrug beispielsweise der durchschnittliche Kurs der DM gegenüber dem portugiesischen Escudo im Jahre 1980 1 : 27,49. Der BRD-Exporteur hätte deshalb für den Verkauf einer Ware, die 100 DM kostet, 2749 Escudo verlangen müssen. Auf Grund der Kaufkraftparität, die wesentlich niedriger als der Währungskurs war, hätte sich ein BRD-Unternehmer aber bereits mit 1336 Escudo die entsprechende Ware zurückkaufen können. Sein Kaufkraftgewinn betrug 106 %. Kaufkraftgewinn bedeutet zusätzliche Kaufkraft nach Umtausch in jeweilige Landeswährungen zum offiziellen Währungskurs, der die Kaufkraftparität übersteigt. Kaufkraftverlust bedeutet dann Kaufkraftminderung nach Umtausch einheimischer in Fremdwährung zum offiziellen Kurs, der kleiner als die Kaufkraft ist. Für die aus der Sicht der Kaufkraftparität unterbewertete Währung heißt das, daß ihre Besitzer beim Umtausch zu offiziellen Währungskursen einen Betrag aufwenden müssen, der größer ist als jener, den man im Ausland benötigt, um dort mit ausländischen Geldeinheiten die gleiche Waren-

[16] ifo-Schnelldienst, Berlin (West), 14/1984, S. 14.

menge zu kaufen. Diese Differenz zwischen Kurs und Kaufkraftparität hat sowohl Einfluß auf die Bewertung der Außenhandelsergebnisse als auch auf die Struktur des internationalen Handels.

10.2. Wirkungen des Währungskurses

10.2.1. Allgemeine Aspekte

Der Währungskurs wirkt auf die ihn bestimmenden Faktoren zurück. In welcher Weise das geschieht, läßt sich nicht eindeutig sagen. Abhängig sind diese Wirkungen vom Zustand des Wirkungsumfeldes und vom Grad der Veränderung des Kurses. Dennoch wäre es falsch anzunehmen, daß sich überhaupt keine Aussagen treffen ließen.

Es ist kaum noch umstritten, daß Währungskursänderungen auf Warenaustausch, Preisniveau und über sie auch auf Investitionen, Produktionsumfang und -struktur zurückwirken und auf diese Weise wirtschaftspolitische Anpassungen erforderlich machen können. Auch wenn empirische Untersuchungen über die Auswirkungen von fixen und flexiblen Währungskursen auf andere ökonomische Variable wegen der Komplexität des Gegenstandes weder eindeutig noch vollständig sein können, so sind wir auf Grund der logischen Analyse, die wir vornehmen können, keineswegs nur auf Vermutungen angewiesen. Daß Volkswirtschaften, die enger mit der kapitalistischen Weltwirtschaft verflochten sind, sensibler auf Kursschwankungen reagieren als Staaten, deren außenwirtschaftliche Abhängigkeit geringer ist, kann dabei unterstellt werden und ändert an den prinzipiellen Wirkungen kaum etwas.

Die *Aufwertung* einer Währung mag aus ideologischer Sicht erwünscht sein, scheint sie doch Stärke anzuzeigen. Doch sie verteuert den Export, erleichtert den Import von Waren und bewirkt damit ein Leistungsbilanzdefizit. Während Exportmonopole Nachteile von ihr haben, profitieren Unternehmen, die auf den Import von Produktions- und Konsumtionsmitteln angewiesen sind. Auf die nationale Wirtschaft insgesamt kann dies durchaus wachstumshemmend wirken. Eine Währungsaufwertung ist in der Regel dann erwünscht, wenn es gilt, einen inflationsfördernden Exportüberschuß (inländische Geldmenge steigt im Vergleich zum inländischen Warenangebot) abzubauen, um eine relative Preisberuhigung zu erreichen. Die BRD hat jahrzehntelang niedrigere Preissteigerungsraten als ihre Konkurrenzländer aufzuweisen. Neben Produktivitätsvorteilen dürfte *ein* Grund dafür auch in der Tatsache zu sehen sein, daß die BRD-Währung meist unter Aufwertungsdruck gestanden hat, woraus sich eine preisberuhigende Wirkung ergab, die sich allerdings in der Regel nur zeitverzögert durchsetzen kann. Der Einfluß des niedrigeren Importpreisniveaus auf das inländische Preisniveau insgesamt muß aber um so deutlicher sein, je stärker die Importabhängigkeit des betreffenden Landes ist. Allerdings sind depressive Wirkungen auf Produktions- und Beschäftigungsentwicklung insofern denkbar, als durch die Auf- und möglicherweise sogar Überbewertung der Währung die internationale Konkurrenzfähigkeit nationaler Monopole verschlechtert, andererseits der Schutz vor ausländischer Konkurrenz gelockert wird. Eine Aufwertung der Währung kommt schließlich jenen nationalen Kapitaleigentümern zugute, die es – aus welchen Gründen auch immer – vorziehen, Teile ihres Kapitals zu exportieren. Mehr noch, gerade die Aufwertung kann den Kapitalexport fördern. Auch das kann depressiv auf die nationale Wirtschaft wirken und dazu beitragen, daß weitere Arbeitsplätze vernichtet, anstatt geschaffen werden. In der Praxis zu Beginn der 80er Jahre dominiert, wie schon erwähnt, der umgekehrte Zusammenhang: Wachsende Kapitalimporte der USA begründeten die Dollaraufwertung.

Häufiger wurde von der Möglichkeit der Währungs*abwertung* Gebrauch gemacht, auch wenn diese als Ausdruck wirtschafts- und währungspolitischer Schwäche mit einem Makel behaftet ist. Doch die ökonomischen Vorteile liegen auf der Hand: Exporte werden erleichtert,[17] Importe erschwert, die Wirtschaft des die Währung abwertenden Landes damit zweifach unterstützt, indem die Chancen, auf fremden Märkten zu verkaufen, verbessert und der Schutz

17 Das ist aber selbst bei Abstraktion von anderen Faktoren keinesfalls zwangsläufig. So muß eine Dollarabwertung den Export zumindest kurzfristig keineswegs günstig beeinflussen, da Außenhandelsdispositionen mit einem längeren Vorlauf getroffen werden. Die Importkosten werden dagegen sofort steigen, so daß sich trotz Abwertung das Handelsbilanzdefizit und der Preisanstieg zunächst weiter vergrößern können (vgl. P. Hess, Finanzkapitalistische Aspekte des Hegemonialkampfes der USA und die Wirkungen der kommenden Krise, in: Wirtschaftswissenschaft, 12/1985, S. 1812).

nationaler Produzenten vor ausländischer Konkurrenz gestärkt wird. Da die Abwertung die Importe verteuert, ist anzunehmen, daß über kurz oder lang das inländische Preisniveau, besonders wenn es maßgeblich von dem der Importe mitbestimmt wird, neuen Auftriebstendenzen unterliegt. Der Preisauftrieb wird verstärkt durch einen im Gefolge der Währungsabwertung möglich werdenden Leistungsbilanzüberschuß. Für die ausländischen Importeure ist die Abwertung identisch mit der Aufwertung ihrer Währung und deshalb von Vorteil. Daß die in den 70er Jahren anhaltende Dollarabwertung die ausländischen Rohstoffimporteure begünstigte, weil Rohstoffe im internationalen Handel nahezu ausnahmslos mit US-Dollar bezahlt werden, ist hinlänglich bekannt. Über die weiteren Wirkungen von Auf- und Abwertungen können nur mit einer gewissen Unsicherheit Aussagen getroffen werden, weil die Vielfalt der alternativen Bedingungen in dem Maße zunimmt, wie man sich zeitlich vom Impuls (Währungskursänderung) entfernt.

Dennoch ist anzunehmen, daß das durch die *Aufwertung* mitbewirkte Preisgefälle mittelfristig (auf einer zweiten Wirkungsebene) den Leistungsbilanzüberschuß stabilisiert, obwohl es schien, kurzfristig könne sie zu dessen Abbau beitragen. Die Konzentration des Warenangebots auf dem Binnenmarkt des aufwertenden Landes kann jedoch nur vorübergehend sein. Ihre Zeitdauer ist kaum quantifizierbar, sie hängt aber auch davon ab, wie lange die Überbewertung der Währung anhält. Die des Dollars hat vor allem 1983 und 1984 zu einer regelrechten „Schwemme" westeuropäischer und japanischer Waren auf dem US-amerikanischen Markt geführt. Durch anhaltenden Druck auf die Preise (bzw. unter monopolistischen Bedingungen auf die Preissteigerungsraten) könnte dadurch früher oder später der Export erneut begünstigt und der Import relativ gehemmt werden. Die Konkurrenzbedingungen schlagen dann um, werden wieder milder. Gehemmtes Wirtschaftswachstum, Export- und Leistungsbilanzüberschüsse müßten auf einer dritten Währungsebene zu einem Verhältnis von Angebot und zahlungsfähiger Nachfrage führen, das erneuten Preisauftrieb auslöst. Ob sich die Wirkungen in dieser Weise fortpflanzen können, ist freilich ungewiß, weil abhängig von vielen Faktoren, doch sicher ist, daß sich langfristig durch Währungsaufwertung weder die inflationäre Preisentwicklung dämpfen läßt noch eine aktive Leistungsbilanz zu dauerhaftem Ausgleich führt. Im Gegenteil, Aufwertungen heute können den Aufwertungszwang von morgen begründen. Analog beim Abwertungsvorgang: Warenexport- und Kapitalimporterleichterungen durch Abwertungen mögen zunächst zur Überwindung der Passivität der Grund- bzw. Zahlungsbilanz beitragen und das wirtschaftliche Wachstum zeitweilig fördern helfen. Sie begünstigen aber zugleich Preissteigerungen. Mittelfristig ist deshalb anzunehmen, daß das gestiegene inländische Preisniveau ein Überangebot begünstigt, weil es die ausländische Konkurrenz anlockt und die nationalen Kapitale anregt, dem Binnenmarkt beim Absatz ihrer Produkte wieder Priorität einzuräumen. Die Überwindung des Passivsaldos der Zahlungsbilanz schien also auch hier nur vorübergehend in Sicht oder konnte nur zeitweilig erreicht werden. Früher oder später kann eine Währungsabwertung Preissteigerungen, Exporthemmnisse und Orientierung auf den Inlandsabsatz bewirken, die Passivität der Zahlungsbilanz neu begründen und damit künftigen Abwertungszwang vorbereiten.

10.2.2. Flexible oder fixe Währungskurse?

Relativ stabile Währungskurse, die typisch waren für das Bretton-Woods-System und gegenwärtig im „Europäischen Währungssystem" favorisiert werden, liegen im Interesse des „Gesamtweltkapitals". Sie machen die wirtschaftliche Tätigkeit auch auf längere Frist kalkulierbar, vermeiden die Risiken schwankender Kurse, können Ungewißheit und Unsicherheit mildern. Sie begünstigen allerdings die Inflationsübertragungen und entfernen sich mit der Zeit von den Grundlagen, durch die sie bestimmt werden. Und je mehr das geschieht, um so erforderlicher wird ihre Korrektur. Auch mit Interventionen der Zentralbanken läßt sich ein unreal gewordener Kurs auf die Dauer nicht halten. Der Vorzug flexibler gegenüber fixen Kursen sei dagegen die Beweglichkeit, die dazu beitrage, „externe Schocks" abzubauen, immer wieder zum internationalen „Gleichgewicht" dränge und die Anpassung der Zahlungsbilanzen automatisch erleichtere.[18] Frei schwankende Kurse würden permanent die Änderung der Preisniveaus widerspiegeln, Export- und Importüberschüsse abbauen, keine Preissteigerungen zulassen. Die Erfahrungen mit floatenden Kursen zeigen aber vor allem, daß

[18] Daß dies letztlich unerfüllt bleiben muß, ist bereits im Kapitel 6 nachgewiesen worden.

Instabilität, Unsicherheit und Ungewißheit durch sie zunehmen.[19] Sie können zur Fehlallokation von Ressourcen, zu Investitions- und Absatzentscheidungen führen, die auf Grund des veränderten Kurses bereits überholt und nicht mehr vertretbar sein können, wenn ihre Vorbereitung (die kostenaufwendig sein kann) abgeschlossen ist und ihre Realisierung beginnen soll. Wenn durch schwankende Kurse Disproportionen „umkippen", müssen möglicherweise inländische Produktionskapazitäten vernichtet und Auslandsinvestitionen abgebrochen werden. Ständige Fehlentwicklungen, die disproportionale, sprunghafte Entwicklung der kapitalistischen Weltwirtschaft werden durch frei schwankende Kurse nicht nur schlechthin widergespiegelt, sondern sanktioniert und gefördert.

Der Wunsch nach Stabilität, immer wieder erhoben, besonders dann, wenn die Hoffnungen auf Ausgleich und Anpassungsfähigkeit durch die Flexibilität der Kurse unerfüllt blieben, muß dennoch unter Bedingungen der kapitalistischen Warenproduktion illusionär sein. Die Vorteile stabiler gegenüber flexiblen Kursen, die Preis-Kosten-Vorteile, die auch Nachteile stets egalisieren, werden darin gesehen, daß die am internationalen Handel beteiligten Länder gezwungen würden, Produktivitätsfortschritte zu erzielen, um entweder Kostenvorteile auszubauen oder -nachteile zu überwinden. Der Anreiz, dies zu tun, entfalle bei vollständig flexiblen Kursen. Dieser Vorwurf gegenüber flexiblen Kursen ist sicher unangebracht, weil Kursänderungen erst eintreten, wenn das Preisniveau der gehandelten Waren eine Veränderung erfahren hat (von den anderen kursbestimmenden Faktoren abgesehen). Bei jedem Preisniveau und jeder Preisniveaurelation aber haben selbstverständlich jene Warenproduzenten zusätzliche Vorteile, die ihre Erzeugnisse mit einem Arbeitsaufwand produzieren, der unter dem das Preisniveau bestimmenden Arbeitszeitaufwand liegt. Dieser Stimulierungszwang ergibt sich stets aus dem Vergleich des Einzelnen mit dem Ganzen (oder Durchschnittlichen); er ist in jeder Volkswirtschaft vorhanden, in welcher Art und Weise diese auch ihre Beziehungen zu anderen Volkswirtschaften abwickeln mag.

Ohne Vor- und Nachteile fixer und flexibler Wechselkurse hier im einzelnen diskutieren zu wollen (vgl. dazu S. 222f. dieses Bandes), sei abschließend jedoch folgendes festgestellt: Aus Gründen der

[19] Vgl. S. 234 ff. des Buches.

Berechenbarkeit und Risikominderung internationaler Wirtschaftsbeziehungen plädiert die bürgerliche Ökonomie für feste, aus Gründen der Flexibilität, der Anpassung und des vermeintlichen Ausgleichs für frei schwankende Kurse. Feste Kurse sind oft bereits im Moment ihrer Einführung schon wieder unreal, weil die Stabilität schlechthin in kapitalistischen Wirtschaftssystemen Wunschvorstellung bleiben muß. Flexible Kurse dagegen erhöhen die Unsicherheit im wirtschaftlichen Geschehen. Und der „Ausweg", der bleibt, ist eher noch weniger attraktiv als der Versuch, entweder etwas Unrealistisches zu tun (feste Kurse zu halten) oder etwas Unangenehmes zu akzeptieren (frei schwankende Kurse): „Ein System mit diskretionären Änderungen von vorübergehend festen Wechselkursen erscheint mir als die schlechtere aller Welten", meint Milton Friedman. „Es bietet weder die Stabilität der Erwartungen, die ein völlig starrer und stabiler Wechselkurs bieten könnte in einer Welt mit freiem Handelsverkehr und der Bereitschaft und Fähigkeit der Länder, ihre interne Preisstruktur den außenwirtschaftlichen Bedingungen anzupassen, noch bietet es die kontinuierliche Anpassungsfähigkeit eines frei flexiblen Wechselkurses."[20] Der Streit, ob fixe, völlig flexible oder stufenflexible Kurse bevorzugt werden sollten, wird die bürgerliche Theorie daher auch in Zukunft beschäftigen. Er ist Ausdruck des objektiven Widerspruchs zwischen der Notwendigkeit einer stabilen und proportionalen Gestaltung weltwirtschaftlicher Beziehungen und jener gesetzmäßigen Ungleichheit, die Instabilität und Disproportionalität zu Grundeigenschaften der kapitalistischen Weltwirtschaft und ihrer Entwicklung macht.

[20] Zit. nach: Wirtschaftswoche (Düsseldorf), 11/1984, S. 79.

Tabellenverzeichnis

Personenregister

Geschichte der Sozialpolitik der DDR 1945 bis 1985

Herausgegeben von Gunnar Winkler

1989. 448 Seiten – 17 cm × 24 cm
Leinen DDR 38,– M; Ausland ca. 48,– DM
ISBN 3-05-000772-9
Bestell-Nr. 7549754
Bestellwort: Sozialpolitik 9152

Der Band vermittelt erstmals eine zusammenfassende Darstellung der Entwicklung der Sozialpolitik in der DDR von 1945 an. Von den ersten Befehlen der SMAD 1945, über die Gründung der DDR 1949, die Beschlüsse des VIII. Parteitages der SED spannt sich der Bogen der Untersuchung. Bis in das Jahr 1985 wird anhand sorgfältiger empirischer Belege die Wechselwirkung von wirtschaftlichem Wachstum und sozialem Fortschritt aufgezeigt. Reichhaltiges Tabellenmaterial, eine umfangreiche Chronik und eine Auswahlbibliographie machen das Buch zu einem unverzichtbaren Nachschlagewerk.

Bestellungen richten Sie bitte an eine Buchhandlung.

AKADEMIE-VERLAG BERLIN
Deutsche Demokratische Republik
Leipziger Straße 3-4, Postfach 1233 · DDR-Berlin, 1086

FSC
www.fsc.org
MIX
Papier | Fördert gute Waldnutzung
FSC® C083411

Kolibri 360 GmbH
Ferdinand-Jühlke-Straße 7
99095 Erfurt, Deutschland
produktsicherheit@kolibri360.de